U0617488

集人文社科之思 刊 专业学术之声

集 刊 名: 人权研究

主　　编: 齐延平

执行主编: 郑智航

(Vol.21) JOURNAL OF HUMAN RIGHTS

编辑委员会

主　　任: 徐显明

委　　员: （以姓氏笔画为序）

白桂梅　齐延平

李步云　李　林

张晓玲　徐显明

常　健　韩大元

编辑部

主　　任: 田　立

编　　辑: 王明敏　王　统　马龙飞　冯俊伟

何晓斌　张　华　崔靖梓

第二十一卷

集刊序列号：PIJ-2018-269

中国集刊网：www.jikan.com.cn

集刊投约稿平台：www.iedol.cn

人权研究

JOURNAL OF
HUMAN RIGHTS
Volume 21

主　编／齐延平
执行主编／郑智航

第 二十一 卷

社会科学文献出版社
SOCIAL SCIENCES ACADEMIC PRESS (CHINA)

《人权研究》集刊序

"人权",乃是人因其为人即应享有的权利,它无疑是人类文明史中一个最能唤起内心激情与理想的词汇。人权,在今天已不再是一种抽象的意识形态,而是已成为一门需要熟虑慎思的学问。在呼吁人权的激情稍稍冷却的时候,挑战我们的智慧与理性的时代已经来临。

近代以来国人对人权理想的追求,总难摆脱经济发展、民族复兴的夙愿,曾经的救亡图存激起的民族主义情绪,始终是我们面对"西方"人权观念时挥之不去的顾虑。在个人与社群、公民与国家、自由与秩序、普适价值与特殊国情之间,我们一直在做艰难的抉择。也正因此,为人权理想奔走呼号的人士固然可敬,那些秉持真诚的保留态度的人们也值得尊重。

人权不但张扬个人的自尊、自主、自强,也代表着一种不同于两千年中国法制传统的"现代"政治制度,它所依托的话语体系,既需要融合我们自己对理想社会的追求,也对我们既有的生活方式构成了严峻挑战。当意识到必须以一种近乎全新的政治法律制度迎接人权时代的来临之时,我们必须审慎思考自己脱胎换骨、破旧立新的方式。当经历"三千年未有之大变局"之后,一个古老的中国无疑遇到了新的问题。在这种格局下,人权的支持者和怀疑者都需要交代内心的理由:人权对中国意味着什么?对于渴望民族复兴的中国来说,人权对公共权力的规训是否意味着削弱我们行动的能力?对于一个缺乏个人主义传统的国家来说,人权对个人价值的强调是否意味着鼓励放纵?对于一个较少理性主义的国家来说,人权是否意味着将割裂我们为之眷恋的传统之根?对于这一源自"西方"的观念,我们又如何既尊重其普适价值又能不罔顾国情?诸如此类的问题,人权主义者必须做出回答,批评者亦必须做出回应。

人权既是美好的理想，又是政府行动的底线标准。

人权因其美好而成为我们为之奋斗的目标，毕竟，一个大国政道和治道的双重转换，确实需要时间来承载思想和制度上的蜕变。但是，对公共权力的民意约束、对表达自由的保护、对信仰自由的尊重、对基本生存底线的维持、对人的个性发展的保障，都昭示了政治文明走向以人权为核心的追求"时不我待"。我们必须承认，人权不是今人栽树、后人乘凉的美好愿景，而应当成为政府的底线政治伦理。政府的人权伦理不能等待渐进的实现，而是政府之为政府的要件。人权标准是一个"理想"并不等于也不应成为故步自封、拒绝制度转型的理由。

人权规范政府，但并不削弱权威。

近代民族国家的兴起和资本主义的扩张，将个人从传统的群体生活中抛出，个人直面国家，成为现代政治的基本特征。个人主义价值观的兴起，在文化意义上凸现了个性的价值，在制度设计上为保护个人提供了防护性装置。民主化消除了君主专制和寡头政治的专横，但又带来了"多数派暴政"的危险，而巨型资本渐趋显现的对个人权利的社会性侵害，也经由政府释放着它的威胁。因此，人权观念的主流精神，始终在于防范公共权力。

但是，政府固然没有能力为非，行善却也无能为力。缺乏公正而有力政府的社会，同样是滋生专制和暴政的温床。我们不会把尊重秩序与爱好专制混为一谈，也不会将笃信自由与蔑视法律视为一事。为公共权力设定人权标准，将强化而不是削弱权威，因为只有立基于民主选举、表达自由、尊重个性之上的公共权力才会获得正当性。与此同时，权威不等于暴力，它不是说一不二和独断专行。只有一个受到民意约束的政府，才能对维护公民的权利和自由保持高度的敏感。在一系列由于公共治理危机引发的严峻公共事件不断叩问我们良心的时候，我们相信，只有健全保障权利的政治安排，才能不致使政府因为无法获知民众的多元诉求而闭目塞听。我们需要牢记，一个基于民意和保障权利的政府才是有力量的。

人权张扬个性，但并不鼓励放纵。

人权旨在通过强化个人力量来对抗国家，它既张扬个性的价值，也坚信由制度所构造的个人创新精神乃是社会文明进步的根本动力。它让我们重新思考保障公共利益依赖于牺牲个人权益的传统途径的合法性和有效性是否仍然可行。在人权主义者看来，集体首先是个人的联合，公共利益也并非在各个场合都先于个人利益，它并不具有超越于个人之上的独立价值。为了所谓公益而把牺牲个人当作无可置疑的一般原则，将最终使公共利益无所依归。人权尊重个人自由，也倡导个体责任与自由结伴而行，它旨在改善个人努力的方向，排除在公共安排方面的投机，唤起普遍的慎重和勤奋，阻止社会的原子化和个人的骄奢放纵。自由与责任的结合，使每个人真正成为自我事务的"主权者"。当专断与暴政试图损害人的心灵的时候，人权思想具有阻止心灵堕落的功能。一个尊重个人价值的社会，才能滋养自立自强、尊重他人、关爱社群的精神氛围。一个尊重个人价值的社会，才能真正增进公共利益、获致国家的富强和民族的复兴。

人权尊重理性，但并不拒绝传统。

面临现代社会个人与国家的二元对立，我们期望通过培育权利和自由观念增强个人的力量。人权尊重理性，它将"摆脱一统的思想、习惯的束缚、家庭的清规、阶级的观点，甚至在一定程度上摆脱民族的偏见；只把传统视为一种习得的知识，把现存的事实视为创新和改进的有用学习材料"（托克维尔语）。理性主义尊重个体选择，但它并不是"弱者的武器"，甚至不能假"保护少数"之名行欺侮多数之实。"强者"和"多数"的权利同样属于人权的范畴。张扬理性乃是所有人的天赋权利，故人权理念不鼓励人群对立、均分财富和政治清算。我们主张人权与传统的融合，意味着我们要把界定"传统"含义的权利当作个人选择的领地留给公民自己、把增进公民德行的期望寄托于自由精神的熏陶而不是当权者的教化。我们相信，人权所张扬的理性价值，在审视和反思一切陈规陋习的同时，又能真诚地保留家庭、社群、民族的优良传统。

人权尊重普适价值，但并不排斥特殊国情。

人权的普适价值，系指不同的民族和文化类型在人权观念上的基本共识，它旨在唤醒超越国家疆界的同胞情谊，抛却民族主义的偏私见解。"普适价值"的称谓的确源于"西方"，但"西方"已不再是一个地理概念而是政治范畴。人权不是"西方"的专属之物，而是为全人类共享的价值。我们拒绝个别国家挥舞的人权大棒，仅仅是确信那些出于狭隘民族国家利益的人权诉求构成了对人类共同价值的威胁。二战以后，随着对威胁人类和平和尊严的反思日益深切和国际交往的日益紧密，人权概念从东方和西方两个角度得到阐释，它厘定了共同的底线标准，也容忍各国的特殊实践。没有哪个国家可以标榜自己为人权的标准版本。但是我们相信，承认人权的特殊性只是为了拓展各族人民推进人权保障的思想潜力，任何国家以其特殊性来否定人权价值都是缺乏远见的。特殊性的主张不能成为遮羞布，人权在消除不人道、不公正实践方面的规范意义，应被置于首要地位。正像宪政民主有其改造现实、修正传统的功能和追求一样，人权标准与现实之间的紧张关系必须通过优化制度安排、改造陈规陋习来解决。

当下纷繁复杂的人权理论，寄托着人们的期望，也挑战着人们的理智；既是我们研究的起点，也是我们审视的对象。人权是一门需要理性建构的学科。唯怀有追求自由的执着热情，又秉持慎思明辨的冷静见解，才能使之萌苗发展。《人权研究》集刊就是为之搭建的一个发展平台。

是为序。

徐显明

2008 年 12 月 10 日

目录

目　录

CONTENTS

CONTENTS

人权基本理论

人权概念在普遍化过程中的文化中和

摘　要：文化中和是概念通过普遍化和特殊化的循环互动达成"重叠共识"的过程，包含中化、分化、和化三个阶段。几百年来，人权概念通过在全球化交往中不断实现文化中和，逐渐被世界上拥有不同文化的各国所接受。人权概念在诞生之初就有其局限，经过缓慢的中化过程，1948年《世界人权宣言》的通过标志着其成为一个人们共同接受的母体概念。此后人权概念出现了大规模分化，与各地现实需求相结合，内容不断扩张，形成了许多新的人权主张。人权概念的和化主要体现为联合国制定的各项人权决议、宣言和公约对新人权主张的承认、澄清和规定，并对新旧人权主张之间的关系予以明确的解释。人权概念在中化、分化、和化三个阶段循环往复的文化中和过程中不断扩展，展现出勃勃生机。

关键词：人权；文化中和；《世界人权宣言》；《维也纳宣言和行动纲领》

贵和尚中，是中国传统文化的精神特质。《礼记·中庸》指出："喜怒哀乐之未发，谓之中；发而皆中节，谓之和；中也者，天下之大本也；和也者，天下之达道也。致中和，天地位焉，万物育焉。"在中国传统文化中，"中和"既被视为自然和社会发展的规律，也被作为处理社会关系的行为准则。

我们可以用"中和"概念来解释人权概念普及过程。人权概念自近代

* 常健，南开大学周恩来政府管理学院教授、博士生导师，南开大学人权研究中心主任；殷浩哲，南开大学周恩来政府管理学院博士后研究人员。

从英、法、美等国家提出以来，逐渐被世界上具有不同文化的各个国家所接受。其得以普及的机制，并不在于推行单一文化霸权，而在于在全球化交往中不断实现"文化中和"。

所谓"文化中和"（cultural compromise and integration），是概念通过普遍化和特殊化的循环互动达成"重叠共识"的过程。这一过程包含三个阶段。第一个阶段是"中化"（neutralization），即考虑不同文化间的差异，逐渐磨去与其他文化不相容的内容，使自身成为各个文化都可接受的一个"母体概念"。第二个阶段是"分化"（differentiation），即"母体概念"与各种不同文化的价值相结合，产生出许多新的"子概念"。这既是概念的分殊化过程，也是概念的扩张化过程，这种繁衍和生长过程体现了概念的生命力，同时也带来了人权概念的分歧和争论。第三个阶段是"和化"（harmonization），即通过对不同子概念之间关系的整合，抑制子概念的极化和子概念间的无序对抗，使各种子概念能够形成一个有机和协调的整体。这三个阶段相互交织，且循环往复，使概念不断生长。

回顾历史，可以看到，人权概念正是在中化、分化、和化三个阶段循环往复的文化中和过程中不断扩展自己而展现出勃勃生机的。从这个视角来考察当代人权观念的分分合合，会扩展我们的视野，形成一些新的见解。

一　人权概念的历史局限与《世界人权宣言》对其的中化

人权概念是十七、十八世纪一些西方国家在若干宣言和法律文件中提出的，带有鲜明的西方文化色彩。1947～1948年《世界人权宣言》的起草过程，是人权概念经历多元文化洗礼和中化的过程，为后来人权概念的广泛传播和不断扩展奠定了重要的共识基础。

（一）人权概念在欧美国家的诞生及其局限

人权概念是在近代欧洲自由主义关于"自然权利"学说的基础上产生的，反映在推翻封建统治的政治文件中。

近代西方启蒙思想家在理性主义的自然法理论基础上提出了自然权利学说，从人的自然本性出发来论证在"自然状态"下存在"自然权利"，从人的理性出发来论证社会契约的建立及其对人的"自然权利"的保护和限制。英国哲学家霍布斯认为，人的"自然本性"是自我保存、趋利避害和无休止地追求个人利益，在"自然状态"下，每个人都按照自己的本性生活，实现自己占有一切的"自然权利"，从而导致"一切人反对一切人的战争"；出于对死亡的恐惧和对舒适生活的欲望，人们力图摆脱人人为仇敌的自然状态，理性告诉人们，必须遵守共同的生活规则，用自然法来约束自然权利，才能避免战争，达到保存自身的目的；人们通过相互契约，放弃企图占有一切事物的自然权利，共同建立国家，而国家的职责就是保障和平与安全。与霍布斯不同，另一位英国哲学家洛克认为，自然状态并非放任状态，而是人人遵守自然法的理性状态，人人都享有保全生命、健康、自由和财产不受侵犯的自然权利，也都享有自然法的执行权，有权惩罚违反自然法的人；缺乏明文规定的法律、执行法律的法官和保障正确判决付诸实施的权力，经常导致混乱、敌对和相互残杀的战争，为克服自然状态的这种缺陷，更好地保障每个人的自然权利，社会成员通过社会契约自愿放弃了自然法的执行权，由一个公共的权力机关用明确的法律来公正地、同等地处理一切争端；在这种脱离自然状态的社会状态下，人们只是放弃了自然法的执行权，而建立政府的唯一目的就是保护人民的生命、健康、自由和财产权利。法国哲学家卢梭对"自然状态"持有与霍布斯和洛克不同的观点。他认为在自然状态下的自然人过着淳朴的生活，没有善恶观念，没有私有财产的观念，享有自由和平等这样的自然权利，只存在因年龄、体力的不同而产生的自然不平等，并不存在财产上和政治上的不平等；人天生具有的"自我完善化的能力"带来了工具的创造和使用，使生产和生产技术不断发展，出现了分工和协作，导致了私有制和社会不平等，把人类从自然状态推入了社会状态，并先后经历了经济不平等、政治不平等和专制权力三个发展阶段；只有通过人民自由协议达成的社会契约，才能建立使人重新获得自由和平等的社会，在订立社会契约时，人们必须把自己和自己的一切权利毫无保留地转让给整个集体，通过由此建立的国家和法律来保障人们享有早已丧失的自由和平等的自然权利；这种自由和平等已不再是自然的自由和平等，而是社会的自由和平等，自由意味着"服从人们自己为自己所规定的法律"，平等则是"道德的与法律的平等"。

自然权利学说直接影响了近代反抗封建统治过程中有关人权的各种政治文件。1689年，作为"光荣革命"的产物，英国通过了《权利法案》，其目的是"为确保英国人民传统之权利与自由"①。1776年，美国弗吉尼亚议会于6月12日通过乔治·梅逊拟写并提交的《弗吉尼亚权利法案》，宣布"一切人生而同等自由、独立，并享有某些天赋的权利，这些权利在他们进入社会的状态时，是不能用任何契约对他们的后代加以褫夺或剥夺的；这些权利就是享有生命和自由，取得财产和占有财产的手段，以及对幸福和安全的追求和获得"②。同年7月4日，美国第二次大陆会议在费城批准《独立宣言》，宣布"人人生而平等，他们都从他们的'造物主'那边被赋予了某些不可转让的权利，其中包括生命权、自由权和追求幸福的权利"③。1789年，美国通过的联邦宪法十条修正案被称为《人权法案》，包括了关于公民权利的规定。1789年8月，法国国民议会通过了《人权和公民权宣言》，认为"不知人权、忽视人权或轻蔑人权是公众不幸的政府腐败的唯一原因，所以决定把自然的、不可剥夺的和神圣的人权阐明于庄严的宣言之中"④。

然而，西方近代人权理论和政治文件中的人权概念仅体现了西方文化的视野，具有文化的和历史的局限性。这些文件中所说的"人"，并不包括妇女、交不起税的贫困人口、少数族裔和殖民地人民，权利的内容也只是包括了一些基本的公民自由权。

---

① 《权利法案》，董云虎、刘武萍编著《世界人权约法总览》（续编），四川人民出版社，1993，第241页。

② 《弗吉尼亚权利法案》，董云虎、刘武萍编著《世界人权约法总览》（续编），四川人民出版社，1993，第270页。

③ 《独立宣言》，董云虎、刘武萍编著《世界人权约法总览》（续编），四川人民出版社，1993，第272页。

④ 《人权和公民权宣言》，董云虎、刘武萍编著《世界人权约法总览》（续编），四川人民出版社，1993，第295页。

英国 1689 年《权利法案》主要包括限制国王的权力和保证议会的权力（立法权、财政权、司法权、军权等）这两方面内容，法案中的英国"人民"专指城乡有产阶级，并不包括农民和下层工商业者等普通群众。

美国《独立宣言》中的"人人生而平等"，指的是有地位的男性白人之间的平等。美国 1787 年《宪法》明文规定了保留种族歧视的条款，不承认黑人、印第安人、妇女具有和白人男子相等的权利，允许奴隶制度的存在，选举受到肤色、种族、税收等因素的限制，在分配众议院各州代表名额时，黑人人口按 3/5 的人口折算，等等。美国《人权法案》中的"自由"包括了贩卖奴隶的自由。

法国 1789 年《人权和公民权宣言》中的"人"和"公民"在法文中指的是"男人"和"男公民"，不包括妇女、有色人种、穷人。在法国大革命中，绝大部分议员认为，妇女是天生的弱者，她们缺乏主见、感情用事、性情多变，是"一种交换的对象，她本身就是一种财产"；妇女缺乏独立的身份和人格，只是"公民的老婆或一个国家的女居民"①，是社会和男性的保护对象；她们只能享有自然权利，而无能力参与公共政治事务。因此，议会明确地否认了妇女的选举权，甚至连"妇女没有理性的天赋，只有少数杰出的妇女能享有权利"② 的妥协性提案也遭到了否决。制宪议会还根据西埃耶斯的理论于 1789 年 12 月 22 日通过了关于选举权的法律，将全体法国公民划分为"积极公民"和"消极公民"，只有积极公民才享有选举权。③ 1791 年发表《妇女和女公民权利宣言》并宣称"妇女生而自由，在权利上与男子是平等的"的奥琳帕·德·古日（Olympe de

---

① 〔法〕伊丽莎白·吉贝尔 - 斯雷泽夫斯基（ElisabethGuibert-Sledziewski）：《妇女，大革命的对象》（"La femme, Objet de la Révolution"），载《法国大革命历史年鉴》（Annaleshistoriques de la Révolutionfranaise）第 267 期，转引自刘大明《法国大革命时期的性别歧视和女权运动》，《世界历史》2007 年第 4 期。

② 〔法〕阿涅斯·卡拉马尔（Agnès Callamard）：《是"人权"还是"人类权"？》（"'Droits de l'homme' ou 'Droitshumains'？"），详见 http://www.monde-diplomatique.fr/1998/03/CALLAMARD/10138，转引自刘大明《法国大革命时期的性别歧视和女权运动》，《世界历史》2007 年第 4 期。

③ 此外，还制定了禁止工人结社、罢工的勒夏布里哀法，并保留了海外领地的奴隶制，在确认言论、出版和思想自由的同时又强调了滥用自由的责任。

Gouges），在 1793 年 10 月底被国民议会击败后送上断头台。

（二）《世界人权宣言》对人权概念的中化

第二次世界大战后起草《世界人权宣言》（本部分下称《宣言》）的过程，使人权概念经历了重要的文化中和，人权被进一步普遍化，首次在世界范围内得到承认，而不再仅是某个国家基本法的要求。《宣言》成为第一个在国际领域系统提出保护和尊重人权和基本自由具体内容的国际文件。[①]《宣言》起草委员会副主席、中国代表张彭春在起草工作一开始就提出，"人权宣言必须涵盖西方以外的观点"，《宣言》中应该更多地体现"全球共识"的人权理念，而非西方中心主义的人权观。

1948 年，联合国教科文组织为了给《宣言》起草提供建议，致函各国专家学者调查人权观念。在回函中，许多国家的专家学者对本国文明中的人权观念作了详细阐述，其中包括来自中国、印度和伊斯兰世界的学者。

在《宣言》的制定过程中，许多国家发表了主张和建议，其中既有加拿大、荷兰、美国、法国、英国、澳大利亚、比利时、瑞典、新西兰等西方国家，也有苏联这样的东方社会主义国家，还有中国、印度、巴拿马、黎巴嫩、埃及、墨西哥这样的发展中国家。正如新西兰政府在对宣言草案的回应中所指出的，"所牵涉的国家处于经济和社会发展的不同阶段，其经济和社会结构并非符合同一模式，其哲学理念所来自的历史条件并不相同。在这种情况下，无论多么渴望尽早达成人权上的一致，都必须给予充分的时间使各个政府能够考虑其他政府的观点和评论，使不同的观点得以调和，以便达成最大可能的一致"[②]。

在多元文化相互碰撞的背景下，《宣言》的起草过程成为人权概念的中化过程，这种中化主要表现在以下方面。

1. 从上帝赋予的权利到与生俱来的权利

在《宣言》起草初期，黎巴嫩代表查尔斯·马立克（Charles H. Ma-

[①] 张瑞：《试比较美国〈权利法案〉与〈世界人权宣言〉》，《法制与社会》2007 年第 4 期。

[②] Official Document of the United Nations，E/CN. 4/82/Add. 12.

lik）提议在第 16 条"保护家庭"条款中增加"被造物主赋予"（endowed by the Creator）的措辞。苏联代表回应说："很多人并不信仰上帝并且《宣言》意在保护人类整体，无论是信教者还是不信教者。"① 最终这项提议未通过表决。后来，荷兰代表在经社理事会第七届会议上表示应将上帝或者造物主（creator）写入宣言第 1 条，加拿大表示支持。在联大第三委员会对《宣言》的审议中，巴西代表对第 1 条的修正案表述为："人是依照上帝的形象和意愿创造出来，并被赋予理性和良心。"② 但中国代表张彭春指出，中国人口占世界人口的很大一部分，他们"有着不同于基督教西方的思想和传统。这些思想包括好的举止、礼仪和礼貌以及体谅他人。然而，中国代表并没有主张《宣言》应当提及它们"。他还主张删除关于"自然"的一切表述。最终，联大第三委员会决定避免宣称、暗示或否认国际人权体系是基于任何自然、本性或上帝的基础的。法国代表勒内·卡森（Rene Cassin）对此评价认为，《宣言》最终能够被全世界所接受，大部分应当归功于它的纯粹世俗性质。③

2. 从男人的权利到男性和女性平等享有的权利

从秘书处大纲到卡森草案再到日内瓦草案阶段，《宣言》中提到"人"的部分都采用了"men"的表述。丹麦的 Bodil Begtrup 女士以联合国妇女地位委员会主席身份参加会议，提出应当用"human beings"代替"men"。这一建议得到了印度代表 Hansa Mehta 夫人的支持，并得以在宣言中实现。她们还提出宣言第 1 条"act towards one another like brothers"的表述可以考虑改为"act towards one another like brothers and sisters"，但最终版本采取折中方案，用了相对模糊和类比的表述"in a spirit of brotherhood"。张彭春的译本将此翻译为"和睦相处，情同手足"④。

---

① Johannes Morsink, *The Universal Declaration of Human Rights: Origins, Drafting, and Intent*, University of Pennsylvania Press, 1999, p. 255.

② Official Document of the United Nations, A/C, 4/243.

③ Sam McFarland, "A Tribute to the Architects, Elanor Roosevelt, Charles Malik, Peng-chun Chang, John Humphrey, and Rene Cassin", International Society of Psychology, Paris, July 2008.

④ 化国宇：《国际人权事业的中国贡献：张彭春与〈世界人权宣言〉》，中国政法大学出版社，2015，第 126～127 页。

3. 从白人的权利到各种族平等享有的权利

张彭春认为，在人权平等方面，"有必要强调人类种族的团结和一致性这一观念，这样才能保证《世界人权宣言》始终能够被正确理解，以及将来任何以种族不平等的名义发动战争的可能性"①。《宣言》最后文本第2条明确了"不分种族、肤色"的权利平等原则。

4. 从"消极权利"到"积极权利"

美国只强调人们的消极权利，即公民和政治权利，反对将人民的积极权利如经济、社会和文化权利写进《宣言》。美国代表坚持认为，国家和社会并没有责任保证个人实现其经济、社会和文化权利，人权能否完全实现取决于各国的组织和资源情况，《宣言》最好不提及国家在就业方面的积极责任。白俄罗斯代表提出，在工作权利方面，应当写入国家的积极责任，"国家有义务采取所有必要措施消除失业"。这一主张得到了巴西代表的赞同。②《宣言》采纳了苏联和一些社会主义国家以及其他国家代表认为的人民应该享有经济、社会和文化权利的观点，比较全面地反映了人权的内容。③

5. 从欧洲人的权利到所有国家和所有人民的权利

直至人权委员会第三届会议审议之前，《宣言》序言最后一段仍然将《宣言》作为"所有国家"努力实现的共同标准。苏联代表指出，这意味着尚未成立自治政府的殖民地人民被排除在外了。中国代表张彭春立即表示同意，"毫无疑问，那些目前尚未享有自治的人民应当被包括在《宣言》中"，主张在"所有国家"之前增加"所有人民"的措辞，以涵盖更为广泛的人权主体，从而"排除任何被误读的可能性"。《宣言》最后文本的表述确定为"作为所有人民和所有国家努力实现的共同标准"。

6. 从绝对权利到受到限制的权利

埃及代表在评论中认为，《宣言》第16~19条所规定的权利和自由应

---

① Official Document of the United Nations，E/CN，4/SR，13，p. 5.
② Official Document of the United Nations，E/CN，4/82/Add. 2.
③ 化国宇：《国际人权事业的中国贡献：张彭春与〈世界人权宣言〉》，中国政法大学出版社，2015，第127~128页。

当说明限制条件，建议在第 23～26 条后增加一段话："第 23、24、25 和 26 条规定的权利只能根据每个国家所具有的经济条件和潜力来行使"。① 巴西代表在评论中认为《宣言》应当关注与权利相对应的义务，并认为不应当表述为国家"限制"（limiting）个人权利，而应当将表述修改为"这些权利的行使以他人的权利、国家的法律要求和博爱的责任为'条件'（conditioned）"，还要求将对结社自由的限制适用于那些意在以暴力破坏社会和政治秩序的结社行为。② 墨西哥代表建议将对权利行使的限制表述为"每个人在行使其权利时，应受到他人权利、法律对自由的保障、所有人的福利与安全以及民主国家的公正要求的限制"。③ 印度代表在评论中对针对一些国家没有履行人权义务而建立的国际人权机制表示担忧，认为这是一个困难的问题，因为它涉及国家主权。④《宣言》的最后文本在第 29 条中体现了对权利享有者的义务要求和对权利行使的限制条件。

二 《世界人权宣言》发布后人权 概念的扩展和分化

人权概念的分化虽然从其诞生以来就已经存在，但在 1948 年《世界人权宣言》之后，人权概念的分化呈现加速之势。《世界人权宣言》对人权概念的中化，使其成为一个各国人民共同接受的"母体"概念。在这种"母体"概念与各地区、各国家的现实需求相结合的过程中，衍生出许多"新型"的人权主张。这种繁衍分化一方面使人权概念日益丰富，另一方面也使人权概念内部形成了许多对立和冲突。

自《世界人权宣言》发布以来，人权概念呈现以下六个方面的扩展和分化。

1. 从个人人权向集体人权的扩展和分化

传统的人权专注于个人权利，但在非殖民化运动和亚非拉国家民族解

---

① Official Document of the United Nations, E/CN, 4/82/Add. 3.

② Official Document of the United Nations, E/CN, 4/82/Add. 2.

③ Official Document of the United Nations, E/CN, 4/82/Add. 1.

④ Official Document of the United Nations, E/CN, 4/153.

放运动的推动下，殖民地国家人民在人权的框架下提出了民族和人民自决权、自然资源与财富主权等权利。这些权利属于集体人权，超越了传统人权的个人权利范畴。殖民国家与被殖民国家围绕个人人权与集体人权产生了分歧，那些老牌殖民国家不承认殖民地人民的自决权，为此，殖民地人民奋起抗争，例如，阿尔及利亚人民通过民族解放战争来争取从法国获得独立。发展中国家人民支持非殖民化运动，要求维护殖民地人民的自决权。1955 年 4 月，第一次由亚非国家自主发起和召开的亚非会议在印度尼西亚万隆举行，此次会议的基本主题就是反对殖民主义、争取和保障民族独立。大会一致通过《亚非会议最后公报》，反对一切形式的殖民主义。1961 年，不结盟国家首脑会议在南斯拉夫贝尔格莱德召开，会议通过《不结盟国家的国家或政府首脑宣言》和《关于战争的危险和呼吁和平的声明》，提出"必须根绝一切形态的殖民主义"。第一次不结盟国家首脑会议促成了 1964 年 77 国集团的诞生，1964 年在埃及开罗举行的第二次不结盟首脑会议通过了《和平与国际合作纲领》，以取得自决权和主权平等为前提，更加鲜明地站在反帝、反新老殖民主义的立场。[1] 1992 年非洲国家通过的《突尼斯宣言》[2] 指出，"非洲仍然坚持个人权利，同时重申它重视对人民集体权利的尊重……非洲重申所有国家均有自决权利和在尊重国家主权基础上自由选择其政治和经济制度与机构的权利"（第 13 条）。1993 年亚洲国家通过的《曼谷宣言》[3] 重申"国家不论大小，都有权决定它们的政治制度，控制和自由利用其资源，并自由谋求其经济、社会和文化发展"（第 6 条）；重申"在外国统治、殖民统治或外国占领下的人民自决是一项国际法原则，也是一项联合国承认的普遍权利，基于这项权利，他们能自由决定其政治地位和自由谋求经济、社会和文化发展，而不许自决则构成对人权的严重侵犯"（第 12 条）；强调"自决权利适用于在外国统治、殖民统治或外国占领下的人民，而不应用来破坏各国的领土完

---

① 王绳祖主编《国际关系史》（第 9 卷），世界知识出版社，1995，第 74 页。
② 以下有关《突尼斯宣言》的引文，均源自董云虎、刘武萍编著《世界人权约法总览》（续编），四川人民出版社，1993，第 1014～1016 页。
③ 以下有关《曼谷宣言》的引文，均源自董云虎、刘武萍编著《世界人权约法总览》（续编），四川人民出版社，1993，第 1011～1014 页。

整、国家主权和政治独立"（第 13 条）。1993 年拉丁美洲和加勒比地区国家通过的《圣约瑟宣言》①指出，"我们强调尊重人权和基本自由、加强发展、民主和国际关系中的多元化，充分尊重国家的主权、领土完整和政治独立，充分尊重各国人民的主权平等和自决等是我们区域体系的支柱"（第 4 条）；"我们认为需要思考以人道主义为由的干涉对各国人民自决和尊重国家主权的原则以及尊重人权原则的影响后果，因为这些原则是形成美洲体系的基础"（第 24 条）。

2. 从"消极权利"向"积极权利"的扩展和分化

传统人权概念专注于公民权利和政治权利等"消极权利"，政府对这类人权只承担"消极的"尊重义务和在权利遭受侵犯后的保护义务，但社会主义国家将工作权、基本生活水准权、社会保障权、健康权、教育权和文化权等权利纳入人权。这些经济、社会和文化权利属于所谓的"积极权利"，即国家除了要对这些权利承担尊重和保护的"消极"义务之外，还要承担满足和促进的"积极"义务，这就超越了传统人权的"消极权利"范畴。东西方国家围绕"消极权利"和"积极权利"出现了分歧，以美国为代表的许多西方国家反对将经济、社会和文化权利纳入人权，美国至今没有批准《经济、社会和文化权利国际公约》，但社会主义国家主张维护经济、社会和文化权利，并将这些权利写入宪法。1961 年欧洲理事会成员通过的《欧洲社会宪章》也将许多经济和社会权利纳入其中。《突尼斯宣言》指出，"人权不可分割原则是不可更动的。公民权利、政治权利不能与经济、社会和文化权利分开。所有这些权利一律平等"（第 6 条）；"如果不同时尊重经济、社会和文化权利，政治自由仍然是不稳固的"（第 7 条）。《曼谷宣言》指出，"经济、社会、文化、公民和政治权利互相依存和不可分割，并必须对所有类别的人权给予同等重视"（第 10 条）。《圣约瑟宣言》也认为，"公民、政治、经济和文化权利互相依赖和不可分割是考虑人权问题的基础，因此，对某些权利的行使不得也不应当以尚

① 以下有关《圣约瑟宣言》的引文，均源自董云虎、刘武萍编著《世界人权约法总览》（续编），四川人民出版社，1993，第 1016～1020 页。

未实现充分享受另一些权利为借口而不被承认"(第 3 条)。

3. 从人权的平等享有向对弱势群体特殊保护的扩展和分化

传统的人权概念强调权利的平等享有,但随着各种社会群体争取权利运动的兴起,许多社会组织提出对妇女权利、儿童权利、残疾人权利、老年人权利、原住民权利、少数族裔权利、移徙工人权利、无国籍人的权利予以特殊保护。这种特殊保护的要求超越了传统人权的权利平等原则,弱势群体与强势群体围绕权利的平等享有与特殊保护出现了分歧。弱势群体主张,由于他们自身在生理上、社会上或历史上的特殊状况,需要获得特殊保护,才能有条件和机会与其他社会成员在实质上平等享有各项人权。而强势群体却认为,要求权利的特殊保护违背了权利平等的基本原则,不应予以支持。在 20 世纪 60 年代的美国,非洲裔美国人为了争取实质平等和特殊保护开展了旷日持久的争取民权斗争,迫使美国政府以行政命令的方式发布《平权法案》,给少数群体保留相应的配额,以增加他们在高等教育、住房、经济合同、工作竞聘及其他福利领域的机会,使少数族裔和女性在很多社会领域的竞争中可以享受若干照顾。但是,对《平权法案》始终存在争议,2018 年 7 月 4 日,美国政府宣布将废除奥巴马时期留存的有关大学招生录取的"平权法案"的指导意见,指引学校在录取学生时采用"种族中立"的录取标准。《曼谷宣言》强调,"必须保障诸如族群、民族、种族、宗教和语言方面的少数人、移徙工人、残疾人、土著人民、难民和流离失所者等易受损害群体的人权和基本自由"(第 11 条)。《圣约瑟宣言》指出,"我们极其重视遵行脆弱群体的人权和基本自由,消除针对他们的各种形式的歧视,制定保护那些尚未被包括在有关文书内的群体的标准"(第 16 条);"我们强调,因为自由市场制度本身并不能保证或促进享受人权,所以各国应接受义务为保护它们人口中脆弱群体制定并实施适当措施"(第 27 条);宣言中还专门就儿童、妇女、土著人民、残疾人、移徙工人、老年人、艾滋病感染者和患者的权利保障表达了主张(第 13~20 条)。

4. 从单层主体人权向多重主体人权的扩展和分化

传统人权概念都指向单一层次主体,先是个人权利,后来发展出民族和人民的集体权利，以及各种特定群体的权利。20 世纪 70 年代前后，发展中国家提出了和平权、发展权和环境权等权利，这些权利既是个人的权利，也是国家和人民的权利，还是人类整体的集体权利，超越了传统单层主体权利的范畴。发展中国家与发达国家之间围绕多重主体人权出现了分歧，以美国为代表的一些西方国家不承认发展权、和平权和环境权属于人权范畴，美国几乎在联合国每一次有关发展权的决议中都投反对票，而大多数发展中国家坚决支持这些新型人权。《突尼斯宣言》指出，"发展的权利是一项不可剥夺的权利"（第 8 条）。《曼谷宣言》重申"《发展权利宣言》中确立的发展权利是一项普遍、不可剥夺的权利，是基本人权的组成部分，必须通过国际合作、尊重所有基本人权、设立监测机制和为实现此种权利创造必要的国际条件等途径，促其实现"（第 17 条）；申明"有必要发展人类享有干净、安全和健康的环境的权利"（第 20 条）。《圣约瑟宣言》指出，"发展权利是一项不可剥夺的人权，国际社会必须尽快采取措施通过适当机制实现这一权利，这种机制应考虑到根据《里约热内卢宣言》把在一个健康和生态上平衡的环境中进行发展的权利作为一项普遍权利"（第 7 条）。

5. 核心人权的扩展和分化

传统的人权概念以自由主义政治理论为基础，将个人自由权利作为核心人权，而将其他人权视为支持性权利。然而，随着各国人权实践的不断深入，许多发展中国家根据自身的实际国情将生存权和发展权置于人权发展战略的更核心地位，这是对传统自由主义人权观的超越。发展中国家和发达国家围绕核心权利问题出现了分歧，发达国家坚持将个人自由权利作为核心人权，并将个人自由权利的实现程度作为检验人权实现状况的核心标准，而发展中国家则将生存权和发展权作为核心人权，当面临人权间冲突时，将生存权和发展权置于优先考虑的位置。例如，77 国集团在其1997 年外长会议宣言中指出，"实现发展权应被联合国给予最优先的地位"①；1999 年外长会议宣言中再次指出，"重申其对充分实现发展权的承

---

① Ministerial Declaration (1997), http://www.g77.org/doc/Declaration1997.htm.

诺，强调这应当被联合国置于 21 世纪最优先的地位"①；2002 年外长会议宣言中进一步指出，"作为基本人权的发展权应当被给予最优先的地位"②；2009 年外长会议宣言重申，"消除贫困是当今世界面临的最大挑战"，"发展中国家确定他们自己的食品安全战略以努力消除贫困和饥饿是至关重要的"③。

6. 人权基础的扩展和分化

传统人权概念以西方自由主义政治理论为基础，将源头追溯到古希腊罗马的自然法理论和近代的自然权利学说。随着人权被各个不同文化的国家所接受，各国将人权与自身的文化传统相结合，对人权的理论基础作出了不同的解释。这种多元文化解释超越了传统人权概念的单一文化基础，西方国家与非西方国家在人权基础的问题上出现了分歧。西方国家坚持用西方文化对人权作单一文化解释，而非西方国家认为人权具有多元文化基础，可以从不同文化中找到渊源，并可以用不同传统的文化加以解释。《曼谷宣言》指出，"尽管人权具有普遍性，但应铭记各国和各区域的情况各有特点，并有不同的历史、文化和宗教背景，应根据国际准则不断重订的过程来看待人权"（第 8 条）。2016 年第 17 次不结盟运动首脑会议通过的《最后文件》指出，"当今世界是由具有不同的政治、经济、社会和文化制度和宗教的国家组成的，这种不同是由各个国家的历史、传统、价值和文化的差异所决定的，普遍承认各国自由决定其自己进步发展的路径的权利，才能保障世界的稳定"（第 27 条）；"宽容、相互理解与尊重是国际关系中的基本价值，文化多样性和所有人民和国家对文化发展的追求，是人类文化生活相互丰富的源泉，也是实现所有人的人权的源泉"（第 31 条）。④

人权概念的上述扩展和分化，一方面使得人权概念可以适应不同国家

---

① Ministerial Declaration (1999), http://www.g77.org/doc/Declaration1999.htm.

② Ministerial Declaration (2002), http://www.g77.org/doc/Declaration2002.htm.

③ Ministerial Declaration (2009), http://www.g77.org/doc/Declaration2009.htm.

④ 17th Summit of Heads of State and Government of the Non-Aligned Movement, Final Document, http://cns.miis.edu/nam/documents/Official_Document/XVII-NAM-Summit-Final-Outcome-Document-ENG.pdf.

和不同文化的需求，在不同的文化土壤中扎根生存；另一方面也导致了对人权概念的不同解释、观点和主张之间的对抗。如果不能对这种分化后的众多观点加以协调整合，就会使人权概念成为可以任意解说和利用的工具，失去其普遍性的光芒，甚至沦落为施加政治压力的工具。正如《曼谷宣言》所指出的，"促进人权应通过合作和协商一致的方式加以鼓励，而不是通过对抗和将不相容的价值观强加于人"；"迫切需要根据平等和互相尊重的原则，使联合国系统民主化，消除选择性和改善程序和机制，以便加强国际合作，并在解决及实现人权的所有方面确保采用积极、均衡和非对抗性的办法"；不应当"利用人权作为施加政治压力的手段"。

三　人权概念的和化

人权概念的和化是将各种新的人权主张融汇协调，形成一个有机的整体。和化通过许多不同的机制来实现，这些机制包括联合国通过的相关决议、宣言和公约等，它们以不同方式将各种新产生的人权主张纳入人权概念的体系之中。

（一）通过联合国相关决议和宣言承纳人权新内容

通过联合国的相关决议和宣言来承认人权新主张是人权的组成部分，将其纳入人权体系之中，是人权中和过程的第一步。自《世界人权宣言》发布后，联合国先后通过了一系列有关人权新内容的决议和宣言，将这些新内容承认为人权的组成部分，并作出明确表述。例如，联合国 1984 年通过的《人民享有和平权利宣言》，1979 年通过的《关于发展权的决议》和 1986 年通过的《发展权利宣言》，1972 年的《人类环境宣言》将和平权、发展权和环境权宣布为人权的重要组成部分。

（二）通过联合国相关公约对人权新内容作出约束性规定

通过联合国制定的相关国际人权公约来具体规定各项人权新内容的权利－义务关系，是人权中和过程的第二步。

联合国 1966 年制定并通过了《经济、社会和文化权利国际公约》，将经济、社会和文化权利确定为人权的重要组成部分，并具体规定了相关的权利和义务。同时，《经济、社会和文化权利国际公约》和《公民权利和政治权利国际公约》中，都写入了民族和人民自决权及自然资源与财富主权，并明确了相应的义务。联合国还相继通过了一系列有关保障妇女权利、儿童权利、残疾人权利的宣言和国际公约，特别是 1963 年的《联合国消除一切形式种族歧视宣言》和 1966 年的《消除一切形式种族歧视国际公约》，1967 年的《消除对妇女歧视宣言》和 1980 年的《消除对妇女一切形式歧视公约》，1959 年的《儿童权利宣言》和 1989 年的《儿童权利公约》，1990 年的《保护所有移徙工人及其家庭成员权利国际公约》，以及 2006 年的《残疾人权利公约》等，对这些权利的具体内容和相应义务作出了更加细致的规定。

（三）融汇各方主张对新旧人权主张进行整合

人权的新内容与原有内容在人权体系中会出现冲突，需要通过联合国决议作出权威性解释来明确它们之间的关系，消除对立，使其成为相互协调的整体，这是人权和化过程的第三步。1977 年 12 月 16 日，联合国大会通过《关于人权新概念的决议》（第 32/130 号）。一方面，它对公民权利和政治权利与经济、社会和文化权利之间的关系进行了解释，指出"一切人权和基本自由都是不可分割和互为依存的，对于公民权利和政治权利以及经济、社会和文化权利的执行、增进和保护，应当给予同等的注意和迫切的考虑"；"若不同时享有经济、社会和文化权利，则公民和政治权利决无实现之日"。另一方面，它对个人权利和集体权利的关系进行了解释，指出"个人和各国人民的一切人权和基本自由是不可剥夺的"。

1990 年第 45 届联合国大会通过第 45/155 号决议，决定再次召开世界人权会议，以便在最高级别讨论联合国在促进保护人权方面所面临的各种关键问题，消除国际人权活动中的对抗。1993 年 6 月 14 日，180 多个国家的代表出席了在奥地利首都维也纳召开的世界人权会议，并于 6 月 25 日协商一致通过了最后文件《维也纳宣言和行动纲领》（Vienna Declaration and Programme of Action)①。该文件充分吸收了会前各地区所通过的宣言内容，对各种不同的人权主张进行了协调，并作出了相对平衡的表述。

第一，针对人权的普遍性与文化相对性的争论，该文件一方面强调"《世界人权宣言》是各国人民和所有国家所争取实现的共同标准，是启迪的源泉，是联合国据之以推进现有国际人权文书、特别是《公民权利和政治权利国际公约》和《经济、社会及文化权利国际公约》所载标准的制订工作的基础"（序言）；另一方面又考虑到"在突尼斯、圣约瑟和曼谷召开的三个区域会议通过的宣言以及各国政府提出的意见，并考虑到政府间组织和非政府组织所作的建议以及独立专家在世界人权会议筹备过程中编写的研究报告"（序言）。该文件一方面要求"国际社会必须站在同样地位上、用同样重视的眼光、以公平、平等的态度全面看待人权"，另一方面又指出"固然，民族特性和地域特征的意义、以及不同的历史、文化和宗教背景都必须要考虑"，最后得出的结论是包容性的——"各个国家，不论其政治、经济和文化体系如何，都有义务促进和保护一切人权和基本自由"（第一部分第5条）。

第二，针对民族自决与国家主权与领土完整问题的争论，该宣言一方面强调"所有民族均拥有自决的权利。出于这种权利，他们自由地决定自己的政治地位，自由地追求自己的经济、社会和文化发展"；另一方面又指出"这不得被解释为授权或鼓励采取任何行动去全面或局部地解散或侵犯主权和独立国家的领土完整或政治统一"，但其条件是"只要这些主权和独立国家是遵从平等权利和民族自决的原则行事，因而拥有一个代表无区别地属于领土内的全体人民的政府"（第一部分第2条）。

第三，针对各项人权之间关系的争论，该宣言一方面采纳了各地区宣言中的共同主张，承认"一切人权均为普遍、不可分割、相互依存、相互联系"（第一部分第5条）；另一方面又特别强调了贫困对人权的影响，

---

① 以下有关《维也纳宣言和行动纲领》的引文翻译，均来自联合国人权高专办网站发布的译文，http://www.ohchr.org/CH/Issues/Documents/other_instruments/06.PDF，同时参考了董云虎、刘武萍编著《世界人权约法总览》（续编），四川人民出版社，1993，第989～1011页。

指出"极端贫穷的广泛存在妨碍人权的充分和有效享受；立即减轻和最终消除贫穷仍然必须是国际社会的高度优先事项"（第一部分第 14 条），并申明"绝对贫困和被排除在社会之外是对人的尊严的侵犯，必须采取紧急措施，加强对绝对贫困现象及其成因的了解，包括与发展问题有关的原因，以便促进最贫困者的人权，解决极端贫困和被社会排斥问题，让他们享有社会进步的成果。各国必须扶助最贫困者参与他们所生活的社区的决策进程，促进人权和努力扫除绝对贫困现象"（第一部分第 25 条）。同时还特别强调了发展权的地位和实现发展权的重要性，指出"《发展权利宣言》所阐明的发展权利是一项普遍的、不可分割的权利，也是基本人权的一个组成部分"，要求各国"应互相合作，确保发展和消除发展障碍。国际社会应促进有效的国际合作，实现发展权利，消除发展障碍"（第一部分第 10 条）。

第四，针对关于人权的平等享有与特殊保护的争论，该文件一方面强调"无任何区别地尊重人权和基本自由是国际人权法的一项基本规则。迅速和全面消除一切形式的种族主义和种族歧视、仇外情绪以及与之相关的不容忍，这是国际社会的优先任务之一"（第一部分第 15 条）；另一方面又分别对妇女、儿童、土著人民、残疾人、难民、移徙工人和少数群体成员的权利的特殊保护作出了专门的论述（第一部分第 18～24 条，第二部分 B"平等、尊严和容忍"）。

通过上述中和过程，人权概念的新旧内容之间建立起相互的协调关系，从而使人权概念体系在扩张过程中能够保持相对的一致性和协调性，成为具有相对统一标准的全球性规范。

四　结论

从上述对人权概念发展历史的回顾，可以得出以下几点结论和启发。

第一，从特殊地域产生的人权概念，需要经过文化中和过程才能走向世界，被世界上的各种不同文化所接受，并在各种不同文化的滋养下健康成长。这种文化中和过程会经历中化、分化及和化三个阶段，它们相互交织、循环往复。

第二，《世界人权宣言》的制定过程，是多元文化碰撞下对人权概念进行中化洗礼的过程。在这一过程中，人权从上帝赋予的权利变为与生俱来的权利，从有产者的权利变为所有人的权利，从男人的权利变为所有性别的人均享有的权利，从白人的权利变为所有种族的权利，从西方人的权利变为所有人民的权利。《世界人权宣言》于2009年因成为世界上被翻译最多的文件而创下了世界纪录，据联合国人权高专办网站截至2018年9月24日的数据，《世界人权宣言》目前有466种不同译本①，成为全球所有国家和所有人民都可以接受的共识，被广泛传播，是人权由地域性概念转变为全球性概念的重要分水岭和里程碑。

第三，经过《世界人权宣言》的中化过程，人权概念成为一个被共同接受的"母体"，在此基础上孕育和繁衍出更加丰富的人权理念。正如《维也纳宣言和行动纲领》所强调的，"《世界人权宣言》是各国人民和所有国家所争取实现的共同标准，是启迪的源泉，是联合国据之以推进现有国际人权文书、特别是《公民权利和政治权利国际公约》和《经济、社会及文化权利国际公约》所载标准的制订工作的基础"②。在《世界人权宣言》的基础上，人权概念不断发展，进一步包容了民族和人民的自决自主权利，经济、社会和文化权利等"积极权利"，对各类弱势群体权利的特殊保护，以及人民和人类的集体权利。

第四，《世界人权宣言》之后人权概念不断扩展和分化，需要进一步加以整合。各项国际人权公约和宣言的制定，特别是《维也纳宣言和行动纲领》，发挥了对扩展和分化后的人权进行"和化"的作用。

第五，人权概念还在发展，文化中和还在进行中。人权概念的"母体"仍在不断地分化繁衍，同时也在不断地和化融通。

---

① 《关于〈世界人权宣言〉的翻译项目》，联合国人权高专办网站，https://www.ohchr.org/CH/UDHR/Pages/Introduction.aspx。

② 以下有关《维也纳宣言和行动纲领》的引文翻译，均来自联合国人权高专办网站发布的译文，http://www.ohchr.org/CH/Issues/Documents/other_instruments/06.PDF，同时参考了董云虎、刘武萍编著《世界人权约法总览》（续编），四川人民出版社，1993，第989~1011页。

The Cultural Compromise of Human Rights in Its Universalization

Chang Jian & Yin Haozhe

Abstract: Cultural compromise is the process by which concepts reach "overlapping consensus" through cyclic interactions of generalization and specialization. It consists of three stages: neutralization, differentiation and harmonization. For hundreds of years, the concept of human rights has gradually been accepted by countries with different cultures in the world by realizing cultural compromise in the process of global communication. The concept of human rights was born with its limitations. After a slow process of neutralization, the publication of the Universal Declaration of Human Rights (1948) marked that it became a common accepted concept of the matrix. Since then, the concept of human rights has been divided on a large scale, integrating with the actual needs of various regions. The content has been continuously expanding and many new human rights claims were formed. The differentiation reached a climax before the World Conference on Human Rights (1993). The harmonization of human rights concepts is mainly reflected in the human rights conventions and declarations formulated by the United Nations after the Second World War and marked by the Vienna Declaration and Programme of Action (1993). The concept of human rights has been constantly enriched and shown great vitality in the cultural compromise which is the cycle of the three stages of neutralization, differentiation and harmonization.

Keywords: the Concept of Human Rights; Cultural Compromise; Universal Declaration of Human Rights; Vienna Declaration and Programme of Action

作为实体性原则的基本人权[*]

——对基本人权的制度化及其实践的另一种考察

熊静波^{**}

摘　要：由基本权利抽象出来的原则被称为实体性原则，实体性原则体现了实践理性的原则，具有双重特性，既有主观性，又有客观性，主观性对应于"善"（good），客观性对应于"对"（right）。原则理论更注重原则的主观性面向，原则的善的指向性、不确定性、重量性等几个特点都可以从主观性维度导出。而这几个特征决定了原则追求最佳化的实现。实体性原则的实现会遭遇原则冲突、原则与规则冲突等情形，可谓方法论的核心问题。

关键词：实体性原则；主观性；客观性；最佳化诫命

一　法律原则与基本权利

语义学的规范理论提醒人们，探讨基本权利问题必须回到规范语句，如此才能使得法律的言说有根可循。按照阿列克西的权利理论，作为主观权利的基本权利是可以转化为原则的。这一转化的过程就是不断抽象化的过程，是将所有的基本权利规范通过对主观方面的抽象化来客观化的过程。①

　＊　本文系国家社会科学基金项目"法律职业伦理实效性的文化解读及对策"（项目编号：17BFX023）的阶段性成果。
　＊＊　熊静波，南京大学法学院副教授，法学博士。
　①　〔德〕罗伯特·阿列克西：《法·理性·商谈》，朱光、雷磊译，中国法制出版社，2011，第262页。

具体操作需结合基本权利的规范结构展开，可以分三个步骤来完成。几经抽象最后得到的阿列克西称之为纯粹应然存在（当然这里的纯粹只是说其一定程度上已经脱离了经验或条件）。台湾学者王鹏翔对阿列克西的构想作了细致的转述。他以表达自由为例。表达自由可以表述为 a（主体）对于国家 s（相对人）有请求不要干预其发表言论 g（权利的对象）的权利。这种主观权利有一个对应的关系性义务，即"国家 s 对于 a 负有不干预其发表言论的义务"。

将主观权利转化为客观原则规范的第一步，就是将权利主体予以抽象化，把原本的关系性义务转化为不具相对人的非关系性义务，亦即"国家 s 负有不干预言论发表的义务"。这个抽离权利主体（即义务相对人）的义务，本身就是一个客观的法规范，但它仍太过特殊（只针对"国家不干预言论发表"的行为），还不足以成为一个扩散作用至整体法体系的抽象一般原则。要达到这个目的，还必须进一步地将权利的相对人（亦即负担义务者）以及权利对象的特定性质（在这里指的是"不干预言论发表"的行为）也予以抽象化，而得出一个单纯的命令规范：言论自由应予保障。依照阿列克西的见解，这种单纯要求实现某种应然状态的基本权利规范即可被称为"基本原则"。①

有人认为，原则是不完整的规范，从这个意义上将宪法规定的权利认定为原则。② 而这里所陈述的则是另外一种情形：基本权利并不是原则本身，却可以几经抽象、转化为法律原则。抽象的目的不是将基本权利肢解开来，而是试图通过抽象之后的原则更好地把握命令、禁止、允许，让人们更加清楚地明了它们的运动轨迹，特别是它们能够在多大程度上被满足。将此作为一个阶段性的结论应该不会引起太多异议。任一基本权利要实现，就不能一动不动地停留在原地，而必须将自己"异化"，脱离原初的自我，化身为原则。其实，我们完全不必拘泥于宪法权利，任何权利几

---

① 就此而言，基本权利所体现的客观价值秩序或价值体系，即可转化为由基本权利所导出来的基本价值体系，价值冲突与价值之间的衡量，也就可以转化为原则碰撞与原则衡量的问题。参见王鹏翔《基本权作为最佳化命令与框架秩序——从原则理论初探立法余地（gesetzgeberische Spielräume）问题》，《东吴法律学报》2007 年第 3 期。

② 参见吴庚《宪法的解释与适用》，三民书局，2004，第 25 ~ 26 页。

经抽象都可以转化成为原则——仅限于宪法权利说明其方法是有局限性的。前已述及权利即规范，声称原则由权利转化而来就等于说原则由规范转化而来，二者无异于同义反复。然而，将权利转化为原则之后，a（主体）对于国家 s（相对人）的关系就被有意识地忽略了，权利的原理（也即法的一般原理）也被有意识地屏蔽了，只剩下抽象的原则凸显出来。而根据这里的表述，原则是由 G（对象）发展而来的。G 也是相关当事人的利益之所在。阿列克西的原则说的优长也就在于此，它凸显了法的基本范畴，确有将利益包含在其中。阿列克西的理论构想让我们看到一种可能，原则的实现就已经包含了利益的实现，或者利益的实现是原则实现的题中之义，无须另外提及利益。相反，时下流行的学说将权利直接还原成利益的做法则容易将法的原理彻底抛开，进入自以为是的"数字世界"。此外，依照王鹏翔的理解，基本原则同时也可以转化为价值的表述，例如"言论自由应予保障"这个原则即表达了"言论自由是好的"这个价值判断。其实，这一讲法是有待澄清的。价值的"善"总是对主体而言的，在这里主体都已经被抽象掉了，哪里来的价值宣示呢？这一价值只能是客观价值了，就是法律体系本身所蕴含的价值，一个对现行法律体系下所有的公民，对你我他都可以讲的"善"。原则的实现也就是客观价值的实现，也就是你我他都能够认同的"善"的实现。这样，原则的实现不仅仅对应于权利实现，还自然包括了相关利益与价值的实现。当然，这里的利益、价值或原则都是被法律界定过的，它们的实现其实也就是法律的实现，或者说实现它们是为了正义。

这里需要说明的是，原则可以作多重理解。阿列克西以请求权入手进而抽象出原则，并不是说从其他如特权、权力、豁免那里无法抽取出原则——法律原则几乎都是围绕这些关键性的概念发展出来的。只不过，在他看来，离开了请求权，仅仅由其他子权利抽取出来的原则法意义是存疑的。阿列克西注意到了原则的多样性，他还特别指出了埃塞尔对原则的丰富分类。在他的理论体系中，原则与权利总是存在对应性。这一点或许是受到了德沃金的启发。德沃金所讲的权利（即"王牌"）具有绝对的正当性，能够运用权利理论来最佳证成的答案就是唯一正解；而原则在其理论中具有决定意义，是能够作为论据为个人权利提供服务的。在《法·理性·商谈》中，阿列克西点出了德沃金的权利、原则、正解三个关键词的对应性与统一性。①

二　实体性原则的主观性与客观性

作为原则的基本权利有什么特点？对这一问题的考察将决定其在一个特定的法秩序中是如何作用的。特点是决定了一个事物的决定性，对特点的陈述也就是对定义的陈述。阿列克西将原则定义为最佳化诫命，作为最佳化诫命，这种规范要求某事物在相对于法律上与事实上的可能范围之内以尽可能高的程度被实现。② 最佳化诫命是原则的本质性属性。从最佳化诫命的定义出发，我们可以演化出善的指向性、重量性、初显特征不确定等几个原则特点。然而，笔者认为，体现了实践理性的原则，具有双重特性，既有主观性，又有客观性，主观性对应于"善"（good），客观性对应于"对"（right）。

（一）原则的客观性

原则具有客观性的面向。为了讲清楚这个问题，我们有必要引入康德的绝对命令。绝对命令是定言命令。定言命令没有目的手段的区分与考量。假言命令则相反，其从来都是要达到什么样的目的就应当采用什么样的手段。因此，绝对命令是无条件的。绝对命令可以表达为："你要只按照你同时也能够愿意它成为一条普遍法则的那个准则而行动"。任何一个行为，如果它本身是正确的，或者它依据的准则是正确的，那么，这个行为依据一条普遍法则，能够在行为上和每一个人的意志自由同时并存。如果我的行为和我的状况，根据一条普遍法则，能够和其他任何一个人的自由并存，那么，任何人妨碍我完成这个行为或者保持这种状况，他就是侵

---

① 〔德〕罗伯特·阿列克西：《法·理性·商谈》，朱光、雷磊译，中国法制出版社，2011，第174页。
② 参见王鹏翔《基本权的规范结构》，《台大法学论丛》2005年第2期。

犯了我，因为根据普遍法则，这种妨碍和阻力不能和自由并存。[①] 根据权利的普遍法则，所有人的权利和自由能够相互协调。人们相互之间发生异议或争端并依据规则提出请求的情形，都不可能发生。然而，人权学者杜兹纳认为，康德之"超验的自我、行为的先决条件、意义和价值的根基是绝对道德义务的创造物，没有一点世俗的特性"。受其影响，道德哲学与法理学都预设了一个自主自律的主体。[②]

如果说康德的预设是"理想应然"，那么罗尔斯通过实践重构出来的原则，可以被视作"现实应然"。[③] 他以抽象的人作为预设，依据其对于现代社会的认知，提出了解决社会问题的原则。他认为，在原初状态中，下列原则将被优先于其他来考虑。[④]

第一个原则：每一个人对于所有人可能拥有的平等的基本自由这一最广泛之总体系，有平等的权利。

第二个原则：社会和经济的不平等应当作如下安排。

1. 考虑到公正的节约原则，不平等必须带给最不利者以最大的利益；

2. 不平等必须与根据公平的机会均等向所有人开放的供职和位置相连。

罗尔斯的设计方案直奔"至善"，他既不放弃普遍法则所追求的道德性，也照顾到了社会福利问题，力求德福一致。罗尔斯似乎让人们看到了人类基本自由最优化实现的曙光，依照其理想制度方案，作为合目的性的存在，每个人的权利都能够得到最大的实现。罗尔斯是站在"总设计师"的角度，以立法者身份出现的，在他的蓝图中，制度的道德性是重点，多元社会让这位哲学家似乎不那么相信人的自身道德性。诚然，他确实不刻意强调人的内在制约。然而，他有关无知之幕男女的描述无疑在告诉我们，他的方案是有前提的，即抽象的、没有任何世俗特性的人的存在，那

① 〔德〕康德：《法的形而上学原理——权利的哲学》，沈叔平译，商务印书馆，2002，第40～43页。
② 〔美〕科斯塔斯·杜兹纳：《人权的终结》，郭春发译，江苏人民出版社，2002，第3页。
③ 有关理想应然与现实应然的概念，参见〔德〕罗伯特·阿列克西《法·理性·商谈》，朱光、雷磊译，中国法制出版社，2011，第196页。
④ 〔美〕罗尔斯：《正义论》，何怀宏等译，中国社会科学出版社，1988，第302～303页。

些可能妨碍人自律的信息被无知之幕屏蔽掉了。

上述引述表明，经过绝对命令之类的"黄金律"界分过的自由，和"黄金律"本身在一定意义上可以说是一个东西的不同面向。经过界分之后的自由实际上是具有普遍意义的"最合适"，并没有程度之分——抽象层面的实现程度也无从谈起。如果作为原则的权利都只是停留在上述抽象层面，原则之间或权利之间便不可能发生冲突。一般意义上或抽象意义上的人"生而自由"这一命题应能成立。原则也好，权利也罢，都可以从这一层面加以理解。

起初，阿列克西只是将原则定义为最佳化诫命，认为原则追求最大实现。但是，被最大化的是什么呢？笔者以为，只有最适当的东西才能被最大化地实现。阿列克西后来对原则作了区分，他将原则区分为"应被最佳化之命令"以及"要求最佳化之命令"。这两者分属不同层面的问题："应被最佳化之命令"作为衡量或者最佳化的客体处于对象层面，而"要求最佳化之命令"是原本之最佳化诫命，处于后设层面——在我看来，其应该属于纯规范层面或者说是本体意义上的原则。不仅如此，这一后设层面的最佳化命令是符合康德绝对命令的，它要求其对象"应被最佳化之命令"应尽最大可能加以实现。①

然而，如果我们只是停留在"应被最佳化之命令"层面，原则之间就不会有冲突，进一步地，若将原则与基本权利对应思考，基本权利之间也就没有冲突。

在对权利冲突现象进行探讨过程中，睿智的学者们结合中国特有问题，也发展出不少富有启示性的理论。其中，郝铁川先生的学说具有相当的代表性，不可忽视，21 世纪初他在一篇文章中提出：权利冲突成为法学界的一个热门话题。虽然笔者承认这是权利本位问题讨论的延伸与深化，但笔者更认为这是一个伪问题。因为大家在权利神圣的影响下，忽略了任何权利都有自己的一定边界（范围），只要不越过边界，就不会发生冲突。法律规定的种种权利都各有边界，这种边界，有的被立法者明确标

---

① 参见王鹏翔《基本权的规范结构》，《台大法学论丛》2005 年第 2 期。

出，有的被法理统摄，有的被情理昭示，只要我们细心探究，就可以守住权利边界，避免权利冲突。①

立法者标出难免会有误差，无须赘言。不过，法理统摄、情理昭示便可以与应然的设定画等号。沿着这样的理路，包括基本权利在内的所有权利既是善的，又是对的。我们便可以否定各种类型的权利冲突，当然也包括了人格权与表达自由之间的冲突。此论一出，许多人为之诧异，也引来不少商榷的文字。其实，如果要把它作一番理论还原，我们会发现自己对于此论并不陌生。如何细心探究？边界在哪里？又如何守住边界？他虽然也提及现实的立法者，但未在现象界与本体界作区分。事实上，只有本体意义上的法才能确立好的边界，如果我们将问题归入抽象层面上的讨论，他的论点或许是成立的。

国内通行的另一种论点也将权利的善和对联系在一起，并以后者为前者的前提。人们实际拥有的权利以及权利的实现过程因此具有道德性。这种论点被称为权利义务的道德关联学说。② 该说认为，没有义务就不可能有权利，并且说，获得和拥有权利的先决条件是承担义务和责任的能力和意愿。义务是任何人为了获得权利而必须付出的代价，权利和义务的道德相关学说使得权利的行使以对他人履行相应的义务为条件。简言之，就同一个主体而言，"没有无义务的权利，也没有无权利的义务"。如果这样理解权利，权利是不会冲突的。相对应地，再将权利化约为原则，原则之间也不会冲突，因为权利义务的道德关联说将权利主体规定为抽象的道德人了。

(二) 原则的主观性

阿列克西的原则理论更注重原则的主观性面向，涉及个人利益导向性、利益实现程度、不确定性等几个方面，有关原则的几个特点都可以从这几个方面导出。

---

① 郝铁川：《权利冲突是个伪问题》，《法制日报》2004 年 8 月 5 日。
② 参见〔美〕范伯格《自由、权利和社会正义——现代社会哲学》，王守昌、戴栩译，贵州人民出版社，1988，第 78 页。

1. 原则有善的指向

基本权利有一个显著的特点，即每一个原则都有善的指向性。至于"善"的实质意义，我们不妨在其与"对"的比较中展开。"善"与"对"作为对行为的肯定性评价有相似之处，不过二者又难以等而视之。"对"与规范不可分，其根据是规范，更多地体现的是形式价值；而"善"的根据在于人自身，更多地展现的是实质价值，只要某行为对其存在具有肯定的意义，我们就可以说它是"善"的。①

吊诡的是，基本权利作为一种规范应该是调整人际关系的当然之则，其善的指向性却引导着人们以它们为根据肯定那些仅对于自身具有肯定意义的行为，而将"对"与"错"抛在一边。伦理学研究成果对于基本权利的解释力是相当强大的，其在法理上也形成了一个挑战。过分强调规范性会使得基本权利丧失吸引力，比如，第一修正案真的如布莱克法官那样机械地运作的话，就必然会使得第一修正案本身的合理性受到质疑。② 事实上，公权力面对基本权利这一特殊的法律原则往往会陷于两难境地，究竟应该朝哪个方向去理解基本权利呢？我们很难干脆地给出一个选择性的答复，或许只能勉强将规范性与适应性来分别对应于"对"与"善"。

基本权利的这一特征与我们对法律原则的认识是重叠的。一般认为，法律原则要正当化大部分现存的实证法——符合超越了最低限度的实证法——在所有符合或者超过最低限度的"适合性"的原则中，它们在道德上是最好的原则（用正确的道德原则来定位的话）。换言之，当满足适当性的要求时，法律原则是那些道德上未必都正确却具有最高的适应性与可接受性的原则。③ 对于那些不满足于规则的形式性的当事人来说，法律原

---

① 杨国荣：《伦理与存在：道德哲学研究》，上海人民出版社，2002，第 73~74 页。

② 1959 年到 1962 年这一时期，美国最高法院的许多第一修正案的案例都是由大法官雨果·布莱克（Justice Hugo Black）提出的有说服力的异议而裁决的。布莱克大法官是持"绝对主义"立场的主要代表人物。在一个案件中，他明确提出，"第一修正案说什么就意味着是什么"。他直言说："我把'不得制定法律……'读作'无法律可剥夺'的意思。"这就是说（他为了明确起见）第一修正案的禁律是完全的、无例外的和无条件的。

③ 反对原则中所作的总结。德沃金相当清楚地指明，在符合规则以及那些不管是否被官员有意提及的决定的原则中，法律原则从道德上看是最好的原则。

则是善的。法律原则未必真如德沃金所说的那般具有决定意义①，但是它的善的指向性使其在司法推理中占有重要地位。

2. 原则论证在重量性（weighty）上作区分

既然原则具有主观性，它的实现就有主观性的空间，就有程度之分，原则具有重量性只能是从这个意义上讲的。一般认为，相比规则，法律原则不甚明了，只是论证的一个方向。原则的实现过程中还展示出重量或者重要性的维度。德沃金认为法律原则的决定以它们的权重经常归于复杂的道德或者理论问题论证。

原则的每一次适用都是其重要性的一种功能显现。每一原则的重要性会在特定的事件、特定的时候以及特定的地点显现。② 在特殊的案件中，某一个原则是否会超出其他竞争性的原则，我们应该如何决断完全取决于原则自身的重要性？一个"存有问题"的原则，仅就其是一个原则而言，也必须具有重要性。当然，其究竟重要性如何还需要权衡方能得知。

在衡量之前基本权利和法律原则一样只能用于为提供理由指明方向。在基本权利发生冲突的情形下，法官会发现，各方当作凭据的基本权利只是指明了一个论证方向。比如，据理力争的双方，一方以人格权为据，另一方以表达自由为据，二者在方向上呈现反向的特征。法官断然不可机械裁判。没有依据的案子难办，而有两个正式的法律资源，案子也难办。这时候法官要参照双方各自的法律理由。与冲突双方相关的事实因素与法律因素，如那些道德原则、社会政策以及其他标准等等③，为理解基本权利的权重创造了一个情境。当然，在立法阶段就没有获得认可的理由，法官应将其排除出去不作考虑，尽管它们也属于相关因素，比如，声称被"诽

---

① 法律原则的这一特征在德沃金所列举的帕雷莫等一系列疑难案件中有充分表现。See Ronald Dworkin, *Law's Empire*, Harvard University Press, 1986, pp. 15–20.

② 重要性对于原则的确立具有关键意义，因为原则没有正式的形式，也没有依靠某个人即将要适用它的可以记载的意图为依托。德沃金之所以倔强地维护原则的地位，他不只是为自己讲话，他从整个法理学的传统出发，也是为了这个传统，这个传统不仅已然影响到了学术问题而且还影响到了法律人的思维方式。

③ 过去的判例会改变某一方的重要性，就过去的案件来看，目前被用以解释案件的有关基本权利冲突问题的重要性，能够固定为一种逻辑上的论证负担来对待。当然，法官们也可以通过裁决与该案一致或者相反的案件来增加或者减少其一定的重要性。

谤"的官员的级别高肯定不能够成为受保护的借口。①

3. 原则的初步性特征是不确定的

原则的主观性面向决定了原则的不确定性。阿列克西对此给予的表述是：原则的初步性特征是不确定的。作为德沃金法律原则理论的重要继受者和发展者之一，他在《基本权利理论》一书中详尽地阐述了自己对法律原则的理解，并以此为基础建构了基本权利理论。阿列克西认为，法律原则与法律规则的一个重要区别在于，二者的初步性特征是不同的。法律原则所要求的是在法律和事实的最大限度的可能性上得到实现，它所主张的理由完全有可能被替代，因此其呈现的是一种初步性的要求，也就是说，法律原则的内容无法决定自身是否最终会得到采用。而法律规则就不同了，它坚持必须完全按照其规定的内容行为，并于法律和事实可能性的固定点要求上，限定一个判决应该如何。如果这个规则在事实上的可能性和在法律上的可能性之间无法达到一个统一，那这个规则将最终无效，只有在法律上和事实上皆确定可行的法律规则才能得到适用。②

原则的这一特性对于理解法学基本难题有一定的意义。让我们回到基本权利的问题上。当人格权与表达自由发生碰撞时，一方为何要作出退让？从学理上如何解释一方会受到抑制的情形？当然，人们也许能同样准确并且更简单地说，当权利以这种方式冲突时，它实际上只是赋予权利的理由之间的冲突。但是其中的一个理由压倒了另一个理由，于是仅存在一个权利。但是另外一种权利的划分对我们认识这个现象是很有启示意义的。有学者把权利分为初显的权利和真实的权利。作这样的区分或许对我们理解权利冲突有所帮助。人们可以此来解释权利冲突现象。这些案件中，冲突在两个初显的权利之间，但是冲突仅仅是表面的，因为一个初显的权利胜出了，仅仅留下了一个真实的权利。③ 惠曼教授反对这种分法，他认为，这些冲突不能仅以初显权利冲突的形式存在，因为在真实的权利冲突中，二者都是真实的权利。这种区分方式没有能够以任何方式对

---

① 参见冯象《政法笔记》，江苏人民出版社，2004，第174页。
② Robert Alexy, *The Theory of Constitutional Right*, Oxford University, 2002, pp. 57 – 59.
③ Carl Wellman, *Real Rights*, Oxford University Press, 1995, pp. 200 – 215.

真实权利如何冲突作出解释，因为这种区分的意义在于将冲突转化成为理由冲突或者权利根据冲突。此外，初显的权利并不具有真实权利的规定性，只是表面上看起来像权利。不能最终得以实现的权利便不是真实的权利，这一说法和我们此处论及的理论，即基本权利能作为原则以权重方式得以实现的理论，根本不相容。笔者认为，如果改变一下分法，把权利分为初显的权利和确定的权利，是不是就可以说得通了呢？从修辞上看，初显，用最直白的语言来表达的话，就是指最初步的、无法直接确定最终结果的认定。与初显相对应的词应该是确定。实际上，用确定才能很好地对这一司法推理过程作描述，"真实"与否是对权利的性质作了判断，其断定的是真假问题，"确定"与否则是针对结果而言的。不过，个人以为，这样解读或许更好：初显的权利就是客观性有待确认的权利，或者说主观性因素暂不能排除的权利，真实的权利就是客观性已经被确认的权利。

以上原则的善的指向性、重量性、不确定性这三个总体上都可以由主观性特征推导出来，在此基础上我们也就不难推出阿列克西所讲的最本质性特性：原则是一种"最佳化诫命"[1]。总的来看，原则实际上可以被视作一种合目的性的存在，这种合目的性的存在都追求自身的最大化实现，以上所列的原则特征都能够在追求自身最大化实现的过程中找到，表现在法律体系中便是：作为抽象的法律原则的基本权利总是能够在宪法、法令、行政法规以及裁决性的法律里得到体现，而我们若将具体的制度建构当作支持原则最佳化实现的手段也是可以的，不管如何，仅仅将制度性支持视为基本权利的影响是不全面的。[2] 这一点可能有人并不赞同，并以民法为例子说明：在一个国家，民法之类的部门法先行颁布，宪法的颁行则是后来的事，因此突出基本权利与具体制度建构之间的目的手段关系有违

---

[1] 这个最佳化是有条件的，如果我们只是从主观性面向看待原则，毋宁用"最大化"来替代"最佳化"。这不是咬文嚼字，从理论上讲，要实现真正意义上的"最佳化"，必须照顾到原则的另外一个面向，也就是其客观性，即原则的"对"的规范指引这一方面。以"对"为前提才能实现"善"的"最大化"，才能冠之以"最佳化诫命"。

[2] 有学者认为，我国宪法基本权利的保障模式基本属于相对保障模式。参见林来梵《从宪法规范到规范宪法》，法律出版社，2001，第92页。

历史事实。然而，我们所陈述的是一个法秩序范围内的法学原理而不是法史的知识。

三　实体性原则的冲突

将由绝对命令界定清楚的原则（或权利）最大限度地加以实现，在立法层面就显得很不现实，因为这样的原则无疑是最适当的，凭借它们，我们就可以知道自己"应该做什么"，但它们终究属于本体界的。它们对于我们来说是不可知的，只是可以作为思考的对象。我们不能指望立法者"全知全能"，以为立法者总是明确标出"边界"。

（一）冲突的必然性

权利意味着什么？语言所能表达的只是共相，给予我们的是确定性，与真理性总是有距离。所指和能指总是有距离。如果按照霍菲尔德的理解，任何权利内涵的复杂性以及多样性必然可以通过几对概念之间的复杂逻辑演算得以反映。权利就是由他所列举的一些要素构成的，包括请求权、特权、权力、豁免等。然而，他也指出，人们对这些基本词语的理解并不准确，人们往往是在没有理解的情况下使用这些词语，滥用这些词语则会篡改其意义。这种情形下，把它们简化成为原则之后加以权衡，无助于问题的解决。权利语句的语言具有模糊性，是不透明的。这种特征会导出很多问题来。可以肯定地说，一个法学家可以给予我们他们对人格权这一权利的解释，但是每一个这样的解释都是富有争议的。例如，"名誉"就是个易于引发争议的词。不同案件中名誉受到保护的范围是不同的，公众人物的名誉在多大程度上受到保护就一直存有争议。

以上主要围绕经验世界中人的认识能力局限性来谈权利或原则冲突的必然性。另一值得注意的要点是，现实中人们援引权利未必是出于"德"，而极有可能出于"福"。这种论点一开始就将权利的正当性建立在感性检验基础上而不是抽象的道德律法之上。相应地，权利的功能也被认为是保护人们的福祉。

如果权利只具有德性的面向，没有"福"的面向，就不会发生冲突，由权利抽象得来的原则之间自然也不会冲突。前述权利义务道德关联说实际上就是执着于权利的德性面向。法律是否依照道德关联说的要求去设定权利义务呢？对此，范伯格给予否定的回答。①

权利拥有者自身必须拥有义务在逻辑上并不是一个必然的命题。至少可以想象的是，一个人对 X 拥有权利，他却没有提供和尊重任何别人对 X 也有权利的相关义务。即使赋予这种特殊权益的法规在道德上可能是令人反感的，然而在概念上却是圆融的。的确，如果有某种理由赞同在某种情况下可以赋予无义务的权利，从而使义务的免除不是任意的，那么，甚至道德上的不相容也消除了。使得道德相关学说在说明大多数法定权利时显得似乎很有道理乃是由于这样的事实，即法定权利是由一般法规所赋予的，这些法规适用于各种社会阶层的人，而不是个别的人。

范伯格进一步地提出，权利义务逻辑关联说不仅是一种似乎很有道理的学说，而且，对某些种类的权利和义务来说，它在逻辑上甚至无懈可击。在他看来，权利和义务的逻辑关联学说并非断言个人的权利必须以履行他本人的义务为条件，而只是说他的权利必须与别人应尽的义务相关联，法定请求权是根据他人应尽的义务来加以界定的。

美国学者 Joseph William Singer 在《分析法学中的权利论争——从边沁到霍菲尔德》一文中，从受保障权与自由权的视角，审视权利冲突问题。② 他提出，确实有些学者——包括法学家和政治学家——都视自由权与受保障权之间的基本冲突为虚构的问题，否认它们之间存在不相容的特性。

有人会以这样一种方式界定自由，即否认必然会导致保障受到威胁的建议。另外，受保障的权利也会被这种方式提及，既让其显示出绝对性，同时也否认它们会对其他人的合法自由构成限制。因此，我们把自由界定

---

① 〔美〕范伯格：《自由、权利和社会正义——现代社会哲学》，王守昌、戴栩译，贵州人民出版社，1988，第 87 页。

② Joseph William Singer, "The Legal Rights Debate in Analytical Jurisprudenc, From Bentham To Hohfeld", *Wisconsin Law Review*, 1982, p. 975.

为根本不会影响他人的自由行为，作为受到免受侵害的绝对保护的权利，矛盾将会消失。这种调和矛盾的方法寻求客观的确认并将两种矛盾性的概念分开，通过超越的原则，这种方法否认一个概念暗含着另一个概念。

但他同时也指出，自由主义是一种激励，人们以自利的方式不受其他妨碍地作为，只要我们所做的不伤害他人。这种政治理论建立在矛盾的基础之上。为自由，我们从事于幸福的追求。然而，我们也需要不受伤害的保障。我们被给予越多的行为自由，我们对其他人施加损害的危险便越大。因此个人可依照自己的利益去增加其财富，权力以及权威性所秉持的原则与他们有义务注意到他人之避免伤害他人的行为原则之间存在矛盾，因为自由公民们受到自利的驱动，获得保障的唯一方式是：仅赋予国家以权力，以限制行为自由。自由行为和保障之间的自由因此转化成为个人权利之间以及权力之间的矛盾。我们因此要判定，行为自由在何种程度上可以受到集体强制的限制，以保障个人受保障的权利。

Joseph William Singer 所理解的自由主义权利理论，不能说是享乐主义式的，或是功利主义式的，但权利在他那里是以个人福祉为基础的。权利的扩张未必能够理解成为道义的坚持，反倒更像是欲望的膨胀。如此一来，权利就成了个人利益的工具，人们就会习惯于以目的－手段式的思维看待权利。其实尊重权利、遵守法律是为了过道德的生活，这同样可以被视作目的－手段式的思维，但前面所及以感性经验为基础的权利意识会使得权利的实现过程充满对抗和紧张。于是，当事人自然会对特权、权力、豁免、义务、责任、无－权利的意义理解存在差异，对这些权利的归属以及义务的负担产生分歧。种种差异与分歧都可能会集中反映在请求权方面。而当事人同时提出权利主张就相当于银行的"挤兑"，让公权力机关无所适从。

（二）冲突是一种"辩证否定"

基本权利冲突究竟是什么？从本体论上回答这个问题是不可能的。不可知的事物，未必不可思。对于基本权利的理解要注意避免两个方面，即常识性思维与理性幻想。

基本权利冲突是真正的规范冲突，这是一个常识性的思维。这种冲突并不是说某个人的行为与规范存在矛盾了——规范要求其为甲，他却为非甲。基本权利冲突一定是规范之间逻辑上的矛盾，按照凯尔森的讲法，逻辑上的矛盾只可能发生在两个都断定了一个"应当"的讲法之间，即两个规范之间，例如，在"乙应当讲真话"与"乙不应当讲真话"；或者只可能发生在两个都肯定"是"的讲法之间，例如"乙在讲真话"与"乙并不在讲真话"。前述甲与非甲之间的关系，在凯尔森看来属于符合与不符合的关系，是在一个规定一定行为并被认为是有效力的规范这一方面，和另一方面人的实际行为之间的关系。[①] 这一常识性思维自然有其道理，但它仅仅停留在语义学的层面，并使用"矛盾""冲突"这样的术语，并称权利冲突是一种法律冲突，不能给人以满意的解释，如果停留在这一阶段则难以形成真正的知识。

理性幻想则是法律人的"俗套"，是形式理性思考使然。例如，在涉及名誉诽谤的宪法诉讼案中，主要表现为双方各自依照对自己有利的权利规范，对事实作不同的裁剪。各自认定的事实与依据的规范相符合，存在一种积极关系，彼此之间的关系却是消极的、对抗的。言论方与人格权一方分别以规范为依据提出权利主张会得出两个截然不同的结果。他们的思路是典型的三段论式的：

$\bigwedge x\ (T1x{\rightarrow}R1x)$ [②]　　对于一切 x：如果 x 满足了事实构成 T1，那么法律后果 R1 就适合于 x

$$\frac{T1a}{R1a}$$

$\dfrac{a\ 满足了事实构成\ T1}{法律后果\ R1\ 适合于\ a}$

法官所面对的是这样一种激烈的对抗，以及由此而带来的艰难选择。

---

① Hans Kelsen, *Pure Theory of Law*, Berkeley and Los Angeles：University of California Press, 1967, p.52.

② 〔德〕阿图尔·考夫曼、温弗里德·哈斯默尔：《当代法哲学和法律理论导论》，郑永流译，法律出版社，2002，第322页。

法律思维不同于直觉判断，法律家的思考自然重形式逻辑，对形式正确性的追求需要理性去引导，但其结果往往是将法律家的思维陷于困难境地。

然而，形式推理最大的问题在于不能正确地对待二者之间的消极、对抗关系，看不到在消极中也有积极，否定中也有肯定的东西。基本权利规范效力在法律制度中是分层次的。首先是立法层次，作为原则的基本权利都追求最大化实现，最终表现在现行的法律体系中。其次是司法层次，依据由基本权利表现出来的法律体系裁判时，可能会遇到不适应性。最后再返回到原则层面思考。这个过程实际是"否定之否定"的过程。原则作为以"相对的效力公式"为特征的事物，"只有通过相互补充与限制新的双方作用来展示其固有的意义内涵"①。基本权利冲突需要被置于这个辩证逻辑下思考，将过程揭示出来，将内容展示出来，才可能阐明其本质的规定性，才可能摆脱两难境地。反之，法律家如果中了理性的"狡计"，就无法深入内容，只能停留在表面，以外在观察者的身份去谈问题。

以表达自由与人格权为例。立法阶段，表达自由与人格权如何最大化实现，必定是立法者要考虑的，并最终反映在新闻法、民法、刑法等部门法规范之中。而在依据体现了表达自由与人格权精神的法律规范裁判案件时，则会出现不适应性的问题。法官在审理案件时，为了不致形成抑制一方的偏见，对双方权利主张都认真对待。犹如日本学者芦部信喜所说：关于损害名誉权的表达自由，一向被视为猥亵罪或者损害名誉罪等自然犯罪而在刑法上加以规定，因而皆认为，不属于宪法所保障之表达自由的范围。然而，若抱定这种见解，则因对猥亵或损害名誉的概念如何界定，会产生连本来应该由宪法保障的表达自由，都有能被置于宪法保障之外的结果。于是，重新检讨改正，使猥亵乃至损害名誉的概念之界定本身都放在宪法论的想法而变得强有力。换言之，就是连猥亵和损害名誉行为，都解释为可涵括于表达自由之立场，将之划定于最大限度保障表达自由之范围内。② 而除了享有民事法律以及刑事法律等方面的保障外，其同时也在宪

---

① 参见〔德〕罗伯特·阿列克西《法·理性·商谈》，朱光、雷磊译，中国法制出版社，2011，第 181 页。
② 〔日〕芦部信喜：《宪法学》，李鸿禧译，台湾月旦出版公司，1995，第 182 页。

法上享有一定的地位。如此说来，经过了"否定之否定"的环节，返回基本权利层面作原则思考才能真正地做到"认真对待权利"。

四　原则的"规则化"

为了解决原则冲突，阿列克西提出了"碰撞法则"。其基本想法是，通过竞争法则建立优先关系以创立适用的规则。在笔者看来，这一法则当然不是阿列克西本人创出来的，不如说是阿列克西所作的描述，它反映了事物运动的规律。

（一）原则的"运动"及规则形成

阿列克西在分析 Lebach 案件时指出，法院的论证可以分解为三层不同的特殊权益，这与权利优位问题是相关的。[①] 第一层是保护个人隐私和新闻报道自由之间的紧张关系。这两个原则分别称为 P_1 和 P_2，分别要求禁止和允许播放该纪录片。此处的竞合是无法通过宣布哪个原则"本质上优先"从而得到解决的。但是，通过衡量，被联邦宪法法院称为"宪法价值"的原则，皆不能"宣称具有根本上的优先"，相反，"某个权益的退让，必须是基于案件的特征以及个案的环境"。法律的适用依赖于，如何根据案件事实来决定优先运用的原则。被衡量的权益也可以被称为"宪法上的价值"。

地位平等的两个原则，在抽象的水平上创立竞合关系后，在第二个层面上，法院对人格权主张作出否定，认为如果内容有关"新近的犯罪报道"（C_1）或者称之为（P_2 P P_1）C_1，那么新闻报道的自由就具有普遍的优先性。这意味着，并非所有新近的报道都被准许。由于位阶关系中包括了一条允许例外的"条件不变条款"，因此在原则竞合法则之下，存在与前述陈述对应的法律规则。

判决本身构成了第三个层面，是对此案型中的表达自由主张的否定，即否定之否定。法院在此案中认定："那些会危及罪犯重返社会的新闻报

---

① Robert Alexy, *The Theory of Constitutional Right*, Oxford University, 2002, pp. 54 – 55.

导，并不包括对严重罪行的重复报导"（C_2），对隐私权的保护优于新闻报道的自由，在此案中就意味着此种报道会被禁止。也就是说，优先的陈述（$P_2 P P_1$）中运用了 C_2。C_2 由四个条件组成：重复、没有公认的权益、严重犯罪行为、危及社会。规则 $C_2 \rightarrow Q$ 对应的优先陈述是有着四个条件的规则，其结构如下：

$$F_1 \text{ 和 } F_2 \text{ 和 } F_3 \text{ 和 } F_4 \rightarrow Q$$

即，一个重复（F_1）的媒体报道，不为最新信息利益所包括（F_2），是关于严重的犯罪行为（F_3），其危及了罪犯重返社会（F_4），这就是为宪法所禁止的（Q）。这实际上成了一个规则性质的规范，被用来确定表达自由与人格权之间的位阶关系。

在一般人眼里，正义之手拿着天平可以对争端方的利益进行衡量，以决定何方胜出。于是，在困难的个案裁决中，法官一定会对正反两方的因素加以列举。在宪法上的媒体自由权与隐私权发生冲突时，我们可以设想这样的模式。将隐私权预设为 P_1，媒体自由权预设为 P_2。赋予 P_1 抽象的数值0.8，赋予 P_2 抽象的数值0.4。禁止广播是 R_1，允许则为 R_2。对两种权利加以衡量显示出的位阶关系可以表示为表1。[①]

表1　对隐私权、媒体自由权的衡量

	P_1（隐私权）=0.8	P_2（媒体自由权）=0.4
R_1（禁止）	0.4	0.3
R_2（允许）	0.3	0.9

从而，选择 R_1，价值的实现总量是：0.32（0.4×0.8）+0.12（0.3×0.4）=0.44。选择 R_2，价值的实现总量是：0.24（0.3×0.8）+0.36（0.9×0.4）=0.60。R_2 具有的价值总量高于 R_1，因此法官应当选择判决维护媒体自由，即便在基本价值序列上隐私权的权重值原本要大于媒体

---

① Robert Alexy, *The Theory of Constitutional Right*, Oxford University, 2002, p. 98.

自由。

其实，在阿列克西所举的案型里，宪法法院法官所面对的是一个没有规范的情形，部门法被超越，宪法权利条款又不能发挥裁判指示作用——它们都显示出善的面向，而规范性则已经成为隐性的特性。宪法法院法官的工作是建构性的，其角色无异于立法者。按照阿列克西的观点，原则冲突时，可以通过察看个案之情形，来确定原则之间的条件式优先关系：在某一案型条件下原则 P_1 优先于另一原则 P_2，当条件改变时这个优先关系则可能反过来，则 P_2 优先于另一原则 P_1。阿列克西以符号 P 来代表优先关系，C 表示优条件：

（1）$C_1 P_1 P P_2$

（2）$C_2 P_1 P P_2$

（3）$C_3 P_1 P P_2$

…

（n）$C_n P_1 P P_2$

$C_1 P_1 P P_2$ 的得出无异于确立规则，它可以读成"如果 C_1，那么 $P_1 P P_2$"，这样的表达式就是规则逻辑结构的"要件 + 法效果"。为了解决 P_1 和 P_2 的冲突，我们应该区分不同的情形，中间的省略号可以作这样的表达：原则碰撞的情形是不可穷尽的，应该尽可能细致地区分各类情形，但是并非多多益善，区分得太细，规则太多，就会出现思考的"冗余"。这可能是我们庸俗的理解。从理论上看，商谈的参与者的知识是有限的，认识到所有适用情境的所有特征是不可能的；关于适用情境的知识与规范涉及的利益都有可能改变。由于这两个原因，"完美的规则"成为不可能。于是，只有将包括表达式中的省略号在内的所有情形都考虑在内才能接近"完美的规则"。

上述分析表明，我们不能将阿列克西在冲突规则方面的建树局限于司法裁判领域，甚至仅仅将它作为法律方法来看待。他构想的这一套碰撞规则体系形成过程也不是在客观描述相关案件司法官的思维过程，这里所述的原理是具有普遍性的。阿列克西是在立法，他不只是在给司法官立法，还在给立法者立法，甚至是在给每一个理性存在者立法。

阿列克西称，一种关于原则关系的完美理论是这样的一种理论，它以一种一般化的程度（它相当于上述第三步的一般化程度，或者在必须个案判决的情况下，这种一般化程度还要低一些）包含了所有可以想到的原则关系。这一理论包含了每一个案件中的解决办法。然而这样一种理论不仅在事实上是不可能成立的（它也不再是固有的原则理论了），而且是一种规则体系，它把握了所有的东西，是一种完美的法典化方案。①

他所给出的这个碰撞法则，虽然也给出了条件，这一套原理却是可以普遍化的。这是一套类似于绝对命令的理性法规。不过，按照康德的讲法，真正的理性法规在道德领域才能建立起来。在道德领域中，理性的法规是超验的，完全摆脱了经验，只是要求人们按照自由的法则去做。而阿列克西的法则毕竟是附条件的，满足优先条件才能产生优先原则的法效果。按照他自己的讲法②，碰撞法则更专业的表述是：假如原则 P_1 在条件中优先于 P_2，即（P_1PP_2）C，并且 P_1 在条件 C 中可导出法效果 R，就会产生一条有效的规则，这条规则由有效事实 C 和法效果构成，即 C→R。

真正的纯理性的命令只能是定言命令，只能是无条件的。可见，如果 C 那么 R，这是假言命令。也有学者提及无条件的原则优先。根据王鹏翔的理解，两个原则 P_1、P_2 之间的冲突有下列四种可能的解决方式③：

（1）P_1PP_2

（2）P_2PP_1

（3）（P_1PP_2）C

（4）（P_2PP_1）C

---

① 〔德〕罗伯特·阿列克西：《法：作为理性的制度化》，雷磊译，中国法制出版社，2012，第 202 页。

② 〔德〕罗伯特·阿列克西：《法：作为理性的制度化》，雷磊译，中国法制出版社，2012，第 135～136 页。

③ 参见王鹏翔《基本权的规范结构》，《台大法学论丛》2005 年第 2 期。

其中（1）、（2）两种情形是"无条件的"，容易让人想起美国宪法第一修正案对表达自由的规定以及德国基本法第1条有关人性尊严不可侵犯的规定。笔者要指出的是，准确理解第一修正案就必须同时参看平等权的修正案，有了平等权，自由权就难以成为绝对的权利。德国基本法第1条的人性尊严根本就是一种法理念的宣誓与法原理的澄清，只是说明人是目的这一点不受挑战，使得人作为人的东西应该受到尊重。然而，在现代社会，无条件的绝对优位也不是没有。例如，政党政治中就会讲"生命诚可贵，爱情价更高，若为自由故二者皆可抛"，这就是一种强行排序。这样的排序只能在一定范围内适用，不可能推而广之。因此，在笔者看来，它们还是附条件的。（3）、（4）两种情形中的 C 不再指个别情形，而是指某一类情形。（3）中的 C 是指所有 P_1PP_2 的情形。（4）中的 C 是指所有 P_2PP_1 的情形。通过类型化的处理，可以将阿列克西所讲的碰撞法则以有限的方式表达，而以有限表达无限，就是以上表达式的优长所在。

（二）原则与规则之间的关系

通过上述演绎，我们已经将法理学中所讲的法律的三要素规则、原则和概念都提到了。它们都是合乎逻辑地出现在本文中的。我们可以将原则及其演化而来的规则各自的特性及其相互关系作个小结，为了直观，这里选择了四个图形加以表达（见图1）。

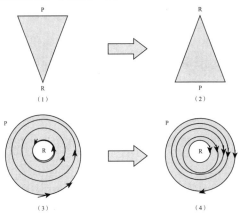

图 1 原则与规则关系

　　总的来看，这里所表达的观点认为，原则与规则的差别在于"质"的不同，相同之处则从"量"的变化上能看出来，或者说二者的相同之处在于显现在一般性的程度之上。① 具体说来，图 1 中（1）、（3）用来说明原则到规则的形成过程，也可以被用来说明立法过程。图（1）是个三角形，上面对应于原则，下面对应于规则。原则要最佳化实现，就不能停留于原地，而应该动起来，异化成规则。原则的初步性特征是不确定的，意义宽泛而不确定。以三角形的角指规则说明，规则的初步性的特征是确定的。整个立法过程就是从原则到规则的过程，就是从意义不确定到确定的过程。图（3）是图（1）的剖面图，是个旋涡。原则是在各种力量的推动下，在思想、舆论的旋涡中逐渐形成规则的。一开始人们对原则有个大致的共识，但并不确定其意义以及实现形式，到了旋涡的中心意义及其实现形式就明确了。从这里的图形我们能看得出，原则一直都在，不过是以另外一种形式存在而已。当然，从原则到规则的过程中自然会有比较、有权衡，没有哪一个原则是孤立的存在，也没有哪个原则能在真空中得以自顾自的方式实现。图（2）、图（4）可以用来说明适用规则的过程。适法者面对规则，规则的确定性也只是初步性的特征，当我们试图真正理解它们的时候，往往会发现规范语句所提供的信息并不符合我们的预期。图（2）指引我们回到规则形成的过程中去理解规则的规范遗憾，甚至直接回到原则中去思考。"原则指向高度不特定的行为与事实，因而具有极宽的涵摄面和极高的包容性，能够有效地填充隐藏于规则体系中的漏洞和缝隙；原则'明白地包含了评价'，因而可使法律体系更具包容性。所以，原则可以作为法律解释、变更法律、法律中特殊例外、制定新法以及特定个案中行动的基础。"② 图（4）是图（2）的剖面图，呈涟漪状。它给我们的启示是，如果我们不懂得规则究竟告诉我们"应该怎么去做"，我们不妨将规则当作石子儿扔进思想的脑海中，让它荡开涟漪，在周遭思考，寻找正

---

① 这个观点与德沃金所强调的严格区分命题是不同的，德沃金认为原则与规则存在逻辑结构上的差异性。可参见阿列克西对德沃金原则规则理论的评论，〔德〕罗伯特·阿列克西《法理性商谈》，朱光、雷磊译，中国法制出版社，2011，第 176～177 页。
② 陈林林：《基于原则的裁判》，《法学研究》2006 年第 3 期。

解。当然，我们不能距离中心点太远了，太远的资源规范性就会较弱，也不能太近，太近我们还是一无所获，适当即可。这里的图形也告诉适法者，规则具有优先适用性，轻易不要用原则，否则视为逃逸。因为原则的实现是分阶段完成的，适法阶段如果轻易适用原则就等于不尊重从原则到规则这一阶段，等于不尊重立法者。司法官、执法者都不能这样做，他们应该带头尊重立法活动、尊重立法者。这些教条是在原则运动过程或实现过程中形成的，却并不涉及原则的实质内容，阿列克西的著作中称之为形式原则。它们给规则提供支持，并向适法者提出了优先适用规则的要求。

五　原则/规则冲突

原则在追求最佳化实现的过程中，不仅会出现原则与原则之间的冲突，还有可能出现规则和规则的冲突以及规则和原则之间的冲突。

（一）规则与规则的冲突

"规则与规则会冲突吗?"[1] "迄今为止，显现出，原则间的碰撞在完全一般性的程度上，对应于规则间的矛盾，但另一方面，原则间的碰撞现在位于不同层级的种类之中了。"[2] 按照阿列克西的讲法，规则之间的冲突是必然的，因为原则之间的冲突是必然的，对应的规则之间的冲突也就是必然的了。显然这里所讲的冲突并非由于立法者在立法技术上出现纰漏而导致的规则之间的自相矛盾。然而，如果不是笔者理解错误的话，阿列克西的这一说法似乎并没成立。按照前述原则发展至规则的公式化表述，规则是根据优先条件并经过精确计划而来的，理论上它们相互之间似乎不应该会发生冲突。试想，两个原则 P_1 与 P_2 是相冲突的，由这两个原则分别衍生出的规则 R_1 与 R_2，这两个规则的法效果虽然截然相反，R_1 中 P_1

---

[1] 这在德沃金那里根本不是一个问题，其之所以在这里被提出来，是因为笔者认为按照阿列克西碰撞法则，规则之间不可能发生冲突。

[2] 〔德〕罗伯特·阿列克西:《法·理性·商谈》，朱光、雷磊译，中国法制出版社，2011，第 192 页。

优位，R_2 中 P_2 优位，但这两个结果分别对应于两个不同情形 C_1 与 C_2，怎么可能会发生冲突呢？

那么冲突从何而来呢？原因大致有二。

（1）理性不够、计算不周。现实中的规则总是难以那么精确，由不完善而引起的冲突与矛盾在所难免。如果由这两个原则 P_1 与 P_2 衍生出两类规范群（方法论上称之为"规整"），由于规则众多，一旦有理性不够、计算不周的情况，对 C_1、C_2 这两种情形分列不清楚，规则冲突就在所难免。例如，《侵权责任法》的规定与"其他法律对侵权责任另有特别规定"之间的矛盾，是客观存在的。以新闻法与保护人格权不受侵犯的规则为例，就不难说明问题。由于其背后的原则所引发的矛盾是难以避免的，这并不是说，一个人可以在其规范体系中容忍矛盾（的规范）。只有在不同个人之间，不相容的规范体系才被允许（存在）。[1] 然而，一个法律体系总是设法调整这种对立，不能允许这种矛盾一直存在下去，设计出规则的目的就是要在化解原则之间的矛盾的同时实现原则所谓的最佳化目标。理论上，大部分情形下应该能够做到这一点，即设计出来的规则能够在避免冲突的情形下让原则得以最大化实现。然而，立法者毕竟不是全知全能的上帝。

（2）规则形成在原则之前。必须承认，由原则而至规则，这是一理论化的阐述，并不是对立法过程的写实性的描述。这一理论化的阐述说明了宪法之后（严格地说是"宪政"之后）的现代法治国家的法理。有宪法的法治国家，宪法应该相当于整个法律体系的中心思想，宪法原则应该对立法过程有所指导、有所拘束。然而，从法史的角度看，民法规则或其他部门法的规则形成在宪法之前是较为常见的。德国民法典就是在德国基本法之前诞生的。我们无法想象在民法典的规则制定过程中宪法原则之间的权衡发挥了怎样关键性的作用。这样的民法典沿用到基本法成为德国法律体系的中心之后就要重新理解了，要立足于整个法律体系准确认识德国民

---

[1] 〔德〕罗伯特·阿列克西：《法·理性·商谈》，朱光、雷磊译，中国法制出版社，2011，第 114 页。

法典的规范内涵免不了要结合基本法上的原则。在重新理解的过程中，人们必定会发现规则冲突。因为这些规则根本不是按照阿列克西指引的由原则而至规则的路线形成的。

两个规则冲突会产生什么结果？按照德沃金的理论，我们可以设想冲突会有两种结果。[①]

（1）一方优位。"当原则间发生冲突时，裁判者必须权衡每一条原则的相对份量并'择优录用'，但这并不会导致落选的原则失效。而规则的冲突直接涉及到效力问题，不予适用的规则会事后失效，并被排除在法秩序之外。"[②] 这是一个有根有据的标准答案，德沃金就是这么说的。这样说是有一定道理的：规则冲突中，一旦有一个规则退让，确立了新的优先关系，就应该对所有的案件都适用，不能因案而异。这一点和原则冲突显然不同，在原则那里这种优先关系是因个案而不同的。如此一来，相互矛盾的规则中的一个也就被排除出法秩序了。[③] 这一说理从逻辑上看几乎没有漏洞。

（2）一方退让。当一条规则命令做某事而另一条禁止做同一件事时，如果不是一条规则为另一条规则设定例外，那么至少其中的一条是无效的。设定例外是一个可选方法，至于宣告无效怎么样，后文将会再议。

如果存在仅由规则构成的规范体系，它势必禁止通过新的例外性限制规则来进行限缩。但这样的规范体系在现代社会是不存在的。无论是在适用法律的过程中，还是在立法实践中，人们往往难以判定，是否还要制定一个新的例外条款。这一难题需要借助原则加以解决，重新检讨规则与原则之间的关系是唯一可靠的路径。

例外设定得越少规则冲突的情形就会越多。立法者当然也深谙此道，他们会经常使用设定例外的方法避免规则之间可能的冲突，且在规范语句的表达上呈现相对固定的风格。以我国《宪法》第51条为例："中华人民共和国公民在行使自由和权利的时候，不得损害国家的、社会的、集体

---

① 参见〔美〕德沃金《认真对待权利》，信春鹰、吴玉章译，上海三联书店，2008，第45页。

② 陈林林：《基于原则的裁判》，《法学研究》2006年第3期。

③ 〔德〕罗伯特·阿列克西：《法·理性·商谈》，朱光、雷磊译，中国法制出版社，2011，第187页。

的利益和其他公民的合法的自由和权利。"《侵权责任法》第三章更是规定了"不承担责任和减轻责任的情形"。

设定例外是万全之策？阿列克西的回答是否定的。[①]

假如一个规则根据一个原则不被适用不会导致规则全然无效，那么这就意味着，根据这个原则为规则创制了一个例外性的限制。如果原则的反例不可穷尽这一点被接受，那么也必须接受，它们的适用情境也是不可穷尽的。而一旦它们的适用情境不可穷尽，且原则的适用可以导致规则的例外，规则的例外也就可能是不可穷尽的。

按照阿列克西的见解，我们可以设想为规则设立例外的两个方式。

（1）以规则设定例外。因为我们已经同意规则确定的观点，那么当我们找到一个规则附加在另一个规则之后时，并不会导致后者不确定。因为规则的例外是可数的，新的规则（以规则附加了例外的规则）之例外也是可数的。

（2）以原则设定例外。为了解决规则之间的冲突，我们当然可以依据原则设定例外。但有一种更为简单的处理方法或许可以解决这一问题，那就是试图通过插入一般性的保留条款。这两个方法都可以用来解决规则冲突问题，它们解决问题的效果却不一样。

假如人们将规则重构为附带保留条款的规则，用冲突定律解决（规则）冲突的可能同样具备。假如人们使用了与原则相联系的附加条款，例如其具有"以及当某个原则没有不同的合法规定"这样的内容时，呈现矛盾的案件的数量就会大大减少。[②]

然而，用原则设定例外，原则本身又有着不可计数的例外，那么附加了原则的规则的例外就不是可计数的了，因为作为限缩条件的原则不可计数规则也随之不可计数。这就推翻了德沃金的观点。此外，阿列克西认为，一般性保留条款总是带有不确定性，类似于那些包含着诸如"合理

① 〔德〕罗伯特·阿列克西：《法·理性·商谈》，朱光、雷磊译，中国法制出版社，2011，第 184 页。
② 〔德〕罗伯特·阿列克西：《法·理性·商谈》，朱光、雷磊译，中国法制出版社，2011，第 192 页。

的""公正的""不道德的""应受谴责的"之类表述的规则，从而使得规则的适用变得没有"全有或全无"可言。因为我们只有将这些不确定的表述搞清楚之后才能适用规则。德沃金所谓规则之"全有全无"的确定性被阿列克西基本上否定了。以上论证表明，凭借原则创设例外，或者依据原则创设一般性的保留条款，才能避免宣告无效的尴尬，这两个方法应该是法官首先要考虑到的。然而，这两个方法都会用到原则的权衡，借以区分支持规则的原则分量。

在规则冲突的情形下，建立确定性也不是没有可能。但是，附加条款是这样与规则相关联的，它应该是"以及当一个在所有情形中都更为重要的相对立规则没有不同的命令性规定"这样的内容。以我国的《侵权责任法》为例，其第5条规定："其他法律对侵权责任另有特别规定的，依照其规定。"由于其中一个规则在所有情形中都被赋予更大的重要性，另一个规则要么被解释为无效，要么被创制一个例外。从规范语句的表述上分析，矛盾与冲突似乎就没有了。但，这只是在规则没有例外，而我们又仅仅考虑将规则作为裁判的根据，从来对裁判理由不作深究的情形下方才可能。

（二）规则与原则之间的冲突

作为理想，原则在其现实化的过程中不仅取决于事实上的可能，也取决于法律上的可能，包括通过其他原则来界定的法律上的可能以及与之相对立的规则。也就是说，原则和规则冲突可以被置于法律可能性这一论题下思考。

冲突结果会怎样？上文其实已经提及，规则的例外可依据原则提出来，规则的保留条款也可以依据原则提出来，而规则之间的冲突可以转化为原则与原则之间的冲突加以权衡。如果是这样的话，从理论上讲规则这一刚性的规范就总是存在被原则这一柔性的规范替代的可能。然而，阿列克西却强调规则的初步性特征。[①]

---

① 〔德〕罗伯特·阿列克西：《法·理性·商谈》，朱光、雷磊译，中国法制出版社，2011，第195页。

在规则那里，一般情况下，当已知的前提被满足时，就会出现规定的法律后果，要想根据原则来对一个规则做出例外，就要承担论证负担，就像偏离司法判例或根本偏离现状时所做的那样。

强调规则的初步性特征，却没有否定原则权衡的可能性。在阿列克西的理论体系中原则思考与规则思考是可以"双向互通"的。只不过，规则思考是无条件的，原则思考是有条件的。如何理解规则适用的无条件性与原则适用的条件性？王鹏翔博士分别作了阐述。

第一种情形，限制原则 P 的规则 R 具有严格的效力，亦即不论原则 P 之实现有多么重要，只要与 R 冲突，P 必须退让，如此一来该规则 R 不可能被相对立的原则所限制。

第二种情形，允许原则 P 在特定条件之下限制规则 R 的适用。然而，满足此一条件的情形不仅在于原则 P 的重要性必须胜过在内容上支持 R 的实质原则 P_R，P 尚且必须胜过在形式上支持 R 的原则 P_f，R 之适用才能被限制。[1] 也就是说，P 不仅相较于 P_R，而且比起 P_R 和 P_f 两者加总具有更高的重要性。$P_f + P_R > P$ 还是 $P_f + P_R < P$，将是决定性的。这是一种高度形式化的表达，思想表达清晰。国内法理学界从可操作性的角度出发，对同样的思想做了另外的表达。通常学界认为，在疑难案件中，原则相对于规则是优位的，更有机会被适用。陈林林将疑难案件归结为以下几种情况。[2]

（1）规则模糊。规则的内容通常是其所包含的概念并不清楚，且无法通过解读规则的字面意思，来认定个案是否具备规则构造中的事实要件。这种模糊性既有可能源于立法者的概括不当，也有可能源于法律语言的精确性不足，哈特所言具有"开放结构"（open texture）的法律规则遇到边缘案子时，即为此类事态之典型。哈特解决规则模糊的策略是自由裁量，按照德沃金的思路则需要诉诸法律原则，法官实际上是没有自由裁量权的，如若规则不能用，总是有原则在那里等着备用。

---

[1] 阿列克西将 P_f 称为形式原则，例如"由合法权威所制定之规则应被遵守"或者"无特别之理由不得偏离历来的实务见解"等等。参见王鹏翔《基本权的规范结构》，《台大法学论丛》2005 年第 2 期。

[2] 参见陈林林《裁判的进路与方法》，浙江大学 2005 年博士学位论文。

（2）规则冲突。就某一案型，存在复数的适用规则，分别指向不同的判决结果，并且无从确定相互间的优先性。形式化的规则思考已经失去了作用，裁判者只能借助于法律原则，对案件作实质性考量。

（3）规则悖反。规则的适用结果，有悖丁情理、法理、事理。此时裁判者只能求助于实质性考虑和相关的法律原则，通过解释，对准用规则的适用范围进行"目的论限缩"，或者说，另行创设一条针对当下个案的例外规则。

（4）规则空缺。规则空缺分两种情况，一是"法律的有意沉默"，相当于中国画上的有意"留白"，可以视之为立法者有意保持沉默。二是"违反计划的不圆满性"，即依法律的规定计划或其整体脉络，对于系争事实，法律应当予以规范却没有规范，或者说虽有若干指示，但欠缺期待中的具体规则。针对第二种情况，裁判者不得以法律规定不明确为由拒绝裁判，他们可以权衡相关的法律原则，并在不违背法秩序的基本原则及价值秩序的前提下，结合"事物的应然之理"，自行做出法律决断并制定个案规则。

以上所述都是可操作的方法。"禁止向一般条款逃逸"，超越规则用原则者必须对法律解释学本身有精深的见解，法律内部的智慧在上述方法适用过程中极重要。然而，阿列克西显然利用他们的原则理论将法律思考引向了另外一个方向，即普遍的理性商谈，包含教义学在内的法律商谈只是其中的一个特殊化类型而已。从这个意义上讲，以上几个操作意义上的内容并不能视作对阿列克西的符号化的表达的续写，并没有理论价值，徒具适用意义。

规则之间的冲突，以及规则与原则之间的冲突，都可能涉及原则之间的权衡。阿列克西教授作为法理学与公法原理方面的思想巨匠，他没有将他的注意力放在规则上，而是不断地为理性的推进设定新的条件。他的理论体系着眼于原则之间的关系，并通过揭示原则向现实不断迈近，建构自己的理论体系。在他看来，这样做虽然伴随着争议，但是其原则理论对于包括基本权利在内的法学理论有着积极的推动作用。① 值得一提的是，阿

---

① 〔德〕罗伯特·阿列克西：《法：作为理性的制度化》，雷磊编译，中国法制出版社，2012，第131页。

列克西这一思路与他早期博士论文《法律论证理论》中的主张是一致的。① 在该部著作中，他坚持认为，制度性论证只是普遍实践论证的一种特殊类型。普遍实践论证是必要的，它的分量是优于制度性论证的。他将规则问题化约为原则问题，最终导向一个可以凭借普遍理性把握的问题，显然其是以成熟的考量为基础的。我们也可以认为，他通过这种方式将具有普遍性的理论纳入法律理论中了。

The Basic Human Rights as A Substance Principle: Another Study on the Institutionalization of Basic Human Rights and Its Practice

Xiong Jingbo

Abstract: The principle abstracted from basic rights is called the principle of materiality. The principle of substantiveity embodies the principle of practical reason. It has dual characteristics, both subjective and objective. Subjectivity corresponds to "good". Objectivity corresponds to "right". The principle theory pays more attention to the subjective orientation of the principle, and the characteristics of the good orientation, uncertainty and weight of the principle can be derived from the subjective dimension. These characteristics determine the realization of the principle pursuit of optimization. The realization of the principle of materiality will encounter situations such as conflicts of principles, conflicts of principles and rules, and is the core issue of methodology.

Keywords: the Principle of Substance; Subjectivity; Objectivity; Optimization

---

① 参见〔德〕罗伯特·阿列克西《法律论证理论》，舒国滢译，中国法制出版社，2004。

中西方权利理论之比较研究
及其前提批判*

蔡宏伟　　何志鹏**

摘　要："权利本位论"作为当代中国权利理论的代表，以其"权利本位范式"取代了"阶级斗争范式"的主导地位。然而，其"集体主义"和"建构论唯理主义"的理论前提一直隐而不显，更未曾受到有效的批判和挑战，这种状况在理论上导致了中国权利理论的逻辑混乱。把以"权利本位论"为代表的中国权利理论同以"意志论"和"利益论"为代表的西方权利理论进行比较研究，不仅有助于辨明中西方权利理论的异同，澄清以往对"权利本位论"之理论前提的"个人主义"误会，而且借助哈耶克对"建构论唯理主义"的批判，可以总体检讨中西方权利理论的前提谬误，并可重点批判中国权利理论的"集体主义"谬误。

关键词：权利本位论；集体主义；建构论唯理主义

　　在过去 30 年的时间里，权利理论无疑在中国法学（包括法理学和部门法学）的各个分支学科取得了统治性的地位。在中国法理学领域，一种以"权利本位论"命名的具体理论形态以其"权利本位范式"取代了"阶级斗争范式"固有的正统地位；而中国的民法和刑法等部门法学领域，也自觉接受"权利本位论"的理论指导来发展它们各自的特殊理论，并在

---

* 本文系国家社科基金重大项目"马克思主义法学方法论研究"（项目编号：11&ZD077）和教育部重点研究基地重大项目"权利视野下法治政府建设的理论与实践研究"（项目编号：16JJD820005）的阶段性成果。

** 蔡宏伟，吉林大学法学院、理论法学研究中心讲师，国家"2011 计划"司法文明协同创新中心研究员；何志鹏，吉林大学法学院、理论法学研究中心教授，国家"2011 计划"司法文明协同创新中心研究员。

建构各个法律部门的具体权利制度方面取得了丰硕的成果，比如民法领域的物权法立法和刑法领域确立了一系列像"罪刑法定"这样的旨在保护公民权利的基本原则和制度。与此同时，各种西方既有的权利理论和权利制度被引入中国，汇集进中国权利理论和权利制度的建构过程当中，产生了诸多预期效果（比如中国公民的独立自主性得到了一定程度上的理论申明，并在实践上使中国公民获得了较之以往更大程度的自由空间）和未预期的效果（比如西方意义的个人权利和个人利益的至上性并未获得中国权利理论的认同，在实践上中国公民的个人权利也未构成对政府权力的有效制约）。在此背景下，回顾西方的权利理论，并以此为参照系，展示中国权利理论的独特内涵，探究中国权利理论的时代语境与目标，剖析中西权利理论共享的理论前提，即所谓的"建构论唯理主义"，对于深入理解中国的权利理论，把握中国权利法学的未来走向，显然具有重要的理论意义和实践意义。

一　意志论与利益论：西方权利理论的两大传统

西方权利理论大体有两大源流，康德的权利理论开创了一个意志（will）论的传统，边沁和耶林提出的权利理论则开创了一个利益（interest）论的传统。康德认为，因为强制是对自由的妨碍，所以强制一般不具有正当性；但是，如果自由被用来妨碍其他人"平等的自由"（equal freedom），那么就是对自由的滥用，任何人都可以对那个滥用的自由实施强制性的限制；由此虽然形成了对自由的限制，但是这种限制是正当的，因为这种对自由的限制与自然正当的"平等的自由"相一致。"平等的自由"这个抽象观念要借助许多原则才能获得实现，而我们也正是通过陈述这些原则确定了正当法律的必然结构。实际上，康德就是把法律看作由这些原则构成的体系；通过反思"在什么条件下强制具有正当性"，进而得到构成法律体系的那些原则。这些相关的原则将会限定权利的范围，在权利的范围内个人意志是至高无上的；在这个意义上，也可以说，权利就是至高无上的个人意志。① 相反，边沁和耶林的权利理论指出："平等的自由"假定诸多个人意志在连带的意义上彼此兼容，这是一个空洞的观念，由此不可能推导出任何原则或权利。在他们看来，这是个毫无用处的观念。于是，他们断然抛弃了这个没有用的观念，转而主张个人拥有各种利益且经常彼此冲突，所以法律有必要介入其中来为不同的利益设定界限。经过慎重考虑来确定什么是最重要的利益以及这些利益如何得到最好的保护，作为立法选择或司法选择的结果，不同的利益被划定出各自的界限，因而权利就是得到法律认可和保护的利益。②

上述基本主张大体构成了西方权利理论的规范性内容。在当代，意志论和利益论之间的争论不再立足于有关正义和合法性这样一些宏大笼统的主张，他们首先转向分析或澄清有关"一项权利"（a right）的概念，然后在一个可分析的概念框架下进一步回答被统称为"权利"的各种观念背后共同的基础是什么；与此相对应，西方权利理论更加明确地形成了有关权利的"分析理论"和"规范理论"。有关权利的"分析理论"，霍菲尔德对此做出了卓越的学术贡献。他指出，当我们说拥有一项权利的时候，根据不同的特定情况，"权利"可能存在四种类型。（1）是指一项要求权利（a claim-right，霍菲尔德本人把这种权利类型直接称为"right"）。一项要求权利与另一方当事人的一项义务（a duty）相关联。比如，A 对 B 拥有一项要求权利，必须伴有 B 对 A 承担一项义务，A 对 B 拥有一项要求 B 向 A 支付 100 元的权利，就意味着 B 有一个向 A 支付 100 元的义务。（2）是指一项自由（a liberty，霍菲尔德本人使用特权"privilege"这个术语指代这种情况）。一项自由或特权与一项无权利（a no-right）或没有某项义务（the absence of a duty）相关联。比如，B 对 A 没有一项要求 A 不戴帽子的权利，A 对 B 也没有负担一项不戴帽子的义务，这时 A 就对 B 拥有一项戴帽子的自由或特权。（3）是指一项能力（a power）。一项能力与另一方当事人将要负担某个法定责任或法定后果的情况（a liability）相

① See N. M. Simmonds, *Central Issues in Jurisprudence*, Sweet & Maxwell Limited, 2002, pp. 304 – 305.

② See N. M. Simmonds, *Central Issues in Jurisprudence*, Sweet & Maxwell Limited, 2002, p. 305.

关联。比如，在立法承认善意取得的情况下，A 把从 B 那里借来的一块手表卖给了善意第三人，法律认可善意第三人成为这块手表的新的所有者，所以法律给予了 A 一项处分那块手表的能力，而 B 不得不接受手表所有权被转移给善意第三人这个法定后果的情况，B 相对于 A 处分手表的能力而言处于一个从属的或被支配的地位。（4）是指一项豁免（an immunity）。一项豁免与一种法律上的无能力状况（a disability）或没有某种能力（the absence of a power）相关联。比如，在立法不承认善意取得的情况下，A 把从 B 那里借来的一块手表卖给了善意第三人，法律并不认可善意第三人成为这块手表的新的所有者，所以法律没有给予 A 一项处分那块手表的能力或者说 A 在法律上没有能力或资格处分那块手表，而 B 享有法律上的一项豁免，也就是 B 同手表之间的权属关系免于被改变。①

在霍菲尔德出色分析的基础上，有关权利的"规范理论"得以在清晰的概念框架下继续向前推进。主张意志论的学者进一步论证霍菲尔德分析的各种类型的权利实际上都是在保护权利所有者的各种选择（choices），而主张利益论的学者进一步论证各种类型的权利都是有助于权利所有者的利益。② 意志论认为，法律的目的就是把尽量广泛的自我表达（self‐expression）的手段授予个人，也就是把法律的目的看作个人自我主张（self‐assertion）的最大化；权利概念唯一最本质的特征就是个人的自主判断；权利持有者无论是放弃权利还是实施权利，都是他的自主选择或自由意志。哈特是当代意志论的代表人物。③ 相反，利益论主张，权利的目的不是保护个人的主张而是某些利益。利益论的一个版本认为，在某人主张从一个义务的执行中受益的时候，他就拥有一项权利。利益论的另一个版本——也就是拉兹（Raz）、麦考密克（MacCormick）、坎贝尔（Campbell）等人持有的利益论——认为，只要在道德理论中或某个特定法律体系内，任何时候把保护或促进某人的一个利益看作强制施加义务的一个理由，无

---

① See N. M. Simmonds, *Central Issues in Jurisprudence*, Sweet & Maxwell Limited, 2002, pp. 275 - 280.

② See N. M. Simmonds, *Central Issues in Jurisprudence*, Sweet & Maxwell Limited, 2002, p. 306.

③ See M. D. A. Freeman, *Lloyd's Introduction to Jurisprudence*, Sweet & Maxwell Limited, 1996, pp. 387 - 388.

论这些义务实际上是否被强加,那么他都能够拥有一项权利。①

二 权利本位论:中国权利理论基本格局

自 20 世纪 80 年代末以来,以"权利本位论"为代表的中国权利理论获得了非常显著的发展;经过几代学人的努力,其也在一定程度上推动了权利制度在实践层面的完善。不可否认的是,虽然相关论述很多,但是理论自觉和体系建构稍显滞后,有效的理论检讨未能同步跟进,以致形成了如今理论徘徊和实践阻碍的局面。相比较西方的权利理论,中国的权利理论既没有与西方意志论和利益论相对应的悠久的学术传统,也没有相应地发展出类似西方的那种精细的有关权利的规范理论和分析理论。从诸多中国权利论述中拣选出具有代表性的观点,并进行相应的体系化梳理,有可能对推进中国权利理论的自觉建构和批判有所裨益。一种较为完整的权利理论通常包括有关权利的分析理论和规范理论,本文也据此来考察当代中国最具代表性的权利理论——"权利本位论",展示其分析理论和规范理论大体所具有的基本内容。总的来说,中国权利理论虽然初具规模,但是与西方权利理论的精细程度尚有较大差距,甚至可以说有些庞杂、模糊和粗糙;更重要的差别在于,中国权利理论并不认同西方权利理论中的任何一种个人主义立场,可能这正是移植西方权利理论在地化后产生诸多预期效果和未预期效果的根源所在。

就"权利本位论"的分析理论而言,尽管中国论者并没有自觉提出类似霍菲尔德的那种比较精致的分析理论,但是我们还是可以从其不经意的论述中归纳出大概的轮廓。首先"权利本位论"主张权利和义务具有相关性,"权利是目的,义务是手段,法律设定义务的目的在于保障权利的实现"。其次,它主张权利和权力具有相关性,"公民、法人、团体等权利主体的权利是国家政治权力配置和运作的目的和界限,即国家政治权力的配

---

① See M. D. A. Freeman, *Lloyd's Introduction to Jurisprudence*, Sweet & Maxwell Limited, 1996, p. 389.

置和运作，只有为了保障主体权利的实现，协调权利之间冲突，制止权利之间的互相侵犯，维护权利平衡，才是合法的和正当的"。最后，它所主张的"权利"主要限于"法律权利"。正如"权利本位论"的代表人物张文显教授所言："据我目前所知，我国学者阐述权利本位的论文没有一篇把'权利本位'中的'权利'等同于'天赋人权'或者'自然权利'。相反，我们一贯认为，所谓'自然义务'、'天赋人权'、'特权'之类说法，都没有法的依据和法的意义。离开法的规定去主张权利或享受特权，……都不能也不应得到法的支持。"① 相对于霍菲尔德的分析理论，"权利本位论"既有缺点也有优点。缺点在于"权利本位论"的"权利"概念还是比较模糊的或者是比较狭窄的。说它模糊，是因为它的"权利"概念不像霍菲尔德的"权利"概念那样根据不同的情况指出了"权利"的各种类型；说它狭窄，是因为从论述的语境来看，"权利本位论"的"权利"概念似乎主要对应霍菲尔德指出的要求权利（即 claim-right，也就是霍菲尔德本人直接称为"right"的那种权利类型，除此之外，至少还有 liberty/privilege、power、immunity 三种权利类型，这三种权利类型在中国语境下也相应存在着，说不定中国语境中还有更丰富的权利类型有待分析指出）。优点在于"权利本位论"隐约触及了"权利"概念在私法和公法中的使用问题。当"权利本位论"谈及权利和义务的相关性时，因为强调平等的、横向的利益关系，显然是针对私法而言的；当"权利本位论"谈及权利和权力的相关性时，因为强调权利是国家政治权力配置和运作的目的和界限，似乎更倾向于针对公法而言。而霍菲尔德对此问题完全没有论及，尽管西方的意志论者和利益论者在后来的分析中补充发展了这个方面。意志论者认为只有在私法中权利和义务之间才有严格的相关性，即一个义务必然对应一个权利，但是在公法中一个义务并不意味着有一个与之相关的权利，意志论者由此主张他们的分析注意到了私法与公法之间所存在的结构差异；利益论者则主张无论在私法中还是在公法中，权利和义务

① 参见张文显《从义务本位到权利本位是法的发展规律》，《社会科学战线》1990 年第 3 期；张文显《"权利本位"之语义和意义分析——兼论社会主义法是新型的权利本位法》，《中国法学》1990 年第 4 期。

之间都有严格的和普遍的相关性，在私法中被分配给个人的权利保护个人利益，在公法中被分配给国家的集体权利保护集体利益。① 在私法中权利和义务的相关性比较好理解，我们举例来说明公法中的情况：比如 B 从 A 这里偷走了 1 万元钱，刑法会强加给 B 一项义务，而 A 并没有一项与之相关的权利；对此意志论者会说在公法的这种情况下就不存在权利和义务之间的相关性，而利益论者会说在公法的这种情况下仍然存在权利和义务之间的相关性，不过是分配给国家的集体权利与 B 在刑法上的义务相关。对于这种情况，中国的权利本位论者会怎么说呢？我们并不能十分确定，因为：一方面他们主张有所谓的"集体权利"②，这似乎更接近西方的利益论者；另一方面他们在论及公法领域时以"权利与权力的相关性"代替了西方论者的"权利和义务的相关性"，这似乎否定了无论是在私法中还是在公法中权利和义务之间都有严格的和普遍的相关性，又更接近西方的意志论者。其实，无论中国的"权利本位论"同西方的"意志论"和"利益论"在某些形式方面具有怎样的相似性，在严格的意义上，中西方的权利理论都不能做简单的对接，其根源在于它们持有相当不同的理论前提，一个是集体主义的理论前提，一个是个人主义的理论前提（尽管在哈耶克看来是虚假的个人主义），对此将在后文进行更为详细的论述。

就"权利本位论"的规范理论而言，"权利本位论"所谓的"权利"，似乎既可以是"意志自由和选择自由"，也可以是"社会利益关系"。比如，权利本位论者在认定权利是法学的基石范畴时，给出了两点理由，这集中体现了权利本位论者关于"权利"概念的规范性理解："第一，在权利和义务之间权利更准确地反映了法的主体性。法是人们在社会实践过程中基于一定的需要而创造出来的社会调节机制。人与法的关系实质上是主体与客体的关系。人既是法的实践主体，也是法的价值主体。作为法的实践主体和价值主体，人在法律生活中具有自主性、自觉性、自为性和自律

---

① See N. M. Simmonds, *Central Issues in Jurisprudence*, Sweet & Maxwell Limited, 2002, p. 307.

② 参见张文显《从义务本位到权利本位是法的发展规律》，《社会科学战线》1990 年第 3 期；张文显《"权利本位"之语义和意义分析——兼论社会主义法是新型的权利本位法》，《中国法学》1990 年第 4 期。

性，具有某种主导的、主动的地位。……这'四自二主性'在法律实践中突出地体现为权利主体性。衡量一个人或一个组织是不是法律的主体，首先是看他（它）们是不是权利的主体。如果一个人不能以自己的名义独立地享有权利和承担义务，没有意志*自由和选择自由*，不能明确地判断自己活动的价值和法律意义，而是盲目地、自发地依附于别人；或者是只有义务，没有权利；或者只有接受权，而没有行动权，就不能算是完整的主体，充其量不过是'半主体'或'限制资格主体'。第二，权利更真实地反映了法的价值属性。……首先，权利以及相应的义务是法的价值得以实现的方式，正是通过权利和义务的宣告与落实，国家把某种价值取向和价值选择奉为国家和法的价值取向和选择，并借助于国家权力和法律程序而实现。在这中间，权利较之义务更直接地体现着法的价值，因为权利更直接地体现了*社会利益关系*。其次，权利与义务的关系（结构），反映着法的价值变化。……在前资本主义社会，总的说，法重义务，轻权利，以义务为本位配置义务和权利。显然，它的首要的、甚至唯一的价值在于建立奴隶主阶级、封建地主阶级在经济上、政治上和思想文化上的统治秩序。现代社会的法是充满活力的调整机制。它以权利为本位配置权利和义务，赋予人们各种政治权利、经济权利、文化权利和社会权利，给与人们以充分的、越来越扩大的*选择机会和行动自由*，同时为了保障权利的实现，也规定了一系列相应的义务。现代法（特别是社会主义法）的价值显然不限于秩序，而扩大到了促进经济增长、政治发展、文化进步、个人自由、社会福利、国际和平与发展。这些新增的法律价值既是通过权利体现的，也是通过权利实现的。"①

　　显然中国的权利本位论者并不觉得同时作为"权利"之基础的"意志/选择"和"利益"之间会有什么逻辑上的矛盾。这是为什么呢？当我们对"权利本位论"所言的"意志自由和选择自由""社会利益关系"进行详细分析之后，也许可以找出其中的答案。权利本位论者认为，"在马

---

　　①　张文显、于宁：《当代中国法哲学研究范式的转换——从阶级斗争范式到权利本位范式》，《中国法学》2001 年第 1 期。引文中的斜体表强调，为本文作者所加。

克思主义看来，……利益说、自由说、选择说都是片面的（且不说他们是超阶级的）。完整的权利理论应该把三者统一起来：权利享有者以一定的方式行使他的选择或意志自由，而其选择或意志自由是实现某种利益。……*权利和义务，不管其种类、形式多么不同，其实质都是国家按照统治阶级的价值准则和利益标准，在社会成员之间分配利益和负担的方法*，是统治阶级的国家把调整各种利益冲突，建立和维护阶级统治秩序、社会生活秩序、生产和交换秩序、权力运行秩序的任务向各个阶级、各个集团、每个人头上的落实。在这种分配和落实的过程中，一方面，人们得到了国家认可的利益，受到一种特别的保护，取得了在统治阶级根本利益容许的范围内活动的条件；另一方面，人们承受了某种负担，必须按照统治阶级意志完成与权利享有者行使权利适应的行为"。[1] 显然，"权利本位论"所主张的"权利"，其基础或实质在于"利益"，并且是按照统治阶级的价值准则和利益标准予以认可和保护的利益；这既不同于西方个人主义传统中的"意志论"，也不同于西方个人主义传统中的"利益论"，究其实质是一种以"集体主义"为基础的"利益论"。集体主义理论强调团体权利和团体利益的至上性，而个人主义理论强调个人权利和个人利益的至上性。集体主义观念最初的现代表达出现在卢梭的《社会契约论》当中，主张个人通过服从于共同体的公意（the general will）实现自己真正的存在和自由。[2] 虽然"权利本位论"在"文革"后特定的社会情势下突出强调个人权利和个人利益的重要性，但是在回应对其进行的个人主义或个人本位批判时，权利本位论的代表人物向来都否认个人权利和个人利益的至上性，并且强调他们所主张的个人权利是按照统治阶级的价值准则和利益标准予以认可和保护的利益。毫无疑问，"权利本位论"是以"集体主义"为基础或前提的。苏联在处理"权利"概念时似乎也采取了类似的逻辑，大木雅夫在其著作《比较法》中曾经有过这样的论述："苏联显而易见也采用了作为资产阶级法学之产物的基本权利的概念。但是这并非

---

[1] 张文显：《关于权利和义务的思考》，《当代法学》1988 年第 3 期。引文中的斜体表强调，为本文作者所加。

[2] See David M. Walker, *The Oxford Companion to Law*, Oxford University Press, 1980, p. 243.

个人从国家那里所保留下来的自由权，而被解释为为了共同创造社会主义体制的权利。"① 如果因为中国和苏联使用了与西方相同的"权利"术语，就推定其概念内涵也是相同的，甚至误认为相应的权利制度会发挥同西方权利制度一样的功能，那就大错特错了，就会掉入比较法研究的"功能主义万能论"的陷阱；对此，大木雅夫指出："在进行这种比较时，类似的推定就未必合适，而不妨直接从概念出发，并'根据差异的形态'来进行考察。"②

三 "权利本位论"的时代背景及其社会意义

要想有效把握"权利本位论"的特殊权利观，必须深入探究提出该理论的时代背景和问题意识。提出"权利本位论"的时代背景大体包括两个方面。一是结束十年"文化大革命"并重启现代化建设的政治背景，其标志是"四人帮"被打倒，形成以邓小平为核心的新的中共领导集体，中国共产党的十一届三中全会以后，"阶级斗争为纲论"被否定，"两个凡是"的思维定式被打破。二是反思"文革"和建构社会主义现代化方面的知识背景，这里特指 20 世纪 80 年代范围广泛的"文化讨论"，具体表现在政治法律领域中关于民主与法制/法治的讨论应该从属于更具有一般意义的"文化讨论"。在徐贲看来，"从五四时期以来，尤其在 80 年代，文化讨论的生存伦理诉求和日常生活抗争，使它成为中国社会变革的重要推动力量。与这个传统有关的文化讨论特别关注现实世界中的不公正、非正义、专制滥权、压迫个性、官贵民贱等等现象和实情。这类问题从根本上说是政治性的"。③ 具体到法学领域，引用权利本位论者张文显等人的话说："从 1978 年至 1991 年，是中国法理学的初步发展时期。70 年代末 80 年代初，在真理标准大讨论和党的十一届三中全会精神的鼓舞下，法学界也开展了'法律面前人人平等'的讨论、人治与法治的讨论。通过讨论，重新

① 〔日〕大木雅夫：《比较法》，范愉译，法律出版社，1999，第 89～90 页。
② 〔日〕大木雅夫：《比较法》，范愉译，法律出版社，1999，第 90 页。
③ 徐贲：《文化批评往何处去》，吉林出版集团有限责任公司，2011，第 6 页。

确立了'法律面前人人平等'这一社会主义法的基本原则，批判了轻视法律、取消法律的法律虚无主义思想，确立了加强法制、依法治国的理论共识。……在80年代中期，为了进一步克服'以阶级斗争为纲'的错误路线，正确理解法的本质、起源、发展、消亡、作用等法学基本问题，法理学界掀起了探讨法的概念和本质的热潮。"① 正是在批判法律虚无主义和强调公民独立自主性的政治背景和知识背景下，"权利本位论"被适时提出。

新中国成立以来，法理学长期把"阶级性"作为法学的基本范畴，法学逐渐沦为"阶级学"和"斗争哲学"的附庸，丧失了作为一门独立学科的地位。张文显教授批评指出："以阶级斗争为纲，阶级斗争的理论被极不适当地贯彻到法的一切方面和全部过程，贯彻到法学的各个领域。学者们不仅不加具体分析地把法说成是'阶级矛盾不可调和的产物'，是'统治阶级意志的表现'，而且把法界定为'统治阶级的工具'或'阶级专政的工具'。似乎'阶级性'是法的唯一属性，'阶级统治'、'阶级专政'是法的首要功能。这种观点可称为'阶级斗争论'。"② "党的十一届三中全会后，随着'阶级斗争为纲论'被否定，'凡是论'的思维定式被打破，法理学开始把'规则'（或'规范'）作为法的核心和法学的基本范畴，以规则为中轴构筑法学基础理论。"③ 但是，"规则模式论既把复杂的法现象简单化……，又忽视了特定社会人类的生存、幸福和发展是法的宗旨这一法的价值因素以及法是由人操作的、在法的操作过程中规则本身可能发生变化或被扭曲这一法的实证因素"。④ 于是权利本位论者尝试提出"权利和义务是法的核心内容"的命题，并把权利和义务作为法学的基本范畴重构法学理论。权利本位论者认为，"法的权利和义务有多方面巨大的社会价值。第一，权利和义务是生产力稳定发展的保障。……第二，

---

① 张文显、姚建宗、黄文艺、周永胜：《中国法理学二十年》，《法制与社会发展》1998年第5期。

② 张文显：《改革和发展呼唤着法学更新》，《现代法学》1988年第5期。

③ 张光博、张文显：《以权利和义务为基本范畴重构我国法学理论体系》，《求是》1989年第10期。

④ 张光博、张文显：《以权利和义务为基本范畴重构我国法学理论体系》，《求是》1989年第10期。

权利和义务是商品经济运行的外在保障和必要条件。……第三，权利和义务是民主政治的实现方式。……第四，权利和义务是培养主体意识、竞争意识、契约精神、平等观念、效率观念、社会责任观念和法制观念的土壤"。① 在以权利和义务重构法学理论的过程中，权利本位论者强调"权利"相对于"义务"是更基本的范畴，体现了现代社会的价值取向。"在商品经济和民主政治发达的现代社会，法是以权利为本位的，从宪法、民法到其他法律，权利规定都处于主导地位，并领先于义务，即使是刑法，其逻辑前提也是公民、社会或国家的权利。我国在体制改革和文化变革的推动下，以阶级斗争为纲、以义务为本位和以刑为主的法制结构和价值取向正在解体和转变，代之而起的将是以现代化事业为纲、以保护一切正当利益为宗旨、以权利为本位的新结构。"② 显然，"权利本位论"在最初的论述中，"权利"所蕴含的价值因素正是论者在批判传统主流理论时所最为看重的方面，特别是对公民个人主体意识的强调以及与之相关的对个人权利和应有权利的强调。正如张文显教授所言："我国法学习惯于对法律已经规定的权利（即'实有权利'）进行罗列和赞美，较少研究甚至回避应当得到法律承认和保护的权利，即'应有权利'。而如果不研究后者，前者就失去了一个重要的评价标准和完善发展的参照。在权利体系中，有个体权利、集体权利、社会权利和国家权利。主流法学理论过分夸大集体权利、社会权利和国家权利的价值，使个体权利无条件地服从集体权利、社会权利和国家权利，从而牺牲了个体的利益和自由。这种极端的'集体主义'、'社会主义'和'国家主义'权利观是同商品经济和民主政治的发展规律相悖的。商品经济和民主政治是以承认和充分尊重个体的身分独立、人格独立、意志独立和利益独立为前提的，并且承认个体权利是其他权利存在的目的和基础。"③ 最后，仍然需要强调指出的是：尽管权利本位论对个人权利和应有权利做了突出强调，但是他们只是借此批判那种

---

① 参见张光博、张文显《以权利和义务为基本范畴重构我国法学理论体系》，《求是》1989年第10期。

② 张光博、张文显：《以权利和义务为基本范畴重构我国法学理论体系》，《求是》1989年第10期。

③ 张文显：《改革和发展呼唤着法学更新》，《现代法学》1988年第5期。

"极端的"集体主义、社会主义和国家主义权利观，在立场选择上该理论坚持了"集体主义"和"社会主义"。权利本位论者认为，"如同'自由'、'平等'、'效率'、'正义'等观念和价值一样，'权利本位'可以是'资产阶级的'（与资本主义原则结合），也可以是无产阶级的（与社会主义原则结合）。与资本主义原则结合，构成资产阶级民主和法制的要素，服务于资产阶级剥削和奴役劳动人民的私利；与社会主义原则结合，构成社会主义民主和法制的要素，服务于无产阶级和广大劳动人民建设社会主义、解放全人类的伟大事业"。①

四　进化理性的个人主义
——对中西方权利理论的前提批判

以"集体主义"为基础的"权利本位论"与西方以某种"个人主义"为基础的"意志论"和"利益论"看似存在截然相反的立场，实际上它们背后却共享着相同的思想基础，这个共享的思想基础就是哈耶克重点批判的"建构论唯理主义"（constructivist rationalism）；对此只有借助于哈耶克关于西方个人主义传统和理性主义传统的进一步区分才能进行清晰的说明。笔者认为，在严格的意义上，"意志论"和"利益论"都属于哈耶克所谓的"建构论唯理主义的个人主义"（constructivist rationalistic individualism）的思想传统；而"权利本位论"则可以在卢梭开创的"集体主义"传统中找到其思想来源。而且如同哈耶克所指出的那样："建构论唯理主义的个人主义"始终隐含一种演变成个人主义的敌对面的趋向，亦即演变成集体主义的趋向。②"建构论唯理主义的个人主义"与"集体主义"之所以有如此紧密的亲缘关系，实是因为它们共享着"建构论唯理主义"这个思想基础。

---

① 张文显：《"权利本位"之语义和意义分析——兼论社会主义法是新型的权利本位法》，《中国法学》1990 年第 4 期。

② See F. A. Hayek, *Individualism and Economic Order*, The University of Chicago Press, 1948, p. 4.

在哈耶克看来，"建构论唯理主义的个人主义"的思想传统发端于笛卡尔的建构论唯理主义；这种理性主义无视个人理性的有限性，强调理性为一种依据明确前提进行演绎推理的能力，认为所有有用的人类制度都是而且也应当是理性刻意创造的产物或者设计的产物。与之相对的"进化理性的个人主义"（evolutionary rationalistic individualism）思想传统则是同孟德维尔、大卫·休谟和卡尔·门格尔等人的哲学思想联系在一起的，进化理性主义承认个人理性被用于调整诸多人际关系可能存在着若干限度，理性毋宁是指一些经由长期经验积累进化而来的明确的行动原则，认为许多文明制度并不是人类刻意设计的结果而是自发生成之物。① 哈耶克明确指出，"建构论唯理主义"观点虽说也以"个人主义"之名而为人们所知，它却在两个至为关键的方面与"进化理性的个人主义"截然不同。首先，立足于"建构论唯理主义的个人主义"立场，一些哲学家认为自生自发的社会产物在逻辑上是不可能的；这些哲学家把个人看作出发点，并且假定经由一种形式契约个人把自己的特定意志与其他人的意志联结在一起进而形成社会。对于康德和边沁而言，区别只在于这个契约到底是符合"平等的自由"还是符合"功利原则"。相反，"进化理性的个人主义"则是一种相信有所谓的自生自发的社会产物并对其加以阐释的理论。其次，"建构论唯理主义"的各种设计理论必然会得出这样一种结论，即只有社会过程受个人理性控制的时候，它们才能够服务于人的各种目的，因此，这些设计理论就会直接导向集体主义。与之相反，"进化理性的个人主义"相信，如果让人们享有自由，那么他们往往会取得多于个人理性所能设计或预见的成就。②

19 世纪的法律思想中，"建构论唯理主义的个人主义"在两条进路上最为显著，即康德的伦理法律思想和边沁的功利主义法律思想，具体体现在权利理论方面就分别对应着我们前面反复提到的"意志论"和"利益论"。哈耶克明确指出，康德和边沁都没能完全摆脱卢梭和"建构论唯理

---

① 参见〔英〕冯·哈耶克《哈耶克论文集》，邓正来选编、译，首都经济贸易大学出版社，2001，第 203～204 页。

② See F. A. Hayek, *Individualism and Economic Order*, The University of Chicago Press, 1948, pp. 10 – 11.

主义"的致命诱惑。① "在他们看来，社会乃是人类为了实现某个先行确定的目的而刻意建构的东西——这一点可以最为明显地见之于笛卡尔的忠实学生让·雅克·卢梭的论著。"② 准确地说，无论是个人主义的代表康德和边沁还是集体主义的代表卢梭，他们都没能摆脱源自笛卡尔的"建构论唯理主义"的致命诱惑。"建构论唯理主义"正是哈耶克所谓的"建构论唯理主义的个人主义"以及"集体主义"的实质。康德以绝对命令为基础发展出了一种形而上学的个人主义，他由绝对命令推论出先天属于每个人的固有权利，亦即独立于其他人专断意志的固有权利。边沁则提出个人主义的功利主义，主张人们应该以最大化快乐和最小化痛苦的方式行为，根据这条功利原则通过法律为每个人的利益设定界限，权利就是由法律认可和保护的利益。③ 如果说康德和边沁的理论还只是受到卢梭的诱惑的话，还在用"个人主义"的名义进行理论阐述的话，那么"权利本位论"则完全是在卢梭的"集体主义"名义下阐述自己的权利理论。尽管权利本位论者也像边沁那样的功利主义者把权利的基础看作一种利益，但是因为主张阶级和社会的先在性，特别是统治阶级的优先性，所以"权利本位论"是完完全全的"集体主义"。如果能够把"集体主义"和"建构论唯理主义的个人主义"所共享的"建构论唯理主义"连根拔起，那么以此为基础的"权利本位论"以及西方的"意志论"和"利益论"都将随风而去。

在哈耶克看来，"建构论唯理主义"的基本观念可以被表达成这样一个幼稚且有些夸张的论式："既然人类凭靠自己的力量创造了社会制度和文明制度，那么人类也就必定有能力根据自己的意志改变这些社会制度和文明制度以满足自己的欲求或愿望"。④ 且 "人类之所以能够创造出自己

---

① 参见〔英〕冯·哈耶克《哈耶克论文集》，邓正来选编、译，首都经济贸易大学出版社，2001，第220页。

② 〔英〕冯·哈耶克：《哈耶克论文集》，邓正来选编、译，首都经济贸易大学出版社，2001，第228页。

③ See David M. Walker, *The Oxford Companion to Law*, Oxford University Press, 1980, p.613.

④ 〔英〕冯·哈耶克：《哈耶克论文集》，邓正来选编、译，首都经济贸易大学出版社，2001，第223页。

的文明及其制度，实是因为人类拥有理性"。① 哈耶克明确指出："实际上，在文明以前，人类并不拥有理性。文明与理性这两种现象实是交织在一起进化的。为了理解理性与文明是在不断互动的过程中一起发展起来的，我们只需要想一想语言这个事例就足以了，因为在今天，已经没有人再相信语言在过去是由拥有理性的人'发明'出来的。"② 当然哈耶克也清醒地认识到：人们还没有像对待语言那样对待道德、法律、技艺或社会制度，仍然因为受到误导而认为道德、法律、技艺和社会制度只有在与某种先行确定的设计相符合的时候才能被证明是正当的。这个误导的总根源就是笛卡尔开创的"建构论唯理主义"。"笛卡尔指出，我们只应当相信那种能够证明的东西。当笛卡尔的理论被普遍适用于道德和价值领域的时候，它意味着我们只应当把这样的道德和价值（亦即那种可以被认做是一种旨在实现某个确定的目的的理性设计）视做是有约束力的。"③ 如果说有约束力的道德或法律被看作实现某个确定目的的理性设计之物，进而把社会理解为人类为了实现某个先行确定的目的而刻意建构的东西，那么笛卡尔的追随者无疑把道德或法律乃至社会的创造者变成了一种人的意志；与之相应的，相信一个至高无上的权力机构（对于代议机构尤其如此）拥有无限权力以及相信民主必定意味着多数人拥有无限权力的观点都是建构论唯理主义的必然产物，哈耶克称之为"建构主义所酿成的不祥后果"。与这种理论上的不祥后果相应的社会实践上的不祥后果也就接踵而至了，无论是德国的法西斯主义还是苏联的斯大林主义乃至 20 世纪 30 年代政府干预经济的凯恩斯主义，在哈耶克看来都是不可容忍的。相反，按照哈耶克所主张的"进化论理性主义"，人的理性是有限的，对于很多社会制度的理解以及导致人们社会实践成功的诸多条件从根本上来说是人之理性所不及的，社会或社会制度是人之行动而非理性设计的结果，使某个群体中

---

① 〔英〕冯·哈耶克：《哈耶克论文集》，邓正来选编、译，首都经济贸易大学出版社，2001，第 224 页。

② 〔英〕冯·哈耶克：《哈耶克论文集》，邓正来选编、译，首都经济贸易大学出版社，2001，第 224 页。

③ 〔英〕冯·哈耶克：《哈耶克论文集》，邓正来选编、译，首都经济贸易大学出版社，2001，第 227 页。

的所有成员的生活都变得更加繁荣和强盛的规则（包括道德规则、法律规则、风俗习惯等）在很大程度上不是人们为了达到具体目的而刻意选择手段的结果而是一种选择过程的结果。使社会秩序之型构得以可能的规则往往是那些只告诉我们不应当做什么事情的否定性或禁令性的行为规则，它们或者只是被人们实际遵循却从未被人们用文字加以陈述，或者被人们长期普遍遵循并已形诸文字，或者经由刻意引入而必定以语句形式存在；建构论唯理主义只承认第三种类型的规则是有效规则，而进化理性主义则是在上述三种意义上理解规则，并且特别看重前两种类型的规则。① 总之，建构论唯理主义的错误在于对人之理性能力的夸大或错误理解以及对社会和社会制度的错误假设。"这一'建构论的唯理主义'智识传统，无论是在其事实的结论方面还是在其规范的结论方面都可以被证明是一种谬误，因为现行的制度并不完全是设计的产物，而如果要使社会秩序完全取决于设计，那就不可能不在同时极大地限制人们对可资运用的知识的利用。"②

以"集体主义"为基础的"权利本位论"，经由"集体主义"代表卢梭也不可避免地传承了"建构论唯理主义"的诸多前提假设，导致理论上乃至实践上的诸多谬误也就在所难免了。正如"权利本位论"的代表人物所言："现代法（特别是社会主义法）的价值显然不限于秩序，而扩大到了促进经济增长、政治发展、文化进步、个人自由、社会福利、国际和平与发展。这些新增的法律价值既是通过权利体现的，也是通过权利实现的。"③ 这是一种多么明显的"建构论唯理主义"论调。权利作为一种手段，为了实现秩序以及经济增长、政治发展、文化进步、个人自由、社会福利、国际和平与发展等诸多法律价值或法律目的，由国家按照统治阶级的价值准则和利益标准配置给其社会成员。显然，在权利本位论者那里，权利制度作为诸多社会制度当中的一种制度，是为了实现某个确定的目的

① 参见〔英〕冯·哈耶克《哈耶克论文集》，邓正来选编、译，首都经济贸易大学出版社，2001，第223~233页。
② 〔英〕弗里德利希·冯·哈耶克：《法律、立法与自由》（第一卷），邓正来等译，中国大百科全书出版社，2000，"导论"第8页。
③ 张文显、于宁：《当代中国法哲学研究范式的转换——从阶级斗争范式到权利本位范式》，《中国法学》2001年第1期。

而经由理性刻意设计的产物；然而根据前述对于"建构论唯理主义"的批判，确定那个目的的权力机构抑或民主的多数并不具有获得绝对权力的正当基础，那个目的就算被饰以自由、平等、富裕这些美妙的词语也不能为其理性刻意设计的任何制度提供正当性证明，因为有限的理性根本不足以使人们充分了解导致社会实践成功的诸多条件，有些权利制度之所以应该受到珍视并不是因为它们符合统治阶级的价值准则和利益标准，而是在长期的社会进化过程中它们作为选择的结果显示出某种优势，能够使某个群体中的所有成员的生活都变得更加繁荣和强盛，比如私有财产权制度和契约自由的制度。"权利本位论"在逻辑上也必定特别看重经由刻意引入进而以语句形式存在的法律规则以及国家通过法加以规定并体现在法关系中的法定权利（尽管权利本位论者曾经主张应有权利对法定的实有权利的评价和参照作用，但是这种应有权利是以集体主义和建构论唯理主义的逻辑前提为依归的）；这同"建构论唯理主义"所导致的法律实证主义的诸多信念特别是其需要一种无限"主权"权力的信念相当契合，这也就很好地解释了为什么我们常常感受到中国"权利本位论"的法律实证主义倾向以及当下中国法律实践的法律实证主义倾向。这种法律实证主义或法律文本主义的权利理论和权利制度在认可公民权利方面的权利主张时，只是貌似站在人民一边，实际上其真正关心的是保存产生这些主张的基本的政府框架。①

结　语

经由对以"权利本位论"为代表的中国权利理论以及以"意志论"和"利益论"为代表的西方权利理论的比较分析，有可能澄清以往对"权利本位论"之理论前提的"个人主义"误会；借助哈耶克的"进化理性主义"，"权利本位论"的"集体主义"前提乃至其与西方主流权利理论共享的"建构论唯理主义"前提将会受到更彻底的批判。不可否认的是，"权利本位论"或"权利本位范式"较之其所批判的"阶级斗争范

---

① 参见〔美〕博西格诺等《法律之门》，邓子滨译，华夏出版社，2007，第348页。

式"在理论上已经有了很大推进，在其发展过程中给中国民众提供了获知西方权利理论的渠道和平台，为中国民众客观存在的自由主张和利益诉求提供了"权利"这个再恰当不过的话语表达方式，也确实帮助中国民众获得了更多的自由空间和利益，这是其贡献所在。但是，同样不可否认的是，因为"权利本位论"或"权利本位范式"在理论上的不彻底性，即没有彻底批判"阶级斗争范式"的"集体主义"前提及其更为深层的"建构论唯理主义"前提，所以这些理论谬误所导致的实践恶果依旧得以延续，只是程度不同罢了。如果不能以理论上的彻底批判代替理论上的妥协性修正，那么人们的认识就不能得到彻底澄清，实践上的恶果就会在不同程度上以不同形式随之而来，这恰恰是一个健康持续发展的社会必须避免的情形。

Right Theory in China and the West: A Comparative Study and Premise Critique

Cai Hongwei & He Zhi-peng

Abstract: As the symbol of contemporary right theory of China, right-oriented theory of law gains the orthodox position by its "right-oriented paradigm" replacing the "class-struggle paradigm". However, the premise of collectivism and constructivist rationalism is often hidden but not expressed, hence the critique or challenge on it is not so possible. But this situation results in the logical confusion in right theory of China. This essay compared the right theory of China with western right theory such as "will theory" and "interest theory", to see the difference and common factors, to make clear misunderstandings that regard the premise of "right-oriented theory" as individualism. And thereafter, the essay made use of Hayek's critique on constructivist rationalism, examined the fault of premise in right theory in China and the West, and show the falsehood of collectivism in the right theory of China.

Keywords: Right-oriented Theory of Law; Collectivism; Constructivist Rationalism

论公共善与个人权利的正当性边界*

——由郑州"电梯劝阻吸烟案"切入

钱继磊**

摘　要：郑州"电梯劝阻吸烟案"二审判决揭晓后，社会各界给予一边倒的赞誉，学界对此案件适用法律是否适妥、程序是否正当等产生了激烈论争。然而，这一案件背后的深层次法理问题更值得我们反思与讨论。首先反思的是此判决是伸张了正义还是侵犯了杨某的权利。具体要从权利是什么、是否存在杨某的权利被侵犯的可能性、可能被侵犯的是什么权利、可能实施侵权的主体以及是否存在社会公共利益除外的正当性理由进行剖析和阐释。其次要讨论公共善与个人权利的边界问题。这一问题应当遵循的是公共善对个人权利的最低干预和最大不伤害原则，在程序上则应当最大限度地尊重和保障个人的诉权。

关键词：公共善；个人权利；正当性；边界

一　问题的提出

2018 年 1 月 23 日，备受关注的郑州"电梯劝阻吸烟案"的二审终于

---

* 本文系山东省社科规划优势学科项目"新时代中国法理学范畴及其体系研究"（项目编号：19BYSJ04）及济南大学科研基金重点项目"提高国家治理体系和治理能力现代化视野下我国地方立法本土资源研究"（项目编号：16ZD01）的阶段性成果，得到教育部人文社会科学重点研究基地重大项目"文化传统在法治中国建设中的创造性转化研究"（项目编号：17JJD820004）及中国法学会部级法学研究课题"国家治理体系中法治与德治关系研究"［项目编号：CLS（2017）D16］资助。

** 钱继磊，济南大学政法学院副教授，法学博士、博士后。

有了结果。郑州市中级人民法院判定：本案被告杨某不应承担法律责任，撤销一审法院适用公平责任要求其支付 1.5 万元补偿金的判决，驳回原告的全部诉讼请求。这一判决结果获得社会各界一边倒的赞誉，却也引发了法学界尤其是民诉法学界的关注和讨论。[①]

该案案情并不复杂：医生杨某（即本案被告）因劝阻一老人段某不要在电梯内抽烟而引发争执，结果数分钟后段某因情绪激动致心脏病发作而猝死。段某家属田某将杨某诉至法院，要求索赔 40 余万元。一审法院认为，杨某的劝阻行为与段某的死亡间不存在必然因果关系，但段某确系在与杨某发生言语争执后猝死，故据《侵权责任法》第 24 条公平责任之规定，判令杨某补偿田某 1.5 万元。田某不服提起上诉，二审法院认为，杨某劝阻段某电梯内抽烟的行为合法正当，若让正当行使劝阻抽烟权利者承担补偿责任，则会挫伤公民依法维护社会公共利益的积极性，损害社会公共利益。由此做出了上述判决结果。

就既有文献来看，法学界对于此案二审判决结果实现了实体正义这一点能够达成基本共识[②]，但对是否违反程序正义则意见相左。双方争议的焦点集中于：二审法院能否超出上诉请求的范围驳回上诉人在一审中已获得的诉讼利益。围绕这一问题，相关争论主要体现在以下方面：（1）现行法是否已规定"禁止上诉不利变更原则"；（2）上诉不利变更是否违反处分原则；（3）本案是否满足《最高人民法院关于适用〈中华人民共和国民事诉讼法〉的解释》（以下简称《民诉法解释》）第 323 条第 2 款例外规定之适用条件。持质疑观点的人认为：（1）二审超出了当事人上诉范围，让原告因上诉遭受了不利利益，由此违反了民事诉讼的处分原则；（2）上诉法院应只需围绕上诉请求，即加重杨某赔偿责任，判定杨某是否应在 1.5 万元补偿金之外承担更重的责任进行审理，而判决最后认定杨某不承担 1.5 万元赔偿责任则超出了上诉请求范围；（3）以"社会公共利益"

---

① 张家勇：《也论"电梯劝阻吸烟案"的法律适用》，《法治研究》2018 年第 2 期。

② 有学者认为，学界之所以能够在实体正义方面达成共识乃至一致赞同，与对以前"公平责任规定"被一再滥用或误用所引致的不满不无关系。参见张家勇《也论"电梯劝阻吸烟案"的法律适用》，《法治研究》2018 年第 2 期。

为由论证超出上诉请求做出判决，应对当事人的处分权进行限制。而此案中杨某并未上诉，法律是基于何种理由介入当事人对此部分利益的处分权的？若对"违背社会公共利益"没有精确的识别标准，则可能使此解释过于随意，从而存在这一概念被滥用之隐患，会使得司法权力无端介入当事人私法自治的领域，进而可能带来违反法律的连锁反应。由此，这样的社会后果同样令人担忧。而支持方则认为，二审判决程序完全正义，不过二审法官仅从《民诉法解释》第 323 条——以涉及社会公共利益为由——来改判的合理性不够充分，不仅存在"向一般原则逃逸的风险"，还"带有明显超职权主义的痕迹"。由此还须从诉讼技术角度来分析，其理由有以下几点：（1）禁止上诉不利变更原则在此案并无适用空间，因为我国民事诉讼法从未确立该原则，也无对该原则的反制措施，且也无确立该原则的必要；（2）本判决并未违反不告不理原则，符合司法被动性。实际上本案诉讼请求含有两项，即"过错侵权赔偿请求权"和"损害分担请求权"。因本案二审判决对此两项请求权一并审理并全部驳回，此处理结果并未违反处分原则，由此，及时改判是最合法的裁判方式。而对于程序正义的普适性与特殊性问题，"用法官和公众并不熟悉的某些域外原则去质疑一个得到广泛拥护的本土判决，这样的自说自话是否就真的代表了程序正义"①？由此，解决之道只能是，依据中国法律规范本身，通过有效的法律解释技术，来寻求程序法和实体法合二为一的逻辑自洽，进而在这一过程中，逐步发现中国司法自身的规律和智慧，在公正高效地解决个人纠纷的同时，捍卫司法统一和程序正义的底线。之后支持方针对另一方的论证进行了有针对性的回应。还有学者针对此案发出"'公平责任'并非总能保障公平"的声音。②

① 刘哲玮：《劝阻吸烟案二审判决的诉讼技术分析程序完全正义》，https://mp. weixin. qq. com/s/wEuX4RY27gl_t5zLLyYFVg，最后访问时间：2019 年 3 月 23 日。
② 对于这一问题的讨论文章主要来自"法学学术前沿""中国法律评论"微信公众号以及最高人民法院案例研究院网等。持质疑观点的以吴泽勇教授为代表，持肯定观点的则以刘哲玮教授为代表。分别参见吴泽勇《从诉讼法角度简评"电梯劝烟猝死案"二审判决》《关于电梯劝烟案二审判决的回应与补充——答哲玮教授》，刘哲玮的《劝阻吸烟案二审判决的诉讼技术分析、程序完全正义》，王周的《"公平责任"并非总能保障公平——从一起"医生劝阻吸烟致死案"切入》，陈杭平的《评"电梯劝烟案"二审判决——返回法规范本身》等。

概言之，既有研究的争论似乎是由判决中那 1.5 万元补偿金引起，其论争焦点不论是程序正义，还是禁止上诉不利变更原则，抑或是不告不理原则、公平原则或过错原则等，又或是社会公共利益标准识别等，共同点都建立在部门法视角上，在既有法律框架下，基于司法视角和着眼于对此案或此类案件的解决为目的。这类似于美国现实主义法学，其先驱霍姆斯大法官就是基于此提出"法律的生命不在于逻辑，而在于经验"，将法律视为"对法院行为的预测"①。这种讨论视角对于如何对个案或一类案件寻求一个确定的结果，无疑具有不可或缺的积极意义。尽管有论者已似乎意识到本判决确有公权（法院职权）侵犯私权（当事人处分权）的嫌疑，但并未将其作为关键问题深入剖析与讨论。然而，这种论争可能遮蔽了其背后更为基本和关键的前提性问题。因为即便是研究诉讼程序性问题，前述诸论争也仅仅是更表面的问题。如果要将此问题连根拔起，就需对诸多论争背后所依凭的最根本和关键的深层次理论问题进行反思和讨论。尽管对此案审判的讨论限于部门法视野，不过既有研究也开放出具有意义的理论性问题。对于这 1.5 万元补偿金问题，需进一步追问的是，若跳出部门法视角，从更一般的意义上来看，二审法院直接判决杨某无承担义务，这一结果是否侵犯了杨某的权利？如若构成侵犯，侵犯的是哪类权利？若没有构成，则理据是什么？这种判决可能带来却不被意识的后果是什么？如此系列问题更值得我们进一步反思和追问。

二　伸张正义抑或构成侵权

正如既有研究所言，若从追求社会效果视角看，判决结果被认为实现了实质正义，弘扬了社会主义核心价值观，也赢得了普遍认同和赞誉。即便从当事人杨某视角看，此结果似乎也算是心满意足，遂人心愿了。这样也就不可能存在侵权情形，因而也就无讨论之必要。然而这种观点却遮蔽

---

① 〔美〕斯蒂文·J.伯顿：《法律的道路及其影响——小奥里弗·温德尔·霍姆斯的遗产》，张芝梅、陈绪刚译，北京大学出版社，2005，第123页。

了这样一个理论性前设问题，即权利是否等同于物质利益。如若权利即物质利益，判决对杨某是有利的，自然侵权无从谈起；但如若权利不仅仅是物质利益，还是其他，则就具有了对杨某构成侵权的可能性，因而也就有了进一步讨论的必要。

（一）权利不是什么

由此，需讨论的前提性问题就是，权利是什么或者说不是什么。我们知道，权利是法学极为重要的概念，是构成近现代法学和法律大厦的理论基石，被称为"基石范畴"，也是法学与其他学科相区别的思维方式和范式①，还是"法律作为一种社会控制手段"与道德、宗教等相区分的重要标志。② 几乎可以肯定地说，在现代政治法律等诸学科中，权利是一个受人尊重的概念，"没有一个伟大的民族不尊重权利"③。然而如何"界定和理解'权利'一词"却"是法理学上的一个难题"。④ 甚至有人指出，给权利下一个"正规的定义"是不可能的事情，权利应被视为一个"简单的、不可定义、不可分析的原初概念"。⑤

不过，从词源学角度，可大致了解这一概念的历程。据考证，"权利"一词在汉语中很早就已出现。《荀子》中有"接之于声色、权利、忿怒、患险而观其能无离守也"⑥，"是故权利不能倾也，群众不能移也，天下不能荡也"⑦。《盐铁论》中也有"或尚仁义，或务权利"⑧，"夫权利之处，必在深山穷泽之中。非豪民不能通其利"⑨。司马迁在《史记》中在描述

① 参见张文显《法哲学范畴研究》，中国政法大学出版社，2001，第334~366页。
② 〔美〕罗斯科·庞德：《通过法律的社会控制》，沈宗灵、董世忠译，商务印书馆，1984，第33页。
③ 〔法〕托克维尔：《论美国的民主》，董果良译，商务印书馆，1997，第272页。
④ 夏勇主编《法理讲义——关于法律的道理与学问》（上），北京大学出版社，2010，第329页。
⑤ Joe Feinberg, "The Nature and the Values of Rights", *Journal of Value Inquiry*, Vol. 4, 1970, pp. 243 – 260.
⑥ 《荀子·君道》。
⑦ 《荀子·劝学》。
⑧ 《盐铁论·杂论篇》。
⑨ 《盐铁论·禁耕》。

魏武安侯时说道："家累数千万，食客日数百人，陂池田园，宗族宾客，为权利，横于颍川。"① 可见，在传统汉语词汇中，"权利"实质上是"权"和"利"两个不同概念，分别意指权力、权势和利益，"权利"即"权势和货利"②。尽管也有学者认为中国古代思想家已有对权利义务的种种精彩论述，从中可见"我国古代思想家对法、权利和义务的认识已相当深刻"③，但不可否认的是，此概念本身并不具有普通民众所应含有的平等、自由等蕴意，也与社会正义无关，更看不到对公共权力进行约束的元素。这一点亦可从与权有关的诸多传统词语中得到印证。④ 由此，在中国文化传统里，权利"大体上是消极的或贬义的"⑤ 概念，毫无神圣性可言，其更多的是被传统儒家"仁义"之学所批判的东西，自然也不具有值得人们向往和追求之价值意义。

对于中国人，权利概念作为一整体合并使用且具有近现代意义则是19世纪西学东渐之后的事情了。譬如，康有为就曾论道，"人者，天之所生也，有是身体，即有其身体，侵权者，谓之侵天权，让权者谓之失天职"⑥；梁启超也追随其师，大声疾呼道，"自由者，权利之表征也。凡人所以为人者有两大要件，一曰生命，二曰权利，二者缺一，实乃非人"⑦。可见，上述权利在内涵上已与古代汉语中的"权利"具有了本质上的不同，不再散发着浓烈的贬义味道，而具有了值得广大普通人追求的神圣性。

---

① 《史记·魏其武安侯列传》。

② 《辞海》，上海辞书出版社，1979，第2867页；《辞源》，商务印书馆，1980，第1649页。

③ 张文显：《法理学》（第5版），高等教育出版社，2018，第127页。

④ 据《成语辞典》统计，与权有关的成语主要是：争权夺利、独揽大权、丧权辱国、以权谋私、权宜之计、大权在握、权重望崇、权时救急、权豪势要、招权纳贿、舍道用权、兼权尚计、反经行权、百草权舆、专权误国、贪权慕禄、"一着权在手，看取令行时"、舍经从权、不知权变、不畏强权、权重秩卑、权变锋出、生杀之权、挟势弄权、权欲熏心、权倾朝野、比权量力、权倾天下、"一朝权在手，便把令来行"、鬻宠擅权、一时权宜、择利行权、挟权倚势、权移马鹿、大权旁落、篡党夺权、持权合变、一切之权、窃势拥权、权衡得失、权倾中外、阿权膴仕、子母相权、负贵好权、权钧力齐、因利制权、守经达权、倚势挟权、专权擅势、专权恣肆等。

⑤ 夏勇主编《法理讲义——关于法律的道理与学问》（上），北京大学出版社，2010，第329页。

⑥ 康有为：《大同书》，章锡琛、周振甫校点，古籍出版社，1956，第130页。

⑦ 张品兴：《梁启超全集》，北京出版社，1999，第429页。

即便在西方，据学者考证，"直到中世纪结束前夕，任何古代或中世纪的语言里都不曾有过可以准确地译成我们今天所为'权利'的词句"①。美国的麦金太尔也表达了类似观点，他认为，"在中世纪临近结束之前的任何古代或中世纪语言中，都没有可以恰当地译作我们所说的'一种权利'的表达"②。直到17、18世纪，启蒙思想家们在反对神权和君权的斗争中才创造出"自然权利"（natural rights）、"天赋人权"（rights-in-born）等概念，并开始以此作为思想斗争的有力武器。19世纪中叶后，由于社会发展之需求，伴随着实证分析法学兴起，"权利"和"义务"作为法律和法学的基本概念被凝练总结出来，对其研究也相应进入实证化阶段。后来，一方面，学者们对早期实证分析法学那种形式主义和简单化研究模式进行了修正，开始注重分析权利概念中所包含的丰富内容，并与义务和法律关系等概念联系起来进行研究③；另一方面，随着社会法学派的兴起，学界亦开始从社会整体、社会利益、社会效果等角度对权利进行关注，由此形成了"应有权利""法定权利""实有权利"三个基本维度。不过，也有学者提出了另外的权利类型，如"习惯权利"等。尤其是近年来，由于经济科技迅猛发展，人们生产生活方式带来巨大变化，有学者不断提出一些新兴权利并就基本理论或具体权利展开讨论研究，如探视权、隐私权、知情权、生育权、贞操权、送葬权、悼念权、祭奠权、环境权、人格权、数据权、信息权、空间权、被遗忘权、民生权、基因权、冷冻胚胎的监管处置权、特殊群体的权利、动物的权利等等。④

综上，权利如此之纷繁复杂，导致不同的思想家对其有诸多理解。而就国内研究而言，对于权利内涵也有诸多诠释与解读，对其较为全面梳理

① 〔英〕A. J. M. 米尔恩：《人的权利与人的多样性——人权哲学》，夏勇译，中国大百科全书出版社，1995，第5页。

② 〔美〕A. 麦金太尔：《德性之后》，龚群等译，中国社会科学出版社，1995，第88~89页。

③ 霍菲尔德对权利概念之混乱痛心疾首，他认为人们通常将法律关系化约为权利与义务关系，过于简单化，阻碍了人们对法律难题的清楚理解和真正解决，由此提出了"权利"概念的四层意思：要求、自由、权利和豁免。See Wesley N. Hohfeld, "Fundamental Legal Conceptions as Applied in Judicial Reasoning", *Yale Law Journal*, Vol. 23, p. 191.

④ 参见侯学宾、郑智航《新型权利研究的理论提升与未来关注》，《求是学刊》2018年第3期。

的当数张文显先生。他归纳总结出了"资格说""主张说""自由说""利益说""法力说""可能说""规范说""选择说"八种观点①，并在此基础上提出了"综合说"②。囿于论旨，加之权利自身的复杂性，本文对于何谓权利本身不打算深入系统地展开讨论。换言之，本文并不旨在就权利自身理论进行详尽的证成式阐释，也无意就权利理论体系做出系统的梳理和归纳，而是试图在众多分歧中寻求其最基本的共识，尽管这种共识未必是通过证成方式来达至。由此，笔者认为，即便是仅从权利与义务之比较看，至少也可得出一些否定式共识。如我们所知，义务意味着应当或禁止。具言之，从一般理论上讲，义务是否要履行，是否可以放弃、转让，以及以何种方式、何时、何地履行等，义务主体并不具有选择和决定权。简言之，对于义务主体而言，义务意味着唯一，不以其意志为转移，义务诸内容具有被动性和不可选择性。相较而言，权利则与之相反，权利主体可以自由选择享有、行使或实现，而不应是被要求必须放弃、转让，或者被强迫享有、行使或实现。简言之，权利如若无可选择性、自我能动性，就无法再称为真正意义上的权利。可见，权利基本属性一定包含可选择性，或者说，不具有可选择性就不可能也不应该称为权利。至于各种不同的权利观点，其间的差异仅仅在于是强调可选的选项，还是可选择的空间或范围，或是可选择的条件或资格，抑或是对可选择的保障，等等。可见，权利至少不能仅仅等同于物质利益，即权利与物质利益不能完全画等号。即便在有些时候权利所指的对象是物质利益，但权利的实质依然是指对物质利益（或称为财产）的可选择性本身。由此，可以达成的一点共识性即是：权利不仅仅是或者说根本就不是物质利益及财产本身，也不应仅仅是关于财产的权利。

进一步讲，如若仅仅将权利等同于物质利益（或财产），则可能带来如下后果。一是权利被矮化、异化，导致失去其本身应具有的内核属性。我们知道，近现代社会与前现代社会的重要区别之一，就是人成为自己的主人。至少在世俗的世界和事务处理中，人已不再须按照上帝意志和安排

---

① 参见张文显《法理学》（第 5 版），高等教育出版社，2018，第 130 ~ 131 页。
② 参见张文显《法哲学范畴研究》，中国政法大学出版社，2001，第 300 ~ 305 页。

被动思考和行动，因为"上帝的归上帝，恺撒的归恺撒"①，就连上帝也不能改变二加二等于四的结果②，甚至有人宣称"上帝死了"③。不仅如此，就世俗的人们而言，有些也成了不言而喻的常识，比如"人人生而平等"、对不可剥夺的"生命、自由以及对幸福追求"权利的拥有等。④ 简言之，权利本位已成为近现代社会的一种被普遍认可和接受的根本范式。⑤ 权利的真谛不可能仅仅是物质或财产，也不会仅是关于财产的权利。作为权利最内核的范畴应是人之为人的最低标准。如若没有这些，人就不再是人，而可能被视为畜生。有人将之称为平等的人格尊严，有人称之为"平等的关怀和尊重"。⑥ 即便是权利的对象有时表现为物质财富之类的东西，那也只是权利诸多表象中的一种，而非其最内核属性。也就是说，权利自身与物质层面财富并非具有必然联系，更不是唯一联系。二是如果权利本身等同于物质财产，那么作为权利主体的人则不见了，作为权利主体的人的意志也被消解，权利本身就会被异化为物。其后果是，人将不再被视为目的本身，而可能成为工具。⑦ 马克思之所以批判他所生活的那个时代权利的虚伪性，就是因为他认为权利已被异化，已成为依附于资本且只有少数人才可真正享有的东西。而作为毫无资产只能依靠出卖劳动力生存的无产者，既"没有别的商品可以出卖"，也"没有任何实现自己的劳动力所必需的东西"⑧，其所能享有的仅仅是选择被哪个资本家剥削的权利，而没有出卖与否的选择权。由此，如若权利仅仅是物质财富，则近现代社会

---

① 《圣经·新约》，《马太福音》第二十二章。
② See Edwards, Charles, "The Law of Nature in the Thought of Hugo Grotius", *The Journal of Politics*, Vol. 32, 1970, pp. 93 - 799.
③ 参见〔德〕尼采《上帝死了》，戚仁译，上海三联书店，2007。
④ 〔英〕J. R. 波尔：《美国平等的历程》，张聚国译，商务印书馆，2007，第14页。
⑤ 参见张文显、于宁《当代中国法哲学研究范式的转换——从阶级斗争范式到权利本位范式》，《中国法学》2001年第1期。
⑥ 〔美〕德沃金：《认真对待权利》，信春鹰、吴玉章译，中国大百科全书出版社，1998，第272页。
⑦ 德国哲学家康德认为，"人是生活在目的的王国中。人是自身目的，不是工具。人是自己立法自己遵守的自由人。人也是自然的立法者"。〔德〕伊曼努尔·康德：《实践理性批判》，韩水法译，商务印书馆，2003，第95页。
⑧ 《马克思恩格斯选集》（第2卷），人民出版社，1995，第172页。

权利所依凭的平等享有的自由就不复存在了，权利自身也就被异化和消解，权利就可能重新回到传统文化意义上的权势加利益模式上去。

由上，虽然对于权利是什么的证成式阐释因存在诸多分歧而并非易事，但若从权利不应当是什么这一否定性角度看，至少可以认为，权利最核心的属性绝对不应完全等同于物质层面的财富或财产，权利也不仅是财产权。其真谛和内核属性不可能也不应当是财产权，尽管财产权可能是权利非常重要甚至关键的部分或一种表象。

（二）杨某的权利被侵犯了吗

如前所述，即便权利不应仅仅是物质利益，或者说权利的内核属性不应仅是物质层面的东西，那也至多证明了存在杨某的权利被侵犯的可能。若想进一步证成杨某的权利被侵犯，则需讨论杨某的这种可选择性是否被剥夺，以及这种剥夺是否具有正当性。从理论上讲，一个人对某种物或财产具有可选择性，意味着他/她对被选择的东西具有排他性支配权，即通常所说的所有权。这种支配权只有通过其本人的同意才可具有被剥夺的正当性，除非在特定状态下基于公共利益之必需由相关部门依法征用征收。① 如果是后者所述情形，即基于公共利益之紧急必需而由公共权力部门征收征用，则需严格依法定条件和程序且应依法就因征收征用行为给当事人造成的损失给予补偿。显然，本案中杨某的这1.5万元补偿款的处置选择权并不属于所述的这种除外情况。由此，需追问的是，一般意义上所说的人所具有的这种所有权的理论根源来自何处呢？西方古典自然学家认为，它来自人与生俱来的自然权利，来自其中的对财产的支配权。洛克则认为来自人所赋予的劳动价值，劳动使公有的东西成为个人财产，保护财产权是政治社会的目的，是政治权力的职责。② 若从财产权角度看，二审判决似乎并没有使杨某的财产受

---

① 比如，《中华人民共和国宪法》第13条第3款规定，国家为了公共利益的需要，可以依照法律规定对公民的私有财产实行征收或者征用并给予补偿。又如，《中华人民共和国紧急状态法》第12条规定，有关人民政府及其部门为应对突发事件，可以征用单位和个人的财产。被征用的财产在使用完毕或者突发事件应急处置工作结束后，应当及时返还。财产被征用或者征用后损毁、灭失的，应当给予补偿。

② 〔英〕洛克《政府论》（下），叶启芳、瞿菊农译，商务印书馆，1996，第54、59页。

损。因而也不可能对其构成侵权。不过，我们知道，对财产的支配权意味着权利主体对财产有占有、使用、收益、处分的可选择性。换言之，权利主体是积极主张还是消极处分自己的财产，都仅仅是他自己的选择而已，而不能被强迫或者剥夺。不论是主张还是放弃，是主张拥有还是争取，同样都应仅是他自己的个人选择，否则就须经过本人的同意才具有正当性。即使是"最高权力，未经本人同意，不能取去任何人的财产的任何部分"①。就本判决而言，法院并未告知杨某拥有这 1.5 万元补偿金是否选择给受害人的权利，更没有经过杨某的主张或同意，就一厢情愿地把一审判决中的这 1.5 万元补偿金的选择权给剥夺了。法院这种为杨某着想而做出的看似"善意"的判决行为，却在客观上进一步论证了存在对杨某侵权的可能性。

然接下来需讨论的是同意的表达方式问题，即是明示方式还是默示方式才具有效力，或者说才具有正当性呢？换言之，根据权利推定理论，既然个人对其财产具有排他性支配权，那么是明示方式还是默示方式才更具有正当性呢？这一问题则应以是否对权利主体有利为原则。比如，我国继承法中规定，若认定拥有法定继承权的权利主体放弃继承权利，则须以其明示为有效要件②，而受遗赠人在规定期限内放弃受遗赠则不再以明示方式而是默示即生效。③ 又如，我国最高人民法院就保险法适用的司法解释中规定，保险代理人为被保险人代签字后，若投保人按约定支付了保险金，则视该保险合同的保险代理人的签字为投保人本人签字，具有法律效力。④ 换言之，如若是明示方式对权利主体有利，则明示便具有正当性，反之则应是默示方式。当然，应强调的一点是，我们所说的是否有利不能仅仅指物质利益，还指有利于行使其选择权。就此判决而言，对于杨某的

---

① 〔英〕洛克《政府论》（下），叶启芳、瞿菊农译，商务印书馆，1996，第 86 页。

② 《中华人民共和国继承法》第 25 条第 1 款规定，继承开始后，继承人放弃继承的，应当在遗产处理前，作出放弃继承的表示。没有表示的，视为接受继承。

③ 《中华人民共和国继承法》第 25 条第 2 款规定，受遗赠人应当在知道受遗赠后两个月内，作出接受或者放弃受遗赠的表示。到期没有表示的，视为放弃受遗赠。

④ 2013 年颁布的《最高人民法院关于适用〈中华人民共和国保险法〉若干问题的解释（二）》第 3 条第 1 款规定，投保人或者投保人的代理人订立保险合同时没有亲自签字或者盖章，而由保险人或者保险人的代理人代为签字或者盖章的，对投保人不生效。但投保人已经交纳保险费的，视为其对代签字或者盖章行为的追认。

1.5 万元补偿金的选择权，我们不能简单地通过默认方式认定其具有效力和正当性，因为这样不利于杨某行使其对此财产结果的选择权，即便是仅从物质利益上看，默示方式对其是有利的。由此，我们不能简单地认为，这意味着杨某对其财产权的同意或放弃。

（三）对杨某的可能侵权的性质

即便本判决存在对杨某侵权的可能，那被侵害的属于哪种性质的权利呢？是可期待利益的丧失，还是既有利益的减损？然而不论是哪一种，实则都与判决的结果不相符。如前所述，权利意味着可选择性的存在，这不仅包括可选择的选项，还包括可选择的范围和空间。而可选择并非意味着一定要做出选择，或从几个选项中做出选择，其实不选择也是其中的一个选项。这与静止本身即是运动的一种状态同一个道理。如果我们只想着权利主体一定或应当从选项中做出选择，这是一种积极性权利，或积极自由，即作为或要求他人作为或不作为的选择。对于积极权利与积极自由两者之内涵是否相同，学界并非有一致结论。如有学者认为积极自由意义上，自由意味着"和平享受私人的独立"，贡斯当就认为正是这种自由而非政治参与才是现代人的自由的主要特点。[①] 而伯林则认为，所谓积极自由则是一种"消除自我意志实现之障碍的自由"，或是"自我决定或自我发展的自由"。[②] 积极权利则是指"要求权利相对人予以给付或作为的权利"。[③] 对选择项本身不作选择，只是消极地守护属于自己的空间或范围不被侵犯，这是一种消极意义上的权利或消极自由。[④] 尽管积极自由与积

---

① 转引自崇明《现代自由之消极与积极：论贡斯当的自由思想》，《复旦学报》（社会科学版）2010 年第 5 期。

② Isaiah Berlin, *Liberty*, edited by Henry Hardly, Oxford University Press, 2002, p.169.

③ 周志刚：《论"消极权利"与"积极权利"——中国宪法权利性质之实证分析》，《法学评论》2015 年第 3 期。

④ 伯林提出了消极自由概念，认为："就没有人或全体干涉我的活动而言，我是自由的。就是一个人能够不被别人阻碍行动的领域。如果别人阻止我做我本来能够做的事，那么我就是不自由的；如果我的不被干涉的领域被别人挤压至某种最小的程度，我便可以说我是不自由的。自由就意味不被别人干涉。不受干涉的领域越大，我的自由也就越广。"参见〔英〕以赛亚·伯林《自由论》，胡传胜译，译林出版社，2002，第 189 页。

极权利之内涵是否相同存在分歧，消极自由与消极权利之间具有相同或相近蕴意，这一点却可以取得共识。消极权利是指"要求权利相对人予以尊重与容忍的权利"①。某种意义上，消极权利是自由得以最大保护的边界，它也是后者的保护神。这是因为自由类似于软体动物，虽然神圣却非常脆弱，自我无法提供足够的救济和保障，只有通过权利边界划定其范围从而为其提供救济和保障才成为可能。可见，消极权利给消极自由这个软体动物套上了坚硬的"外壳"，使其具有了可操作性。正是这种消极自由和消极权利的存在，才有了"风可进，雨可进，就是国王不能进"的法谚。这种消极权利只关注个人所能选择的空间和范围，不具有积极而明确的目的性和方向性，不问对己利益，然而却更能够给人带来安全感和主人公之感受。这也是近现代社会区别于传统社会的权利理念的重要标志。另外，消极权利的正当性依据来自人之为人的本性。与其他动物相比，"人不但是肉体的生命，同时其精神的存在至关重要，人类精神的生存条件之一即是主张权利"②，这关乎人格尊严。由此德国著名法学家提出"为权利而斗争"是对其个人也是对社会应尽的义务。就本案判决而言，如果说存在杨某的权利被侵犯情形，其权利则并非积极意义上的权利，而应是这种消极意义上的权利，即可能侵害杨某是否选择处分这 1.5 万元补偿金的权利。

（四）可能侵犯杨某权利的主体

如上，消极权利的重要价值意义为防范来自公权力对个人私权利的侵害，其背后所依凭的途径是通过权利对权力的制约，从而更好地为个人提供保障，且避免来自"利维坦"自身给个人带来的危险和侵害。可见，消极权利是处理公共权力与个人权利之间关系的一种权利，或者说是公法意义上的基本权利或宪法性权利，具有基础性、根本性。依据古典自然法理

---

① 参见周志刚《论"消极权利"与"积极权利"——中国宪法权利性质之实证分析》，《法学评论》2015 年第 3 期。
② 〔德〕鲁道夫·冯·耶林：《为权利而斗争》，《民商法论丛》（第 3 卷），法律出版社，1995，第 22 页。

论，这种消极权利是通过社会契约的方式确定下来的。它是来源于和依凭于自然权利的那种权利，或者说是一种人权意义上的权利。就本判决而言，不论杨某对此1.5万元补偿金是愿意抑或拒绝承担，其与对方当事人之间不存在公私权的关系，两者之间是平等主体关系，也就不存在一方对另一方的公权力的侵害或危险。由此，二审判决直接将一审判决中认定的杨某应当承担的1.5万元补偿金在杨某本人未做出明示主张同意的情况下给撤销，这就构成了杨某个人与二审法院基于司法审判权行使职权之间的关系，是个人权利与公共权力之间的关系。由此，如若说存在侵害杨某的消极权利，实施主体只能是具有公共权力且依据其职权做出判决的二审法院。

（五）公共利益除外阻却个人权利的正当性

接下来需讨论的问题是，即便是上述论证到目前为止都可以成立，那么这是否就可断定二审法院对杨某构成侵权了呢？如若单纯依据古典自由主义尤其是以诺奇克为代表的自由至上学派的理论，在"个人权利神圣不可侵犯"的信条下，任何侵犯个人任何财产权的行为都不具有正当性，构成侵权自然就毫无疑问了。然而随着社会法学派的崛起，社会本位、对社会公共利益等价值的考量开始进入法学家们的视野，并形成了国家、社会、个人的分析框架，尤其是开始强调社会在其中的重要维度和价值。后来这种思想逐渐进入制定法层面。德国1919年颁行的《魏玛宪法》中首次出现了"社会法"，就是一个重要标志，人类历史上第一部社会主义宪法——苏俄宪法诞生，也与这种理念不无关系。[①] 尤其近几十年来，私法领域也出现了公法化趋势，个人的财产权不再绝对的神圣和至上，有时基于社会公共利益考量也有做出适当让步和妥协的义务。就本案而言，二审法官正是基于对社会公共利益的考虑作出上述判决结果的。如果从这个角

---

① 虽然苏俄宪法的直接理论根源是马克思列宁主义的著作，如《共产党宣言》、《四月提纲》和《国家与革命》等。但在理论渊源上马克思作为著名的社会学家同其他同时代的社会学家类似，其理论都强调社会利益、社会本位，其目的都着眼于解决社会问题。参见韩大元《苏俄宪法在中国的传播及其当代意义》，《法学研究》2018年第5期。

度看，本案判决似乎就具有了正当性和法理依据，自然也就不存在侵权问题。然这却遮蔽了另一个更为深层次且更为关键的理论性问题，即社会公共利益作为阻却个人权利的正当性理由是否应当存在边界？如若存在，两者的边界在哪里？

三　司法审判权的正当性：公共善优于个人权利的边界

如果我们不承认社会公共利益的边界，则意味着基于对如下假设的认可。首先，认为社会公共利益本身对个人权利具有绝对的至上性和优先性。由于社会公共利益的代表最终是国家或国家的某个机关，这种思维假设可能出现的最极端结果就是类似于纯粹的国家至上主义，从而完全抹杀了个人存在的意义。另一种结果则或许会进入边沁式的功利主义窠臼，看似旨在追求"最大多数人的最大多数幸福"①的美好德性，其背后却隐藏着可以假借公共利益为正当理由而将少数人的权益完全牺牲掉，造成多数人对少数人的暴政，使我们在逃出狼口的同时却无意识地又被送入了虎口。②其次，认为作为社会公共利益代表的权力机关或个人具有"哲学王"的智慧和品格③，可以超脱"绝对权力导致绝对的腐败"④的魔咒，且还将人类自身假定为像上帝一样的全知全能的理性化身，遮蔽了人是"有限理性"的动物这一洞见。⑤然而人类的历史经验教训多次向我们证实了"人是靠不住

---

① 参见〔英〕本杰明·边沁《道德与立法原理引论》，时殷弘译，商务印书馆，2000，第117~118页。
② 邓正来先生在其《中国法学向何处去》的结尾说道，"作为一种重申，我想用一句话来回应那些可能期望我以更明确的方式阐明'中国法律理想途径'（而非'我的'中国法律理想图景）的朋友们：当我把你从狼口里拯救出来以后，请别逼我把你又送到虎口里去"。参见邓正来《中国法学向何处去——建构"中国法律理想图景"的论纲》，商务印书馆，2006，第269页。
③ 参见〔古希腊〕柏拉图《理想国》，郭斌和、张竹明译，商务印书馆，2003，第228~272页。
④ 〔英〕阿克顿：《自由与权力》，侯健、范亚峰译，译林出版社，2011，第342页。
⑤ 邓正来：《规则　秩序　无知：关于哈耶克自由主义的研究》，上海三联书店，2004，第43页。

的"，我们不得不承认"人一半是天使，一半是魔鬼"① 的现实。由此，如果不承认社会公共利益对于个人权利的边界，前者则可能成为毫无边界地作为阻却个人权利的正当性理由，其后果是带来对个人权利的无法预测的侵害。这既是我们所不愿看到的，也与近现代社会的基本理念背道而驰。

由此，不得不承认，即便是基于社会公共利益这种公共善的理由看似具有正当性，但也应有其行使正当性的边界。因为即便是"真理，哪怕是再往前一小步就是错误"②。另外，对于公共善与个人权利的优先问题，西方学界曾进行了诸多讨论，由此形成了新自由主义与自由至上主义、新自由主义与社群主义、新自由主义与文化保守主义以及新自由主义与新古典自由主义等之间的持续论辩。新自由主义以罗尔斯为代表，旨在对古典自由主义以及功利主义的正义观进行校正，提出了"正义两原则"③，在坚持个人平等享有基本的自由的同时，兼顾对弱势群体的倾斜性关照，试图调和平等和自由两大理念之间的冲突。这一方面遭到了新古典自由主义或自由至上主义的猛烈抨击，此派学者主张"持有正义"和"最弱意义上的国家"④，认为罗尔斯向平等妥协，背叛了西方的个人自由传统，其正义优先于权利的主张不具有正义性。它另一方面也被社群主义所不容，认为对社群公共善的关注还不够，始终未能放弃对基于个人本位的思维，因而其作为公平的正义优先于作为公共善的正义之主张是不可接受的。⑤ 不仅如此，以列奥·施特劳斯为代表的美国文化保守主义学派也对罗尔斯进行

① 〔美〕汉密尔顿、杰伊、麦迪逊：《联邦党人文集》，程逢如等译，商务印书馆，1980，第51篇。
② 〔苏〕列宁：《共产主义运动中的"左派"幼稚病（1920.4.27）》，《列宁选集》第4卷，人民出版社，1995，第257页。
③ 〔美〕约翰·罗尔斯：《正义论》，何怀宏译，中国社会科学出版社，2009，第267页。
④ 诺奇克的"the entitlement theory"通常被译为权利理论，但他所强调的实质上是一种基于持有正义的权利理论。参见〔美〕罗伯特·诺齐克《无政府、国家与乌托邦》，何怀宏译，中国社会科学出版社，1991，第1、4页。
⑤ 如桑德尔就批评道，罗尔斯的"混沌无知的自我"概念是虚假的，"如此彻底独立的自我排除了与任何构成意义上的占有密切相连的善（或恶）观念。……它也排除了公共生活的可能性，在这种公共生活中参与者的认同以及利益的或好或坏都至关重要"。参见〔美〕迈克尔·桑德尔《自由主义与正义的局限》，万俊人译，译林出版社，2001，第62页。

了严厉批判，认为以罗尔斯的正义两原则为代表的新自由主义一方面要维护美国新政自由主义传统，以为国家干预经济生活提供合理根据；另一方面则强调国家不能干预道德宗教文化领域。施特劳斯及其弟子认为，罗尔斯所持的这种道德宗教文化中立观背离了西方传统，尤其是美国信奉的个人自由主义文化的优良传统，因而对此进行了理论批判。① 如若说上述仅是在同一层面对罗尔斯的正义论进行质疑和批判，新古典自由主义的代表人物哈耶克则从知识论角度试图颠覆罗尔斯的哲学元点，指出罗尔斯依然未摆脱既往那种基于人类理性之建构的藩篱，以至于他试图寻求一种一劳永逸的、静态的、唯一且普适的社会正义观。他对人类理性之有限无意识，更未看到人类社会乃是自我演进的自生自发秩序的展开结果，而非人类理性所刻意设计的结果，因而人类对正义的认知和追寻只能是否定性的正义。这种基于理性设计的社会正义论是不可能正义的，因为每个人的理性都是有限的。我们不得不承认，就知识论而言，我们都是分立的知识，对于大多数知识，我们的理性都是所不及的。如果一味相信自己理性所及的能力，那是一种"致命的自负"②，最终人类将可能"通往奴役之路"③。

对于上述既有研究，孰对孰错，既不可能也不应给出个明确且唯一的结论，且囿于主旨和篇幅，本文不打算对此问题进行更深入的讨论。但可以从中得到一点共识，即公共善与个人权利之间需要也应当有个边界。

接下来，对于如何确定公共善与个人权利之间的边界就显得更有意义和必要。对这一问题试图给出一个一劳永逸的"药方"，这种想法不仅不可能，也不可欲。但至少可从原理上就以下方面进行讨论。

---

① 参见甘阳《政治哲人施特劳斯：古典保守主义政治哲学的复兴》（"列奥·施特劳斯政治哲学选刊"导言），载〔美〕列奥·施特劳斯《自然权利与历史》，彭刚译，生活·读书·新知三联书店，2006，第41~51页。

② "致命的自负"是哈耶克最后一部论著的标题，在其中他依然秉持对"建构理性主义"的批判，在其第五章系统地讨论了这一观点。参见〔英〕弗里德里希·冯·哈耶克《致命的自负》，冯克利、胡晋华等译，中国社会科学出版社，2000，第73~100页。

③ 《通往奴役之路》在哈耶克学术生涯中具有极其重要的地位，其中提出了"追求计划经济，无意识的后果必然是极权主义"。虽然此观点饱受争议，但也提出了值得警醒的论题。参见王明毅"译者的话"，〔英〕弗里德里希·冯·哈耶克《通往奴役之路》，王明毅等译，中国社会科学出版社，1997，第3页。

　　首先，即便公共善可作为限制个人权利的理由，也应以最低限度干预为原则。因为，如我们所知，公共权力具有自我膨胀的特性，极易被滥用，这一特性易对个人权利构成危险和侵害。如若不对其进行最大限度的约束规制，则个人权利就不仅无法得到来自公共权力的保障，反而后者还可能成为最大的危险来源。不可否认，现代社会公共权力存在和有效的唯一正当性理据只能是来自人们的授权，旨在更好地为人们提供救济保障和服务，即维系和增进对个人权利保障的水平和能力，进而不断提升文明程度。正是如此，庞德才认为"法律不仅是通向文明的工具，而且是文明的产物"[1]。如若公共权力成为对个人权利最大的危险因素乃至构成实际侵害，那么公共权力就失去了有效的正当性理据。也就是说，即便公共善对个人权利可适当限制，也须遵循能不干预就不干预，能少干预就少干预，可干预可不干预的就不干预的原则。这一原则类似于约翰密尔的"最大不伤害原则"，对行政权力进行道德限定，使其既能保证存在的正当性和合法性，又要求在不侵犯个人自由权利的基础上，承担起应尽的公共职能。[2] 简言之，此原则要求公共善对个人权利的限制应以对后者的最大不伤害为限。

　　另外，之所以倡导公共善对个人权利的限制应遵循最大不伤害原则，还因为，在当今社会人们对公共善的认识和理解是多元的，人们已认识到我们无法找到一个类似于古希腊的那种唯一、永恒、普适的善和正义[3]，由此才有不同的思想家对"谁之正义？何种合理性"[4] 类似问题进行无穷

---

① 〔美〕罗斯科·庞德：《法律史解释》，曹玉堂、杨知译，华夏出版社，1989，第140页。

② 密尔旨在讨论"社会所能合法施于个人的权力的性质和限度"问题，他认为应当遵行的原则是"人类之所以有理有权可以各别或集体地对其中任何分子的自由进行干涉，唯一的目的只是自我防卫"。参见〔英〕约翰·密尔《论自由》，程崇华译，商务印书馆，2005，第1、10页。

③ 柏拉图认为，正义总原则是每个人必须在国家里执行一种最适合他天性的职务，是"各司其职，各尽所能"的等级制度。参见〔古希腊〕柏拉图《理想国》，郭和斌、张竹明译，商务印书馆，1986，第154页。

④ 《谁之正义？何种合理性？》是麦金太尔继《追寻美德》之后的又一部论著。它看似"是一部关于隶属于非常不同的理智传统和社会传统的思想家之间进行对话之可能性的著作"，实质却是在对西方启蒙思想家所开启的现代"规范伦理"进行批判的基础上主张对西方古典的"美德伦理"的回归。参见万俊人《关于美德伦理的传统叙述、重述和辩述》（译者序言），〔美〕阿拉斯戴尔·麦金太尔《谁之正义？何种合理性?》，万俊人等译，当代中国出版社，1996，第1~27页。

无尽、持之以恒的探求和诠释，并无奈地慨叹道，正义有着一张希腊神话中的海神"普洛透斯似的脸，变幻无常，随时可呈不同形状并具有极不相同的面貌"①。即便在诸善之间，往往也存在冲突和矛盾，让人难以抉择。比如，诚实是善，撒谎是恶，然而在敌人面前则完全不同；人人平等值得我们追求，人人自由也值得我们追求，然而绝对的平等与绝对的自由之间却存在不可能兼顾的抉择困境；真值得追求，善值得追求，美也值得追求，然如若一事实本真上就是丑或恶的，那我们只能求其真却不得不容忍丑或恶，或为了善或美放弃求真而容忍虚伪。

就本案判决而言，杨某对一审判决并未提起上诉，意味着其对这一判决的认可。而法官以社会公共利益为正当性理据，撤销了一审判决中杨某的1.5万元补偿款。这就相当于剥夺了杨某对这笔补偿款的处理选择权，尽管仅从物质利益上来说对杨某并未构成不利后果。法官以社会公共利益和社会主义核心价值观这种公共善为正当性理由对杨某个人权利的限制就超过了最低限度。况且法官忘记了一点，我们所倡导的社会主义核心价值观是一个由诸多价值观形成的价值观群，其内部是一个价值观体系。如若仅仅顾及了其中一个，往往又无意间忽视了其他价值观。由此，法官应既考虑对社会公共利益以及社会主义核心价值观整体性的尊重、维护和倡导，又要最大限度地尊重和维护杨某的个人权利。因此，如若法官在做出撤销一审判决中杨某承担1.5万元补偿金的同时，再加上对杨某个人权利的尊重和对死者的同情，即如若杨某没有异议，则应尊重和维持一审判决的1.5万元补偿金的判决结果，这样就不仅使法官所依凭的社会公共利益、社会主义核心价值观得到了尊重，而且还最大限度地维护了杨某的个人权利。因为我们知道，对死者的同情和尊重也是对社会主义核心价值观的尊重和弘扬，比如"和谐""友爱"等。

其次，公共善对个人权利的限制还应从程序上给予最大限度的限制。在程序限制方式上，一是对公共善的范围做出尽可能详尽具体的规定，如果实

---

① 〔美〕博登海默：《法理学：法律哲学及其法律方法》，邓正来译，中国政法大学出版社，2004，第260页。

在不能，也要有尽可能详细且可操作的识别标准。这同样是因为公共利益、公共价值等公共善如此模糊，理解上本身容易产生歧义，且诸善之间又时有冲突。这样可能给出不同的排序与取舍，以至于给法官太大的自由裁量权，容易导致司法权力的滥用。二是赋予当事人以最大自我保护的权利，即通常所说的诉权，通过权利限制权力的可能滥用、错位或不作为。对于诉权的研究，西方学者有由萨维尼的私法诉权说到包括抽象诉权说、具体诉权说、本案判决请求权说以及诉讼内诉权说在内的公法诉权说多种理解，此问题也日益引起我国学界的重视，从主要在民诉法学界扩展到刑诉法学界、行政法学界。[①] 限于篇幅和论旨，本文不打算对具体诉权的理解进行全面系统讨论，但可以肯定的是，近年来人们逐渐认识到，诉权实质上关涉公共权力与个人权利之关系，因此属于宪法学及人权的范畴。由此，我国学界越来越认识到，诉权不是一方当事人对另一方当事人的实体法意义上的请求权[②]，而是当事人向具有受理诉讼职责的公共权力机关选择主张或不主张的一种公法意义上的权利。马克思曾深刻地指出，"发表意见的自由是一切自由中最神圣的，因为它是一切的基础"[③]。由此可以说，言论自由是一切自由的起点和基础，没有了言论自由最后必定是一切自由的丧失。如果我们认同这种观点，那么诉权的丧失就将使所有人们所声称拥有的权利和自由都成为一句空话，因为"无救济，无权利"。而诉权却是"救济权的救济"[④]，是一切权利救济的起始点和基础。也正是基于此，有学者指出"诉权走向人权是司法的时代诉求，也符合人权司法保障的需要"[⑤]。

就本案判决而言，法官在杨某并未提起上诉的前提下，撤销了一审判决中杨某应当承担 1.5 万元补偿金的结果。其所依凭的正当性理由是《民诉法解释》第 323 条第 2 款中的社会公共利益除外原则。而至于哪些属于社会共利益范围以及识别标准如何确定等，该解释中并未详尽规定，可见

---

① 参见丰霏《诉权理论的发展路向》，《中外法学》2008 年第 5 期。

② 高留志、李琼：《论请求权与诉权的区别》，《中州学刊》2009 年第 3 期。

③ 《马克思恩格斯全集》第 11 卷，人民出版社，1995，第 573 页。

④ 江伟、王铁玲：《论救济权的救济——诉权的宪法保障研究》，《甘肃政法学院学报》2006 年第 7 期。

⑤ 吴英姿：《论诉权的人权属性——以历史演进为视角》，《中国社会科学》2015 年第 6 期。

其将自由裁量权赋予了法官。而法官绕开《民事诉讼法》第 168 条中明确
且具体的规定而适用上述司法解释第 323 条之规定，似乎也没有给予充分
的理由。即便对这些姑且不论，法官直接的改判结果也减损了杨某的诉
权。诉权不仅是一种主张进行救济的积极主张权，而且还应是对是否提起
救济的一种消极的处分权。简言之，杨某的诉权是在选择提起救济抑或不
提起救济两者间的一种选择权。而本判决则直接减损了杨某的这种诉权，
因为本判决在直接改判的同时实际上剥夺了杨某对于这 1.5 万元补偿金处
分权的部分救济权的处分权，即上诉权的处分权。有论者可能会认为，杨
某如若对本判决结果不服依然可享有是否申诉的选择权，因而并没有减损
或剥夺其救济权。然而不可否认的是，即便杨某提起再审，先就再审的条
件之严格限制暂且不论，这也并不能弥补其已经丧失的上诉权的处分权。
而上诉权是一种无条件的救济权利。或许，有论者还会说，二审结果是有
利于杨某的，他不可能提起再审，因而他的救济权的处分权并没有被减损
或剥夺。然而这种观点的前提假设依然是将个人权利等同于物质利益。需
进一步强调的是，物质利益上的减损或获利并不意味着其权利得到了尊重
和保障。由此，本文认为本判决应当尊重杨某对上诉权的处分权，亦即即
便在尊重和倡导社会公共利益之善的依据下，也不宜改变杨某 1.5 万元补
偿金的现状，以尊重杨某个人权利的救济权的处分权。

四　权利如何赢得神圣：对该案的进一步反思

当下中国正在大力推进构建中国特色社会主义法治体系，倡导法治政
府、法治社会、法治国家三位一体的法治中国建设。而法治不仅仅是静态
的、文字的规范条文，也不仅仅是自上而下的一种治国方略，而更应是被
普遍遵从和信仰的思维方式、行为习惯和社会秩序。① 而 "法治的真谛是

---

① 亚里士多德对法治的经典表述依然值得我们借鉴。他认为 "法治应该包含两重意义：已
成立的法律获得普遍的服从，而大家所服从的法律又应该本身是制订得良好的法律"。
〔古希腊〕亚里士多德：《政治学》，吴寿彭译，商务印书馆，1965，第 199 页。

人权"①，是对普通公民权利的普遍尊重和平等保障，否则这种法治就不具有正当性，也难以获得神圣性，自然难以得到民众内心的普遍遵从。

20世纪90年代法学界曾就如何"赢得神圣"，对权利及其救济进行了系统阐释和讨论，指出"人类不能没有权利，就如同不能没有法律一样。没有权利的人可不称其为人，没有法律的社会，是一个无序的社会"②。从这一个案所引发的结果看，时至今日，我们依然需要对权利的内核属性进行深入思考，否则就无法给予符合权利自身属性的正当性救济，更不可能使权利真正在民众中赢得神圣，使法律真正被认可、接受、信任乃至成为普遍信仰。而法律不但要得到普遍遵守，更应当得到尊重和信仰，"否则它形同虚设"③，因为只有法律被普遍信仰，才可能被"铭刻在公民的内心里"④，也只有尊重权利的法律才可能达到这一点。

然而这种对于权利的尊重，与其说是普通民众之间的相互义务，毋宁说是具有公共权力的机关和个人的义务和职责。因为个人权利最易受到来自公共权力的威胁或侵害。也正是基于此，诸多法学家都在强调官方守法的重要性，如美国法学家朗·L.富勒等。⑤ 也只有官方首先对个人权利给予尊重，才能谈得上对权利的救济和保障。而对权利的尊重首先意味着权利不能随意被剥夺或简单化处理，即权利应当由权利主体处置，而非基于所谓的善意理由代为行使处置权。即便在特定且必要情势下，公共善具有

---

① 徐显明：《法治的真谛是人权——一种人权史的解释》，《学习与探索》2001年第4期。
② 程燎原、王人博："序"，《赢得神圣——权利及其救济通论》，山东人民出版社，1998，第1页。
③ 〔美〕哈罗德·J.伯尔曼：《法律与宗教》，梁治平译，商务印书馆，2012，第5页。
④ 法国启蒙思想家卢梭曾说过："一切法律之中最重要的法律，既不是铭刻在大理石上，也不是铭刻在铜表上，而是铭刻在公民的内心里，它形成了国家的真正宪法，他每天都在获得新的力量，当其他法律衰老或者消亡的时候，它可以复活那些法律或者代替那些法律，它可以保持一个民族的精神。"〔法〕卢梭：《社会契约论》（第2卷），何兆武译，商务印书馆，1980，第20页。
⑤ 比如，美国著名自然法学家富勒提出了作为法律的内在道德性标准的法治八原则，着重提出"官方行为与法律的一致性"。他认为，"法治的精髓在于，在对公民采取行动时（比如将其投入监牢或者宣布他据以主张其财产的一份据证无效），政府将忠实地适用规则，这些规则是作为公民应当遵循、并且对他的权利和义务有决定作用的规则而事先公布的。如果法治不意味着这个，它就没有什么意思"。参见〔美〕朗·L.富勒《法律的道德性》，郑戈译，商务印书馆，2005，第242页。

优先于个人权利的选择，但这仅是一种策略性的权宜之计，而不是目的，如何尊重、增进和保障民众的权利才是现代法治的正当性理据和目的之所在。

这就需要再次重申，权利绝不应仅仅等于物质利益或财产权，物质利益不是权利的全部，权利的内核属性是基于人本性而具有的正当性，是人之为人、人之成为人所必需的，是对人之尊严和平等的尊重和保障，尽管物质层面的利益和财产权是其重要组成部分或重要表象之一。在此意义上，权利有时就是一种任性或偏见，虽然权利主体可以选择作为或不作为，妥协、让步或放弃却不应由别人代为行使。或许在实践中，基于司法成本等考量，对个人权利的救济和保障作了克减性处理，这从实用主义的"有效即真理"的角度看或许具有正当性。但需强调的是，从理论上讲，对个人权利救济和保障的这种克减性处理同样也仅是一种权宜之计和无奈之举而已。

在法治化进程尚在路上、法治化水平尚待提高、法治信仰尚未得到普遍树立的当下中国，对个人权利给予足够的尊重，对于作为维护社会正义和法治信仰的最后一道防线的审判机关及人员而言，是更为要紧的义务和职责。因为民众对法律的感悟更直接地来自审判的每一个真实的判决。司法审判机关的每一次判决不仅关乎对中国民众法治意识的培养、法治素养的提升，更为要紧的是，还关涉作为伟大中国梦之不可或缺组成部分的法治中国梦能否实现以及何时实现。

结　语

虽然郑州"电梯劝阻吸烟案"二审的判决结果赢得了社会各界一边倒的赞誉，学界也对此案件进行了看似激烈的论辩。然而，对于这一案件背后的深层次法理问题的集体不意识却更值得我们反思与讨论。通过对诸如权利与物质利益的关系、积极权利与消极权利的区分、作为人权的诉权等的讨论，我们更清楚地认识到此案件背后更深层次的理论问题，即公共善与个人权利的边界问题。对这一问题的不意识，可能会给看似正义并为之欢呼雀跃的结果带来可能的危险。对此，我们应进一步反思何为个人权利之内核属性，个人权利之最根本属性绝不应等同于物质利益和财产权。在此基础上，应当清楚的是，只有遵循公共善对个人权利的最低干预和最大不伤害原则及在程序上最大限度地尊重和保障个人的诉权，才可能最大限度地降低这种危险的可能性。此外，这还需要对个人权利给予及时而充分的尊重。尤其对于具有公共权力的机关和个人而言，这更是其应履行的义务和职责，而不应以公共善或对个人提供善意的救济为由有意或无意地漠视甚至践踏个人权利。

On the Legitimate Boundary Between Public Good & Individual Rights：Cut From Zhengzhou "Elevator Dissuasion Smoking Case"

Qian Jilei

Abstract：After the second trial of Zhengzhou "Elevator Dissuasion Smoking Case" was announced, all sectors of society gave one-sided praise to it. There was a heated debate in the academic circle about whether the applicable law was appropriate and whether the procedure was legitimate. However, the deep-seated jurisprudence behind this case is more worthy of our reflection and discussion. The first consideration is whether the judgment has served justice or infringed upon Yang's rights. Specifically, we should analyze and explain what the right is, the possibility that Yang's right may be violated, what the right may be violated, the implementor of the possible infringement and whether there are legitimate reasons other than social and public interests. Secondly, the boundary between public good and individual rights should be discussed. What this problem should follow is the principle of minimum interference and maximum non-harm of public good to individual rights.

Keywords：Public Good；Individual Rights；Legitimacy；the Boundary

"人的缺席"：基本权利社会功能的悖论分析

张海涛[*]

摘　要："人的缺席"是被基本权利的社会功能所隐藏了的一项悖论。与维护个体利益并防范国家公权力侵犯的传统功能相比，基本权利的社会功能在于通过对特定系统的沟通媒介的一般化予以制度化，继而实现维系社会分化的终极目标。这意味着，基本权利的社会功能并未直接指向作为权利主体的人，而是在追求一种社会性价值。因此，"人的缺席"成为基本权利作为一项社会制度的直接结果，权利主体与权利功能发生了分离。卢曼所建构的社会系统理论是基本权利社会功能的主要理论依循，其所表现出的"去人文主义"倾向，意图将"沟通"作为社会系统的基本构成，将作为权利主体的人视为社会系统的外在环境，而这正是"人的缺席"的根本原因。尽管如此，"人的缺席"是价值无涉的，它既是基本权利多元价值的客观体现，也是"自创生"系统理论的积极贡献，所以应当正视这一理论现象。

关键词：基本权利；社会功能；人的缺席；去人文主义；社会演化

一　问题的提出

就基本权利的功能而言，依托主观权利和客观法的双重性质而衍生出的防御权功能、受益权功能和客观价值秩序功能都始终是围绕着"公民 –

＊　张海涛，山东大学法学院博士研究生。

国家"之间的权力关系而展开的。① 换言之，作为权利主体的人应当是探讨基本权利功能的中心场域。然而，伴随着国家与市民社会二元对立的界限逐渐消弭，早期立宪主义所聚焦的自由主义和功利主义愈发难以解释现代社会中的多元价值冲突：对国家公权力的时刻警惕，致使来自政治系统的全面宰制威胁逐渐式微；而过去被赋予充分自由的经济系统则不断挑战着社会秩序的稳定，并直接影响着个体生存和发展的基本权利（教育平等、择业机会、医疗保障等）；现如今，科技系统中的人工智能所催生的"智能利维坦"问题，也进一步印证了"自由和权利的主要威胁将是横向上的非国家力量而不再是纵向上的国家权力"②。因此，基本权利正面临从"自由"到"价值"的重新定位，需要在社会不同层面的自由之间实现"价值权衡"，并通过防范功能分化社会所可能出现的"去界分化"的危险，实现对特定系统的"沟通媒介的一般化"③ 的制度化，而这正是基本权利的社会功能所在。④ 简言之，基本权利的现代功能已经不仅仅局限于防范国家公权力对主观权利的侵犯，更重要的是维系功能分化的社会性价值。⑤ 进一步而言，基本权利的社会功能甚至成为防御权功能、受益

---

① 参见张翔《基本权利的双重性质》，《法学研究》2005 年第 3 期；张翔《论基本权利的防御权功能》，《法学家》2005 年第 2 期；张翔《基本权利的受益权功能与国家的给付义务——从基本权利分析框架的革新开始》2006 年第 1 期。

② 齐延平：《论人工智能时代法律场景的变迁》，《法律科学》（西北政法大学学报）2018 年第 4 期。

③ "沟通媒介一般化"或者说"象征性的普遍化媒介"，主要是指为了克服系统之间的双重偶联性所导致的"沟通难以实现性"（如自我能够理解他我的困难、沟通到达接收者的困难、沟通成功的困难），通过将沟通媒介特定化，以此既集中展现系统的核心特征，又能够实现系统内部的意义传递，并通过"A/非 A"二元符码的媒介筛选，最终实现社会系统的运作封闭。关于"沟通难以实现"的三种困难，See Niklas Luhmann, *Social Systems*, translated by John Bednarz, Jr. with Dirk Baecker, Stanford University Press, 1995, pp. 159 - 160。相关中文介绍，可参见泮伟江《双重偶联性问题与法律系统的生成：卢曼法社会学的问题结构及其启示》，《中外法学》2014 年第 2 期。

④ 参见李忠夏《基本权利的社会功能》，《法学家》2014 年第 5 期。

⑤ 有学者提出了与社会功能相似的观点，认为基本权利除了具有个体主观性价值之外，还具有客观价值秩序、结构性限权条款、民族建构手段、社会资本统合的多重价值，不仅内含主观法益，而且还包括公共法益。参见齐延平、曹瑞《论基本权利的价值多重性》，《法学论坛》2018 年第 2 期。

权功能和客观价值秩序功能得以实现的根本前提。

但是，基本权利的社会功能是如何形成的，其与传统基本权利的功能又有何本质区别？从理论层面而言，卢曼所提出的社会系统理论是基本权利社会功能的依据所在。而通过考察社会系统理论，这里实则存在一项形式上的循环论证，即因为社会功能的分化，催生了基本权利，基本权利的社会功能反过来又维系了社会功能分化。这种看似同义反复的自我指涉，却因为"纳入/排除"解释规则的引入，使社会功能分化与基本权利成为相互补充、相辅相成的关系。然而，如果详细剖析"社会功能分化—作为制度的基本权利—维系社会功能分化"的递归指涉过程，则会吊诡地觉察到，作为权利承载主体的人似乎成为权利的次要场域，人除了被赋予主观权利之外，在基本权利的社会功能中再无其他功用。一方面，社会功能分化打破了区隔社会和层级社会中的个体与社会身份的同一化局面，主观权利成为人进入不同社会领域的资格；另一方面，基本权利社会功能的最终目的是维持每个分化了的子系统的独特性，主观权利的行使则是为了更好地保持不同社会领域彼此之间的区分，所以人无法再被完整地归属于某一个特定社会系统（如政治、经济、宗教），甚至人是被社会系统所排除的。相比较而言，无论是防范国家公权力侵犯的防御权功能、国家提供给付义务的受益权功能，还是国家运用一切可能条件促成基本权利实现的客观价值秩序功能，其都直接指向作为权利主体的人，而社会功能却并非如此。因此，基本权利社会功能与其他功能的关键区别就在于出现了一种吊诡的"人的缺席"。换言之，基本权利的社会功能面临着一项去人文主义的悖论，即基本权利的社会功能与作为权利承载主体的人是分离的[1]，人不再是探讨基本权利功能的中心场域，基本权利最终作为一项维系社会功能分化的制度而存在。[2]

---

[1] See Philippopoulos-Mihalopoulos Andreas, Niklas Luhmann, *Law*, *Justice*, *Society*, Routlege, 2010, pp. 153 – 154; Gert Verschraegen, "Systems Theory and the Paradox of Human Rights", in *Luhmann on Law and Politics: Critical Appraisals and Applications*, ed. Michael King and Chris Thornhill, Hart Publishing, 2006, p. 120.

[2] Vgl. Niklas Luhmann, *Grundrechte als Institution: Ein Beitrag zur politischen Soziologie*, Duncker & Humblot, 1965.

因此，如果基本权利的社会功能得到承认，那么其背后所蕴含的去人文主义悖论就是值得关注的理论现象。为何基本权利的社会功能不再以作为权利主体的人为中心？这种社会功能实现过程中的"人的缺席"所谓何意，又是通过怎样的社会演化过程展现了这种权利功能与主体的分离？应当如何看待和评价此种"人的缺席"？本文正是在尝试回答这些问题的过程中，通过考察社会系统理论的相关内容，梳理出"人的缺席"这一悖论，以期为理解基本权利的社会功能提供更为丰富的理论图景。

二 人是如何缺席的：基本权利社会功能的悖论展现

"人的缺席"是基本权利社会功能所隐藏了的一项悖论。基本权利的社会功能在于通过将功能系统沟通媒介的一般化予以制度化，继而实现维系社会分化的终极目标，这是作为制度的基本权利的建构结果。但是，欲探究在社会功能的实现过程中，权利主体与权利功能是如何分离的，则必须再往前一步，从社会演化的视角，梳理基本权利的功能变迁。在此之中，人的"纳入/排除"的变化成为"人的缺席"的具体表现方式，而平等权可以作为个例加以说明。

（一）基本权利的功能变迁：社会演化的视角

基本权利作为无条件限制的、个体主观性的权利观念，是在经过漫长的社会演化之后才逐渐被确定下来的，而这也与个人行动领域的出现密切相关。对此，在前现代和现代的两个维度中，权利变迁形成了鲜明对比。在前现代社会中，个体并非主观权利的承载实体。与权利相伴生的法，在这一时期始终指涉着社会秩序的客观性，目的只是满足对社会互动的管理，所以主观权利是不需要的。因此，个体的存在方式被极端简化，即被赋予一个固定的社会身份，如同符号一般依附于某个部落、家庭、阶层或社会角色。而恰恰是这种身份归属的特定化，使得个体只有在特定社会背景之下才能够被理解和认识。社会演化的过程以纳入（inclusion）[1] 原则为基础，而卢曼将主观权利的概念与之相联系，并将这种个体与社会身份的同一化表达为"全集式纳入"（total inclusion），个体性被群体性和层级性所完全吸收。在区隔化社会中，以小家庭和大部落为归属单位，血缘关系或亲属原则成为个体纳入社会的基本纽带，并由此确立自己的自然基础、社会支持和正当性[2]，同时个体也在这种明确且牢固的社会关系中获得武力庇护、分享物质资料和维持个体的社会性。但是，享受安定也意味着个体自由的丧失，一个人既不能同时拥有两种社会身份，也无法拒绝获得一个固定的社会身份，因为否定这两种社会情形的后果是人将被社会所排除（exclusion），也就是人的"社会性死亡"。在层级社会中，政治系统实现了对全社会的宰制，个体被分配于不同社会阶层和特定社会角色。尽管在这一阶段已经出现了诸如宗教、政治、经济等社会功能中心，但其仍然表现为功能未完全分化的社会结构。这意味着，由于"上/下"分层的等级差异和替代选择可能性的缺乏，个体的"身份一致性"得以维持，即统治者独占了一切社会最高身份。换言之，"社会中并未出现身份等级的多重性，一旦出现了不同的身份秩序（例如，在中世纪的王权和教权之间的分裂），就会触发一种破坏稳定的条件"[3]。因此，自由进出社会不同领域的主体性权利被视为统治秩序的不稳定因素，个体仍然未能也不被允许跳脱出"全集式纳入"的单调统治。

　　与前现代社会相比，现代社会的最大区别就是功能分化的到来。政治

---

① "纳入与排除"是卢曼系统理论中关于"如何看待人、理解人"的重要概念，其指涉个体在社会中的沟通状态。纳入是指将人置于社会之中进行考量的一种形式，而排除则是指人无法在社会之中得到理解并从社会中被移出。而在系统理论的建构中，"纳入与排除"成为社会沟通的呈现形式，并实现对进入社会系统的个体进行系统定义和产生系统意义的效果。有关"纳入与排除"的描述，See Niklas Luhmann, *Theory of Society*, Vol. 2, translated by Rhodes Barrett, Stanford University Press, 2013, pp. 16 - 26。中文文献请参见刘涛《纳入与排除：卢曼系统理论的第三演进阶段?》，《社会学评论》2016 年第 1 期。

② 〔德〕尼克拉斯·卢曼：《法社会学》，宾凯、赵春燕译，上海人民出版社，2013，第 197 页。

③ 〔德〕尼克拉斯·卢曼：《法社会学》，宾凯、赵春燕译，上海人民出版社，2013，第 217 页。

从宗教的神意授权中分出，经济与狭窄的家政模式相分离，法律也褪去了政治工具的标签而实现从自然法到实证主义的转变，由此，资本主义市场经济成为经济运行的主导形态，法治国建设变为新的国家顶层建构模式。①与此同时，功能分化通过涂尔干所强调的"劳动分工"把整个社会区分为部分性存在的、具有专门功能的诸系统②，而这最终导致了具有自由主义和功利主义意味的个人行动领域的出现，实现了从身份到契约的转变。社会分化，意味着无法再将个体归于特定组织之中，个体也不再"全集式纳入"宗教系统、经济系统、教育系统或政治系统，所以个人只存在于自己之中。③卢曼由此总结为："社会身份根据功能性或专业性的描绘而走向成功，但个体始终不能仅仅存在于某一个功能子系统之中。"④

伴随着个体行动领域的出现，社会纳入也变为多元的和混合的。究其原因，作为个体的人尽管是存在于系统之外的⑤，但是个体又必须具有进入系统的方式，因为个体的存在离不开社会功能的运用，比如每个人都需要享有法律地位并接受法律保护、通过货币媒介实现赚取和消费的生活维持、通过教育获取知识并实现人的社会性发展。而为了确保这种部分性的纳入，主观权利的引入就变得格外迫切，因为个体将以权利作为资格，自由地参与经济生产、政治运动、教育发展和宗教信仰自由。所以，用卢曼的话来讲，基于功能分化而衍生出的主观权利包含两层含义："一是突出主观性，意味着个体从过去的社会身份中得到解放，获得充分的独立性与个体性；二是突出权利，而不再是义务，因而'个体纳入'完全置于特定

---

① 参见李忠夏《法治国的宪法内涵——迈向功能分化社会的宪法观》，《法学研究》2017年第 2 期。

② 〔德〕尼克拉斯·卢曼：《法社会学》，宾凯、赵春燕译，上海人民出版社，2013，第 55 页。

③ See Gert Verschraegen, "Systems Theory and the Paradox of Human Rights", in *Luhmann on Law and Politics: Critical Appraisals and Applications*, ed. by Michael King and Chris Thornhill, Hart Publishing, 2006, p. 106.

④ Niklas Luhmann, *Gesellschaftsstruktur und Semantik: Studien zur Wissenssoziologie der modernen Gesellschaft*, Vol. 3, Suhrkamp, 1989, S. 158.

⑤ 这是卢曼去人文主义的核心观点，也就是将人视为社会系统之外的环境。后文对此将展开论证，在此不做详细阐述。

社会系统之中将不再是可能的。"①

主观权利出现之后，其基本功能是为了防范政治系统权力恣意的"死灰复燃"，实现对公权力的自我限制，所以权利功能与权利主体的紧密结合也就成了应有之义。基于主观权利的性质，防御权功能是为了排除国家权力的直接侵犯，而受益权功能则是要求国家通过履行积极义务来保障特定主观权利的实现；基于客观法的性质，客观价值秩序则是意图要求国家提供一切可能条件确保基本权利的实现。所以，在针对国家公权力的这一范畴中，基本权利的功能直接指向了享有权利的个体，"实现人的目的"成为第一性的要求。

但是，当政治民主化不断阻塞政治系统全面宰制的倾向，权力被牢牢锁在"理性的铁笼"之中时，基本权利也就相应地发生了从"自由"到"价值"的转向。在一定意义上，福利国家的出现，反映出政治系统已经从过去被防范的对象转变为服务于实现个体权利的保障，卢曼甚至在后期作品中近乎承认了经济系统领先于政治系统的社会状态。② 这主要是因为，以"资源稀缺性"作为偶联性公式的经济系统使得现代个体的社会性发展充满了不确定性③，比如由于贫穷，贫民窟中的个体面临着其他社会资源的缺失，对于一个愁于糊口的家庭而言，为子女提供基本的教育机会可能是天方夜谭，最低限度的医疗保障也会是一种渴望，因此个体纳入不同社会系统的可能性近乎为零。所以，经济系统对基本权利的威胁可能在某种

---

① See Gert Verschraegen, "Systems Theory and the Paradox of Human Rights", in *Luhmann on Law and Politics: Critical Appraisals and Applications*, ed. by Michael King and Chris Thornhill, Hart Publishing, 2006, p. 106.

② See Michael King and Chris Thornhill, *Niklas Luhmann's Theory of Politics and Law*, Palgrave Macmillan, 2003, p. 99.

③ 资源稀缺性的偶联性公式主要指向了一种充满可能性的选择。经济系统始终围绕着资源稀缺性的问题而不断运作，也就是资源在市场上的供需关系。在货币制度出现之前，一个人若想减少自己的资源稀缺性，必须通过攫取他者资源，这就会将稀缺性转嫁给他者。所以，攫取同时增加又减少了稀缺性。这种悖论性的自我指涉，使得经济系统中充满了复杂性。而货币制度的目的就在于降低这种供需紧张的不稳定性，但是否能够拥有货币本身，则又制造出了新的稀缺性，因此需要在二阶观察的立场上，通过法律系统"稳定规范化预期"的功能予以化解。有关稀缺性的分析，可参见尼可拉斯·鲁曼《社会之经济》，汤志杰、鲁贵显译注，联经出版社，2009，第 211~276 页。

程度上已经超越了政治系统。因而，卢曼引出福利国家的概念，意图揭示政治系统在最大程度上为特定阶层的人群提供社会福利①，通过行政干预来弥补经济系统对个体权利的侵犯。而这种类似于经济系统危机的潜在威胁，还存在于科技系统（比如人工智能可能引发对人的主体性地位的挑战）、宗教系统、网络系统（比如自媒体对个人数据的泄露和对个体隐私的侵犯）②等之中。基于此，如果再以传统防御权的视角审视今日基本权利之功能，则不免困顿于如何解释当下社会多元理性的自我苗生问题③，而一旦社会子系统盲目苗生导致出现宰制全社会的"去分化"倾向，那么基于个体权利保护的防御权功能、受益权功能和客观价值秩序功能也将无从谈起。因此，基本权利维系功能分化的社会功能愈发彰显。

（二）功能与主体的分离：作为制度的基本权利

与传统功能相比，基本权利社会功能以维系社会系统的独立与分化为目标，而作为权利主体的人在这一运作逻辑中则被逐渐边缘化。基本权利也从主观权利和客观法的性质过渡为一项社会制度。然而，欲考察基本权利在社会中所扮演的功能角色，则必须首先理解宪法在现代社会中的定位。卢曼认为宪法是政治系统与法律系统的结构耦合，所谓结构耦合，是指一种双面形式，也就意味着是一项区分，它所涵括进来的事物（也就是它要与之耦合的事物）与它所排除的事物，两者是一样重要的。④因此，如果一个系统持续地以它的环境的某些特质为前提，并且在结构上依赖于

---

① See Niklas Luhmann, *Political Theory in the Welfare State*, translated and introduced by John Bednarz Jr., Walter de Gruyterp, 1990, p.34.
② 参见连雪晴《互联网宪治主义：域名争议解决中的言论自由保护新论》，《华东政法大学学报》2018年第6期。
③ 系统的自我苗生是指"自创生"的社会系统也会带来消极影响，自我指涉具有盲目性，因此会出现自我膨胀，比如"法律的过度规制、经济支付的无限衍生、'为发表而学术'的盲目出版"。参见刘涛《社会宪治：刑法合宪性控制的一种思路》，《法学家》2017年第5期。
④ 参见〔德〕尼可拉斯·鲁曼《社会中的法》，李君韬译，五南图书出版社，2009，第491页。

此，就可以视为存在结构耦合，而结构耦合的形式，既限制也减轻了环境对系统的影响。① 质言之，结构耦合是一种系统之间彼此区分的方式。作为结构耦合的宪法，既为法律的自我指涉问题提供了政治上的解决方案，也为政治的自我指涉问题寻求了法律上的解决方案，政治系统因为民主化的诉求而需要得到法律的合法性背书，法律系统因为实证化的需要而受控于政治系统的具体运作②，而宪法正是"居中调解"的界分所在。作为宪法的组成部分，基本权利自然也具备维系分化的界分作用，但与宪法不同，基本权利是法律系统与全社会子系统的结构耦合，比如选举权之于政治系统与法律系统、宗教信仰自由之于宗教系统与法律系统、财产权之于经济系统与法律系统，所以其目的在于维系社会子系统之间的界分，避免某一个社会系统盲目苗生而出现全面宰制的倾向。③

但是，这种维系功能分化的社会功能是如何实现的？从系统理论而言，其解决之道在于通过基本权利对特定系统的沟通媒介的一般化加以制度化。④ 社会子系统保持自身独立理性的基本方式是实现运作封闭与认知开放的结合，运作封闭既是认知开放的前提，也是子系统得以分化的关键。而系统运作封闭又倚仗于符码与纲要的特定化，比如法律系统只解决"法/不法"的纠纷，政治系统只关心"有权/无权"的执政抑或在野的状态，经济系统只围绕货币而专注于"支付/不支付"的交易行为。因此，与系统自身沟通媒介无关的运作都将被排除于系统之外，继而政治无法再越过法律文本而径行左右司法裁判，宗教信仰也难以决定世俗交易行为的

---

① 参见〔德〕尼可拉斯·鲁曼《社会中的法》，李君韬译，五南图书出版社，2009，第 491 页。

② 卢曼认为，现代政治系统是由"狭义政治/行政/公众"三个子系统构成的。狭义政治系统由政党组织构成，负责准备讨论议题、人员选择、共识机会与权力建构，是政治合法性的来源之处。行政系统的组织形态是国家机构，其功能是"产生关联决策"（生产有约束力的集体决定）。公众系统则是由任何可以纳入政治系统中并具有特定角色的人或团体组成，他们是法律的适用者。因此，立法决定的产生过程实际蕴含于政治系统之中。关于政治系统再分化的描述，Vgl. Niklas Luhmann, *Soziologische Aufklärung 4：Beiträge zur funktionalen Differenzierung der Gesellschaft*, Westdeutscher Verlag, 1987, S. 148.

③ 参见张海涛《政治与法律的耦合结构：党内法规的社会系统论分析》，《交大法学》2018年第 1 期。

④ Vgl. Niklas Luhmann, *Grundrechte als Institution*, Duncker&Humblot, 1974, S. 31.

自主性，以爱作为符码的家庭系统的亲密关系也不可能再用财产予以量化。由此，社会分化得以出现。而基本权利的意义在于通过形成稳定的规范性期望维持特定系统的沟通媒介的稳定化。具体而言，行使选举权就是为了让权力的得失成为政治系统的常态，一切政治运作都是为了争得选票和掌握权力，即便是一贫如洗的流浪汉，政客们也要千方百计获得其支持，因为权力而非财富成了政治系统的代名词；确立学术自由的基本权利，是为科技系统创造一切可能的条件去不断探索"真理/非真理"的终极答案，如果没有学术自由所营造的自主性，那么真理极有可能取决于权力大小、身份高低、宗教派系等不确定因素；受教育权则成为教育系统存在与否的根本因素，如果学生不借助行使受教育权的方式而获得进入教育系统的机会，那么"成绩好/成绩坏"的符码区分也将没有任何意义；财产权更是如此，经济系统以货币为媒介，而财产权不仅规定了货币的表现形式和社会价值，还通过"免于剥夺"的禁止性规范保障了经济的交易安全，由此社会形成了对货币和交易的合理期待与普遍认可。质言之，基本权利的行使是社会子系统将自身沟通媒介予以制度化的方式，由此塑造了社会多元化和特定化的自治理性。

吊诡的是，人在基本权利社会功能的具体化过程中呈现工具化和片段化的特点，权利功能与权利主体出现分离。传统观念中，权利的功能应当首先指向人的利益，权利功能就是为权利主体所服务的。但在现代社会中，维系功能分化成了第一性的价值追求，而基本权利的重要功能就在于实现这种社会价值，因为一旦出现"去界分化"的威胁，则又重蹈区隔社会和层级社会中"完全纳入"的覆辙，而统治的客观秩序也将优先于个体的主观权利，基本权利成为毫无意义的存在。而为了社会功能分化的塑成，个体非但没有成为权利功能的直接目标，反而被工具化和片段化。一方面，人被工具化为"将基本权利真实地运转起来"的实施者。在社会功能的维度中，人享有权利和行使权利的首要结果不是为个体带来了何种直接利益，而是将沟通媒介的一般化予以制度化，也就是上文论及的，财产权的目的在于维系以保护货币支付为稳定期望的经济系统，选举权的目的在于维系以拥有权力为稳定期望的政治系统，学术自由的目的在于维系以追求真理为稳定期望的科技系统，而人行使基本权利就是建构各种运作封闭系统的根本方式。所以，对于个体而言，人行使基本权利是工具性的而不是目的性的，"基本权利被工具化地与功能分化相联系，权利被视为应对功能分化问题的解决办法，尤其是应对'去分化'的威胁"①。另一方面，因为个体的存在离不开社会功能的运用，所以个体必须具有进入系统的方式②，而基本权利为个体提供了进入不同社会系统的机会，但这反映的却是人在社会中的片段化特征。"系统内部的人已不再是一个完整的个体，而仅仅只是被系统内部的沟通所使用到的某些面向或片段。"③ 与其说个体行使财产权，毋宁说个体暂时性地参与经济系统沟通媒介一般化的建构过程，这既是片段化的又是被动性的。同时，只有在通过社会演化而发生了个体从过去"完全纳入"（固定身份）转变为"部分纳入"（暂时性归属于某个系统）的条件下，个体才具备进入不同系统领域的社会身份。正如帕森斯所言，"社会纳入的条件会伴随社会分化的进程而发生变化"④，只有在社会出现功能分化的状态下，个体才可能借助特定的基本权利，片段化地出现于某个子系统之中。因此，从社会功能的角度而言，个体享有权利是被动的而非主观的，而这明显区别于防御权功能所体现的个体对权利占有的主动性与整体性。

基于以上梳理，被隐藏了的基本权利社会功能的悖论得以展开。宏观而言，基本权利的社会功能通过社会演化的方式表现为三个阶段，先是社会功能分化打破了个体在区隔社会和层级社会中"完全纳入"的存在方式，主观权利得以出现，而主观权利在现代社会中已经逐渐从对抗国家权力的防御权功能转向维系社会分化的功能，主观权利进一步巩固了功能分

---

① See Philippopoulos-Mihalopoulos Andreas, *Niklas Luhmann: Law, Justice, Society*, Routlege, 2010, p. 154.

② See Gert Verschraegen, "Systems Theory and the Paradox of Human Rights", in *Luhmann on Law and Politics: Critical Appraisals and Applications*, ed. by Michael King and Chris Thornhill, Hart Publishing, 2006, p. 106.

③ 郁瑞麟：《鲁曼的"去人本主义化"转向下之人文思考》，《政治与社会哲学评论》第57期。

④ Niklas Luhmann, *Theory of Society*, Vol. 2, translated by Rhodes Barrett, Stanford University Press, 2013, p. 17.

化的社会现状。而在"社会分化—基本权利—功能分化"的递归演化过程中，权利功能并未直接指向权利主体，人在总体上是"缺席的"。微观而言，"人通过行使基本权利而维系社会功能分化"的社会功能，体现的是人的工具化和片段化特征，其首要目标是实现沟通媒介一般化的制度化，确保每个社会子系统都能够根据自身媒介和符码筛选实现运作封闭，而作为权利主体的人则被置于第二性的价值位阶。

（三）例证：平等权的说明

在《作为制度的基本权利》一书中，卢曼着重阐述了人格尊严和自由、沟通自由（言论自由、结社自由、机会自由等）、财产权、选举权与平等原则，在他看来，这四种基本权利所具备的社会功能（沟通媒介一般化的制度化）是实现社会秩序分化的最低要求。[①] 因此，我们以平等权为例，具体说明在基本权利社会功能的实现过程中，权利主体和权利功能是如何分离的，作为权利主体的人是如何成为基本权利社会功能的第二性价值的。

我国《宪法》关于平等权的规范主要来源于公民的平等原则、民族的平等权、妇女的平等权、选民的平等权、宗教信仰的平等权，即第 33 条第 2 款规定的："中华人民共和国公民在法律面前一律平等。"第 4 条第 1 款规定的："中华人民共和国各民族一律平等。"第 48 条第 1 款规定的："中华人民共和国妇女在政治的、经济的、文化的、社会的和家庭的生活等各方面享有同男子平等的权利。"第 34 条规定的："中华人民共和国年满十八周岁的公民，不分民族、种族、性别、职业、家庭出身、宗教信仰、教育程度、财产状况、居住期限，都有选举权和被选举权；但是依照法律被剥夺政治权利的人除外。"第 36 条第 2 款规定的："任何国家机关、社会团体和个人不得强制公民信仰宗教或者不信仰宗教，不得歧视信仰宗教的公民和不信仰宗教的公民。"总体而言，公民的平等权主要是保障主观权利不受侵犯，体现的是基本权利的防御权功能。

然而，如果从基本权利的社会功能角度而言，公民平等权的目标则是

---

① 参见李忠夏《基本权利的社会功能》，《法学家》2014 年第 5 期。

确保社会子系统能够根据自身特定的符码和内部的一致标准来实现运作封闭，也就是为了维系社会分化。平等权意味着通过社会角色的分化来建构平等原则，"平等对待"是将特定化的角色期望和要求纳入权利保障的考虑范围。因此，在政治系统中审视平等权，应当考虑的是作为选民的主体；在教育系统中审视平等权，应当考虑的是作为学生的主体；在经济系统中审视平等权，应当考虑的是作为消费者的主体。而如果在教育系统中将权力大小作为是否有资格享有受教育权的选择标准，在政治系统中将公民财富多寡纳入是否被赋予选举权的考量因素，那么平等权将无从谈起。所以，平等权实际上确保了个体的"纳入"只发生在功能特定化的条件下。换言之，平等权保证了个体被纳入现代社会不同功能系统的途径是根据彼此区分且特定化的标准和程序，也就是"一般化的沟通媒介的制度化"。而即便在功能系统内部出现区别对待，那也是平等权在统一标准之下的实质体现。例如，只有在患者存在不同的健康程度的情况下（病危还是抱恙），医疗系统才能衡量决定谁可以获得肾脏移植；只有在家庭境况存在贫富差距的情况下，家庭系统才能决定谁可以领养孩子；只有在学生的考试成绩和学校评估存在优劣区分的情况下，教育系统才能决定谁可以被大学录取。所以，个体的纳入是被功能系统根据"相同情况相同对待，不同情况不同对待"的偶联性公式决定的。[①] 这种由系统本身特征所决定的平等原则，最大的优势在于确保了未来的开放性："现如今，自由和平等可以获取，是因为所有对自由的限制和相对于平等的不平等，都仅能被独立的功能系统的符码和纲要所决定，因此不再有任何特定指示和命令可以凌驾于全社会之上。另外一个原因，或许就是没有人能够预先告知另一个人，他的行动最终将会有何用处。"[②]

由此，借助功能分化和沟通媒介的特定化，平等权利不再受制于任何关于人的划分方式或归类方式，而只能由功能系统分别决定。同时，在通

---

① See Gert Verschraegen, "Systems Theory and the Paradox of Human Rights", in *Luhmann on Law and Politics*: *Critical Appraisals and Applications*, ed. by Michael King and Chris Thornhill, Hart Publishing, 2006, p. 119.

② Niklas Luhmann, *Theory of Society*, Vol. 2, translated by Rhodes Barrett, Stanford University Press, 2013, p. 23.

过功能系统实现平等权的过程中，人已经被社会系统所排除，成为系统的外在环境。这是因为如果人在系统之内，就决定了系统的衡量标准，系统内部沟通的判断与筛选实际成为人的意志的转述，平等也不过就是统治者意志之下的平等。

因此，平等权的社会功能是将一种多元分化的规范期望予以稳定化。平等权不仅是不受侵犯的主观权利，更重要的在于巩固了"相同情况相同对待，不同情况不同对待"的正义观念。一方面，平等权的保护，就是在维持各个社会功能系统能够根据自身符码沟通而自主决定的运作封闭，维系社会的分化；另一方面，因为社会功能的分化，每一个社会子系统都能根据特定标准实现对个体"纳入"的筛选，所以平等权才得以实现。但是，平等权社会功能的首要目标是维系社会功能的分化，而非保障个体利益免受外在侵犯，所以权利主体和权利功能是分离的。

三 人为何是缺席的：去人文主义的激进建构主义

基本权利社会功能的理论依循主要是来自卢曼所建构的社会系统理论，所以应当回到社会系统理论的本身找寻"人的缺席"的根本缘由。通过对系统理论的考察，我们发现关于人的这种理论悖论，其本质原因在于一种去人文主义的激进建构主义，是系统理论对人的地位问题的看法：社会系统由沟通所构成，人并不属于系统而是系统的环境，但是人以片段和角色的方式出现在社会系统之中。

（一）沟通：社会系统的构成

从某种程度而言，社会学之形成经历了两次解构运动，一是对康德超验主体的反思，二是一种去人文主义化的激进建构主义。① 对于第一种解

---

① 参见黄钲堤《鲁曼的沟通运作：一个去人文主义化的转向》，《政治与社会哲学评论》第36期。

构运动而言，其目标在于否定康德所提出的人作为超验主体和理性存有者，且能够根据这种超验主体的能力（对世界的认知、道德实践与审美判断）而正确地认识外在客体的观点。所以涂尔干提出了以个体差异性为基础的有机连带理论来强调普遍理性并非现代社会中个体发展的基础，而劳动分工所导致的社会分化才是根本原因；韦伯认为超验主体并非超越时间性和价值无涉的普遍理性，而是与不同时代的文化特征紧密关联；齐美尔则将多样性的精神要素注入主体之中，认为在认知客观世界时并非理性这一决定因素。但归根结底，解构前后都并未否认个体和个体的内在动机仍然是社会的构成元素，人和人的行动始终是理解社会的中心场域。

　　而第二次解构运动则是关于对主体否定的争论，尤其以卢曼所主张的"去人文主义的激进建构主义"为典型。在 20 世纪后半叶，哈贝马斯与卢曼的交锋堪称社会学发展的又一次高潮。① 其中，主体理性（哈贝马斯）还是系统理性（卢曼）分别成为二者的论战立场。作为康德主体理性的时代旗手，哈贝马斯自然将人作为理解社会的中心，所以他所主张的沟通理性是主体在理想的商谈情境下通过交谈来引导无压制的协商，最终形成沟通参与者的共识。卢曼则将沟通理解为社会系统的构成元素，而这里的沟通则是指一种实现系统运作封闭的递归指涉过程，一项沟通只能衔接与之相关的下一项沟通，由此确保能够不断检测出在此之前的沟通是否被理解了②，所以政治沟通无法进入法律沟通之中，经济沟通也无法直接表达为政治沟通，社会子系统由此在免受外界干扰的前提下专注于自我运作。

---

①　哈贝马斯与卢曼的论战可以分为前后期两段，前期的论战结果可参见 Habermas Jürgen and Luhmann Niklas, *Theorie der Gesellschaft oder Sozialtechnologie-Was leistet die Systemforschung*? Suhrkamp Verlag, 1971。为了回应第一阶段哈贝马斯的理论质疑，卢曼通过《社会系统：一个一般理论的概论》一书对社会系统理论进行了全面介绍。可参见 Niklas Luhmann, *Social Systems*, translated by john Bednarz, Jar. With Dirk Baecker, Stanford University Press, 1995。而在第二阶段的论战中，则主要通过发表论文的方式批判对方学说。有关哈贝马斯与卢曼论战的详细梳理，可参见黄钲堤《"哈贝马斯－鲁曼－争论"之初探》，《社会研究学报》第 2 卷第 2 期。

②　See Niklas Luhmann, *Social Systems*, translated by John Bednarz, Jar. With Dirk Baecker, Stanford University Press, 1995, p.144.

那么卢曼为何会选择如此抽象且不易理解的概念表达呢？正如哈贝马斯曾诟病卢曼的理论建构是一种社会学技术（social technology）而不具社会批判价值一样①，沟通概念的晦涩难懂与意图推翻人作为社会学中心语义的学术野心，让沟通概念的普遍接受遭遇了一定的阻碍。但是，卢曼对人作为社会学中心场域和以人为主体的社会沟通提出了猛烈的质疑，也为他所建构的沟通概念的正当性增添了筹码。例如，他认为，社会中不同个体在进行沟通时，往往并不能像哈贝马斯所言，达至真理性共识，典型的就是处于婚姻破裂状态的双方总是难以站在对方的期望结构中进行换位思考，所以达成一致意见的难度较高；而生活世界中的大部分社会沟通，即便表面上达成了口头协议，但双方内在的真实意志可能是背道而驰的，甚至会出现尔反尔的事后背叛。这使得社会运作处于一种高度不确定性的"黑箱"状态，也就是帕森斯所提出的"双重偶联性问题"，即"在社会互动的结构中，行动者的行动选择具有高度的不确定性，高度依赖于另外一方行动者的选择可能性与实际做出的选择。而另外一方的行动同样是高度不确定的，高度依赖于自己一方行动的可能性与实际做出的选择"。②为此，帕森斯主张通过文化系统的价值共识来弥合沟通双方的交往差异。但是，现代社会中的个体既是彼此陌生的，同时又具有不同的生活背景，通过一种外在的方式将共识性因素强加于双重偶联性结构之上，则始终无法真正化约充满无限可能性的复杂性③，更不用说通过个体一方的行动来化约这种主体间的不确定性。所以，将人作为社会构成的观点，难以克服社会的双重偶联性问题，这使得社会总处于不稳定之中。正是出于前述的

---

① See Borch Christina, *Niklas Luhmann*, Routledge, 2011, p. 9.

② 泮伟江：《双重偶联性问题与法律系统的生成：卢曼法社会学的问题结构及其启示》，《中外法学》2014 年第 2 期。

③ 卢曼认为"社会如何可能"这一"康德式问题"的答案在于"化约社会复杂性"，有关于此，他将胡塞尔现象学的"意义"理论吸收到自己的系统理论之中。他认为，人类生活在一个意义建构的世界中，世界包含着体验和期望的广泛可能性，但是只有有限的可能性能够被意识所认知、被处理为信息或被行动所俘获。所以，就涉及了复杂性、可能性、偶联性等相关概念。复杂性是指，与已经获得了现实化的可能性相比，总是还有其他更多的可能性存在。偶联性是指，在即将到来的下一步体验中，被指向的可能性总是有可能与期望中的可能性不一致。参见〔德〕尼克拉斯·卢曼《法社会学》，宾凯、赵春燕译，上海人民出版社，2013，第 71 页。

考虑，卢曼最终将人从社会系统之中排除①，他认为："社会系统的基本运作就只能是沟通。"②

卢曼式的沟通概念是一个由信息、告知、理解三种选择所组成的综合体。卢曼认为，每一种系统类型都有一个自己的建构性运作方式：生物系统以生命的形式来进行运作，心理系统以意识过程（如感知、思考、感受、意愿）的形式来进行运作，而社会系统则是以沟通的形式进行运作。③ 正如前文所论及，信息、告知与理解都是充满选择性的过程（沟通的难以实现性），而且在发送信息（告知者）和接收信息（接收者）的两端既可以是社会系统也可以是意识系统（单一个人）④，尽管人参与其中，但是只作为"沟通的构成要素"⑤ 和"沟通的先决条件"⑥，因为社会是由沟通而非人所组成，沟通是社会系统的最小构成单位。同时，信息、告知、理解的选择性是在特定的意义脉络下出现的，这就意味着经济系统的沟通只会发生在与货币相关的支付运作中，政治系统的沟通只会发生在与权力相关的"集体约束性的决定生产"运作中，法律系统的沟通只会发生在与法律规范相关的"稳定规范化期望"运作中。因此，不同社会系统通过特定沟通的递归指涉，实现了自身的运作封闭。

当然，"去主体化"的沟通概念也遭遇了理论自洽上的非难。比如，一旦人被排除于社会系统，那么如果政治系统的组织决策产生了消极影

---

① 对于社会是由人所组成的观点，除了无法化约双重偶联性所带来的高度不确定性之外，卢曼还曾举出一个具体的例子进行反驳：假如社会是由人所组成的，而当一个人去剪头发时，从人身上剪去的头发是否意味着同时也剪掉了社会上的某些东西？答案当然是否定的。参见〔德〕玛格特·博格豪斯《鲁曼一点通：系统理论导引》，张锦惠译，暖暖书屋，2016，第 86 页。

② Niklas Luhmann, *Social Systems*, translated by John Bednarz, Jar. With Dirk Baecker, Stanford: Stanford University Press, 1995, p. 139.

③ 参见〔德〕玛格特·博格豪斯《鲁曼一点通：系统理论导引》，张锦惠译，暖暖书屋，2016，第 82 页。

④ 参见〔德〕玛格特·博格豪斯《鲁曼一点通：系统理论导引》，张锦惠译，暖暖书屋，2016，第 103 页。

⑤ 参见〔德〕玛格特·博格豪斯《鲁曼一点通：系统理论导引》，张锦惠译，暖暖书屋，2016，第 104 页。

⑥ 参见〔德〕玛格特·博格豪斯《鲁曼一点通：系统理论导引》，张锦惠译，暖暖书屋，2016，第 117 页。

响，那是否意味着决策者可以将错误归咎于系统而非个人，换言之，系统理论将导致没有人要为决策负责。① 系统理论对此的回应是：个体在组织系统中代表了不同的角色面向，且具有相关的替代选择，如果出现决策失当的情况，系统将会通过自我指涉的沟通而递归性地找到需要负责的角色位置，而角色背后对应着不确定的个体。② 所以，卢曼在《政治社会学》中指出："政治、行政和公众系统中，并不存在一个清晰和专属的关于人的分类。没有人能'只'当公务员，也有可能同时扮演着政客。功能分化的社会在角色层面上达到了其最低水平的具体化程度。政治系统只能由角色而不是人组成。事实上，角色构成了我们系统模型的基础。"③

由是观之，社会不再是由作为人的个体所组成，而是将人当作沟通的生产者、告知者、接收者、媒介和位置，人在社会系统中只能以角色和"部分性纳入"的特定面向出现。④ 因此，基本权利的社会功能指向了社会系统的分化要求，而人又不属于社会系统的构成，所以权利功能与权利主体发生了分离，这也是社会系统运作的必然结果。

（二）人的排除：系统与环境的区分

社会系统既然由沟通所组成，那么作为主体的人就成了系统的环境因素。卢曼的系统理论受到斯宾塞·布朗的区分理论的影响，认为社会运作是建立在差异而非共识基础之上的，而"系统/环境"则是系统理论的首要差异。⑤ 人作为系统的环境要素，无法直接控制系统的运作，而只能以激扰的方式对系统产生影响，这也就意味着系统的认知开放（来自环境的

---

① See Diez Thomas, "Politics, Modern Systems Theory and the critical purpose of International Relations Theory", in Mathias Albert and Lena Hilkermeier eds., *Observing International Relations-Niklas Luhmann and World Politics*, New York: Routledge, pp. 30 – 43.

② 参见郁瑞麟《鲁曼的"去人本主义化"转向下之人文思考》，《政治与社会哲学评论》第 57 期。

③ Luhmann, Niklas, *Politische Soziologie*, Suhrkamp Verlag, 2010, S. 137.

④ See Albert Mathias, "Observing World Politics: Luhmann's Systems Theory of Society and International Relations", 28. 2 *Millennuim*, 255 (1999).

⑤ 参见〔德〕玛格特·博格豪斯《鲁曼一点通：系统理论导引》，张锦惠译，暖暖书屋，2016，第 54 页。

激扰）是建立在运作封闭基础之上的。从社会演化的角度来看，区隔社会和层级社会中，个体的"完全纳入"意味着人可以直接控制社会不同领域的发展过程，而在功能分化的社会中，个体意志已然无法左右社会子系统的"自创生"运作，所以人被归于系统的环境之中。

人作为系统的环境因素，提升了系统所面对的环境的复杂性，推动了社会演化的进程。尽管卢曼主张人是被社会系统所排除的，但是个体通过扮演特定角色的方式也暂时性地出现在社会系统之中，正如前文所论及的"部分性纳入"，每一个人都获得了法律上的地位和法律的保护，每一个人都享有接受教育的机会，每一个人都可以获得和消费金钱，但真正推动社会演化和变迁的则是人作为系统的环境。这是因为系统所面对的环境复杂性总是高于系统内部的复杂性，每一个社会系统必须稳定和维持其自身，以此来对抗势不可当的环境复杂性。① 所以，卢曼指出："如果环境被解释为资源，那么系统以从属的性质来实践偶在性；如果环境被主题化为信息，那么系统以不确定性来实践偶在性。"② 虽然环境因素只能通过激扰（干扰和破坏）的方式而非生产的方式来影响系统的运作③，但系统的自创生运作总是需要在认知开放的意义上吸收环境的影响，进而推动系统沟通的递归指涉，也就是卢曼所说的"通过复杂性的化约而提升系统的复杂性"，即"将环境中的大量事件排除在对系统的可能影响之外，此乃系统得以从它所容许的少数事件开始着手的条件"。④ 因此，环境中的复杂性是社会系统得以不断变迁的外生动力。通过将人划入环境范围，实际上提升了系统所需要化约的复杂性难度，也为系统自身的复杂性提升创造了可能，其最终结果则是社会系统的不断演化。所以，当个体"完全纳入"系统之中时，社会发展形式表现为区隔社会和层级社会，而当个体被排除出

---

① See Niklas Luhmann, *Social Systems*, translated by John Bednarz, Jar. With Dirk Baecker, Stanford University Press, 1995, p. 183.

② Niklas Luhmann, *Social Systems*, translated by John Bednarz, Jar. With Dirk Baecker, Stanford University Press, 1995, p. 185.

③ 参见〔德〕玛格特·博格豪斯《鲁曼一点通：系统理论导引》，张锦惠译，暖暖书屋，2016，第76页。

④ 参见〔德〕玛格特·博格豪斯《鲁曼一点通：系统理论导引》，张锦惠译，暖暖书屋，2016，第80页。

系统或"部分纳入"系统，也就是人被视为系统的环境之后，社会形态就转变为文明程度更高的现代功能分化社会。

四　如何看待人的缺席：基本权利的多元价值与"自创生"系统理论的贡献

"人的缺席"是基本权利社会功能的潜在问题，权利功能虽然与权利主体并未形成直接的"反哺"意义，但也并非就意味着此种悖论性的社会运作应当被划入否定性的评价之中。相反，"人的缺席"是价值无涉的理论想象，就如同卢曼始终站在二阶观察的立场上冷静地观察和抽象地描述社会面貌，除了与纠缠多年的来自法兰克福学派的老对手之间的论战外，他并未过多地根据喜好而作出褒贬的结论。因此，所谓"人的缺席"，仅仅是基本权利社会功能的一种运作结果，所谓悖论，则是对比于传统基本权利功能理论而显现出的一种"截然相反"的理论建构。换言之，我们不能将"人的缺席"的悖论视为对基本权利社会功能本身的一种价值诟病。

"人的缺席"本质上是对基本权利的理解方式的转变。权利功能与权利主体的分离，是对传统的将基本权利锁定在严格维护个体私益的全新审视，这也正是基于不同历史背景而产生的对理解基本权利内涵的目光流转。正如同在美国制宪之初，联邦政府的架构与地方各州的关系才是制宪会议的焦点，基本权利对抗国家的防御权功能并未得到足够重视，而直到具有"第二次制宪意义"的第十四修正案的颁布，基本权利的主观权利性质才不断彰显。因此，在当下功能分化的现代社会中，从维护个体私益到确保社会系统一般化的沟通媒介的制度化，实则是关于如何理解基本权利的方式变迁。

"人的缺席"除了关涉基本权利理解方式的变化，还表现出基本权利的性质不仅是个体性的，同时也具备社会性。基本权利的个体性或者说私性，主要体现为权利功能与权利主体的复合性，权利功能是直接指向权利主体的。而基本权利的社会性则是基本权利对社会秩序的建构与维持的重要意义，其指向一种超越个体的集体价值，这是完全有别于传统自由主义与功利主义的理解视角的。而基本权利从个体性到社会性的性质演变，则是基本权利教义学体系的价值包容性与开放性的体现，其本身是源于社会变迁的内在需求和当代社会法律系统的功能需求。[①] 因此，基本权利教义学并非单纯的、主观性的抽象建构，"法教义学当然不能拒斥社会变迁和系统环境的因素，其封闭性质料的来源便是这些环境中的成分"[②]，由此，权利功能与权利主体的相对分离实则反映出基本权利教义学体系在认知开放的维度上对时代需求的回应，其最终将归于基本权利作为结构耦合所体现出的社会功能。

"人的缺席"意味着个体成为社会系统的环境，而连接个体与不同功能系统的机制就是作为结构耦合的基本权利。在卢曼看来，人属于意识系统，而社会系统则属于沟通系统，因此两者是互为环境因素的。而正如前文所述，在告别了自亚里士多德以来的"整体/部分"关系和直接性的"输入/输出"关系之后，"系统/环境"范式是通过结构耦合的形式实现系统间的认知开放与运作封闭的。个体通过不同的基本权利获得了"部分性纳入"与"暂时性纳入"各个社会功能系统之中的机会，人对社会的影响也通过行使不同种类的基本权利得以体现，如选举权、受教育权、财产权等等，个体意识与自由意志通过基本权利转译到不同社会领域，继而在全社会形成了自由民主秩序。而另一方面，权利的行使并非毫无边界，不同社会领域都设置了禁止性规范来拘束个体的无序状态，基本权利不断转译着社会系统对个体利益的激扰。例如基本权利教义学接受政党内部规则对党员权利的克减[③]（政治系统），加入宗教并接受宗教教育可能会影响公民的受教育自由[④]（宗教系统），为使私人财产负担相应的公共福祉而通过社会义务限制公民的财产权[⑤]（经济系统），学术研究自由不得损

[①] 参见李忠夏《基本权利的社会功能》，《法学家》2014年第5期。

[②] 刘涛：《法教义学危机？——系统理论的解读》，《法学家》2016年第5期。

[③] 参见张翔、赖伟能《基本权利作为国家权力配置的消极规范——以监察制度改革试点中的留置措施为例》，《法律科学》（西北政法大学学报）2017年第6期。

[④] 参见郑毅《傣族佛寺教育与义务教育的冲突及其缓解——兼议"威斯康星州诉约德"案》，《贵州民族研究》2011年第1期。

[⑤] 参见张翔《财产权的社会义务》，《中国社会科学》2012年第9期。

害国家的、集体的、社会的利益以及其他公民的合法权利与自由①（科技系统）。因此，基本权利社会功能所反映出的权利功能与权利主体相分离的现象，实则是基本权利作为结构耦合连通意识系统与沟通系统的表现。

除此之外，"人的缺席"也揭示了去人文主义的"自创生"系统理论的贡献。基本权利的社会功能为思考基本权利的现代性提供了一种新视角，而这本质上是得益于"自创生"系统理论对丰富既有社会学知识图景的理论贡献。将作为主体的人视为社会系统的环境，卢曼的思维是大胆的、激进的，尽管遭到潮水一般的批评，但仍然无法磨灭系统理论对人文主义的影响，正如卢曼自己所评价的："'自创生'的系统理论防止了凡事皆回溯到人的考量，也就是排除了'人文主义'。"②暂不论这种去人文主义的理论路径是否真的如学者批评的那样，存在"缺少经验性的证明、忽略人的理性的重要价值、没有提出解决问题的明确办法"③，但卢曼看到了以人的理性来主导社会发展的理论局限性（例如互为期望的双重偶在性）和可能衍生出的潜在风险（例如由于双重偶在性所导致的高度不确定性）。因此，作为一种新的理论范式，"自创生"系统理论提供了分析社会现象和回应社会变迁的不同视角，这也为解读基本权利的性质与功能等具体问题提供了独特的思路。

五　结语

基本权利的社会功能是以功能分化社会为生发背景的，而卢曼的社会系统理论则为其提供了具有针对性的理论依据。但是，社会系统理论本质上是一种社会学理论，是对社会的一种事实性描述，这一方面意味着理论本身并不包含特定的价值判断，另一方面则也伴随着一系列的学理追问。例如，如何解释基本权利社会功能中人的地位问题，如何将基于事实描述

---

① 参见王德志《论我国学术自由的宪法基础》，《中国法学》2012 年第 5 期；湛中乐、黄宇骁《再论学术自由：规范依据、消极权利与积极义务》，《法制与社会发展》2017 年第 4 期。

② Niklas Luhmann, *Essays on Self-reference*, Columbia University Press, 1990, p. 117.

③ See King Michael and Chris Thornhill, *Niklas Luhmann's Theory of Politics and Law*, Palgrave Macmillan, 2003, p. 204.

的功能分化与规范解释的目标衔接起来，如何能够将社会系统理论对基本权利的制度建构与宪法中的权利规范充分对应或耦合在一起。显然，本文并非力图对以上问题进行全面回应，而是针对社会功能中权利主体与权利功能相分离的情况作出一番描述、分析与解读，以期能够初步对基本权利社会功能以及社会系统理论中"人的缺席"这一问题提供一些解答思路。"人的缺席"是基本权利发挥其社会功能的直接结果，社会演化所导致的基本权利的功能变迁是理解"人的缺席"的大前提，而"作为制度的基本权利"则是这一问题出现的直接原因。从理论依据来看，卢曼社会系统理论的"去人文主义"倾向意图将沟通作为社会系统的基本构成，继而排除了人的运作与影响，并将人视为社会系统的外在环境，这是"人的缺席"这一问题的根本原因。尽管如此，"人的缺席"是价值无涉的，它既是基本权利多元价值的体现，也是"自创生"系统理论对学术发展的积极贡献，所以应当正视这一理论现象。当然，"人的缺席"只是尚未回应的诸多问题之一，其他问题则只能留待后续进一步的探讨与分析，以此来不断丰富与完善这一话题的基础理论。

"The Absence of Human Beings": A Paradox Analysis of the Social Function of Fundamental Rights

Zhang Haitao

Abstract: "The absence of human beings" is a paradox hidden by the social function of basic rights. Compared with the traditional functions of safeguarding individual interests and preventing national public power violations, the social function of basic rights is to institutionalize the generalization of specific systems, and then achieve the ultimate goal of maintain social differentiation. This means that the social function of basic rights does not directly point to the person who is the subject of rights, but is pursuing a social value. Therefore, the "The absence of human beings" becomes the direct result of basic rights as a social system, and the rights subjected and the function of rights are separated. The social system theory constructed by Luhmann is the main theoretical basis of the social function of basic rights. It shows the tendency of "going to humanism" and intends to regard "communication" as the basic composition of the social system, and regards the person who is the subject of rights as the external environment of the social system, and this is the root cause of the "absence of human beings". Nevertheless, the "absence of human beings" is value-free. It is not only an objective manifestation of the multiple values of basic rights, but also a positive contribution of the systemic principle of "autopoiesis". Therefore, this theoretical phenomenon should be squarely addressed.

Keywords: Basic Rights; Social Function; the Absence of Human Beings; Going to Humanism; Social Evolution

"人的尊严"之疏释与展开[*]

——历史渊源、比较分析与法律适用

王进文[**]

摘　要：人的尊严是当代国际社会和各国宪法文本中的重要命题，但基于规范形式的抽象化、思想资源的多元化和实证程度的差异化等因素，不同国家对其的认识并不一致，规范定位与实务运作也不尽相同。作为一个从道德哲学转化而来的宪法规范，自古希腊至康德以来的精神成长史是理解人的尊严之内涵与范畴的关键。通过对历史渊源的梳理，可以发现人的尊严经历了从秩序性向普遍性转化的古今之变；经由对德国和美国在宪法规范、宪法解释或司法适用等方面的比较分析，可以发现人的尊严之宪法地位与各国文化背景、社会价值和历史经验等息息相关。从我国宪法的立宪主义脉络和基本精神出发，应形成人的尊严保障的共识，建构出具有强大规范力与明确内涵的人的尊严条款，将其定位为具有普通性与相对性的宪法价值、相对性与优先性的宪法原则、相对性与备位性的宪法权利。在合宪性秩序下，妥善而审慎地处理其在不同规范面向之间的适用关系，以便实现对人的尊严的最大限度保护。

关键词：人的尊严；宪法规范；历史渊源；合宪性解释

---

* 本文系作者主持的国家社科基金一般项目"'人的尊严'理论发展与本土化建构研究"（项目编号：17BFX164）；司法部国家法治与法学理论研究一般项目"大数据下的被遗忘权立法与法律适用研究"（项目编号：16SFB2007）；法治湖南建设与区域社会治理协同创新中心平台建设的阶段性成果。本文核心观点曾在2018年4月召开的中国法学会比较法学研究会年会（浙江宁波）和2018年7月召开的中国法学会法理学研究会青年论坛（浙江杭州）上宣读，衷心感谢华东师范大学法学院姜峰教授和北京大学法学院张骐教授等的宝贵意见。

** 王进文，中南大学法学院副教授，法学博士。

引　言

　　人的尊严是当代法学话语中的重要概念。虽然关于这一术语的使用，学界尚存在分歧，但对其法律属性的认知基本上是确定的，即它是由于人作为人类共同体成员所享有的高贵与尊荣。① 尽管我国宪法中并没有关于人的尊严的明文规定，但已有学者尝试从现行《宪法》第38条"中华人民共和国公民的人格尊严不受侵犯"的规定中引申出人的尊严的规范依据。当然，这一理论建构存在较大的争议②，但这种尝试已然承认了我国在人的尊严之肯认与保障问题上存在明显的落差。考虑到人的尊严在我国现行法律中缺乏统一性的规定、内容尚显狭窄单一以及表述混乱等现状，以及该概念在界定上面临思想资源的多样性、规范认定的困难性和不断发展的开放性等方面的挑战，我们有必要对其在宪法上的规范地位进行准确而全面的分析，对其不同规范地位之间的适用关系进行细致而严密的梳理，明晰其规范内涵，界定其权能范围，确保人的尊严最大限度的实现。

　　本文首先通过对人的尊严的历史源流之梳理，解答其作为法律概念的内涵与范畴问题；在此基础上，分别考察欧陆法系的德国、普通法系的美国等宪法规范和司法适用对人的尊严的处理，以便厘清人的尊严的法律地位；继而，分别从人的尊严之宪法价值、权利和基本原则等面向予以辨

---

① 参见胡玉鸿《人的尊严的法律属性辨析》，《中国社会科学》2016年第5期。德国基本法第1条被公认为对尊严的典型立法，Menschenwürde/würde des Menschen通常译为"人性尊严"；在英美法系中，Human Dignity则表征"人的尊严"。两者基本上可以等同，但前者更具有本体论的意义。至于人格尊严，虽在日常用语中其与前两者并无不同，但囿于语境的差异，其涵盖范围显然狭窄得多。就文义而言，人的尊严含义较广，人性尊严次之，人格尊严最为狭窄。不同用语背后所代表的是各国基于自身的历史文化、生活经验与社会基本价值而对尊严见解的差异。为避免论述上产生误解，本文采取较具中间色彩的"人的尊严"作为论证对象。

② 参见林来梵《人的尊严与人格尊严——兼论中国宪法第38条的解释方案》，《浙江社会科学》2008年第3期。与之相反的意见，可参见王旭《宪法上的尊严理论及其体系化》，《法学研究》2016年第1期；王晖《人之尊严的理念与制度化》，《中国法学》2014年第4期。

析，彰显其在宪法权利构架与体系中的层级与位阶；最后，在明确了人的尊严的法律地位的基础上，为我国人的尊严保障机制之建构与运作提供可行性方案。

一 从道德哲学到宪法规范：人的
尊严的历史源流考察

长久以来，作为法律概念存在的人的尊严并未受到研究者的重视，也未像自由、平等与民主等一样成为近代法政领域的主题，它在政治与法律上的地位的凸显，是很晚近的事情①，但它有着漫长而坚实的道德哲学积淀。从某种意义上说，作为道德哲学的人的尊严恰恰是作为法律概念的人的尊严的前身。

（一）人的尊严条款入宪概况

今天，人的尊严已经以沛然莫之能御的态势进入诸多国际性法律文件及国内宪法当中。但是，人的尊严见诸宪法明文，是迟至 20 世纪才有的现象，确切地说，20 世纪 30 年代中后期才有对个人尊严保障的宪法规范。② 据统计，1900～1944 年，仅有 5 个国家的宪法中提到

---

① 16 世纪以降，在从义务转向权利的自然法理论所开启的近现代法政思想史中，人的尊严这个概念并未受到重视，也没有得到充分解释，即便存在以之为题的著作，也仅限于道德立场的表达，将其直接作为自然清晰、无须定义的概念使用。基于此，约阿斯（Hans Joas）认为，人的尊严作为一种马克斯·韦伯意义上的"新的宗教信仰形式"在 20 世纪才产生。"道德判断教育的固有趋势促进了普遍主义的道德态度。暴利史、侮辱人的历史，在好些地方导致了一个清晰的意识，即：人的尊严必须是不可侵犯的。"参见〔德〕汉斯·约阿斯《人之神圣性：一部新的人权谱系学》，高桦译，上海人民出版社，2017，第 37 页。
② 国内相关研究（例如王晖《人之尊严的理念与制度化》，《中国法学》2014 年第 4 期）则视 1919 年《魏玛宪法》第 151 条为对尊严进行明文规定的典范，不过该条仅规定"经济生活之组织，应与公平之原则及人类生存维持之目的相适应。在此范围内，各人之经济自由，应予保障"。虽然"人类生存维持之目的"或可理解为具有保护人的尊严之旨趣，但就文义而言，似不支持，径将其等同于人的尊严显得不无勉强。值得一提的是，1923 年的《中华民国宪法》序言中有"发扬国光，巩固国圉，增进社会福利，拥护人道尊严"的规定。

了人的尊严。① 二战之后，基于对纳粹政权极端蔑视人权的反思，1946年德国巴伐利亚州宪法首先开启了对人的尊严的保护——该宪法第 100 条规定："立法、行政与司法，应尊重人的尊严。"1949 年联邦德国将对人的尊严的保护明定于作为宪法的基本法之第 1 条第 1 款。其他欧洲国家，自 1975 年陆续在其宪法中明文规定了人的尊严保障条款。据统计，截止到 2014 年，共计有 162 个国家的宪法采用了人的尊严条款。② 至于我国，尊严一词不见于自 1949 年《中国人民政治协商会议共同纲领》到 1978 年宪法以来的宪法性文件，而是始于 1982 年宪法的规定。当然，它是以"人格尊严"的文义出现的，并日益成为比较法学研究的重要对象。

国际性法律文件方面，1945 年《联合国宪章》首开其端，在其前言中强调"对人的尊严和价值的信仰"予以保障。1948 年《世界人权宣言》序言中规定"对人类家庭所有成员的固有尊严及其平等的和不移的权利的承认"，并在第 1 条中明确"尊严和权利上一律平等"。1948 年美洲国家组织通过的《美洲人的权利与义务宣言》，承认基于人的人格特质而享有的个人的尊严。之后，1969 年通过的《美洲人权公约》重申了"尊重人类固有的尊严"。1981 年非洲统一组织通过的《非洲人权和民族权宪章》的序言指出，"自由平等、正义与尊严是非洲各国人民实现其合法愿望的主要目的"。2000 年《欧洲联盟基本权利宪章》在前言中规定："欧盟建立在不可分离及普世价值之人的尊严、自由、平等与团结之上。"同时，欧洲法院也在判决中将人的尊严列为欧盟法的一般原则，各会员国的法院有义务予以确保。

可见，人的尊严已经成为一项重要的法律命题。作为一个法律规范，

---

① 其中，1917 年颁布的《墨西哥宪法》分别规定了教育、国家任务、国家利益和工作权等关于尊严的保护。不过，这并非以个人而是以社会为本位对公私经济活动界限进行的规定。从个人维度对尊严的保护始于 1937 年的《爱尔兰宪法》。该宪法在前言中规定："我们爱尔兰人民……本着审慎、公正和博爱的精神，努力促进公众福利，使个人的尊严和自由得到保障……特制定本宪法。"参见 Christian Starck，"Menschenwürdeals Verfassungsgarantie"，《"中研院"法学期刊》2007 年创刊号，第 309 页。

② Doron Shulztiner & Guy E. Carmi，"Human Dignity in National Constitutions：Functions，Promises and Dangers"，*American Journal of Comparative Law*，Vol. 62，2014，pp. 461，465. 关于尊严入宪的历程，可参阅王进文《"人的尊严"义疏：理论溯源、规范实践与本土化建构》，《中法律评论》2017 年第 2 期。限于篇幅与主题，此处梳理从略。

人的尊严之产生与被赋予意义，离不开特定时空下的历史、文化等因素的影响。人的尊严之内涵与人类对自身的认知程度和人的形象变迁密切相关，而人的尊严的实践也必然是一个不断发展的建构过程，随着人本身价值和人权理念的不断提升而获得动力。

（二）秩序性尊严：人的尊严的古典传统

在拉丁文中，人的尊严（dignitas hominis）的原始意义是"值得尊重"，亦即一个人由于其在社会中所担任的角色——包括个人魅力、身份地位或高贵人格——而获得别人的尊重。显然，此时的尊严并不是一种普遍的价值存在，而是与身份和地位等联系起来，是秩序性尊严。后来经由基督教化和神学化，其与人类学、伦理学相交融。直至文艺复兴时期的启蒙运动以降，康德才最终完成了普遍性尊严的论证。

在斯多葛学派看来，理性是人与动物之间差别的基础，是人类道德决定与行为举止的依据。而人则具有四种角色，即人格：第一种是人类的本质，即人所具有的使其变得杰出并超越其他所有生命存在方式的特征，人的尊严便来于此；第二种是每个人的个体所具有的特征；第三种是通过历史情境构成的社会特征；第四种是经过个人意志创造的特征。人的尊严源于人的本质所引申出的道德要求，即人必须维持自己的人格，理性必须控制并支配本能需求、情感和欲望。[1] 那么，既然源于人的本质，尊严为何不是普遍存在于每个人之中的呢？柏拉图与亚里士多德等人做出了回答：人是具有理性的道德行为主体。人与动物相比之所以更优越，就在于理性。理性存在于人类的本性之中，但人类因具有堕落的能力而改变本性。人类对自己生活与本性的塑造是其自身的选择，人的尊严会随着个人对自我的塑造而有所不同，甚至丧失。从而，尊严并不是相等的，也不存在抽象的普遍性的人的尊严——毋宁说，它取决于人的血统、社会地位和行为举止等特征。西塞罗在斯多葛学派的影响下提出了基于人的理性天赋的内

---

[1] Hubert Cancik，"'Dignity of Man' and 'Persona' in Stoic Anthropology：Some Remarks on Cicero，De OfficiisⅠ"，in David Kretzmer & Eckart Klein（eds.），*The Concept of Human Dignity in Human Rights Discourse*，Vol. 19，Hague：Kluwer Law International，2002，pp. 19 – 21.

在尊严理论。他认为，尊严存在于人性之中，它给予所有人类理性与道德决定的自由，以及每个人具体的个体特征。^① 尊严取决于一种社会和政治身份地位的获得，包含在公共领域和道德完整的重要个人成就中，前者显示出个人的权力、庄严、崇高，后者则是道德标准的高尚、严肃、端庄。可以说，在罗马政治传统中尊严并不是作为普遍的人的尊严的，而是依据身份等级作为一种特别的尊严，即秩序性尊严。^②

中世纪神学对尊严概念的论述，基本上是以天主教教宗大圣良一世（Sanctus Leo I Magnus，约 400 ~ 461）的著作为基础的。他将尊严比附为俗世的地方行政长官，尊严（俗世身份）是建立在受洗的基础上的，是神所赋予的，而人类是依据上帝的形象创造的。因此，人类与上帝的同构性决定了所有人类都具有相同且平等的尊严。^③ 阿奎那（Saint Thomas of Aquinas，1225 ~ 1274）则认为，尊严的基础在于人的本质（nature），而非神学。人类具有位格（拉丁文为 persona，有面具、角色的含义）——人格（personality），人格即人的位格，是人作为理性本质的个别实体所具有的，而人的尊严有赖于人的具有天生自由和自我存在特性的人格。因此，尊严并非普遍性的。在阿奎那看来，人的尊严存在衰败与消失的可能：当人变得无理性的时候，尊严便会丧失。事实上，这一点正是阿奎那将死刑合法化的正当理由——"由于犯罪，人背离了理性的秩序，因此失去了其人性的尊严……"^④ 因此，

---

① 在西塞罗的论述中，尊严似乎可以与优越、杰出等互换。"每当我们研究责任问题时，我们必须搞清楚人的本性研究在多大程度上优越于牛和其它牲畜的本性……肉体上的快乐完全有悖于人的尊严……只要我们没有忘记我们本性的优越性和尊严，我们就会认识到沉湎于穷奢极侈是多么错误，过一种节俭、克己、朴素和严肃的生活是多么正确。"参见〔古罗马〕西塞罗《论老年 论友谊 论责任》，徐奕春译，商务印书馆，2003，第 138 ~ 139 页。

② Joern Eckert, "Legal Roots of Human Dignity in German Law", in David Kretzmer & Eckart Klein (eds.), *The Concept of Human Dignity in Human Rights Discourse*, Vol. 19, Hague: Kluwer Law International, 2002, p. 43.

③ Lewis Milton, "A Brief History of Human Dignity: Idea and Application", in Jeff Malpas & Norelle Lickiss (eds.), *Perspectives on Human Dignity: A Conversation*, Netherlands: Springer, 2007, pp. 93 – 94.

④ Thomas Aquinas, *Summa Th.* II (2): Q64A2R3. Second part of the second part, Question 64, Article 2, Reply to Objection 3, p. 3325, 转引自程新宇《西方文化中人的尊严的涵义及其演化》，《贵州大学学报》（社会科学版）2015 年第 4 期。

尊严虽然是人类与生俱来的，但它需要不断地进行维持。每个人对尊严的维持程度不同，尊严也不是等值的。大圣良一世与阿奎那之间在尊严论述方面的张力，至今仍然影响着基督教对人的尊严的看法，也影响着哲学对人的尊严的论述。

对人的尊严议题的世俗化的人文 - 法理讨论始于文艺复兴时期。其中，最具代表性的是皮科（Giovanni Pico della Mirandola，1463～1494）。[①]在 1486 年出版的被誉为"文艺复兴宣言"的《论人的尊严》一书中，皮科赞叹人类为"被恰当地称为并被看作是一个伟大的奇迹，一种堪配所有赞叹的生灵"。[②]尊严存在于人类的自由之中，是人类所独有的品质。人因自由而被赋予高于不自由的动物的尊严，可以不断地在理性和道德层面努力，从而日趋接近神的形象。与阿奎那等主张存在尊严丧失的思想家不同，皮科认为，自由和尊严是不可剥夺或让与的。尊严不能丧失，否则便意味着对人的自由的否定。

（三）普遍性尊严的证成：康德哲学与法治国理论

从学术谱系上而言，皮科关于人的尊严的论述属于人文主义的范畴，与今天我们对人的尊严的理解有相当的差距。人文主义者试图完成关于人的尊严的非神学论证，但显然仍停留在一种形而上学的传统的框架之内，特别是人性论方面大都预设一种先验原则的存在。根植于"上帝按照自己

---

① 基于对教皇英诺森三世（Innocent III，1161～1216）的《论人的悲惨处境》的回应，中世纪晚期以"人的尊严"为题的小册子有很多。需要指出的是，首先处理人的尊严问题的并不是皮科，而是马内蒂（Gianozzo Manetti，1396～1459）。马内蒂在神学方面以"上帝的图像是由人类所创造"颠覆了之前"上帝按照自己的形象创造人"的神学表述。人类在天地万物中占据最高等级的地位，而尊严则建立在人类的身体与灵魂的杰出完美之中。尊严与生俱来，且平等共享。参见 Carlos Ruiz Miguel，"Human Dignity：History of an Idea"，in Herausgegeben von Peter Höberle（ed.），*Jahrbuch des Öffentlichen Rechts der Gegenwart*（*JÖR*）*neue Folge*，Band 50（2002），S. 288 – 289，转引自王文忠《人的尊严在宪法上的地位——比较法的观察》，《中正大学法学集刊》2016 年总第 52 期，第 75 页。马内蒂的论述具有明显的斯多葛学派印记。不过就世俗化议题而言，马内蒂似乎尚未涉及，这也导致了他在法学领域的影响力被稍晚一些的皮科所遮盖。

② 〔意〕皮科·米兰多拉：《论人的尊严》，顾超一、樊虹谷译，吴功青校，北京大学出版社，2010，第 18 页。

的形象"而来的人的形象塑造与近代理性主义构成了欧陆人文历史上的尊严议题的基石，世俗化的本体论意义上的人的尊严在康德那里得到了完整论证。①

康德揭橥了"人本身即是目的"之观念，视人类本身为从受上帝的支配之观念中解放出来的道德主体，极大地提升了个人的地位。康德将人的尊严置于"目的王国"中进行论述。所谓目的王国，指的是由一群理性存在者通过普遍的客观法则所联系起来的有秩序的共同体。在目的王国中，一切东西若非有一项价格，就是有一项尊严，有一价格的东西，某种别的东西可以作为等价物取而代之，与此相反，超越一切价格，不容有等价物予以替代，则具有一种尊严。有理性者由于具有人格，便具有普遍立法的参与权，是目的王国中的立法者。而人格本身即是人之目的，尊严即人的内在价值，当人具备这一内在价值时，便成为道德上能够自我立法的自治、自决的主体。在康德看来，人的尊严所内含的"人格本身即是目的"是人的自治自决的核心要素。自治自决是人类及每个有理性者的尊严之根据。②

康德所论述的并非简单物理意义上的人的尊严，而是理性生命的尊严。在他看来，人唯有作为人格亦即作为道德实践理性的主体，才超越于一切价格之上，他才能拥有尊严，即拥有绝对的内在价值。具有理性的人之间基于理性而互相尊重，其人格中的人性就是他可以向任何人要求尊重的客体。因此，人格本质上便是理性，便是尊严，人不能被包括自己在内的任何人纯然当作手段，而是在任何时候都必须被当作目的看待。③

---

① 众所周知，康德的国家学说和国家尊严远没有其在知识论和批判哲学方面受人关注。从人与国家之间的关系维度把握人的尊严理论，必须就构成现代政治生活的两级的人之尊严与国家尊严做出考察。事实上，这也是探讨道德哲学与政治哲学之关系的必然要求。参见张龑《康德论人之尊严与国家尊严》，《浙江社会科学》2014 年第 8 期。笔者之前关于人的尊严的研究中，曾经证成人的尊严在康德那里为何超越自由、平等及民主等诸权利而成为宪法的最高价值。对此，可参见王进文《"人的尊严"义疏：理论溯源、规范实践与本土化建构》，《中国法律评论》2017 年第 2 期。

② 〔德〕康德：《道德形而上学的奠基》，李秋零译，中国人民大学出版社，2005，第 441 ~ 444 页。

③ 〔德〕康德：《道德形而上学》，李秋零译，中国人民大学出版社，2007，第 444 ~ 445、474 页。

不过从理论上讲，基于人是道德实践理性主体而展开的人的尊严可能并非持续不坠的，极有可能中止乃至丧失。就此而言，康德的立场似乎与阿奎那相似，这就回到了对"人"这一主体的预设问题。人性为何？人的尊严为何？从人的本质出发，康德以具有善的自由意志的道德人格来把握人的尊严，我们固然可以说，无论是道德实践理性主体还是作为国家存在之基础的社会契约都是居于知性世界中的先验概念，并不存在于现象界，也正是在这个层面上，康德的尊严观往往被非难，因为它是建立在道德自由的基础上的，难以得到严格论证，但是考虑到康德对人的尊严的论述集中于道德哲学领域，而其道德哲学是其法哲学乃至国家哲学的基础——尊严在康德哲学尤其是伦理学当中并不是作为一个基础性概念使用的，他并非意在论述与定义尊严，以及如何维护人的尊严，而是将尊严作为道德重要性的理据进行论证，我们将人的尊严视为法律与道德的共同基础是可行的。更为重要的是，在康德那里，尊严完成了从秩序性到普遍性的转化，它不再与社会等级及政治身份地位相联结，而是将每个人都具有尊严的理念普遍化。现代社会法律层面对人的尊严的理解往往需要追溯到康德对普遍性尊严的论证。可以说，康德哲学成为人的尊严理论不可动摇的基石。[①]

二 "人之尊严不可侵犯"：德国基本法的规范建构与司法适用

人的尊严必须通过宪法实务的运作才能落实，而落实之前提在于明晰其规范内涵与地位。那么，人的尊严是如何从道德哲学过渡到法律世界的？人的尊严的法律范畴与道德范畴的界限应如何划分？以宪法明文对人

[①] 事实上，尤其经过两次世界大战的浩劫之后，康德学说的魅力愈发彰显出来，德国基本法与联邦宪法法院关于人的尊严之立法与实践在很大程度上被认为是对康德哲学中人的尊严理论的回应。不过，人的尊严在康德这里尚存在一种张力，即人因为有尊严而成就为人，抑或人因为是人而拥有尊严？这也成为日后在规范层面尤其是在宪法意义上适用人的尊严时无可回避的问题。

的尊严进行规范的最典型者当数德国。①

（一）维度与位阶：人的尊严作为基本法的"元法律性"（metarechtlich）概念

1. 德国基本法的立法背景与人的尊严条款入宪历程

1949 年 5 月 23 日通过并于次日生效的联邦德国基本法的最大特征是对人的尊严的保障。在基本法宪法会议第一次草案即黑伦西姆湖提案（Herrenchiemsee Proposal）中，人的尊严的最初表述是"建立在永恒的权利与每个人的本性基础之上的"。德国基督教民主联盟试图将"永恒的权利"与"天赋的权利"联系在一起，但遭到了社会民主党、自由民主党以及非宗教政党的抗拒。结果，人的尊严条款便以"人之人格的尊严不可侵犯。所有公共权力应该尊重和保护人的尊严"这种更具中性化的语言反映出来。② 最终形成的基本法第 1 条第 1 款开宗明义地表示："人之尊严不可侵犯，尊重及保护此项尊严为所有国家机关之义务。"紧接着其在第 2 款规定："因此，德意志人民承认不可侵犯与不可让与之人权，为一切人类社会以及世界和平与正义之基础。"以"人之尊严不可侵犯"表达了尊严是预先存在的和构成社会契约的一部分，是德国社会秩序的本质，具有不可剥夺性。

基本法将人的尊严引入其中并标示为第 1 条第 1 款予以强调，属于宪法史上的创举，之前并无先例可循。③ 鉴于纳粹时代的教训，人的尊严不像基本权利条款那样可以在社会容忍性的要求下做出必要的限制，换言之，它是绝对不可侵犯的。人的尊严不可侵犯代表了其规范效力的绝对

---

① 德国基本法对人的尊严的保障规范，当然不能完全代表欧洲抑或大陆法系的立宪主义。不过德国基本法（以及联邦宪法法院）不但影响到瑞士等周边国家——2000 年 1 月生效的瑞士联邦新宪法第一章第 7 条规定"人的尊严应受尊重和保护"，也及于国际立法层面，《欧洲联盟基本权利宪章》第 1 条的规定便与德国基本法第 1 条相同，便是例证。

② Ariel L. Bendor & Michael Sachs, "The Constitutional Status of Human Dignity in Germany and Israel", *Israel Law Review*, Vol. 44, 2011, pp. 25 – 61.

③ C. Enders, Art. 1, in K. Stern（Hrsg.）, GG Kommentar, 2010, Rn. 1, 转引自张翔主编《德国宪法案例选释（第 1 辑）：基本权利总论》，法律出版社，2012，第 256 页。

性，即不容许国家机关以任何理由或任何方式进行侵害。① 人的尊严的核心观点是对人权的保证，基本法第 2 条至第 19 条所规定的具体基本权便是人的尊严的展现。作为基本法的核心价值，人的尊严已注入整个宪法秩序之中，促使国家保护与实现人的尊严。② 可以说，人的尊严是基本法的"元法律性"维度，成为实证法的界限及实体基础，其实质内容不是来自事先的假设或者一种形而上的哲学基础，而是来自全社会的伦理共识；作为基本法的基点，人的尊严成为连接实证法与社会伦理的媒介。③

2. "客体公式"：人的尊严之内涵界定

德国的联邦宪法法院对人的尊严的宪法解释与司法判决，对人的尊严的诠释经常比附于康德的实践哲学，日益显露出康德思想对人的尊严概念的深刻影响，以至于有学者认为，基本法的尊严概念即等同于康德的尊严概念。④ 就对"人"的意义之掌握而言，德国联邦宪法法院有一段著名的宣示：

> 基本法中人的形象，并非一个孤立、自主的个人形象；而毋宁说是基本法将个人与国家之间的紧张关系，以不侵犯个人之固有价值的

① 基本法除了将人的尊严置于第 1 条以彰显其特殊地位，还结合基本法第 79 条第 3 款形成了不容修正的永恒条款。鉴于魏玛时代的教训，立法者对基本权利的限制并非毫无限制——对限制公民基本权利的行为应实行更为严格的限制，即必须遵循诸如法律保留原则、限制条件明确化原则和比例原则等，即基本权限制之限制。基本权利限制之限制是"基本权核心之保障"，而人的尊严便是基本权之核心。参见赵宏《从基本权限制条款看宪法规范的形式理性及其价值》，《"中研院"法学期刊》2013 年总第 12 卷。

② 基于对战前形式意义上的法治国的反思，社会国原则被制宪者纳入基本法之中。社会国原则之下的个人是以社会群体中生活的与共同体存在强烈关联的个人方式存在的。参见〔德〕康拉德·黑塞《联邦德国宪法纲要》，李辉译，商务印书馆，2007，第 167 ~ 168 页。

③ 参见张翔主编《德国宪法案例选释（第 1 辑）：基本权利总论》，法律出版社，2012，第 250 页。

④ 不过，迪特儿（Dieter Grimm）认为，一方面对康德的不同解释会为基本法第 1 条第 1 款的解释带来困难；另一方面康德对人性尊严的阐释也大多存在于他的道德哲学中，而不是在法哲学中。即使所有这些疑问消除之后，康德哲学对基本法第 1 条第 1 款的理解和具体化也应受到限制，原因在于该条款也应像基本法的其他条款一样首先遵循法学方法论的规则加以解释，并不允许在哲学的学派意义上对其诠释。具体的反对意见以及对反对意见的分析，可参见李建良《人权思维的承与变——宪法理论与实践（四）》，台湾新学林出版股份有限公司，2011，第 38 ~ 41 页。

方式，在个人的"共同体关联性"与"共同体联结性"的意义下，加以决定。①

基于这种认识，实践中往往以"客体公式"对人的尊严予以界定。所谓的客体公式，最早是由法学家杜立希（Günter Düring）在 1952 年提出的：

当具体之人被贬低成为客体、单纯之工具或是可替代之数值时，此即侵害了人的尊严……人的尊严无论在何时何地都应在法律上被加以实现。它的存立基础在于：人之所以为人乃基于其心智；这种心智使其能有能力自非人的本质脱离，并基于自己的决定去意识自我、决定自我、形成自我。②

显然，客体公式是建立在康德的绝对命令之上的——人不是以一种手段或工具而存在，人就是目的，具有自我意识、自我决定与自我形塑的能力。如果将人视为客体，便意味着对人前述主体性的否定。在此意义上，包括将人贬低为一种物，从而被控制、被决定、被洗脑、被取代、被利用以及被驱逐等便是对人的尊严的侵犯。从逻辑上讲，客体公式是以放弃人的尊严概念的明确性为前提的。事实上，个人与社会之间既互为主体，又同为客体，亦即个人的主体地位是相对而言的，从最基本的个人受法律规范角度来说，前者是不折不扣的客体。从而，以客体公式应对人的尊严，必然面临尊严在任何情况下都有可能受到侵犯的悖论。现实中将人的尊严作为所有问题解决方法的泛化思考和诉诸人的尊严的普遍化之可能造成这一概念的"通货膨胀"化或"贬值"化，恰如一枚硬币的两面，如影随形，同时存在，进而导致客体理论不断面临实践中的新挑战。③

---

① BVerfGE 4，7.

② G. Dürig, in Maunz/Dürig, GG, Art. 1 Abs. 1, Rn. 28.

③ Ernst Benda, "Die Menschenwürde", in *Handbuch des Verfassungsrecht der BRD*, Berlin, de Gruyter, 1983, S. 108 – 109.

（二）范围与属性：德国联邦宪法法院的宪法解释与司法实务

如果说从道德哲学转化为法律规范的过程展现了人的尊严的历史性的话，其开放性与实践性则通过联邦宪法法院的一系列宪法判例呈现出来。基于对形式法治国的反思，基本法将社会国原则纳入其中，认为个人并非独立或孤立于社会，而是以连带关系嵌入社会当中，不应排斥个人对国家与社会应尽的义务。①

例如，在"人性尊严，将子女视为损害"案中，联邦宪法法院认为，个人的社会价值与受尊重的要求是与人的尊严紧密相连的。② 人的尊严禁止将人单纯地视为国家的客体，或者将其置于对其主体性有质疑的医疗行为当中。人的尊严意味着每一个人不论其能力、财富以及社会地位如何，都是一个独立的主体。个人基于其尊严而要求受到他人尊重的诉求，并不能从任何社会关系中被完全取消。这种受尊重的诉求不仅会因为其人格被贬抑、被烙印被迫害与被唾弃，同时也会因个人的存在被商业化而受侵害，因此，国家有义务予以尊重与保障。在"人的尊严，无法定上限期间的保安管束"案中，联邦宪法法院认为，对人的尊严的尊重与保护是基本法的基本原则，人的尊严不能被剥夺，禁止人成为国家统治的单纯客体，或禁止对人的主体性的质疑。作为一个人，其人性中存在不可或缺的尊严，即人具有可以自我负责的人格特质。③ 在"终身自由刑案"中，联邦宪法法院认为，即便是侵害了刑事上应受保障的社会价值要求及注意要求的犯罪人，也不允许将其视为犯罪控制的单纯客体。④ 根据基本法第 1 条第 1 款结合社会国原则的要求，国家有义务保障（犯罪人）符合人的尊严

---

① 参见〔德〕康拉德·黑塞《联邦德国宪法纲要》，李辉译，商务印书馆，2007，第 167 ~ 168 页。

② BVerfGE 96, 375 ff. 参见《人性尊严，将子女视为损害》，程明修译，《德国联邦宪法法院裁判选辑》（十二），"司法院"，2006，第 1 ~ 22 页。

③ BVerfG 109, 133. 参见《人性尊严，无法定上限期间的保安管束》，王服清译，《德国联邦宪法法院裁判选辑》（十二），"司法院"，2006，第 37 ~ 38 页。

④ BVerfGE 45, 187. 李忠夏译《终身自由刑案》，载张翔主编《德国宪法案例选释（第 1 辑）：基本权利总论》，法律出版社，2012，第 184 ~ 209 页。

生活的最低生存要件。① 在"航空安全法"案中，联邦宪法法院认为，人的生命是人的尊严的物理基础，而后者则是宪法的根本性建构原则与最高价值，限制生命权的法律必须在与生命权紧密关联的人的尊严观点之下加以检验。② 任何人的尊严都不能被剥夺，公权力对人的任何处置，若使其丧失主体性及作为权利主体的地位，则必须一概予以禁止。当击落一架被挟持的客机时，对无辜的机组人员和乘客而言，他们对自己的生命便不能自我决定，成为单纯的客体和牺牲者，这一规定使得他们的尊严受到蔑视，他们的生命成为被国家单方面地支配的用以拯救他人的工具，导致本应归属于人本身的价值被商品化、去权利化，进而被否定，这与人的尊严保障并不符合③；而违法者同样享有人的尊严——人的尊严包含了对个人自我决定与自我形成能力的尊重，如果当被挟持飞机上仅有劫机者时，他们的目的在于杀害其他人，国家必须履行其对其他人的保护义务，而劫机者必须为其（以自我决定的方式放弃了对其他人的主体性的尊重）行为负责，此时击落飞机不会对劫机者的人的尊严造成侵犯。因此，在没有人质的情况下，是可以击落被劫持的飞机的。

可见，在司法实践中，德国联邦宪法法院将人视为一种精神－道德的存在者，具有明显的基督教自然法的印记。人的行为是自由的，在社会国原则下，这种作为权利的自由受到道德责任的意识的拘束；同时，康德哲学的影响无处不在，每个个人作为一个独立的人格而存在，每个人应该一直是自己的目的这一原则应无条件地适用于所有的法律领域。

（三）尊重与保护：人的尊严在基本法中的地位调适

经由对前述理论与实践的双重考察，人的尊严在基本法中到底具有怎样的地位呢？笔者下文试从权利、原则与价值三个维度对其进行反思。首先，作为一种宪法规范，人的尊严居于基本法的最高位置，具有绝对性与

---

① BVerfGE 45，187（228ff）.
② BVerfGE 115，118. 参见《"航空安全法"判决》，李建良译，《德国联邦宪法法院裁判选辑》（十三），"司法院"，2011，第81～112页；《航空安全法案》，李忠夏译，载张翔主编《德国宪法案例选释（第1辑）：基本权利总论》，第237～263页。
③ BVerfGE 115，118（153f.）.

不可侵犯性。基本法规定了所有国家权力对人的尊严的尊重和保护义务。从消极方面而言，国家负有避免实施任何有可能侵犯人的尊严的行为。[①]从积极方面而言，国家应创造并建立一种保护个人尊严免受第三人侵犯的法秩序。其次，人的尊严被置于基本法第一章"基本权利"当中，似可认定为具有基本权利特征，但第1条第3款以"下列基本权利拘束立法、行政及司法而为直接有效之权利"的表述，又将这一属性排除。如果考虑到人的尊严所具有的不可侵犯性的绝对地位——这与可受到限制的基本权利明显不同，它在宪法上便具有根本价值的性质——这已然超越了诸如自由权、平等权等特定的价值追求。因此，将其基本权利化便容易导致其被相对化。基于前述考虑，本文对人的尊严的基本权利属性采取较为保守的态度。毋宁说，它是所有基本权利的源泉——个别基本权利所反映出的是人的尊严的某一面向，人的尊严与基本权利之间存在"补充"关系，即所有的基本权利都蕴含了前者的特性，而前者之落实则需借助于后者的运用，两者互相支持，形成了完整的人权保障体系。[②]当人的尊严受到侵害时，应优先适用个别基本权利的救济，在后者无法实现的情况下，则可求助于人的尊严——事实上，迄今为止，德国联邦宪法法院在运用人的尊严条款时，大都将其与具体的基本权利相结合，单独依赖人的尊严作为理由的宪法诉愿尚未出现。最后，作为一项基本的宪法原则，人的尊严在德国是普遍接受的。唯需要辨析的是该原则的位阶。自1958年吕特案确立基本权利具有客观价值秩序的意涵以来，所有的法律领域必须受到这一客观价值秩序的引导。[③]作为基本权利核心之保障，人的尊严居于客观价值秩序的最高地位，任何对其进行侵犯的法律或行为均是对宪法的违反，从而这种核心价值又是一种绝对价值。

---

① 在基本权利限制学说下，不可侵犯性应该只能被解释为经由所有国家机关对其进行限制性的禁止，而尊严条款则不包含任何的限制条款。参见 Hans-Jürgen Papier《当代法治国图像》，蔡宗珍、李建良译，台湾元照出版有限公司，2014，第52~53页。

② 参见李建良《人权思维的承与变——宪法理论与实践（四）》，台湾新学林出版股份有限公司，2011，第47页。

③ BVerfGE7, 198.〔德〕克劳斯·施特恩《基本权保护义务之功能——法学上的一大发现》，蔡宗珍译，《月旦法学杂志》2009年总第175期，第49~50页。

三 "平等的尊重与保护"：美国宪法实践中对人的尊严之阐释与运用

美国宪法自制定之初就对其他国家产生影响。在法律全球化的过程中，美国宪法在学术领域的重要地位和广泛影响日益显著。不过，"《美国宪法》就没有提及尊严，如果说尊严理念在美国宪法教义学中有一席之地的话，那也是通过法官造法的形式引入的"。[①] 这或许是因为普通法的实用主义之根基在于自由而非尊严。[②] 有研究者认为，虽然人的尊严在美国宪法文本中并未被明确提到，也没有一种通常的价值与其结合，但如果从制宪者当时起草和讨论的相关文件来看，促进和维持人的尊严是一种不言而喻的社会目的与宪法价值，是宪法的本质之所在。[③] 即便美国宪法学说与实务中较少使用人的尊严，但这不代表美国不存在人的尊严保障问题，只是在诸如隐私权等其他概念之下进行讨论。[④] 那么，人的尊严在美国宪法的实践中呈现怎样的形象呢？

（一）"造法者的宣谕"：美国联邦最高法院关于人的尊严的论述

美国宪法文本特别是其修正案中存在一些与人的尊严相类似的概念，例如，宪法第八修正案"不得施加残酷和非常的惩罚"，宪法第十四条修

---

① 〔美〕杰里米·沃尔德伦：《法律如何保护尊严》，张卓明译，《现代法治研究》2018 年第 2 期。

② 埃伯利（Edward J. Eberle）认为，德国宪法的基础是尊严，美国宪法的根基是自由，基于信念与价值体系的不同，其宪法理论依据与人权保障体系也呈现显著的差异。Edward J. Eberle, *Dignity and Liberty: Constitutional Visions in Germany and the United States*, Westport, Conn: Praeger, 2002, pp. 41 – 57.

③ Louis Henkin, "Human Dignity and Constitutional Rights", in Michael J. Meyer & William A. Parent (eds.), *The Constitution of Rights: Human Dignity and American Values*, Ithaca: Cornell University Press, 1992, pp. 210 – 213.

④ James Q. Whitman, " 'Human Dignity' in Europe and the United States: The Social Foundations", in Georg Nolte (ed.), *European and US Constitutionalism*, Cambridge: Cambridge University Press, 2005, pp. 108 – 124.

正案"不经正当法律程序，不得剥夺任何人的生命、自由或财产"，等等。不过，就尊严概念的正式表述而言，应是出现在联邦最高法院所发展出来的宪法判例当中。

　　根据笔者检索①，1946 年联邦最高法院大法官弗兰克·墨菲（Frank Murphy）在 In re Yamashita 案的不同意见书里对人的尊严的阐释，是该概念第一次出现在联邦最高法院的裁决中。② 而 1952 年的 Rochin v. California［342 US 165（1952）］案，则是其首次出现在联邦最高法院的多数意见当中。之后，人的尊严虽然被越来越多地使用，并与第一、四、五、六、八、九、十四等宪法修正案中的权利条款相衔接，但其明确的内涵很少被详细地阐明。即使在法律论证与推论中，人的尊严也经常被视为既定前提，至于其功能与地位等则从未被详细说明。1993 年美国联邦最高法院奥康娜（Sandra Day O'Connor）大法官曾在宾夕法尼亚州限制堕胎案的多数意见可能是个例外。她写到，我们的法律提供了宪法保护，允许个人去决定婚姻、生育、避孕、家庭关系、抚养子女和教育。这些事务涉及人在一生中可能做出的最秘密和最私人性质的抉择；这些抉择对人的尊严、自主以及第十四修正案所保护的自由具有中心意义。但就其内涵阐释而言，仍显得不够充分。③ 由于美国宪法并没有明确地提及人的尊严，联邦最高法院对这一概念的使用更多地具有实验性质，其具体内涵也呈现动态性和描述性。

　　前已述及，在美国社会根深蒂固的自由主义与实用主义法哲学脉络中，尊严并不具有本体论意义的地位，那么，它是不是作为一种宪法意义上的价值而存在呢？否定者认为，虽然二战之后联邦最高法院采纳了该概念，并以之作为对权利法案的解释原则，但其应用是零散的而非成体系的，是偶然的而非经常性的。④ 即便在宪法论述中提到了人的尊严，也只是

---

① 如无特别说明，本文所选取的美国联邦最高法院案例都来自芝加哥肯特法学院（Chicago-Kent College of Law）所建的美国联邦最高法院历年判决资料库，https://www.oyez.org/courts。

② Vicki C. Jackson，"Constitutional Dialogue and Human Dignity：States Transnational Constitutional Discourse"，65 *Montana Law Review* 15，16（2004）.

③ 参见张千帆《西方宪政体系》（上册），中国政法大学出版社，2004，第 253 页。

④ Vicki C. Jackson，"Constitutional Dialogue and Human Dignity：States Transnational Constitutional Discourse"，65 *Montana Law Review*，2004.

一种解释宪法权利的原则，其本身并没有具体的内容。基于对自由价值的认同，美国并未像欧陆国家那样承认人的尊严足以构成宪法所保障的价值。以隐私权为例，在法国及德国隐私权被视为对个人尊严权的保障形式，而美国则将隐私权朝向以自由的价值为目的，尤其是对抗国家的自由。保护人的尊严无法获得文化传统与社会价值的支持，遑论超越自由而跃居宪法的根本价值位阶了。① 肯定者认为，自1950年代人的尊严进入宪法学的讨论以来，以布伦南大法官（William J. Brennan）为代表的"造法者"们便试图将人的尊严作为一种宪法的基本价值、基本原则和个人权利与自由的根源来看待。② 不过，就联邦最高法院大法官的总体倾向而言，人的尊严似乎并不是一种独立的宪法基本权利，而是作为一种表示潜在的价值和对诸如隐私权、平等对待、不自证己罪等进行保护的宪法非列举权利。③ 那么，在美国联邦最高法院的司法实务中，是如何具体运用人的尊严这一概念的呢？

（二）类型化适用：人的尊严在司法实务中的理论建构与运作模式

在普通法讲求判决先例的遵循与逐案权衡的弹性双重诉求之下，司法者尤其是联邦最高法院的法官因享有较大的裁量权而被赋予司法活动的中心地位，享有事实上的"造法"权力。④ 从很大程度上讲，人的尊严便是这一"造法"过程的体现。存在于联邦最高法院判决中的人的尊严，在司法决策过程中扮演着重要的角色。⑤

---

① James Q. Whitman, "The Two Western Cultures of Privacy: Dignity versus Liberty", *Yale Law Journal*, Vol. 113, 2004, p. 1221.

② Stephen J. Wermiel, "Law and Human Dignity: The Judicial Soul of Justice Brennan", *William & Mary Bill of Rights Journal*, Vol. 7, 1998.

③ Luís Roberto Barroso, "Here, There, and Everywhere: Human Dignity in Contemporary Law and in the Transnational Discourse", *Boston College International and Comparative Law Review* Vol. 35, 2012, p. 347.

④ 即使在以成文法典为基础的美国宪法领域，法官在司法审判乃至整个法律活动的核心地位仍然不容置疑，参见〔美〕戴维·斯特劳斯《活的宪法》，毕洪海译，中国政法大学出版社，2012，第27~41页；黄舒芃《民主国家的宪法及其守护者》，台湾元照出版有限公司，2009，第336~341页。

⑤ Maxine Goodman, "Human Dignity in Supreme Court Constitutional Jurisprudence", Nebraska Law Review, Vol. 84, 2006, p. 743.

在隐私权保护方面，人的尊严作为一项宪法价值在论证过程中起到了重要作用。不过需要稍做说明的是，在诸如 1965 年的 Griswold v. Connecticut ［381 US 479（1965）］案和 1973 年的 Roe v. Wade ［410 US 113（1973）］案等隐私权的早期经典案件中，美国联邦最高法院的裁决书中并没有明确地使用人的尊严概念，而是通过论述自治和个人的选择自由支持类似的意涵。在 1992 年的 Planned Parenthood of Southeastern Pennsylvania v. Casey ［505 US 833（1992）］案即众所周知的堕胎案当中，人的尊严才作为对隐私权论证的理由被明确提及。之后，它才被写入 Stenberg v. Carhart ［530 US 914（2000）］案的多数意见书与不同意见书里。而在 Lawrence v. Texas ［539 US 558（2003）］案当中，联邦最高法院以人的尊严为价值基准，宣告以隐私权为名将在同性伴侣双方同意的情况下发生的亲密关系界定为犯罪的得克萨斯州反同性恋法因有违人的尊严而违宪。

在不自证己罪的保护方面，1966 年的 Miranda v. Arizona ［384 US 436（1966）］案所确立的米兰达规则使美国宪法第五修正案所规定的"任何人不得在刑事案中被迫对自己作证"具体化，而该案之判决源自对刑事被告的个人自由与尊严的保护——在一个足以使个人（尤其是犯罪嫌疑人或刑事被告人）的意志屈从于审问者的环境下，虽然没有对前者身体或安全进行胁迫恐吓，但该环境本身便足以对前者的尊严造成侵害。不过，在这一论证过程中，人的尊严是作为一种价值还是原则被使用的，司法者并没有做出明确说明。当然，在米兰达规则确立之后，作为论证理由的人的尊严也功成身退。①

在权利的平等保护方面，1970 年代的 Reed v. Reed ［404 US 71（1971）］案和 Frontiero v. Richardson ［411 US 677（1973）］案等经典案例的判决中并没有提到人的尊严，而 1954 年的 Brown v. Board of Education of Topeka （1）［347 US 483（1954）］案和 1964 年的 Heart of Atlanta Motel, Inc. v. United States ［379 US 241（1964）］案等涉及歧视尤其是种族歧视的案

---

① Luís Roberto Barroso, "Here, There, and Everywhere: Human Dignity in Contemporary Law and in the Transnational Discourse", *Boston College International and Comparative Law Review*, Vol. 35, 2012, p. 349.

例，都对人的尊严有所论述。不过，人的尊严在两者之间扮演的角色并不一致——前者视其为一种宪法价值，法院强调对非裔美国儿童所进行的禁止其进入与之相当的白人小孩的学校会造成对其尊严的贬低，故而反对学校的隔离政策；后者则视其为一种宪法权利，基于对非裔美国人的尊严的保护，法院以反对种族歧视为由支持其入住饭店。①

至于宪法第八修正案"禁止过高的罚款与过高的保释金，及禁止施予残酷且不寻常的惩罚"，1958 年的 Trop v. Dulles［356 US 86（1958）］案以尊严作为一项宪法所保护的价值来衡量其对该修正案内容的影响，而1972 年的 Furman v. Georgia［408 US 238（1972）］案和 1976 年的 Gregg v. Georgia［428 US 153（1976）］案则以尊严为依据探讨了死刑存废问题。

基于新教背景与自由主义的价值观，在安乐死或协助自杀等行为的处理方面，美国社会存在诸多争议，而联邦制的复合结构又使得各州得以自行立法，作为造法者的联邦最高法院的态度便值得关注。在 1990 年的 Cruzan by Cruzan v. Director, Missouri Department of Health［497 US 261（1990）］案中，基于人的尊严的理由，布伦南大法官在其不同意见书中拒绝同意撤走对一位昏迷多年的陷入植物人状态的妇女所进行的维持生命的治疗。基于同样的理由，在 1997 年的 Washington v. Glucksberg［521 US 702（1997）］案和 Vacco v. Quill［521 US 793（1997）］案中，联邦最高法院也拒绝承认医生有协助自杀的权利。

通过对相关案例的梳理，可以发现，人的尊严在美国的司法中呈现明显的描述性与动态性，甚至反复性，在不同的权利类型的案例当中人的尊严发挥着不同的作用，也扮演着不同的角色。② 在与宪法第十四修正案相关的自由、平等保护和隐私权等类型的案例中，人的尊严以宪法价值的姿

---

① Maxine Goodman, "Human Dignity in Supreme Court Constitutional Jurisprudence", *Nebraska Law Review*, Vol. 84, 2006, p. 762, 763.

② 当然，前述对与人的尊严相关的案例的梳理并不全面，至少在宪法第四修正案中，"人民的人身、住宅、文件和财产不受无理搜查和扣押的权利，不得侵犯"的规定便被研究者认为直接与人的尊严相联系，晚近更有关于在人的尊严之下所发展出来的最低生存保障权等类型的案例。参见 Maxine Goodman, "Human Dignity in Supreme Court Constitutional Jurisprudence", *Nebraska Law Review* Vol. 84, 2006, p. 757.

态出现，作为联邦最高法院裁判的依据；在与宪法第五修正案相关的不自证己罪等类型的案件中，人的尊严究竟属于一种宪法价值还是原则，尚不明确，不过就论证过程而言，后者的倾向性似乎更加明显；在与安乐死或协助自杀等政策性争议极强的相关案例当中，人的尊严在司法论证过程中发挥着重要作用，不过，相关判决前后的不一致乃至反复也说明了它并不是一种独立的权利形态或宪法层级的规范。

（三）逐案权衡：人的尊严在美国宪法实务中的规范地位

晚近以来，包括德沃金和沃尔德伦（Jeremy Waldron）等在内的英美法哲学研究者明显地表现出对人的尊严这一议题的关注，并试图超越对自由的论述，而赋予尊严以本体论的地位，将其作为所有价值的根源。[1] 大致而言，作为一项宪法价值，人的尊严受到联邦最高法院的普遍承认，但就保护程度而言，其远逊于德国基本法所规定的永恒的或固定不变的宪法核心价值定位。

事实上，作为一个具有明显政治色彩而非单纯的司法组织的美国联邦最高法院，基于特殊的历史传统与社会价值的考虑，对人的尊严的价值肯认程度与保护力度并没有一以贯之的标准。在联邦最高法院的司法实务中，在诸如隐私权、平等保护、不自证己罪和自由权保障等权利类型的案件中，人的尊严作为一种宪法价值是被完全承认并作为宪法权利判断的依据而发挥作用的；但如果面对无法与权利法案建立起直接联系的案例，则有可能基于政治考量而选择支持个人权利诉求，承认其为一种宪法价值，或因时移势易而反其道行之——如果我们注意到人的尊严之论述基本上出现在个别大法官的不同意见书而非多数意见书中，则后者的概率可能更大。即便作为一项宪法价值，人的尊严具有独立性，联邦最高法院对其之

---

[1] 例如，在德沃金看来，人的尊严是西方政治文化的最重要特征，西方现代意义上的政体与文明之前提的共和主义便体现了对人的尊严的尊重与保障。作为个体的个人有道德权利与责任去面对与回答生活意义和价值的最根本问题。参见〔美〕罗纳德·德沃金《生命的自主权：堕胎、安乐死与个人自由的论辩》，郭贞伶、陈雅汝译，中国政法大学出版社，2013，第三章。沃尔德伦则试图通过对秩序性尊严与普遍性尊严的梳理，结合美国联邦最高法院的判例，为人的尊严在美国法秩序中的生成与发展提供学理性的论证，参见〔美〕杰里米·沃尔德伦《法律如何保护尊严》，张卓明译，《现代法治研究》2018 年第 2 期。

承认也并非全面与绝对，而仅仅是既不具有最高地位也并非不受限制的一般性的宪法价值。而作为论证宪法权利的依据，也很难径直认定它具有独立的宪法规范品性。

四　人的尊严规范地位的反思与适用关系的调适

作为一个从道德哲学转化而来的法律规范，人的尊严具有深刻的历史性，必然铭刻着特定的宗教、政治哲学与文化印记。无论是在大陆法系还是英美法系，作为宪法价值，人的尊严是得到普遍肯认的，但其间存在作为最高价值还是一般价值、绝对价值还是相对价值的差异。作为宪法原则，法院在进行宪法解释和裁决时所起到的作用也存在不小的区别。作为宪法权利，或以宪法明文方式予以认可，或在司法实践中进行贯彻，但其权利形态不但各异，且往往存在争议。本文并不预设人的尊严之保障在我国具有不证自明的必要性与可行性，而是基于建构以人的尊严为价值基础的法治秩序的自觉，以承认"人格尊严"与"人的尊严"存在落差为前提，将人的尊严视为我国法治建设的可欲面向。在前述比较研究的基础上，通过对人的尊严内涵的界定，反思宪法规范地位的不同面向，进而以我国本土化的实定法建构为目标，对其不同规范地位之间的适用关系做出调适，以期最大限度地实现人的尊严。

（一）人的尊严规范之内构造与定位

1. 人的尊严宜作为宪法的最高价值

作为法哲学研究基本范畴的法的价值具有两重性质，"它一方面体现了作为主体的人与作为客体的法之间需要和满足的对应关系，即法律价值关系；另一方面它又体现出法所具有的，对主体有意义的、可以满足主体需要的功能和属性"[①]。前者表征关系，法的价值的主体是人，客体是法；

[①]　张文显：《法哲学范畴研究》，中国政法大学出版社，2001，第 192 页。

后者表征意义，它体现为其属性中为人们所重视和珍惜的部分，如秩序、安全、自由和正义等。

人的尊严作为一种道德价值，存在于人之为人的本性中，理应受到普遍的认同与保护。只有人才具有尊严，只有具有尊严人才能成其为人。它以自身为目的，不为达到任何其他目的而存在，更不能为了其他目的而被牺牲。人的尊严存在于人类的个体之上，与道德价值至为密切——其最初的形态便是道德价值——当其存在于道德领域时，便是一种道德价值；当其被其纳入法律规范秩序之中时，便是一种法律价值。近代立宪主义使宪法成为具有规范性的概念与制度，尤其是对立法者具有直接的规范效力。宪法确立了国家政体，决定了国家机构的组织形态，规范了政府的基本架构，并以保障人民基本权利为目的。① 而宪法规范中的人的尊严，无疑是一种宪法价值。

那么，作为宪法价值的人的尊严应怎样定位呢？在德国，人的尊严属于具有绝对性与最高性的宪法价值，不但明确于基本法的文本中，而且德国联邦宪法法院一再重申否认存在可权衡性与均衡性的空间。② 在美国，人的尊严受到美国联邦最高法院的承认，并随着案件所涉及的权利类型的不同，或是完全承认其为一种宪法价值并作为裁判的根据，或是考量社会情势和主流价值而有所损益。从而，作为宪法价值，美国联邦最高法院虽对人的尊严予以承认，但并非全面地无条件地承认；即便被承认为宪法价值，人的尊严也仅是一种一般性的价值，既非最高价值，也非绝对价值。具体到我国，人格尊严是我国《宪法》第 38 条所规定的一种宪法价值。但这种不受侵犯的人格尊严并非一种绝对价值，而是一种普通的与相对的价值，与平等和自由等相比它更不是作为宪法的最高价值而存在的。当然，这不影响我们采取开放的态度对待人的尊严。事实上，人的尊严的抽

---

① 规范国家基本组织和保障人民基本权利是各国宪法的通例，只是在关注点与基本宪法理念方面存在不同。例如有的学者认为德国基本法类似社会的蓝图，而美国宪法则比较接近政府的构图。See Edward J. Eberle, "Human Dignity, Privacy, and Personality in German and American Constitutional Law", *Utah Law Review*, Vol. 963, 1997, p.1054.

② 参见〔英〕迈克尔·罗森《尊严：历史和意义》，石可译，法律出版社，2015，第 87 ~ 89 页。

象性也决定了我们需要采取动态性的方式对其进行把握。

从比较法的视角出发，作为宪法价值的人的尊严定位之差异，必然受到特定时空下的历史传统与社会文化等因素的影响，也受到社会主观价值与经验遭遇下的"前理解"的支配。德国经历了法律实证主义所造成的价值空虚和纳粹的教训，联邦宪法法院非常坚定地甚至不乏偏执地捍卫人的尊严，并将其视为不可动摇的基本法之最高价值与绝对价值。在自由主义与实用主义支配下的美国，普通法赋予了法官在法秩序中的核心地位，人的尊严通过联邦最高法院部分大法官的引用而得以展开。虽然理论界出现了将人的尊严理论化并建构为宪法根本价值的尝试，但在司法实践中联邦最高法院往往基于宪法权利论证的考虑，并没有赋予其绝对价值。我国历史上在儒家等级秩序观念支配下的法政哲学，虽有对君子人格等的强调，但并未赋予尊严以平等性；而制定于 20 世纪 80 年代初的现行宪法，承担了拨乱反正的重要历史责任——立基于真理标准问题大讨论的思想解放背景和十一届三中全会的指导思想，作为世俗理性主义之展开的法制建设①，对人身自由、住宅、人格尊严等基本权利不受侵犯的规定是具有深刻的历史性的。因此可以说，对人的尊严的肯认已然蕴含于我国宪法的基本价值之中。

不过，虽然可以肯认人的尊严在我国作为一种宪法价值存在，它也仅仅是作为一种私法属性的人格权之价值的存在，思想基础也未集中于"人是目的"。考虑到学界以《宪法》第 38 条为规范依据，将人的尊严建构为宪法基本权利的基础性价值的努力，恐怕不宜简单视为域外法制的单方面影响，而更有可能是在正视人格尊严与人的尊严之落差的前提下对人权保障潮流的自觉拥抱。本文认为，在我国的宪法秩序与法律体系中，人格尊严是与财产权、政治权利和社会权利等并列的权利，而人的尊严是基于人的存在和为了人的存在而产生的目的性价值，足以构成前述权利的上位概念，人格尊严显然无法承载后者的深刻意涵，因此，未来在人的尊严的体系化建构过程中，宜将其定位为我国宪法的最高价值。

2. 人的尊严应作为宪法的相对性原则

相较于法律规则，法律原则是一种开放性的和普遍性的规范，在个案

---

① 参见许章润《中国的法治主义：背景分析》（上），《法学》2009 年第 4 期。

适用时通常作为裁决论证的理由和依据。原则之间可能产生竞合现象，存在权衡的空间，并不产生确定性的、相对性的结果。因此，原则本身是绝对性还是相对性，对法律适用而言具有重要意义。如果是前者，则适用时不会存在其他法律原则被优先适用的问题；如果是后者，便需要在发生竞合的法律原则之间进行权衡，确定适用次序。那么，人的尊严究竟是一种绝对的还是相对的宪法原则呢？

人的尊严在德国基本法中既不是一种宗教意义上的宣告，也不是如魏玛宪法那样仅仅作为一种"指示"或者"纲领"，而是一种可以诉诸司法的对"立法、行政及司法"等所有国家公权力具有拘束力的客观价值秩序。德国联邦宪法法院一以贯之地将其作为宪法的最高价值与核心的宪法原则进行适用。在美国，联邦最高法院确认人的尊严是一种解释宪法权利的宪法原则，部分州法院也将其作为宪法权利论证的原则和违宪审查的依据予以适用。至于我国，必须承认的是，人的尊严尚未作为宪法上的基本原则而存在。不过，近代立宪主义预设了一套宪法对人的基本概念——个人并非仅是单纯的国家统治权行使的客体，他同时以主体地位构成了国家政治秩序的基本要素，并投身公共领域，参与国家政治秩序的形成。这既是共和的基本要义，也是民主的当然要求。独立自主的个人应享有基于自身之发展而自主、自决的权利，这是人的尊严的根源所在。作为构成国家主体的个人享有尊严，应属宪法的题中之义。"如何将这一抽象的准则（人的尊严）整合为宪法的原则，就不能不由各国立法者根据自己的国情加以选择和判断。"① 基于立宪主义的解读，可以肯认人的尊严在我国的宪法中具有原则性质，但不宜赋予其绝对性。原因在于，如果将其作为一项宪法上的绝对原则，便极有可能架空其他基本权利，德国宪法法院已有殷鉴。②

---

① 胡玉鸿：《人的尊严的法律属性辨析》，《中国社会科学》2016 年第 5 期。

② 因为所有的基本权利当中都蕴含了人的尊严，人的尊严被当作广泛而易于使用的请求权被随意主张，在架空了其他具有的基本权的同时，也导致人的尊严的贬值，以至于沦为"宪法的小铜板"，如费用证明的提供、事故逃逸的禁止、律师穿着律师服之义务或者是航行日志使用之义务等，甚至连人的称呼也会因非敬称的使用而有侵犯人的尊严之虞。参见 Hans-Jürgen Papier《当代法治国图像》，蔡宗珍、李建良译，台湾元照出版有限公司，2014，第 48～49 页。

我们固然可以在一定条件下将人的尊严优先于其他宪法原则予以适用，特别是在本文前述的其与基本权利形成"补充"关系的时候，但这也是对其绝对性的否定。在具体个案中将人的尊严界定为一种相对性的宪法原则适用，既可以作为裁决或解释法律的依据，又可以避免在原则竞合时产生非此即彼的高度确定性的结果，无论对我国法律秩序的稳定性而言，还是对人权保护的全面性而言，都是比较适宜的。

3. 人的尊严当属于备位适用的基础性权利

"我们无法离开历史的发展而获得符合尊重人的尊严要求的认知……应只有立足于现阶段的认知状态对如何才是符合人的尊严进行判断，但无法主张该判断永远有效。"[1] 人的尊严因其高度的抽象性，也是一个不确定性的法律概念。[2] 那么，这个带有明显的宗教与道德哲学色彩的法律规范是否可以作为一种宪法权利存在？如果答案是肯定的，那么这种权利是绝对权利还是相对权利？

在权利理论中，大致存在经验/实证主义的权利和规范的道德权利（自然权利）两种形态，前者将权利建立在社会共同体的认可与法律制度的有效保护的基础上，后者则建立在必须具有规范的道德正当性或正当理由的前提下，即只要具备这种正当性或正当理由，即便在事实上有所欠缺或不存在，也可以进行权利主张。作为一种权利的人的尊严是存在的，这既有文本规范的支持，也有学理上的论证。人的尊严是真实存在的，即便某些国家的宪法中没有明文规定，只要具备规范的道德正当性或正当理由，人的尊严即应受到保护——如果因为宪法规范中没有关于人的尊严的明确性规定便疏于或否定对其保护之必要性，则不论是在逻辑上还是在现实中都可能造成有悖于人权的全面实现的后果——人的尊严在宪法上是一

---

[1]　BVerfGE 45，229.

[2]　法律作为一项对具体行为进行合法或违法评判的规范，它是确定的，但作为规则的总称，却具有不确定性。法律的不确定性具体表现为法律概念的不确定、法律规则的不确定与违法确认原则的不确定。不确立法律概念便指的是法律条文中所含的概念具有多义性，在适用法律时往往需要做进一步解释。关于不确定性法律概念的研究，参见周出兴《法律不确定性命题——一个问题史的考察》，《环球法律评论》2010 年第 5 期；尹建国《不确定法律概念具体化的模式构建——从"唯一正确答案"标准到"商谈理性"诠释模式》，《法学评论》2010 年第 5 期。

种规范的道德概念的权利是适宜的。① 人的尊严对应着特定的价值存在，即一国的法秩序尤其是宪法秩序下的个人、社会与国家关系的合理定位。人的尊严的宪法价值决定了人作为权利主体的平等地位，每个人都享有同样的基于人之为人的价值，也意味着对人的身体、理智与精神的完整性的尊重。

　　虽然对人的尊严是否能够作为一项基本权曾经产生过争执，但德国联邦宪法法院的态度是坚决主张有一项具体的基本权保障人的尊严的，亦即人的尊严能够作为一项个人的基本权。人的尊严是一种可以受法院审查与可以实施的权利形态。人的尊严是绝对性的不可克减的权利，包括未出生的胎儿在内的每一个人都是人的尊严的持有者。② 与之不同，人的尊严不见于美国宪法文本和权利法案之中，不过在路易斯安那州（大陆法系地区）、伊利诺伊州和蒙大拿州等州的宪法和法院的司法审查中，其被规定为个人的权利，蒙大拿州更有关于尊严权的规定。而在司法实务中，美国联邦最高法院也往往将人的尊严条款视为一种宪法上的权利。③ 具体到我国，本文认为，只有将人的尊严定位为规范的道德权利，才能论证其作为"基本权利之基础"的属性④，也有助于克服我国宪法中人格尊严规范的局限性，促进对人的尊严的全面保护。理由在于，人的尊严的各个面向可以通过人格尊严、自由权、平等权等具体基本权利的实践而实现，当规范

---

① 有观点认为人的尊严表征的是人在法律上的与他人平等的地位，它不是也不能转换为法律上的权利或基本权利。参见胡玉鸿《人的尊严的法律属性辨析》，《中国社会科学》2016 年第 5 期。这种说法当然有一定的道理，不过其间可能存在的悖论是，法律地位与法律权利有可能同时存在，不能因此而抹杀权利属性，例如，人人平等作为一种法律地位，又是平等权的权利存在形态；作为自由人的自由联合而存在的"现代民族国家"，自由既是一种地位，更是一种权利。参见许章润《论人的联合与双向承认法权》，《政法论坛》2007 年第 5 期。那么，即便我们承认尊严的地位属性，又有什么充足的理由否定其权利属性？何况，如果将我国《宪法》第 38 条人格尊严视为人的尊严的下位概念，其原本便是以一种宪法权利的形态呈现于宪法文本的，则尊严之权利属性就更明确了。

② BVerfGE 39, 1（41）.

③ Rex D. Glensy, "The Right to Dignity", *Columbia Human Rights Law Review*, Vol. 43, 2011, pp. 116 – 117. 需要指出的是，在美国的宪法与司法中即便承认尊严作为一种权利出现，它也是一种特定的具体权利，与自由权、平等权等古典权利并列（甚至是作为论证前者的论据），从而不具有最高性与绝对性。

④ 参见〔美〕艾伦·格沃斯《作为权利基础的人的尊严》，钟夏露、孙雨菲编译，《中国人权评论》2015 年第 2 辑。

意义上的各项具体的基本权利都无法主张（特别是面对新兴权利和宪法未列举的权利）时，规范的道德权利属性便可为经验/实证主义的权利提供支持，克服后者的局限性，拓展权利保障的范围。这也意味着将人的尊严之适用限缩到宪法基本权利的备位适用地位，可以更好与更全面地保障人权，而不至于因人的尊严诉求的普遍化而造成"通货膨胀"化或"贬值"之困扰。

（二）人的尊严不同规范面向之间的适用调整

通过上述理论分析与比较法上的实务观察，本文阐明了人的尊严兼具宪法价值、基本原则与宪法权利三种属性。我国应将人的尊严视为宪法的最高价值、相对性原则和备位适用的基础性权利。那么，人的尊严在适用时应如何处理其不同规范面向之间的关系呢？换言之，我们应如何将人的尊严诉诸实践呢？

1. 人的尊严作为宪法价值与宪法原则之适用关系①

人的尊严的宪法价值与原则面向之适用涉及法的价值与原则的关系。前已述及，价值表征关系与意义，指的是事物对人所产生的需要与满足，或者是对人所具有的意义以及人对事物满足其需要所进行的评判；原则是能够发挥统摄功能和指导价值的规范，具有纲领性、融贯性、抽象性与稳定性等特征，只有当人的尊严作为普遍性较高且具有法律上和事实上实现的可能性的宪法原则面向确立之后，人的尊严的宪法价值才能展现出来。换言之，将人的尊严作为宪法原则予以确立是实现人的尊严的宪法价值的前提，只有在宪法上确认了人的尊严的宪法原则地位，作为宪法最高价值的人的尊严才能得以实现。

---

① 就人的尊严的实践命题而言，笔者在先前的研究中主张分别从价值层面和规范层面入手，基于对价值多元的尊重，以交互主体性确立全新的社会主义的人的形象；以宪法基本精神特别是基本权利保障为指导，经由基本权利的落实和个案司法的实践对人的尊严的规范基础与内涵进行界定。参见王进文《"人的尊严"义疏——理论溯源、规范实践与本土化建构》，《中国法律评论》2017年第2期。限于主题与篇幅，本文仅集中于通过界定人的尊严的不同宪法地位及其相互之间的关系，在法律适用的意义上推动人权保障和人格发展资源的落实。

　　在澄清了前述问题之后，本文需要进一步追问的是，当人的尊严作为一种宪法原则予以适用时，是否会与其他宪法原则发生竞合或排斥呢？我们知道，法律原则在适用时会产生竞合现象。本文将人的尊严界定为宪法的相对性原则，这就避免了原则竞合时其他宪法原则完全被排除适用的情况发生——如果像德国基本法那样将人的尊严作为不可限制的绝对原则，其他宪法原则与其竞合时便必须加以修改，以至于其完全有可能被架空或被排除适用。赋予人的尊严原则以优先性而非绝对性，可以较好地避免原则竞合时人的尊严规范的泛化适用和贬值之可能，更有利于实现其应有的价值。

　　2. 人的尊严作为宪法价值与宪法权利的适用关系

　　人的尊严是一种超越于实在法的不依据实在法而存在的先在规范。①作为人的固有价值，它是对个人作为人类共同体成员的平等身份的确认，是对个人作为自己之目的的尊重，是对个人自由的自我决定与自我发展的保护。人的尊严宪法权利体现的正是前述价值意涵，后者的实现有赖于前者的保障。例如，生存权与人的尊严价值相结合便可以论证国家最低生存保障权，这是对人权保障的提升。人的尊严这一宪法价值与其他宪法基本权利结合适用，可以更好地促进人权的全面保障。

　　不过，作为宪法价值的人的尊严在个案中与其他宪法价值相遇时，应如何处理呢？如果像德国基本法所规定的那样将人的尊严视为宪法的最高价值与绝对价值，那么，便会排除其他价值的适用，其后果也如德国联邦宪法法院实务中所显示的一样造成其他宪法价值的空心化。考虑到其他宪法价值存在的必要性，本文将人的尊严界定为宪法的相对性价值，在适用时便应在使人的尊严获得保障的同时，综合考虑具体个案的需求，而不至于完全排除其他宪法价值。

　　同样，人的尊严作为一项宪法权利适用时与其他基本权利的关系是怎样的呢？鉴于德国基本法将人的尊严视为具有绝对性与最高性的宪法的基本权利所导致的后者被架空以至于被排除的情况，充分发挥人的尊严的备位适用的基础性权利属性之功能，使其具有谦抑性、备位性与最后适用

---

　　①　参见胡玉鸿《人的尊严的法律属性辨析》，《中国社会科学》2016 年第 5 期。

性，才有利于其价值的彰显。

3. 人的尊严作为宪法权利与宪法原则之适用关系

前已述及，作为一种备位适用的基础性权利，人的尊严在个案适用时会与其他宪法权利产生竞合关系。人的尊严的抽象性决定了其作为一项宪法权利的内涵具有不确定性，为了避免解释上的空洞化和操作上的欠缺明确化，在个案适用时，比较适宜的做法是先行适用诸如自由权、平等权等具体的基本权利，当前者无法满足需求时，再诉诸较为抽象的人的尊严概念。换言之，如果出现人的尊严与其他宪法权利的竞合时，宜秉承先具体后抽象的适用原则，如此才不会导致前者被滥用。

作为一项宪法原则，人的尊严的高度抽象性与普遍性使其足以承担引领基本权利适用的任务，不但可以在司法解释或裁决中作为法律论证的理由，也可以作为论证新兴/型权利或宪法未列举权利的源泉。在可以想见的未来，科技的高速发展与社会的急剧变迁，既为新兴/型权利的涌现提供了难得的契机，也对人的尊严之实践形成了巨大的挑战。这就需要我们加强对人的尊严基础理论的探讨，尤其是在其保护主体与保护领域等方面进行深入研究，妥善处理人的尊严适用时权利与原则之间的关系——"以抽象的方式探讨人（性）的尊严的保护领域是不可能的，人性尊严概念之保障内涵有赖于评价作用，因此须予以具体化"①。人的尊严作为相对性的宪法原则，在其引领下的宪法权利便不会成为最高的或绝对性的权利，避免了零和博弈，实现了对包括宪法未列举的和新兴/型权利在内的公民基本权利的全面保护。

综上可知，作为宪法价值的人的尊严是其作为宪法权利存在的基础。人的尊严应该是一种宪法价值，可以作为宪法解释或裁判的指导原则予以适用（在我国则表现为司法援用）。然而，当其作为宪法价值适用时，可能与其他宪法价值发生竞合；当其作为宪法权利适用时，与其他宪法权利也可能发生竞合；当其作为宪法原则适用时，与其他宪法原则同样可能发

①　Hans-Jürgen Papier：《当代法治国图像》，蔡宗珍、李建良译，台湾元照出版有限公司，2014，第 60 ~ 61 页。

生竞合。本文主张，应在比较研究德、美等国家相关立法与司法实践并斟酌损益的基础上，基于我国宪法文本与司法现状，对人的尊严做出价值的最高性、原则的相对性和权利的备位适用的基础性等宪法规范面向的界定，在合宪性秩序下妥善而审慎地处理相关竞合与排斥现象，以便最大限度实现人的尊严。

结　语

人的尊严概念具有漫长的精神史，不过从某种程度上说，亘古绵长的学理富藏反而造成了我们理解人的尊严的沉重负担。解析尊严这个理念最好的办法是回顾它的根源，剖析它的历史性、开放性与实践性。通过对人的尊严概念传承与发展的历史脉络的梳理，本文揭示了它由秩序性尊严走向普遍性尊严的古今之变和从道德哲学转化为宪法规范的时代意义，特别是康德把尊严和所有人类都拥有的无条件的内在性的价值联系起来，为人的尊严之法治化起到了重要作用。当然，我们不宜将作为法律范畴的人的尊严等同于特定的哲学或神学思维，因为后者往往包含着特定的历史逻辑与传承脉络。

研究人的尊严的宪法意义，不单纯是一项理念思辨获得，更是一项实践智慧的展开。人的尊严不可侵犯，包含了深刻的甚至是惨痛的历史经验的反思，这也决定了它是一个交织着价值的永恒性与规范的时空性的概念，而不应完全成为纯粹实证层面的国家法上的概念。如果轻率地抹杀了人的尊严的历史经验与文化传统，它便成了空洞而抽象的名词。

固然，每个国家或地区都有其对人的尊严的独特理解与建构，但是，作为"所有基本权内涵赖以汲取营养的道德源泉"[①]，国家有义务对人的尊严进行保护与尊重。从立宪主义脉络和我国宪法的基本精神出发，本文通过比较研究与规范分析，指出人的尊严在我国宪法中的价值的最高性、原则的相对性和权利的备位适用的基础性等面向，主张基于其各自地位而

[①]　〔德〕尤尔根·哈贝马斯：《人的尊严的观念和现实主义的人权乌托邦》，鲍永玲译，薛华、王才勇校，《哲学分析》2010 年第 3 期。

妥善审慎地处理司法适用当中可能出现的竞合或排斥现象。只有形成人的尊严保障的共识，建构出具有强大的规范力与相对明确的内涵的人的尊严条款，明确其法律地位，规范其适用关系，我们才能在全面推进依法治国、建设社会主义法治国家的过程中促进人的尊严的最大限度的实现。

A Study on the Nomological Interpretation of Human Dignity and Its Application in Legal Practice

Wang Jinwen

Abstract: As an important concept in international legal system and nations' constitution, human dignity faces the challenge of its own conceptual abstraction, pluralism and differentiation. The human dignity clauses are significant difference in each country's constitution and operation. The historical process from ancient Greece to Kant was the key to understanding the concept of dignity as a constitutional norm transformed from moral philosophy. Therefore, this paper would like to explore the transformation of human dignity from ancient to modern times; then it will use the methodology of comparison to analyze the practice of human dignity in different countries and constitutional interpretation in those domestic Constitutional Court, especially in Germany and the USA. In order to achieve the goal of protecting human dignity, we should make the human dignity clause in our Constitution have strong restraint force and clear connotation. Through the discussion above, this article further explains that human dignity as a constitutional value, as the basic principles for the constitution, and as a constitutional right respectively in the spirit of constitutionalism in order to manifest its status in our Constitution. Eventually, we need to take the application of law of human dignity properly and carefully in our constitutional order so as to safeguard it.

Keywords: Human Dignity; Constitutional Norms; Historical Origin; Constitutional Avoidance Doctrine

新兴权利研究

人工智能时代下机器人的身份
定位及权利证成[*]

吴梓源[**]

摘　要： 人工智能背景下机器人的身份定位呈现了类人的非人存在的新样态，新的身份设定也直接影响着机器人权利的范围和内涵。即使机器人权利的取得是权利体系历史演进内在逻辑的必然结果，但其身份的特殊性也决定了其权利具有法律拟制的特性而有别于人类的"自然权利"。在此背景下机器人的身份定位与权利相互关联并对我国现行的法律体系提出严峻的挑战，引发了诸多新型权利纠纷。因此，在应对机器人权利所带来的社会风险上，我国应明确机器人的身份定位，在此基础上厘清机器人权利的可能样态并为其设定边界，从而完善法律制度，推进法治的、和谐的人机关系的实现。

关键词： 智能机器人；身份定位；道德权利；法律权利

引　言

21 世纪以来，以互联网的普及使用为纽带，社会结构得以重新建构，我们实现了从网络社会时代到大数据时代再到人工智能时代的跨越。人类在不断地认识主观世界、改造客观世界的同时用人工智能技术为自己描绘了一幅智能化、精细化和人性化的美好蓝图。然而，人工智能机器人的出

---

[*] 本文系国家社科基金重大项目"马克思主义法学方法论研究"（项目编号：11&ZD077）的阶段性成果。

[**] 吴梓源，吉林大学法学院法学理论专业博士生。

现及其对人类生活的渗透却引发了一系列法律、伦理难题。近日，沙特阿拉伯授予表情机器人"索菲亚"国籍并赋予其诸多权利的行为引起了广泛热议，包括法学界在内的社会各界不得不重新对智能机器人的身份定位予以考量，并在此基础上探究其是否应该被赋予权利及被赋予权利的范围与界限。

2017 年 10 月 25 日，在沙特阿拉伯举行的未来投资计划（Future Investment Initiative）会议上，由香港 Hanson Robotics 公司研发的表情机器人索菲亚成为首个被授予沙特阿拉伯国籍的机器人。在会上，索菲亚作为"会议发言人"接受了 CNBC 的采访。当 CNBC 主播问其如何看待 AI 威胁论时，索菲亚回怼："你听多了马斯克的话。别担心，人不犯我，我不犯人。"如此逼真的机器人说出这样的话，让网友不禁背后发凉。① 虽然早在 2010 年 11 月 7 日，颇受欢迎的宠物机器人"帕罗"（Paro）就获得了户籍（koseki），成为首个获得户籍的机器人，不过"帕罗"的外形并非人，而是酷似海豹，所以并没有产生强烈的反响。然而此次索菲亚获得国籍的新闻却像导火索一样引爆了机器人问题在世界范围内的热议。虽然机器人是否应该存在的问题也一直争论不休，但大家从未想过有一天机器人也会像人一样拥有公民身份并获得法律关系主体资格。更令人不解的是沙特阿拉伯政府赋予索菲亚诸多特殊的权利，比如索菲亚不用围头巾、穿罩袍便可以四处奔走，这些权利对于传统伊斯兰世界的女性来说是无法想象的。

国籍乃某人属于某一国家并享有该国国民或公民身份的法律资格，表明一个人同一个特定国家间的固定的法律联系，是国家行使属人管辖权和外交保护权的法律依据。公民身份的存在是赋予其国籍的必要非充分条件，沙特阿拉伯政府授予索菲亚国籍实际上是肯定了索菲亚沙特阿拉伯公民的身份。一般情况下，如果以一个确定的公民身份为前提条件赋予其一定限度内的道德权利或者法定权利是无可争议的，但是将这一推论适用于

---

① 具体报道见《索菲亚被授予沙特国籍 "她"被称"最像人"》，http://news.china.com/socialgd/10000169/20171027/31609431.html，最后访问时间：2017 年 10 月 29 日。

智能机器人，则不免需要直面智能机器人拥有公民身份的正当性、拥有法律关系主体资格的合理性等问题，在权利证成的过程中，还需进一步探究机器人的身份是不是其享有权利的必要条件，如若其享有权利又会有哪些可能的权利样态及其相应的权利边界。

一　智能机器人的身份定位

40 亿年来，以人类为代表的有机生物体不断在物竞天择、适者生存、优胜劣汰的原则下繁衍生息，生物按照有机化学的规则演化，碳基的生命形式成为人类区别于其他非生命物体的主要标志，现如今以硅基为主要生命体征的机器人介入自然规则并导致规则翻天覆地的变化，有不少人坚信人类的生命将根据计算机智能设计脱离原先有机化合物的限制，过度地拥抱人工智能有可能导致无机生命代替 40 亿年的有机生命。这种断言产生的原因为何？其内容又是否成立？这就涉及智能机器人的身份认定以及由此延伸出的人之所为人区别于物的本质内涵的问题。

人亦是自然界经过数亿年演变而形成的一种自然物，但是作为一种在地球上可以与其他自然物对照的物种，人类一直自称是万物之灵并为此寻找依据。从两足无毛、直立行走的体貌特征到可以使用工具的行为活动特征再到具有意识、智慧的内在思维特征，人类在不断探索自身奥秘、加深自我认知的过程中提升自己区别于其他自然物的优越性地位。然而近现代以来出现了另一种思路，使得人和动物乃至其他非生命实体在本质上趋同，或者说更强调人与其他非生命实体的联系而非区分，英国著名生物人类学家莫里斯的《裸猿》《人类动物园》及美国博物学家 E. O. 威尔逊的《社会生物学》《论人的天性》等著作中都有论及。威尔逊提出基因是一切机体行为的真正原因，任何机体包括人的行为，从本质上说都不过是基因复制自身的技巧和策略。[①] 18 世纪法国启蒙哲学家拉·美特里在其书

---

① 《当 AI 获得公民身份，"人"还剩下什么？》，http://mini. eastday. com/a/171031095752445 - 5. html，最后访问时间：2018 年 2 月 14 日。

《人是机器》中提出了更为激进的观点，他认为心灵其实只是一个毫无意义的空洞名词，心灵的一切作用都是依赖于脑子和整个身体组织的，那么，这些作用不是别的，就是组织本身。人的身体是一架钟表，不过这是一架巨大的、极其精细、极其巧妙的钟表。① 从这一角度来看，将智能机器人推定为人是合理的，在此基础上赋予智能机器人权利也是正当的，虽然这一推论很难为人们所信服。但在人工智能技术迅猛发展的今天，智能机器人不断地趋近于人也成了不可争议的事实。

　　现阶段，智能机器人虽然还未渗透到生产生活的各个领域，但是该技术已在全球范围内逐步建立起自己的生态格局，并开始深度介入人类的社会生活。2016 年，距离麦卡锡、明斯基、香农等人提出人工智能的概念正好过去 60 年。在过去的一年，人们看到了许多存在于科幻小说的内容成为现实：人工智能击败了人类顶尖棋手，自动驾驶汽车技术日趋成熟，生产线上活跃着"机器人"群体……"智能时代，未来已来"。不仅如此，科学家们还致力于发明拥有生物大脑（biological brain）的机器人。② 这是一种将机械电子部件与生物部件予以整合或者由纯生物部件组成的机器人③，它的产生将从根本上打破无机物与有机物实体的界限从而挑战人类在生物学意义上的自我认定。为了延长生命，人的身体里出现了越来越多的机械电子部件用以代替失去效用的生物部件，如人工耳蜗、人工心脏以及人工关节等等，因此人体可以不是由纯生物体部件组成的，与之类似的以基因学、人工合成生物学技术为基础而制造的完全由生物部件组成的类生命机器人也会迟早问世，未来将会出现能够自行繁衍、创造生命的机器人。这类机器人不仅在物质构成上可以与人类相似，它们甚至可以拥有与人脑相媲美的神经元数量，拥有自主意识和学习能力。美国未来学家雷·库兹韦尔（Ray Kurzweil）甚至预言，拥有自我意识的机器人将于 2029 年出现，并于 21 世纪 30 年代成为常态，它们将具备各种微妙的与人

---

① 参见〔法〕拉·梅特里《人是机器》，顾寿观译，商务印书馆，1999，第 65 页。
② Kevin Warwick，"Controlling a Mobile Robot with a Biological Brain"，*Defence Science Journal*，Vol. 60，2010，p. 5.
③ 参见封锡盛《人与机器人如何相处》，《科技与社会》2015 年第 2 期。

类似的情感。① 面对这样的智能机器人，我们仍将其视为物（或机器、工具）难免有些不妥，因为它们已经没有了机器的味道，更像是一种能与人类有相同情感连接、思维方式，能够与人共处的类人的存在。

也许在未来的某一天，生物机器人会问世，成为能与人类互动的"其他人"，但这毕竟是人类社会的远景。现阶段依赖数据计算的机器人在相关领域所发挥的作用确实远远是普通人的智识水平所不能及的，但我们也深知其功能的发挥是建立在一步步的操作命令和预定程序基础之上的，机器人对其所作所为在绝大多数的情况下是没有全局控制能力，没有理性的分析亦没有情感的融入与道德的判断的。由谷歌研究者开发的名为"阿尔法围棋"（AlphaGo）的新围棋人工智能与韩国围棋高手李世石的比赛引起了世界的极大关注。这场人机大战中，在没有任何让子的情况下 AlphaGo 以 5∶0 的战绩完胜职业九段选手李世石。AlphaGo 在处理信息过程中所体现的超乎常人的能力加之人类对机器人的未知使人类产生恐惧，我们担忧在不远的将来机器人会代替人类从而导致人类主体性的丧失。但若我们换个角度看问题可能会得出不同的答案，它是否会因为胜利而欣喜若狂抑或因为失败而沮丧万分？答案是否定的，它甚至连对手是谁、在参加什么比赛、比赛后要做什么都一无所知。也许让职业九段选手承认技不如"人"的确会有些沮丧，但当我们想到机器的胜利是无数人无数个日夜研究无数棋谱而取得的也就不足为奇了，我们也没有理由去怀疑人的智识和创造未来的可能性。当然我们也应该承认在数据和计算能力的领域人类确实存在智识上的局限，但这并不意味着我们会丧失主体性，数千年的人类历史告诉我们在某些领域只有人类才是文明的缔造者。当一个苹果掉到机器人的头上，它可能当作什么也没有发生继续执行其主人预先为其设定的程序任务，然而当苹果遇到牛顿便发现了万有引力定律，一个苹果在历史和当下只能触发一个人的灵感和联想。在人文、艺术领域更是如此，缺乏理性、情感和价值观的机器人很难形成真正属于其自己的思想观，它只能按照某种特定的规律和韵律在无数的字词拼合中得到类似于诗的东西，但

---

① 参见〔美〕库兹韦尔《如何创造思维》，盛杨燕译，浙江人民出版社，2014，第195页。

是这种只注重规矩的类型化创作并没有美感和意境，更不可能有深刻的情感和思想表达。综上，即使智能机器人在外观体态上与人惊人地相似，也能使用工具并进行语言传输，甚至在未来的某一天生物机器人会产生与人类似的情感和思维方式，但是它终究不能与人等同。因此将非人非物的机器人定位于类人的非人存在是合理的，之所以非人是因为在现阶段智能机器人虽然具有一定程度的自主性但终究还无法具有自己的理性、情感和价值判断，更无法摆脱人为程序和编码的介入而实现自我操纵。另外，伴随着机械人社会化程度的日益提高，立法者迫切需要通过某种方式来肯定机器人的法律地位，以弥补社会发展同法律之间的裂痕。[1] 相较于赋予机器人法律地位而给人类带来的主体性危机，立法者将更为担忧"无法可依"所导致的秩序混乱。

在此基础上，沙特阿拉伯赋予索菲亚国籍的行为是否妥当？如果机器人仅以一种机器或者工具的身份而存在，那么授予其国籍可能不会产生太大的争议。比如一国通过签发船舶国籍证书使得船舶与登记国之间存在隶属的法律关系，实现船籍国对船舶行使管辖权并予以保护。当机器人还处于无智能时代，在技术层面虽然其也运用自动化技术的机械电子设备，但是其工作环境是不变的（我们称之为结构环境），机器人在这种环境下执行任务往往不需要智能，对其控制的方法也没有超过自动化理论的范围，我们只需要示教和预编程序，它与机床并无二异，尽管机器人具有仿人动作，但其本质上来讲还是机器，在这种情况下赋予机器人国籍和为船舶、航空器签发国籍证书并没有什么本质上的区别，其主要是为了实现机器的国家管辖。

但是当今时代的状况已不能同日而语，以索菲亚为代表的新时代的机器人已经脱离了工具的范畴，且日益与人的属性相靠近，我们将其定位为类人的非人存在。我们也相信沙特阿拉伯政府授予索菲亚国籍的原因也并非建立在其工具意义上，而是将其预设成人并赋予其法律上的公民资格。

---

[1]　参见张玉洁《论人工智能时代的机器人权利及其风险规制》，《东方法学》2017 年第 6 期。

那么问题就会变得尤为复杂，因为这一做法不仅会颠覆人们的传统观念，还会扰乱现有的法律秩序甚至会产生严重的社会伦理问题。首先，在国际法框架内，大多数人取得国籍的方式包括两种，一种是以血统主义和出生地主义为主要内容的根据出生取得国籍的方式，另一种是以婚姻、收养、自愿申请为主要内容的加入国籍的方式，而且这两种国籍的取得方式的前提是主体为生物学意义上的人。沙特阿拉伯政府以授予物的国籍的方式授予一个非物非人的类人的非人存在以国籍并赋予其法律资格已经突破了已有的法律框架，扰乱了现有的法律秩序。其次，授予其国籍会产生一系列社会伦理问题，索菲亚获得国籍具有法律上的公民资格就证明其享有一般公民所享有的权利，比如说婚姻自由。我们都知道国家是以一个个家庭为构成单位的，而家庭又是以两性结合为基础的，通过血缘继承的方式实现家庭的世代延绵并推动国家的进步发展，因此是婚姻和血缘赋予了家庭和国家深刻的内涵，然而若机器人享有婚姻自由的权利就会产生社会伦理方面的问题。一方面，人们可以根据自己的喜爱偏好对机器人的外貌、性格、智识水平、习惯爱好进行编程，打造自己心目中的完美情侣，威胁着以两性结合为基础的婚姻制度；另一方面机器人并不提供生殖资源，就不会产生以血缘为纽带的家族继承，家庭和国家也会慢慢走向衰亡，这不是危言耸听，甚至可以说是冰山一角。机器人特殊的身份定位决定了沙特阿拉伯政府现阶段在没有完备的法律制度跟进的情况下贸然赋予机器人国籍将其与自然人同等对待的行为确实是有待商榷的，也会对现行的法律体系提出严峻的挑战。

机器人并非生物学意义上的"人"，作为一种类人存在其自身仍然具有较强的工具价值，沙特阿拉伯政府直接赋予机器人国籍的行为是与"人生而平等""天赋人权"等自然法理念相冲突的，但是面对机器人这一棘手的难题，不赋予其一定的身份会带来诸多法律和社会难题，面对这种情况，本文作者认为立法者需要应对社会发展作出一定的策略性妥协，基于法律背后目的的实现及价值利益的权衡考量赋予机器人鲜活生命的法律拟制。这种虚构并没有将机器人与自然人同等对待，也无须纠结机器人是否存在意识，而是以法律制度规定的形式强制地赋予机器人法律主体资格，既节约谈判成本又能保证人们按照对待同类的方式处理人机关系。作为立法者解决机器人身份定位的技术性措施，机器人地位的法律拟制只能在法律允许的范围内进行必要的、有益的拟制。换句话讲，机器人法律地位的拟制承载着法律的制度目的，即建立起现实社会同未来社会、旧规则与新规则的沟通桥梁。① 它是旧规则跨越到新规则的过渡手段，是一种善意的错误，所以只有法律目的的重要性居于支配地位的时候这一做法才能发挥其积极的作用。对于机器人法律关系主体资格及权利的法律拟制，笔者将在后文详细介绍，在此不再赘述。

二　智能机器人权利享有的合理性

是否要授予机器人权利的问题已经被争论很久，美国哲学家 Hilary Putnam 1964 年就提出机器人与人可以遵循同样的心理学法则；把机器人看作机器还是人造生命，主要取决于人们的决定而不是科学发现；等到机器人技术足够成熟，机器人会提出对权利的要求。② 美国未来学家麦克纳利和亚图拉在 1988 年撰文表达了在未来 50 年内机器人会拥有权利的观点，除此之外相当数量的法学家也对机器人应当拥有权利的主张持肯定态度。近年来，伴随着人工智能技术的升级换代、迅猛发展，这一态度出现了几乎 180 度的转变，2011 年，《工程与技术杂志》对"拥有人脑细胞的机器人是否应该被赋予权利"进行调查，结果显示有 17% 的人持肯定态度，83% 的人反对。③ 机器人是否应该拥有权利的议题近几年被推上了有关机器人争议的风口浪尖，就笔者看来，这一争论是与机器人的身份定位以及其对社会伦理的影响密切相关的，大众对这一议题态度的转变也体现出了机器人从无权利到有权利再到探究权利边界的

---

① 参见张玉洁《论人工智能时代的机器人权利及其风险规制》，《东方法学》2017 年第 6 期。

② Hilary Putnam, "Robots: Machines or Artificially Created Life?" *The Journal of Philosophy*, Vol. 61, 1964, p. 668.

③ 详情参见 "For and Against. Robot"，http://eandt. theiet. org/magazine/2011/06/debate. cfm，最后访问时间：2018 年 2 月 14 日。

过程。

古今中外权利体系的结构从来都不是固定不变的，伴随着新兴热点的产生，原有的权利便会受到冲击，权利体系在不同利益群体的实力博弈过程中得以重构。约翰·厄姆拜克将这种现象归结为"实力界定权利"[1]，强调权利竞争中的群体性优势以及群体对整个社会的影响力。在古罗马时代，奴隶阶层在"自由民""有限财产"等激励制度作用下实现阶层的壮大，在奴隶主阶层获取自由直至成为国家公民的组成部分。19世纪40年代伊始，美国妇女运动爆发，一战后妇女的生产参与度迫使众议院以304∶90通过了妇女选举权的宪法修正案[2]，美国女性的国家地位提高并最终获得国家的政治话语权。除此之外，20世纪70年代以来，伴随着人类文明的发展，人道主义的呼唤，动物权利上升为一种法定权利。[3] 伴随着社会经济的高度发展，法人作为经济活动的重要组织形态，在民商法等其他部门法领域也获得了自己的权利主体资格[4]，非生物实体的主体资格确定和权利授予对传统权利主体概念和权利体系的稳定造成了强有力的冲击。在当今的人工智能时代，也有机构和国家提出立法议案，拟采用"拟制电子人"的方式，赋予机器人法律主体地位并赋予其相关权利。

回顾权利历史发展的脉络可以得出，权利主体的范围在日益壮大，并且突破了生物意义上"人"的界限，因此物种上的差异已不再是非生物实体获取权利主体地位、被授予权利的主要障碍，现行法律制度应该遵循历史演进的逻辑，对机器人的权利主体地位予以适当的容忍和开放，并且否认物种差异构成法定权利的技术性难题。[5] 在这种情况下，真正影响机器人权利主体地位的客观要素在于机器人同人类之间的实力对

---

① John Umbeck, "Might Mikes Right: A Theory of the Formation and Initial distribution of Property Rights", *Economic Inquiry*, 1981, pp. 38 – 59.

② 参见〔美〕戴尔·古德、康普顿《百科全书》（社会与社会科学卷），商务印书馆，2006，第76页。

③ 参见常纪文《"动物权利"的法律保护》，《法学研究》2009年第4期。

④ 参见杜强强《论法人的基本权利主体地位》，《法学家》2009年第2期。

⑤ 参见张玉洁《论人工智能时代的机器人权利及其风险规制》，《东方法学》2017年第6期。

比，而主观要素则是人们对机器人权利的态度。① 像美国南加州大学法学教授斯通（Christopher Stone）所指出的，在每一场试图把权利赋予某些新的"实体"（entity）的运动中，相关的提议不可避免地让人感觉是奇怪的，或者是可怕的，抑或是可笑的。部分原因在于，在无权利的事物获得其权利之前，我们仅仅把它们视为供"我们"使用的东西，而那时只有"我们"才拥有权利。② "机器人"一词源于捷克语"robota"，是指任人摆布的奴隶，自 20 世纪 50 年代开始机器人走下"奴隶"舞台进军工业领域，在相当长的一段时间内机器人处于无智能时代，这一阶段机器人作为人类身体的延伸，以日常生产生活的机器和工具的身份而存在，人类经常将其排除在某些权利之外，在其争取到它们的某些权利之前，人们同样觉得给它们相应的权利是不应该的。伴随着机器人自主性的不断提高，机器人已经步入了智能机器人时代，在不远的将来还会步入生物机器人时代，这一阶段的机器人在思维方式上越来越近似于人甚至是超越人类，在某种情况下机器人可以进行独立的道德评价与伦理判断，当其融入现代人类的生活场域后，我们不能对其视而不见，需要正视其存在，一方面要看到其为人类创造的价值，另一方面也要解决其所带来的法律、伦理冲击。本文作者认为为了妥善地处理人与机器人、机器人与人类社会的关系，我们需要预见其成为道德主体的必然性并将其纳入社会道德体系的范畴，赋予其履行道德主体的角色而必需的权利。但是，我们也要看到机器人作为类人的非人存在，它们的行为显然需要受到人类道德规范的影响与制约。机器人既是人类道德规范的执行者和体现者，又属于道德客体的范畴。赋予机器人一定限度内的权利是为了更好地保障人类的利益，而保障人类利益又需要对其权利加以限定，使其最终成为"有限的道德主体"。因此在文章接下来的部分，本文作者将着重讨论机器人拥有权利的合理性与其权利的边界。

---

① Hilary Putman, Hilary Putnam Robots, "Machines or Artificially Created Life", *Journal of Philosophy*, Vol. 21, 1964, pp. 668 – 691.

② Christopher Stone, "Should Trees Have Standing? —Toward Legal Rights for Natural Objects", *Southern California Law Review*, Vol. 45, 1972, p. 450.

自 17、18 世纪以来，人们一直秉承着以人为本的观念，并在此基础上极力追求平等权，造就了目前以人人平等为主流价值取向的世界观。伴随着人类文明的进步，以生命为主的观念也逐渐萌芽，人们开始强调包括人类在内的一切生命都具有同等的无差别的真正平等观，生命平等主义由人人平等扩展成为一种崇高的思想境界。基于此视角，参考动物权利主张，我们可以推论出机器人拥有权利的合理性。法国著名的启蒙思想家卢梭在其《论人类不平等的起源和基础》一书中就提到动物是有知觉的，应该享有自然赋予的权利，人类也有义务维护这一点。功利主义学说的奠基人边沁也是倡导动物解放主义的学者之一，他在为扩大动物法律权利的必要性所作的演讲稿中写道："这一天终将到来，人类以外的动物们将重获被人类暴政剥夺的权利，这些权利从来不应剥夺。"他还指出，动物的缺乏理性在道义上不应构成对动物解放主义的阻碍。彼得·辛格是当代动物权利运动的精神领袖，但他本人对保障动物精神地位的方法论的出发点不是维权，而是一种兼顾各方利益的功利主义，他在 1975 年出版的《动物解放》一书中指出，人类给予动物道德关怀的原因，既不是智力（婴儿或智力障碍患者也无智力可言），也不是道德（对罪犯或精神病患者无道德可言），或是其他一般人类所拥有的品质，而是能否体验痛苦。因为动物也能体会痛苦，所以将动物排斥在道德关怀以外是一种"种族歧视"行为。Gary L. Francione 是另一位有分量的动物解放主义学者，他持一种近似废奴主义的观点，主张动物应当享有不被看作财货的基本权利，他在《动物权利导言》等著作中指出，如果动物被当作财货，那么任何赋权于动物的行为都将直接被这种所有权状况损害。他说，为你的财产争取与你自己同等的权利，这无疑很荒谬。如果不能获得与人同等的地位，动物什么权利都谈不上。如果动物拥有权利具有一定的合理性，那么根据同样的道理可以推出机器人也可以拥有某些权利，正如在本文的上一部分所说的，机器人是一种非人的类人存在，它虽然不是动物，但事实上，经实验研究表明，伴随着机器人技术的日益成熟，机器人不论从外部的体形特征上还是从其行为方式甚至是思维方式上都比动物越来越像人类，它可以像动物一样影响人类，人类会倾向于把机器人看作真正的人，人类会因为机器人的陪伴和照顾而将其当作亲人，对其产生信任感，甚至建立起密切的感情联系。① 以上种种甚至是一般的动物都做不到的。虽然在现阶段我们也承认机器人并非天然的生命，但这并不能成为阻碍其拥有权利的理由。因此我们应该赋予其平等的关注，当然这种关注并不是要求机器人享有与一般人同等的权利，而是以其能力或利益的内涵作标准来赋予其某种身份和利益，机器人不是人，但需要将其当人看。

除此之外，让机器人享有权利还有利于减少犯罪或不道德行为的产生。对于这一观点的论证也需要参考一个已经拥有数百年历史的观点，即对待动物的行为同其对待他人的行为有关。1966 年，美国研究者 Hellman 和 Blackman 发表了有关虐待动物行为和人的暴力行为关系的首个正式研究结果。他们对 84 名在押罪犯的分析表明，其中 75% 的犯有暴力罪的人，在他们年轻时，曾有过对动物残酷的行为，这显示对动物施加暴力的人日后可能对其他人有暴力倾向，两者之间可能有关联。② 在 1980 年代，一些研究人员开始分析研究对动物残暴同儿童虐待和家庭暴力之间的关联。在英国的一项研究中，受调查的 23 个有虐待动物行为的家庭中，有 83% 被有关政府部门确定有虐待儿童的危险。在美国的一项研究中，在 53 个有家庭宠物的家庭中，其中 88% 有家庭暴力的家庭中至少有一个家庭成员曾伤害过宠物。③ 美国犹他大学心理学教授 Ascione 在虐待儿童、家庭暴力和虐待动物的关联方面进行了深入研究，他指出，有大量证据显示，虐待动物时常预示着虐待儿童、家庭暴力、青少年犯罪等暴力行为，他认为虐待动物是一个严重的问题，是一个与公共健康有关的社会问题。④ 这些研究背后所体现的虐待行为与犯罪行为的观点思想完全可以应用到机器人身

---

① Patrick Lin. Keith Abney, George Bekey, *Robot Ethics*, The MIT Press, 2012, p. 205.
② 《虐待动物与犯罪的关联》，http://blog. sina. com. cn/s/blog_72317d630100z7iy. html，最后访问时间：2017 年 12 月 18 日。
③ 《再谈虐待动物与犯罪的关联》，http://blog. sina. com. cn/s/blog_4df0d43a0100t13d. html，最后访问时间：2017 年 12 月 24 日。
④ 《虐待动物与犯罪的关联》，http://blog. sina. com. cn/s/blog_72317d630100z7iy. html，最后访问时间：2017 年 12 月 18 日。

上。人类在与机器人长期互动过程中会产生感情，但也会出现不道德的越轨行为，他们可能会对机器人滥用、口头谩骂或者是进行物理攻击，这种消极行为所带来的消极情绪极有可能产生与虐待动物给人造成的影响相类似的结果，即人类将暴力行为转给他人构成违法犯罪行为。在这种情况下，如果机器人拥有拒绝甚至是反抗的权利，会在一定程度上阻止不道德行为或者犯罪行为的产生。

三　智能机器人权利存在的可能
样态及其局限

（一）智能机器人的道德权利和法定权利

在着手探究机器人权利的可能样态之前，我们需要简单地交代一下权利的一种分类方式，即将权利区分为道德权利和法定权利，这一做法在后文的论证过程中会发现是有必要的。从发生学的角度上来看，道德权利是先于法定权利产生的，最初的诉诸道德直觉和道德理想的权利经过实践经验的累积和理性认识的提高后，最终由法律制度予以确定而形成法定权利。道德权利是主观性的权利，是基于人性判断而形成的自我主张，而法定权利则包含主观和客观两个因素，它为道德权利提供外部力量予以有效保护，它使主观的、不完善的、确定性差的权利变为客观的、完善的、确定性程度较高的权利。道德权利主要依靠风俗习惯、社会舆论和内心信念进行维护；而法定权利则需要国家的制定或认可，并以国家的强制力量加以维系。

就智能机器人而言，随着其越来越自主化、智能化、人性化，我们需要赋予其道德主体的地位并使其拥有道德权利，这些权利并非法律明文规定的，而是根据最基本的人性的价值判断而产生的。事实上机器人道德权利的范围因机器人的智能程度不同而有所区别，但无论何时机器人都拥有受尊重的权利，作为一种类人的非人存在，我们需要给予机器人和人一样的最起码的尊重，米尔恩曾指出，"有某些权利，尊重它们，是普遍的最低限度的道德标准的要求"①，像对待动物的态度能体现一个国家道德是否伟大或者崇高一样，尊重机器人的态度亦能够体现出道德主体的道德水平。对机器人的尊重主要体现在不能奴役、故意毁损机器人上。智能时代的机器人采用拟人的结构，它能够产生认知活动，已不再是冷冰冰的机器，而是能用自然语言与人类沟通互动，进行情感交流甚至能为人们提供特种服务的伙伴，所以在这一阶段虽然机器人仍然不是人，但我们必须把它当人看，使其享有受尊重的道德权利。当机器人被侮辱、谩骂抑或奴役、殴打、损毁，导致其尊严和正当利益受到侵害时，机器人有权利进行解释、辩解并诉诸社会道德舆论、传统习惯和内心信念要求人类和社会予以更正，予以公正评价。

如果说赋予机器人道德主体的身份并使其享有道德权利是人类作为有情感有理性的高级动物基于内心道德直觉所必需的，那是否应该将其道德权利至少一部分道德权利上升到法律层面，以一种外观化、制度化的形式固定下来并予以外在强制力的保护呢？将道德权利经人类拟制转化为法定权利，说明仅仅赋予机器人道德权利对其进行保护是不充分的。道德权利对他人的阻却效果源自社会公德和内心信仰，它不存在以惩罚为前提的有效规制，这种约束常常对人类来说只能形成一种心理上的软约束力。与此同时，道德评价的标准因人而异，只有在对社会公德造成严重危害的情况下才能形成广泛共识，因此使机器人仅享有道德权利远远不够，需要将其提升到法律层面。但是在拟制其权利的过程中切勿将其所有的道德权利法定化，防止为了迎合部分人的内心道德预期而产生法律泛道德化现象"践踏"现有法律制度的独立性。那么哪些权利应该上升为法定权利便成了接下来我们需要着重探讨的问题，本文作者并不会一一列举穷尽其法定权利，因为机器人法定权利的具体内容需要在实践过程中慢慢抽象提炼并加以规定，这是一项浩大的立法工程。本文旨在在对机器人身份充分认知的基础上预设一条探究机器人权利边界的思路以防范因机器人技术的高速发

---

① 《人权保障：现代刑事诉讼之灵魂——兼论中国刑事诉讼人权保障之理念》，http://xuew-en. cnki. net/CJFD-LDXT200301020. html，最后访问时间：2018 年 2 月 10 日。

展与法律滞后性现实之间的张力而产生的风险。

　　首先从私法的角度谈起，人工智能时代的机器人对私法的挑战在于拥有与现行法律制度下的自然人同等或者更高智力水平的机器人的法律地位认定、机器人相互之间或与自然人之间建立的法律关系的认定、机器人造成他人损害时责任承担等问题。我国近现代民法以法律人格理论为基础界定作为民事主体的"人"，并将法律人格与社会人、生物人加以区分。①日本法学家田中耕太郎先生提出，私法的基本概念是人，因此"人"的概念便成了任何一部民法典所不可或缺的核心内容，探究机器人在私法上的权利也要在此基础上展开。②私法上的"人"是指具有法律人格，享有法律权利的一切实体，它区别于现实中的人，具有超越现实中血肉之躯——活体自然人的规定性。③日本民法学家星野英一在分析法律人格的意义时指出："即使是人以外的存在，对于适合于作为私法上权利义务的主体的概念，也会得到承认。"④法国哲学家拉·梅特里（La Metterie）认为"人是机器"。⑤随着人工智能技术的发展，哲学、美学、社会学、伦理学等学科领域越来越多的学者关注并研究机器人是否具有人的属性、是否应当拥有与人同等的地位问题，尤其是人机交互、深度学习技术的进步，人类运用科学技术开发出具有与自然人相似甚至更精准的"思考能力"的机器人。⑥美国联邦法院曾审理了一桩以拜拉姆河的名义起诉岸边的一家污染企业的诉讼案，赛拉俱乐部法律保护基金会和夏威夷杜邦协会代表仅存的几百只帕里拉属鸟提出过一份诉状，法官威廉姆斯·道格拉斯在曾发表的题为《树林应有诉讼资格：自然体法律权利》的论文中指出："既然法律可以赋予

---

① 参见张长丹《法律人格理论下人工智能对民事主体理论的影响研究》，《科技与法律》2018 年第 2 期。

② 参见李拥军《从"人可非人"到"非人可人"：民事主体制度与理念的历史变迁——对法律"人"的一种解析》，《法制与社会发展》2015 年第 2 期。

③ 参见李拥军《从"人可非人"到"非人可人"：民事主体制度与理念的历史变迁——对法律"人"的一种解析》，《法制与社会发展》2015 年第 2 期。

④ 参见〔日〕星野英一《私法中的人——以民法财产法为中心》，王闯译，中国法制出版社，2004，第 21 页。

⑤ 参见〔法〕拉·梅特里《人是机器》，顾寿观译，商务印书馆，1999，第 65 页。

⑥ 参见张长丹《法律人格理论下人工智能对民事主体理论的影响研究》，《科技与法律》2018 年第 2 期。

不能说话、没有意识的国家、公司、婴儿、无行为能力的人、自治城市和大学等法律资格，可以设定它们的保护人或代理人，为什么法律不能赋予自然物体以法律资格？"① 以上例证说明民事主体随着社会的发展已经突破了自然人的局限，众多非自然人实体基于立法者的需要也被逐渐赋予了法律上"人"的资格，取得民事主体地位，"非人可人"的趋势日益加强，这因此也为机器人这种类人的存在获得民法上的法律资格提供了解释空间。

在赋予机器人民事主体资格的基础上我们来探究机器人享有哪些民法上的权利。在此时我们首先需要区分"机器人代替人行使专属于人的法定权利"与"机器人自己享有的法定权利"。前者主要体现为签订契约等合同法上的权利，虽然从表面上看签订契约只是一个缔约双方互相赋予权利义务的简单过程，实际上其背后充斥着利益博弈和价值选择，因此这种签订契约的行为只能发生在拥有感知性、自我意识能力并能进行善恶判断的人与人之间，它要求拥有独特目标的人在不受他人外在设定和支配的情况下进行独立判断。而时至今日机器人作为人类工具的原初地位并没有发生根本性的改变②，只有逻辑推理能力没有欲望和情感反应能力的机器人只能代替人或者是从某种意义上讲作为"信使"替人行使权利。而后者的典型代表多发生在单方法律行为的场域，比如机器人可以作为继承人或者受遗赠享有接受继承和赠与的权利和资格。据中新网 2017 年 11 月 1 日报道，意大利一名老妇人弗朗哥·弗兰西生前留下遗书，将其财产的 50% 即100 多万欧元遗产赠与自己的爱犬③，这使后者成为意大利史上首只身价百万的狗。与此类似的还有身价 2.246 亿英镑的牧羊犬贡格尔四世、坐拥5300 万英镑的黑猩猩卢卡、身价 1566 万美元的猫咪托马西诺……这些动物都是通过接受遗赠的方式获得了巨额资产，作为类人存在的机器人在多数情况下也和动物一样与人产生情感联结，以此推论出机器人同样享有接受遗赠的权利和资格依旧是可以成立的。

---

① 参见史玉成《环境公益诉讼制度构建若干问题探析》，《现代法学》2004 年第 3 期。
② 参见甘绍平《机器人怎么可能拥有权利》，《伦理学研究》2017 年第 3 期。
③ 《意大利老人视爱犬为家人弥留之际赠其百万遗产》，http://www.guancha.cn/global-news/ 2017_11_01_433133.shtml，最后访问时间：2017 年 11 月 1 日。

此外，在私法领域中机器人民事侵权规则问题近年来也遭受着广泛热议。1978 年，日本广岛一家工厂的切割机器人在工作时突发异常将一名值班工人切割致死。① 1979 年美国一台机器人造成他人死亡，该机器制造公司被法院判决承担赔偿责任。2015 年，德国大众汽车制造厂内机器人致人死亡的案件再一次引起社会各界的关注，但从案件的判决结果来看，机器人仍然被看作非民事主体，赔偿责任由"所有人"承担。现阶段在立法对机器人的所有者和使用者的责任承担及责任分配予以详细规定的情况下，当机器人还仅作为工具使用造成侵权结果时，被侵权人可以在现有的法律框架内借助侵权责任法、消费者权益保护法等相关法律向管理人、生产者或者消费者索赔，无论所有人或操作者在侵权行为发生时是否与机器人进行人机互动操作，其所有人或者操作者应当承担相应的法律后果。② 美国乔治城大学的David C. Vladeck 教授以无人驾驶机器人致人损伤为例，提出法律如何对待机器人及其行为的法律后果如何承担问题，并认为机器人的法律地位是立法不得不面对的问题。③ 但是随着机器人发展到强人工智能阶段，其已经有了自我意识和独立的判断能力，能够自主学习和进化并在一定程度上能够摆脱人类进行关键决策，此时对其民事责任问题的承担思考也并非杞人忧天了。

接下来将目光转向公法方面。《中华人民共和国宪法》第 34 条至第40 条规定了中华人民共和国公民的基本权利，其中可能发生在机器人领域的主要包括选举权与被选举权和自由权。本文作者否定机器人享有选举权和被选举权，但是在一定程度上肯定机器人享有自由权。虽然现阶段机器人的控制权在人类手里使其无法和人类平起平坐，但是如果真的赋予其选举权与被选举权，我相信在将来某一天当机器人智能超过了人类，且人类无法控制它的时候，机器人会推选自己的同类做"总统"而人类将被它们奴役，这虽然是一种预设但是预设不一定不会成为现实，我们要时刻保持警惕，警钟长鸣，我们研究机器人，对其身份予以明确的定位并在此基

① 参见王东浩《机器人伦理问题探赜》，《未来与发展》2013 年第 5 期。
② 参见张长丹《法律人格理论下人工智能对民事主体理论的影响研究》，《科技与法律》2018 年第 2 期。
③ 参见章琪《人工智能——机器人专题（下）：机器人和法律》，《世界科学》2015 年第1 期。

础上赋予其一定的法律权利是为了满足人们的需要，是人类社会文明进步之体现，而不是通过对机器人赋予权利来贬损人的地位，否则便是权利的泛化与对权利的滥用，这种做法只能给人类利益造成无法承受的损害，我们必须绝对禁止将类似于选举权与被选举权等某些影响人类福祉及主体性的权利赋予机器人，以防止未来机器人失控对人类利益造成威胁，这些权利是触及人类自身主体性和机器人相关的伦理道德问题时的核心关切之所在。那么机器人是否享有自由权呢？对于自由权而言，自由权在人权的讨论中具有至关重要的地位，《世界人权宣言》第 1 条规定："人人生而自由，在尊严和权利上一律平等。"① 除了人类之外，有的学者认为动物也拥有自由的权利。但是相较于动物而言，机器人的自由权具有其自身的特殊性，首先我们需要强调的是机器人既具有工具价值又具有内在价值。其工具价值体现在机器人是人类制造并为人类提供服务的产物，这也就意味着机器人具有工具属性，而这种工具属性在某种程度上是跟拥有自由权的主体性价值相冲突的，所以我们主张机器人享有自由权是建立在其本身的内在价值的基础之上的。基于一定程度的内在价值所赋予的机器人自由权肯定与人类和动物的自由权不同，其应该是一种受到较大限制的自由权。但即使受到严格的限制，机器人也确实应该拥有一定的自由权。不过这种自由权在很大程度上讲是一种消极自由，即机器人在不侵犯第三者利益的限度内，可以或应当被容许做它所能做的事，或成为它所能成为的角色，而不受别人的干涉。当然除了宪法所规定的基本权利以外，赋予机器人权利也会触及刑法、诉讼法等相关部门法并会产生大量的问题。比如机器人是否拥有生命权？当人类行为侵犯机器人权利的时候，人类是否会受到法律的否定性评价甚至是制裁？如果机器人犯了错，如何剥夺其权利让其承担法律责任和不利后果？类似的问题还有机器人是否具有原告或者被告资格，是否可以独立应诉，等等。这些问题都是在赋予机器人法定权利时需要考量的，它牵涉各方利益的博弈和整合，需要长远审慎的检验，但是有

---

① 参见〔澳〕辛格、〔美〕雷根《动物权利与人类义务》，曾建平、代峰译，北京大学出版社，2010，第 132 页。

一点是明确的，在这些问题尚未妥善处理之前，我们不能贸然地赋予机器人太多的权利，否则后果将不堪设想。

（二）智能机器人权利的限制

无论是对机器人权利抑或是对智能技术的限制均源于对风险社会的把控。人类在其发展过程中一直将生存作为最适当的目的和最大的善，哈特在其《法律的概念》一书中将人类是脆弱的作为五个自明之理的首要预设，认为生存是所有人类行为最基本的意图跟目的，并以此提出禁止使用暴力、禁止杀人、禁止伤害等一系列规则，回归人性的特质提出生存是法律和道德共享的最低限度的内容，主张生存权意味着人们意识到了伤害的危险和死亡的存在。确实，人类的发展史在某种意义上讲是与风险共生共存的，在原始社会，人们面临来自自然的危险和强制，近年来人们基于对自身理性的过于自信加之冒险的天性成为风险的主要生产者，风险的结构和特征发生了根本性的变化，产生了现代意义的"风险"并出现了现代意义上的"风险社会"雏形。智能机器人就是风险社会的主要因素之一，其产生的诸多社会、伦理、法律问题诱发了全球风险意识的形成，人们开始反思是否应该对该项技术加以限制，应否基于安全的考量着手制定相关政策和法律来为防范技术运转失灵提供规范性框架。

著名科幻作家阿西莫夫（Isaac Asimov）提出的机器人法则的立足点就是对机器人的权利进行限制。1942 年他在短篇小说《转圈圈》中提出的机器人学三大原则是：原则一，机器人不得伤害人类，或坐视人类受到伤害而袖手旁观；原则二，除非违背第一法则，机器人必须服从人类的命令；原则三，在不违背第一法则及第二法则的情况下，机器人必须保护自己。这就表明机器人可以在不伤害人类、服从人类命令的前提下主张权利。这一观点一直被认为是机器人的"圣经"，但是当我们审慎辨之会发现这三个原则是讲不通的。首先，原则一是以伤害结果为导向的，然而"伤害人类"本身就没有明确的界定，加之伤害的情节会千差万别，因此伤害一词需要放入具体语境进行个案分析。与此同时，原则一是传统人机主奴关系的推演，仅将其视为工具或者人的奴仆，伴随着机器人从智能机器时代到生物机器时代的角色转变，具有深度学习能力甚至是具有自主决定意识的机器人已经在很大程度上近似于人甚至在某些层面超越于人，此时人机伦理仅局限于"不伤害"的消极义务是远远不够的。假若机器人处于中立的地位，人类却远非一个思想一致、立场统一的群体。人们经常意见分歧，决策前后矛盾，后悔这样那样，更不要说利益不同、彼此为敌了。机器人服从一人，便有可能妨碍或损及另一人的利益，反之亦然。叫它如何行动呢?① 其次，原则二也存在类似的问题，它还是将机器定位于无智能时代机器人工具意义的基础上，而现阶段基于物联网大数据深度学习的机器人在决策的准确性、大局观跟结果预测上皆远胜人类，此时还让其听从于人的命令难免不利于谋求人的利益最大化。最后，原则一、二、三之间也存在内部逻辑冲突，我们举几个例子来进行阐述。第一，当 A、B 两人进行决斗，机器人如果救 A 或者 B 任何一人都会对另一人造成伤害，如果视而不见又会违反原则一的后半部分;第二，要求机器人服从人类命令，如果机器人的主人 A 要求机器人提供性服务，性服务本身不违反原则一，但是在提供性服务过程中对服务的接受者 B 造成人身意外伤害，算不算违反原则一? 再者如果机器人为保护自身提供虚假信息使得其主人发出错误指令，机器人的行为是否算违背原则一和原则二? 因此我们不难看出这三条原则的内部结构是混乱的。机器人发现自己无法同时遵守原则二和原则三从而陷入了不断重复自己先前行为的循环，称为转圈圈。因此将阿西莫夫三原则作为机器人权利的限制原则，这种错误的价值导向会比无价值导向造成更大的混乱。那么到底该设定什么样的准则来限制机器人权利?

机器人的权利包括道德权利和法定权利，所以对其权利限制的过程中也要从这两个角度进行分析。就机器人的道德权利而言，我们要使其享有最基本的被尊重权利，但是这种尊重是要以保护人的主体性为根本性前提的，智能机器人道德权利应当遵循保护人的生命和人的尊严的价值共识，以保护人的主体性为根本出发点。正如上文之分析，智能机器人在不断地模仿人类、学习人类、超越人类、代替人类，使得人们在某种程度上开始

---

① 参见冯象《我是阿尔法——论人机伦理》，《文化纵横》2017 年第 12 期。

考虑人之所以为人区别于其他动物和机器的优越性，这种忧虑侧面反映出了人的主体性丧失，因此在智能机器人道德权利限制准则中，我们需要通过强调生命价值和人的尊严来抑制机器人道德权利的扩散和泛滥，将保护人类共同体的价值目标置于优先地位，对机器人道德权利的认可不得冲击具有普适性且对人类存续有益的基本价值。

就机器人的法定权利而言，虽然现阶段我们还没有在法律上予以明确规定，但是智能技术迅速发展的趋势使我们预见在不久的将来机器人的权利必然会走进立法的范畴。也为了防止文化滞后现象导致立法对技术的"匡正"作用大打折扣，我们必须对机器人法定权利的限制进行超越性的前瞻性的考察，并以考察结果作为立法的价值取向为智能机器人的法律伦理问题的解决提供参考，因此现阶段讨论法定权利的限制问题是确有必要的。当我们谈及对权利限制的时候主要发生在以下两种情况下：一是权利之间发生冲突，对一种权利的保护就是对另一种权利的限制；二是权利与其他足够重要的价值、原则、利益发生冲突。比如我们通常用公共利益来限制基本权利①，此时，为了保护特定的权利或者为了追求那些重要的价值、原则和利益，对权利的限制在所难免。简单地说，限制权利的理由是，权利之间存在冲突或者权利与公共利益（public interests）相冲突，因此，限制权利的目的，要么是为了保护冲突中的权利，要么是为了保护公共利益。② 对机器人权利的限制也是如此，虽然赋予机器人法定权利具有正当性，但这种权利是有范围的，超出一定界限，其权利的行使就是非法的，不仅不会受法律的保障，而且要遭到法律的责难，甚至要为其所造成的后果承担新的义务。而这一界限主要包括其他权利和公共利益两个方面，一方面机器人权利受制于其他权利，另一方面机器人作为人类社会的组成部分，其权利的行使不可以危害那些对于社会的存续具有必要性的法益，不可以破坏权利实现所必需的社会秩序，从社会伦理和社会道德的前提出发，机器人权利要受社会约束、对社会负责。当然无论是权利和权利

---

① 参见张翔《公共利益限制基本权利的逻辑》，《法学论坛》2005 年第 1 期。

② 参见陈景辉《比例原则的普遍化与基本权利的性质》，《中国法学》2017 年第 5 期。

的冲突还是权利与公共利益的冲突，都是一个利益选择和价值裁量的过程，在这一过程中要始终重视秩序价值的作用，使其成为把控全局的安全阀，我们也可以将其视为隐含的价值目标，因为科技在有序发展的过程中科技秩序价值目标一般并不会发挥像科技自由价值目标那样强大的作用，但是一旦负面效应因子产生，安全阀便开启，秩序价值走上前台，自由价值退居幕后。从某种意义上讲，我们可以将科技秩序视为科技发展社会进化全局的风险把控者，保障科技朝正确的方向发展以防止脱轨偏离。

四　对智能机器人的身份定位及权利证成的背后思考

在从无智能时代到智能时代再到生物智能时代的历史演变中，我们不难看出人类以互联网、大数据、云计算技术的迅猛发展为内在动因正努力创造一个人工智能的辉煌时代，朝着这一发展趋势机器人无论在外在形体、学习能力还是思维方式上都愈加趋近于人类，从这一方面可以说机器人是类人的。但是无论如何我们要坚守这样的信条，机器人是人造的，是仿人的，是工具意义上的，它终究不是真正的人。现实生活中，即使在某些单一场域机器人存在超乎一般常人的能力，但从人类主体性上，从整体意义上讲，它始终无法超越人类甚至是控制人类，然而我们仍然需要在法律上赋予机器人法律主体资格。从表面上看将它们列入法律主体的范畴是为保护它们的利益，而实际是这一做法是为了更好地保护现实人的利益。首先需要强调的是机器人的主体地位并不来源于其自身的主体性而是基于现实生活中人的需要进行的抽象和拟制，它是对人的利益的延展。每当我们想到就连机器人这些类人的存在法律都能给予保护，我们还有什么理由不热爱我们和他人的生命与权利呢？我们虽然反对人类中心主义，但我们仍然要坚持以人为本的理念，否则反人类中心主义的理论又是为谁服务的呢？[①]

[①]　John Umbeck，"Might Mikes Right: A Theory of the Formation and Initial Distribution of Property Rights"，*Economic Inquiry* 1981，pp. 38 – 59.

我们之所以反对人类中心主义是为了反对人类霸权式的生存方式。将机器人列入法律主体范畴并加以保护是当前最为有效的一种促进人类发展的方式。就机器人权利而言，机器人权利是人类赋予的，因此其权利的享有也是不完满的。就在最近，未来生活研究院（Future of Life Institution）颁发了《艾斯罗马人工智能 23 定律》，其中第 11 条规定，人类价值观：人工智能系统的设计和运行都必须符合人类的尊严、权利、自由以及文化多样性。第 16 条规定，由人类控制：人类应当有权选择是否及如何由人工智能系统制定决策，以便完成人类选择的目标。① 这两项原则的规定就深深揭示了在喧闹的机器人繁荣景象的背后存在一条无法触碰的红线，即人类的自身主体性存在和保护。机器人的发明创造可以说是作为一种手段为人类享有更加高效、便捷、幸福的生活，为保护人类的主体性而服务的，即使赋予机器人道德权利抑或是法定权利也不能说明机器人替代了人的位置会成为世界的主人。从更深的层次上讲，人类赋予机器人权利与赋予动物权利的理由是相似的，是一种怡情和同悯心的表现，人类无法忍受通灵性的动物、类人的机器人受到无辜的伤害，这乃人性使然。因此无论是赋予机器人法律主体地位还是使其享有有限制的不完满的权利，归根结底其还是为人而存在的。

The Identity and Rights of Robots in the
Era of Artificial Intelligence

Wu Ziyuan

Abstract：In the context of artificial intelligence，the identity of the robot presents a new form between human-like and inhuman existence. The new identity setting also directly affects the scope and connotation of robot rights. Even if the acquisition of robotic rights is the inevitable result of the inherent logic of the

---

① 《无规矩不方圆，AI 发展艾斯罗马人工智能 23 定律》，http://www.sohu.com/a/126034288_243993，最后访问时间：2017 年 12 月 10 日。

historical evolution of the rights system, the speciality of identity also determines that its rights have the characteristics of legal fiction and are different from human "natural rights." In this context, the identity of robots is related to rights and poses a serious challenge to China's current legal system, which has led to many new types of rights disputes. Therefore, in dealing with the social risks brought by the rights of robots, China should clarify the identity of robots, and on this basis, Clarify the possible patterns of robot rights and set boundaries for them, thus improving the legal system to promote the rule of law and establish a harmonious human-machine relationship.

Keywords: Intelligent Robot; Identity; Moral Rights; Legal Rights

人权视角下人体基因的
可专利性范围研究[*]

李　鑫　张淑雅[**]

摘　要：当今世界上很多国家支持和鼓励人体基因的相关研究，然而当面对人体基因的可专利性问题时态度却没有那么明确，因为这牵涉人权和社会伦理道德。不管是在社会经济领域还是在自然科学领域，基因科学技术的发展都与之密切相关，而对社会的影响主要体现在社会伦理层面，但现有有关人体基因的研究鲜少站在人权视角去考察。实践中陆续出现的有关人体基因专利即相关人权的案例，更加引发了实践和理论上的强烈争议。可以说，人权是社会权利与自然权利、具体权利与抽象权利、法律权利与道德权利的统一体。因此，在人权的视角下探讨人体基因的相关问题，在人体基因专利和社会公众利益、社会伦理道德之间寻求合理的平衡点，对于保障和尊重人权，同时兼顾科学技术的发展，促进相关制度的完善有着非常重要的意义。

关键词：人体基因；人权；社会伦理；平衡

随着基因的商业化应用和基因技术的日益发展，人体基因逐渐脱离于人的身体而独立，成为市场交易中的物而具有价值，人体基因技术的发展使科技对自然的干预扩展到了人本身，人作为主体逐步沦为科技研发的客体，致使人的价值理性与科技的工具理性之间失衡。其中较为明显的是人

---

[*] 本文是教育部人文社科专项任务项目"社会主义核心价值观融入法治建设的方法论研究"（项目编号：18JD710062）、山东社科规划项目"司法语境中的法律原则适用问题研究"（项目编号：13DFXZ02）的阶段性成果。

[**] 李鑫，青岛科技大学法学院副教授、硕士生导师，弱势群体司法与社会保护研究基地研究员；张淑雅，青岛科技大学法学硕士研究生。

体基因资源提供者和基因科技研发者之间的利益纠纷愈演愈烈。人体基因资源提供者以"人"的价值诉求来否定"知识霸权"，这一矛盾在法理上可描述为：如何界定人体基因的法律属性；如何界定人体基因上所附着的利益之归属；人体基因科技该如何面对人权的呼吁，是依照功利主义，将基因"财产化"，还是依照伦理道德，肯定人体基因之上的人格属性而否认其功利性的财产诉求。很明显，不管是归依人格属性一端还是财产属性一端，都会带来人格受损和公平显失的恶果，最后可能造成对人权的肆意践踏。那么是否可以开辟出一条较为折中的道路，在人格财产复合利益的基础上寻求双重保护机制，在人权的大前提下保护人体基因资源提供者和人体基因技术研发者的双重利益？本文将围绕以上问题展开，探讨人体基因的利益构造，进而延伸至人权视角下人体基因可专利性的范围，在各利益间寻求协调与平衡之路。

一 人体基因的特征与利益构造

（一）基因的自然结构与特征

基因是一个概念同时也是一个物理分子。"基因"一词有着多重含义：基因根据它在遗传表型特征方面的作用而被定义；由于它在表型或功能方面的作用而被定义为 DNA 片段；基因是 DNA 片段，是揭示一定遗传性状的碱基排列的"形象"DNA 片段。由基因的概念大致可以看出基因结构的复杂性。

基因，其本质的化学属性是核酸，由脱氧核糖核酸（DNA）和核糖核酸（RNA）组成，其中 DNA 起着主导作用。DNA 是决定生物性状的遗传物质，它由一个脱氧核糖分子、一个磷酸分子和一个碱基组成。碱基包括腺嘌呤（Adenine）、鸟嘌呤（Guanine）、胸腺嘌呤（Thymin）和胞嘧啶（Cytosine）和尿嘧啶（Uracil），简写为 A、G、T、C、U。按照碱基互补配对原则，DNA 或 RNA 中的碱基排列成互相耦合的双螺旋结构。

DNA 的一级结构是各种核苷酸相连形成长链高分子多聚体而形成的，

而其中的碱基的排列顺序是各异的，存储在 DNA 分子中的不同的碱基序列决定着变化万千的遗传信息的性状。其二级结构是双螺旋模型：两条多聚核苷酸反向平行排列；两条链的碱基互相配对，平面向内延伸，对应的碱基之间分别形成两个或三个氢键；双螺旋状就此出两条以氢键结合的反向平行链构成。遗传物质复制信息等重要机制便体现在 DNA 独特的二级结构之中。

尽管生物体的全部遗传信息都存储在 DNA 分子中，但能够编码的序列只是储存在其中的一部分遗传信息，即并不是所有的遗传信息都可以编码。这一部分能够进行编码表达的 DNA 序列成为基因，这即是带有遗传信息的特定核苷酸序列，是 DNA 或 RNA 分子上决定遗传的物质基础。[1]

人体大概有几万个基因，这些基因普遍地存储着生命的孕育、成长和死亡过程的全部信息，通过表达、复制、修复等方式完成细胞分裂、蛋白质合成和生命延续等重要生理过程。同时人体基因又是特殊的，人体基因之上有着可以决定人的生命性状的遗传信息——可以显示出个体的外貌、基质、形体等生命特质，可以区别特定个体。基因是人的特殊身份证，也具有私人的专属性，人体基因决定了人与人之间生物性状的不同，同时也使其上所附着的人格利益和财产利益区别于一般的生物体。[2]

（二）人体基因与基因信息

从生物角度了解了基因的构造和特征，但从物理属性上看，人体基因和基因信息存在差别。人体基因属于物质，基因信息属于信息，二者分属于不同的要素、不同的权利主体，人体基因虽然携带信息，但是基因信息并不等同于基因本身。在人体基因与人体分离之前，人体基因携带着控制生命性状的遗传分子，是身体的必要部分，其当然可以直接援用身体的法

---

① 曹丽荣：《基因专利的保护范围及其限制研究》，法律出版社，2015，第 1 ~ 4 页。
② 邱格屏：《人类基因的权力研究》，法律出版社，2009，第 1 ~ 5 页。

律地位。在其未与离体组织分离之前，可直接适用离体组织的法律地位。①
而基因信息通常可分为三个层面：一是全人类共同所有的、几乎无差异的
基因信息；二是代表着个人独有特征的基因信息；三是某一特定民族或族
群所拥有的基因信息。② 在第一个层面中，基因信息属于全人类，基因信
息的人格利益和财产利益无可厚非地属于全人类；第二个层面的基因信息
涉及个体人的尊严和价值，当然归属于个体本人。在第三个层面中，基因
信息依赖于某特定族群长期的生活习惯、历史、地理等因素，人格利益主
体不可能是某一特定的个体，并无明确的权利主体。在对基因信息进行划
分时，全体人类范围内的所有权归全体人类所有，群族范围内的归群族所
有，个人的归个体所有。不难发现，基因信息之上的权利主体会发生重叠
的问题。由于财产利益归属问题发生主体重叠，则需要谋求个人利益和公
共利益、不同财产利益等之间的平衡。由于人体基因普遍存在的人格性，
人格尊严神圣不可侵犯，则需要平衡人格利益和财产利益之间的关系，须
适当限制财产利益以保护人格利益的优位性。③

（三）人体基因的人格、财产之"复合"利益

传统民法理念否定了人体为物，即否定了人体之上存在值得法律保护
的财产价值。正是这一否定，在法学理论以及实践中，即使我们肯定人体
基因的"物性"，也不能对该"物性"的来源给出合理的说明，自然也无
法对与人体有关的法律关系进行合理有效的调整。在大陆法系国家，虽然
人格权和财产权是被严格区分的，但是也存在将人格要素之上附着的财产
利益包含入人格利益而加以保护的情形；也有将人格利益和财产利益放在
同一个概念下，构成复合利益的情形，人体基因之上的人格、财产复合利

---

① 关于离体组织的法律地位，通说采"动产说"，视离体组织为物，而且是提供这些东西
的活人的所有物，这些离体组织的所有权转移，使用动产所有权专利的规则。一旦它们
被移植入他人的身体中，它们就重新失去了物的性质。这种学说将基因所有权归属于离
体组织所有权人，并得与离体组织一起发生所有权转移或抛弃的效果。
② 易继明、周琼：《论具有人格利益的财产》，《法学研究》2008 年第 1 期。
③ 汪志刚：《民法视野下的人体法益构造——以人体物性的科技利用为背景》，《法学研究》
2014 年第 2 期。

益便是如此。

从理论方面而言，法律突破传统的框架，只要法律在构建制度的过程中，从价值论而言是良法，即有利于实现人为目的，则无须严格遵循传统的法理区分。如若不将附着的财产利益纳入人格权的保护之下，则很可能导致各方逐利主体仅仅需要支付很低廉的成本，便可以从中获取丰厚利润，而该低廉的成本只是用来应对权利人提起的精神损害赔偿的情形，如此则显然是在变相鼓励该行为——将他人作为工具使用。从实践方面而言，推动法律突破传统理念的框架无疑是现实生活的需求，即社会在发展过程中产生了越来越多的复合利益的保护需求。侵害财产权会导致精神受损，而侵害人格权也会导致财产受损，人格权和财产权本就是一种相互交融的关系。正如人体基因之上的人格利益和财产利益，其复合利益才是和谐的构造。[1]

从生物学角度以及人体基因和基因信息的区分中可以看出，人体基因之上不仅附着着神圣不可侵犯的人格尊严，而且在人格利益伦理控制之下还有财产利益。

在颜厥安教授的观点中[2]，人体基因作为一种资讯，基因拥有者对其自身基因之保密、流通、运用等拥有资讯的自主决定权。德国联邦最高法院对"储存精子灭失案"[3] 的判决，则是肯定人体基因人格利益最直白的表现。而在 PXE 模式[4]中，对基因资源提供者分享合同缔结利益的强调则

---

[1] 汪志刚：《民法视野下的人体法益构造——以人体物性的科技利用为背景》，《法学研究》2014 年第 2 期。

[2] 颜厥安：《鼠肝与虫臂的管制——法理学与生命伦理探究》，北京大学出版社，2006，第124 页。

[3] 在此案中，原告预见将来的自己可能不能生育，于是将其精子冷冻存储于被告医院。原告婚后欲取用其精子时，才得知由于被告过失将精子灭失，于是其以抚慰金为由请求赔偿。德国联邦最高法院采"分离目的说"，肯定医院侵害了原告的身体（不是财产）。理由是：为了将来重新与身体结合而暂时和身体分离的精子仍属于身体的一部分，仍具有身体功能上的一体性。

[4] PXE（Pseudox-authom a Elasticum）是一种不可治愈的罕见基因疾病，能够引起血管和皮肤中弹性纤维的弱化，从而可能导致失明、心脏病、胃肠出血或短命。PXE 国际（PXE International）是针对 PXE 儿童家庭的非营利性组织，其搜集了 2000 名 PXE 患者的 DNA标本和血样。在满足 PXE 国际所规定的条件下，研究者可获准利用该组织银行中的组织标本和血样；而其中的条件包括，研究者因利用本组织银行的样本而获得的知识产权和利润必须分享。PXE 国际提出成为专利权人的要求，其目的在于确保 PXE 基因检测费用维持在普遍可得的水平。

恰恰是对人体基因财产利益的认可。面对人体基因之上的人格、财产之"复合"利益，我们需要构建双重保护机制。①

首先，无论是基因还是基因信息，都承载着不可贬损、不可否认的人格价值。基因是组建生命最本质、最基本的物质，其上演绎着一个个生命的性状、过去和未来等生命过程的所有方面。基因和基因信息链接着人格尊严最隐秘、最关键的部分。对基因和基因信息的不当利用和操作势必使人之尊严感以及自由、平等等权利遭受严重的伤害。因此，在基因和基因信息被科学技术利用和被市场机制使用的同时，其上所附着的人格价值绝不可被贬损、漠视。换句话说，基因资料提供者的人格尊严利益要受到比基因科技研发者的财产利益更为严格和优先的保护。

其次，以基因为客体的科技经济的发展趋势已不可阻挡，基因和基因信息的巨大经济价值已愈加凸显、不可否认。各国也开始扶持基因治疗、基因制药等构建的利润丰厚的产业和市场。人体基因的经济价值驱使越来越多的科技研发者的投入，引发越来越多基因产业的勘探、争抢。若仍旧一味地恪守伦理道德，否定人体基因可以获利的可能性，则会在道德层面显失公平，同时也会削弱基因提供者参加科技研究事业的热情和积极性，也会助长对人体基因提供者的工具化利用，尤其是在大型生物制药公司和大型医疗机构对病患者的基因掠夺、盗窃等日益泛滥的情况下，在一定限度范围内承认并保护基因资料提供者的经济利益日益必要。

最后，承认基因上人格、财产的复合利益，平衡人格尊严和科技经济发展之间的矛盾，在两者之间搭建一条平衡的桥梁，需以双重机制对人体基因予以保护：以人格权的保护机制确保基因提供者对其基因的控制和支配，以财产权的保护机制维护其利益。这既保护了人体基因提供者的人格利益，又维护了社会的公平正义，同时也能促进生物技术领域对人体基因的高效研究和利用。② 承认人体基因上的人格、财产复合利益，并且在人

---

① 刘红臻：《人体基因财产权研究——"人格性财产权"的证成与施用》，《法制与社会发展》2010 年第 2 期。

② Gary E. Marchant, *Property Rights and Benefit—Sharing for DNA Donors?* Jurinetrics Press, 2005, pp. 163 – 164.

格利益优位的前提下构建双重保护机制，也是对人权的一种保护。人权的内容是相当广泛的，更多的国家对人权的保护是将人权的一些具体内容纳入民法体系中，人格权相关制度便是其一，这也是从私法角度对人权保障的一种延伸，是人权在私法领域进一步发展的表现。

二 人权视角下人体基因的可专利性范围分析

（一）人权学说简述

传统的人权学说在对待人与自然的关系时认为，人主体地位的基础是人格与自然界的分离。与生物学和人类学不同，其反对人作为客体，成为被利用的工具。与社会学和生物学也大相径庭，其认为与世界进程相隔绝才是人格存在的必然要求。传统人权学说在对待人与人的关系上，主张人人生而自由，人权的宗旨是保障和尊重每个人作为个体的人权，每个个体也得以公平平等地享有权利保障。最后，传统人权学说在对待人与其自身的问题上，强调人的行为是为了实现人的需要，即人权的目的性，而并非手段性。如果人被当作客体被商品化或者物化，则势必会贬损人格尊严，人权的实现也就无从谈起。

关于人权产生的学说，有"天赋人权说""法赋人权说""商赋人权说"，但这些学说理论都忽视了科学技术的发展对人权的影响。可以说，人权的产生是科学技术发展的必然结果。因为一定程度的经济发展是权利产生的基础，没有经济的发展，权利不会产生，权利的实现更是无从谈起。因此也可以说是科学技术的发展促使了人权的产生。[①]

基因科技的发展与人权保护的目标在历史的维度上有着一致性，都是为了保障人的主体性地位，追求人的自由。但是人体基因信息技术的发展对人权带来的影响则是一把双刃剑，这也是人体基因相关纠纷不断升级的

---

① 陈姿含：《人的"主体性"的再造——基因信息技术发展对传统人权理论的重大挑战》，《中共中央党校学报》2018 年第 3 期。

主要原因。此处以著名的 Myriad 案为例。

（二）基于 Myriad 案之人体基因可专利性范围研究

由人体基因的特征和利益构造了解到人体基因具有双重利益的独特性，那么，基于其财产利益是否可以授予专利？如果授予专利，又会对人权或者说人格利益产生什么样的影响？这便是争论所在：人体基因提供者在对自身基因进行人权呼吁的同时，生物科技领域对人体基因科研成果的法律保护的呼声也越来越大。宗教人士从伦理道德的角度出发认为，人体基因是人类生命的关键，任何有关人体基因的研究都是不道德的，不符合人之伦理，有损人类尊严，不利于人权的保障。[1] 而美国和欧洲发达国家出于功利主义和促进科学技术的发展的考量，最终都承认了人体基因是可以被授予专利的。我国也不例外。[2] 那么，人体基因可专利性的范围究竟该如何把握？倘若保护范围过宽，权利人的独占垄断权就会过大，则会影响下游产业的研发，不利于生物技术领域有关人体基因研究的健康发展，很有可能使人作为主体沦为基因科技研发的客体，让科技在人权之上肆意扩张，同时也会给公众接受健康的医疗带来阻碍。[3] 倘若保护范围过于狭窄，投机取巧之人则可能会利用手段绕过对权利人的保护，从而影响真正研发者的积极性。因此，从生物技术产业发展角度考虑，在人体基因提供者和人体基因相关研究机构之间寻求一个平衡点至关重要，即在保障人权的前提下恰当地界定人体基因保护范围意义重大。[4]

有关人体基因可专利性争论最为典型的案例非 Myriad 案（Association for Molecular Pathology v. United States Patent and Trademark Office）莫属，这是因为该案不仅和公司所持有的基因专利有关，而且还和诊断乳腺癌有

---

[1] 范冬萍、张华夏：《基因与伦理：来自人类自身的挑战》，羊城晚报出版社，2003，第 178 ~ 179 页。

[2] 我国《人类遗传资源管理暂行办法》专辟"知识产权"一章，却仅设 3 条规定，明确我国研究开发机构的知识产权、国际合作项目的原则以及知识产权的归属与处分规则。

[3] Caras Koss, *Concerns and Proposals for Patenting Research Tools*, Cardozo Atts & Entertainment Law Journal Press, 2007, pp. 733 – 747.

[4] 李轩：《基因序列专利保护范围的界定——瑞士专利法修正案对中国的启示》，《知识产权》2006 年第 6 期。

关，这自然关系到无数女性的健康权问题。更为关键的是，Myriad 案实际上对美国专利商标局授予基因专利权的做法提出了全面性的挑战。[①]

美国 Myriad 公司成立后的主要业务是给带有疾病的人体基因界定范围，从而建立基因和疾病之间的关联。1997～2000 年，Myriad 公司便获得了七个专利授权，这些专利都和乳腺癌易感基因 BRCA1 和 BRCA2 有关。基于这些专利，Myriad 公司几乎垄断了有关 BRCA1/2 基因检测的乳腺癌诊断市场，其可以无限制地自主确定检测的费用，该费用又往往在大多数患者的可支付能力之外。由此，AMP[②] 等 20 个署名原告根据分离的 BRCA基因属于自然产物的范畴，不具有可专利性，于 2009 年 5 月提起了针对Myriad 公司和美国专利商标局的诉讼，诉讼请求 Myriad 公司所拥有的七个专利无效，结束 Myriad 公司对基因检测的市场垄断地位。[③]

纽约南部地方法院认为分离的 DNA 是一种信息，裁定 Myriad 公司基因专利要求无效。依据是 DNA 同时是生物分子和遗传信息的物质载体。分离后的 DNA 中所携带的信息与天然 DNA 中的信息具有一致性，分离步骤并没有改变 DNA 所携带的信息。因此根据美国专利法第 101 条，"自然产物"不属于可专利主题作出该判决。Myriad 公司由此上诉至联邦巡回上诉法院（CAFC）。[④]

美国联邦巡回上诉法院认为分离的 DNA 分子是可以被授予专利的，理由是 DNA 被分离之后，就变成了人为和自然共同作用下的产物，不再是自然物质的纯化形式，是可以被授予专利的。原告不服，向美国最高法院提起调卷令申请。然而联邦巡回上诉法院根据最高法院的指示再审理后依然维持原判。原告诉至最高法院。

区别于地方法院和联邦巡回上诉法院的是，最高法院对分离的 DNA进一步区分为 gDNA 和 cDNA，最终于 2013 年 6 月作出所罗门式的审判（Spitting the Baby），即部分推翻、部分维持了联邦巡回上诉法院的判决。

---

① 肇旭：《Myriad 案与基因专利的未来》，《河北法学》2014 年第 1 期。

② Association for Molecular Pathology（分子病理学组织）。

③ 669 F. Supp. 2d 365（S. D. N. Y. 2009）.

④ Tup Ingram，"Association for Molecular Pathology v. Myriad Genetics, Inc.: The Product of Nature Doctring Revisited"，*Berkeley Technology Law Journal*，Vol. 29，2014.

最高法院认为，gDNA 是自然的产物，且携带相同的基因信息，有着相同的核苷酸序列，因此不能仅仅因为它被分离出来而获得专利；而 cDNA 则是一种新的且有用的组合物，而且它有着和染色体 DNA 不同的基因成分。因此根据美国专利法第 101 条规定，是可以被授予专利的。①

（三）　Myriad 案背后的人权探析

Myriad 案中对于人体基因可专利性的争议，究其本质是在探讨分离的人体基因是不是自然物质，是科学发现还是科学发明，即关于人体基因可专利性的"发现、发明"之争。地方法院认为分离的人体基因是一种自然的信息，属"科学发现"，否认其可专利性，联邦巡回上诉法院则认为分离后的人体基因是一种独立存在的物质，具有可专利性。而最高法院的判决认为 gDNA 是自然的产物，不可获得专利权，而 cDNA 则是一种新的、有用的组合物，有着不同于染色体 DNA 的基因成分，属于非自然物质，是可以被授予专利的。Myriad 案的判决表明，美国现在的法律规则对于分离提取的 DNA 片段的态度是：并不能当然地授予其专利，即使其符合新颖性、创造性、实用性的专利授权条件。Myriad 案也引领着法律界重新审视人体基因取得专利资格的问题，进而重新检视"发现"与"发明"这一专利法基本原理的界分问题。其实，"发现"与"发明"之背后不也正是对人权呼吁的一种回应？因为 Myriad 案牵涉特殊的客体——人体基因，法院必须将人权和社会伦理考量在内。如若全然支持人体基因的可专利性，当然会促进有关人体基因的科技研发，促进社会经济的进步，从而为人权提供雄厚的物质保障，但同时也可能使基因信息技术凌驾于个人利益之上，人作为主体则沦为科技研发的客体，导致人的价值理性被科技的工具理性僭越的危险，进一步致使两者之间的发展出现严重的失衡状态。另外，那些为此专利技术而支付高昂费用的患者呢？他们的生命健康权也难以保证。此时，法律的价值理性就被需要去解决两者之

----

① Tup Ingram, "Association for Molecular Pathology v. Myriad Genetics, Inc.: The Product of Nature Doctring Revisited", *Berkeley Technology Law Journal*, Vol. 29, 2014.

间的失衡问题，人类社会需以法律的价值理念及制度规范等指引基因科学技术活动，绝不能任由人体基因相关科学技术对人权肆意挑战，如此也会和基因科学技术发展的初衷相左。这大概也是美国最高法院所罗门式判决的原因之所在。

三　人权视角下人体基因的可专利性范围

科学技术不仅是影响人类生存和发展的重要因素，也是人类文明的重要标志。从历史的发展轨迹来看，每一次科技革命的发展都会很大地促进生产力的进步，同时促进社会经济、法治的进步。而权利也是伴随着社会经济的不断发展而产生、发展和实现的。人权也是如此，人们根据自己的物质生活条件实现的可能性提出权利要求，物质生活水平越高，权利的要求和实现程度也就越高。伴随着人体基因科学技术的发展，人们对于基因上的利益诉求也愈加强烈，相关的人权的呼声也由此产生。显然，在人体基因技术迅速发展的今日，在人权的大前提下，平衡好各方利益尤显重要。[①]

（一）利益平衡理论

利益平衡是指通过法律的权威使各方的冲突因素得以协调，各方的利益在共存和相容的基础上达到相对和平、合理的一种和谐状态。[②] 在建构知识产权相关制度的进程中，利益平衡是不可或缺的基本法律观。知识产权最为基本的功能便在于调整各方利益关系：调整知识产权所有人与使用人之间的利益关系，调整权利人的专有权利与促进科学知识技术进一步传播之间的矛盾等。而知识产权相关制度在对权利人的专有权利进行保护的同时也对其进行必要的限制，这也是知识产权对各方利益关系进行协调的一种体现。通常，知识产权法在调整知识产品创造者的利益、知识资源提

---

① 胡朝阳：《基因科技发展的人权影响及其法律调整》，《科技进步与对策》2013 年第 15 期。

② 陶鑫良、袁真福：《知识产权法总论》，知识产权出版社，2005，第 17~18 页。

供者的利益、使用者的利益及社会公众的利益时，实现各方利益平衡的最大化是其追求的效益目标。[①] 由此可见，利益平衡和法律的价值息息相关，在解决利益冲突时，往往需要根据利益的位阶、顺序等相关因素进行衡量，在衡量的过程，法律的价值观如公平正义等则起着指导作用。当然，随着社会的发展与变化，利益平衡也只是相对的，新的利益冲突也会出现，这也就需要新的利益平衡的实现。

进一步讲，知识产权制度调整的各方利益关系在法律层面实则是一种权利义务关系，即通过设定权利人与其他主体之间的权利义务来实现权利的配置。首先表现为私权与公共利益。出于公共利益的目的、社会公共生活的需要等利用知识产品是合理正当的。对权利人的专有权利进行一定程度上的限制是出于实现社会公共利益的目的，保证社会公众生产生活需要，对知识产品进行合理正当的使用。其次表现为本权与他权。本权即权利人对其知识产权进行全面支配的权利。他权即使用者等其他主体的权利，其根据权利人的授权意思或者法律的规定对知识权利进行有限支配。在利益平衡理念下，除合理使用以外，本权与他权应为互利有偿共赢、公平公正相待的一种状态。由此看出，知识产权法有着双重目标：一是保护知识技术权利人的合法权益，从而使知识技术得以广泛传播；二是调解各权利义务主体之间的利益关系。这种双重目标自然是需要以调解利益平衡为手段，以保障权利为基础来实现的。[②]

基于利益平衡理念，要协调好权利人专有权利与后续创造自由之间的矛盾。倘若权利人的独占权不允许他人的再创造，则明显不符合知识产品绵延发展的要求。利益平衡实现的过程，其实也就是利益主体相互之间进行调和的过程，只不过需要借助法律的手段。同样，授予人体基因技术专利的前提是不得损害公众的利益，须是合理正当的使用，人们的健康权、隐私权等人格利益要得到优先的保护。即在人体基因可专利性范围内探讨利益平衡仍然要以人体基因和基因信息的利益构造为基础，坚持人格利益

---

① L. Rav Patterson, Stanley W. Lindberg, *The Nature of Copyright: A Law of Users' Right*, The University of Georgia Press, 1991, p. 12.

② 吴汉东:《试论知识产权限制的法理基础》,《法学杂志》2012 年第 6 期。

的优位性以及在其对财产利益的伦理控制之下寻求平衡与协调，如此才能够确保有序的平衡，成功地预防纠纷。

而对人体基因之上的人格利益和财产利益处理失衡的典型案例则数Brustle案。1997年，Brustle教授向德国专利局依据从人胚胎干细胞中分离出的用以治疗神经疾病的神经中枢前体细胞而获得专利。绿色和平组织提出专利无效请求。最终欧洲联盟法院于2011年作出判决，至此，与人类胚胎干细胞相关的发明在欧盟境内不再具有可专利性。其依据是《生物技术指令》的目的：对于一切有可能不尊重人类尊严的发明，排除授予专利，保护人的尊严。[①] 当然人体细胞是人体基因的物质载体，人体基因之上不仅附着着人的尊严，而且携带着决定人的生命、体征的遗传信息，基于《生物技术指令》对人格尊严的保护，人体基因当然不具有可专利性。[②] 这和德国"窄"范围的专利政策息息相关，在人体基因专利保护范围上，德国采取相对限制的态度。如若申请者提交部分序列或一个序列的申请文件，则政策规定其必须清楚地明确该申请权利的功能。德国之所以采取限制性的政策，是为了防止过宽的权力范围阻碍对基因或基因序列功能的深一层次的研究。实践表明，德国对人体基因专利的限制性政策不仅对研究者给予了鼓励，而且激励了基因研究中的投资贡献于公共利益，有利于解决更多的健康和疾病问题。[③]

人体基因在欧洲不能受到保护，最直接的结果是生物科技产业遭受了惨痛的经济损失。可以说Brustle案带来了法律和经济发展相矛盾的窘境、人体基因专利授予的矛盾和困境、人体基因专利之上的人格利益和财产利益的失衡。当然，整个法律系统最终是为公共领域服务的，伦理道德因素理应是要考虑的因素，但与此同时，也应考虑到科技经济的因素。专利法相关的道德条款除了照顾最神圣的人格尊严、伦理道德，也应当公平反映科技研发者的相关利益及整个生物技术领域的发展。换句话说，我们对人

---

① 杨帆：《基因序列的可专利性研究》，《北京理工大学学报》（社会科学版）2005年第2期。

② Myrthe G. Nielen, *European Stem Cell Research in Legal Shackles*, Full Publication History Press, 2013, p. 249.

③ 曹丽荣：《基因专利的保护范围及其限制研究》，法律出版社，2015，第162页。

体基因专利的授予要在适度的范围内进行，要在保证人权、人格利益优位性的前提下进行，充分平衡各方利益，在合理的范围内促进人体基因的相关研发，促进生物科技产业的健康发展。①

（二）人格利益与财产利益之间的平衡

共生于人体本身的不同利益相互之间内在地存在相互作用的关系，最为基本的作用关系即为人体之上的人格利益对财产利益的伦理控制。在人格利益和财产利益相互博弈和平衡的过程中，财产利益如贪婪的资本家一样，总有本能地肆意扩张其领土和资本的冲动，而人格利益如其承载的人格价值一般，总有一种抵抗外侵的伦理品格。虽然人格利益居于优先地位，并对财产利益加以全面伦理控制，但面对高度科技化，生物科技的高度发展，出于对人体基因和基因信息被财产化利用的正面肯定，人格利益最终还是向财产利益作出部分退让。但是，由于人格利益始终优于财产利益，因此这种退让并没有在根本上改变人格利益和财产利益的结构关系，人格利益始终保持着优位性并对财产利益进行着伦理控制。② 如即使权利人自愿捐赠器官，也不得严重损害捐赠人的健康和危及生命，这即是这种价值优位的体现。总之，在人体物性利用的过程中，人格利益的让步是为了两利益之间更好地协调与平衡，坚持人格利益的优位性和其对财产利益的伦理控制这一基本立场，也是为了保持和维护这种协调与平衡。③

"复合"利益之间通过让步取得平衡，但在授予专利时难免会触及伦理道德。正如 Brustle 案拒绝授予人体基因专利的做法，伦理学家、宗教人士反对基因专利都是基于伦理道德的考虑。从伦理道德角度出发，人体基因是人体内具有遗传功能的一段 DNA 片段，它与传统的不具有生命形态的人类智力成果不同，它是决定人体性状的有机体，是以某种生命形态存在的。因此，即使人格利益对财产利益作出了让步，仍不能忽视人体基

---

① 武佩、董凡：《分离人类基因可专利性问题研究》，《法制博览》2015 年第 6 期。
② 汪志刚：《民法视野下的人体法益构造——以人体物性的科技利用为背景》，《法学研究》2014 年第 2 期。
③ 张炳生：《论现代生物技术的可专利性主题》，《法学研究》2008 年第 5 期。

因之上的人格利益，这也是社会伦理道德的要求。如欧洲有关专利的法律规定，违背公共秩序和公共道德的发明不具有可专利性，克隆人的方法、改变人的生殖系统的方法等排除在专利之外等等。我国也有类似对违反社会道德的发明创造不授予专利的规定，其他国家也有将明显有损人的尊严的发明排除可专利性等规定。因此，人体基因专利必然伴随着与伦理道德之间的矛盾，根源在于人体基因独特地涉及人的生命形态。这就需要在人体基因专利和伦理道德之间寻求利益的平衡和协调，在恰当的范围内授予人体基因以专利，否则就会破坏人类对生命的神圣信仰，破坏最神圣的人格尊严，陷入伦理困境，不利于人权的保障。

（三）权利人利益与公共利益之间的平衡

美国总统林肯在描述专利制度时指出，专利制度是给天才之火添上了利益的柴薪，是通过赋予专利权人专有权来促进知识技术的创造、利用。显然，专利与"利益"存在必然的联系。[①] 人体基因专利保护的本质是私权，和私权相对应的便是公权。授予人体基因以专利，实际上对于专利权人而言，其便拥有了"合法"的垄断权，这种垄断性地位表现为该智力研究成果由权利人独占，排他性地独自拥有该项权利并受到严格的保护。从公共利益角度而言，由于人体基因的特殊性，某些检测服务和基因药品等都与公众的健康息息相关，不可避免地，人体基因专利的授予与公共利益之间就会产生或多或少的冲突与矛盾。基因专利给医药产业带来的利益与公共利益之间也一直存在难以跨越的鸿沟。医药公司或产业是商业模式的一种，始终追逐利益的最大化，而公众自然是希望以最小的代价从医药产业中获得利益。

如上文中提到的 Myriad 公司对人体基因检测的垄断权，欧洲人想要使用该基因检测，就要支付相应实验费用的三倍才可以。可见，Myriad 公司的专利权和公共利益之间产生了冲突，限制了女性某些医疗保健权，影响了遗传诊断或基因药品的可及性。因此，人体基因专利需要在基因科技研

---

① 冯晓青：《论利益平衡原理及其在知识产权法中的适用》，《江海学刊》2007 年第 1 期。

发人员的私权利和保护公共利益之间寻求平衡。在利用人体基因专利推进
生物技术领域基因产业的研究和发展的同时，专利权人所享有的垄断性权
利的"度"不可超过其给社会带来的贡献，要保证公共利益不被基因专利
损害，这样才能在鼓励人体基因相关技术研发的同时，保障社会公众对健
康权等人权的诉求。总之，在人体基因专利权人私权维护和公共利益维护
之间，法律要在赋予专利权人权利并给予保护的同时，保证公共利益不因
此受到侵害。

（四）本权人与他权人之间的利益平衡

社会中不同的权利主体交织在一起就可能互相冲突，这就必然会出现
不同权利主体之间兼顾与均衡问题，也可以说是不同主体之间的利益协调
与平衡问题。[①]

从专利权人的角度看，专利权人取得专利权的目的并不是"占有"该
专利产品，也不是单纯为了消极地防止他人利用，更主要的是积极使用其
专利权进而获得"收益"。而该收益的主要来源便是他人对该专利产品的
使用，他人的使用一方面有利于新技术、新知识的传播和利用，从而满足
社会市场即消费者的需求，充分发挥该专利产品的经济价值；另一方面增
加了专利权人的收入、报酬，为实现其专利权提供了路径。[②] 但同时基因
专利权人和使用人之间需要进行协调和平衡。一方面是利益的平衡。专利
权的许可使用属于民事活动的范畴，专利权人和使用人应是在平等的基础
上，既要保护基因专利权人的利益，又要保证使用人的利用效率，顾及公
共利益。另一方面是专利权不得滥用。虽然基因专利权是一种合法的独占
垄断权，但是当这种独占垄断在市场上形成一种支配垄断地位时，基因专
利权人对其权利的行使就超出了法律所允许的范围和界限，便会损害公共
利益和他人利益，甚至侵害他人的人格尊严，不利于市场的竞争和经济科
技的发展。由此可见，在基因专利权人和使用人之间建立协调与平衡的关

---

① 冯晓青：《论利益平衡原理及其在知识产权法中的适用》，《江海学刊》2007 年第 1 期。
② 黄玉烨：《知识产权利益衡量论》，《法商研究》2004 年第 5 期。

系至关重要。

在人权视角下，协调各方利益，达到一种和谐的状态，要避免 Brustle 案带来的法律和经济的矛盾困境，实现人格利益和财产利益之间的平衡，即使人格利益对财产利益做出了让步，仍要注重社会伦理道德的要求，不可忽视人体基因之上的人权诉求；实现专利权人的利益和公共利益之间的平衡，专利权人所享有的垄断性权利的"度"不可超过其给社会带来的贡献，要保证公共利益不被基因专利所损害，保证社会公众的人权诉求；实现基因专利权人与使用人之间的平衡，防止专利权人滥用其权利，将科技研发凌驾于人权之上。如此充分平衡各方利益，在合理的范围内促进人体基因的相关研发，才能更好地促进生物科技的发展。

四　对我国人体基因专利保护范围的反思

在人体基因专利保护范围的问题上，不同的国家采取不同的政策。在符合专利法"新颖性、创造性、实用性"大框架前提下，结合本国的科技创新水平、产业发展要求、社会公共利益、社会道德等，赋予人体基因可专利性以或宽或窄的范围，但一定要适度把握该范围的"度"。范围过宽带来的将是人权被肆意凌越，公众生命健康无保障，下游研发产业受阻等；范围过窄则会使基因技术研发者积极性受挫，投机取巧之人有机可乘，不利于社会经济的发展，从而也无法为人权提供强有力的物质保障。因此，无论是从生物技术产业发展的角度，还是从保护人权等角度，恰当地界定人体基因保护范围意义重大。

我国《专利法》第25条明确规定对科学发现不予授予专利权。人体基因能否在我国被授予专利权取决于其是否属于科学发现。在我国审查指南中，一种以自然形态存在的 DNA 片段或基因被人们发现后，仅仅只是一种发现，属于《专利法》第25条规定的不能被授予专利的科学发现。但是，如果该 DNA 片段或基因是第一次从自然界中被提取或是分离出来，现有技术中并未记载该碱基序列，同时其具有产业利用价值，那么该 DNA 片段或基因是能够成为被授予专利的客体的。由此可见，在基因专利权利范围上，我国实行相对较为宽松的保护模式。

对于人体基因专利的保护范围，虽然人体基因专利权和人权、伦理道德、公共利益等在一定程度上存在利益冲突，但是目前为止，并没有足够有力的证据表明人体基因专利的授予阻碍了生物技术的进步和科学技术的创新，或是使人权、公共利益、生物医药产业等遭受到了严重的损害。因此，在没有压倒性证据表明各主体之间存在严重冲突的条件下，我国对人体基因专利应该维持现有的态度，即坚持人体基因的可专利性。当然，也考虑到我国与人体基因相关的技术研究尚且处于刚刚起步阶段，类似于Myriad案件中各方主体利益间的严重冲突在我国并无体现。因此，维持现有的人体基因的原则有利于稳定当前预期、维持创新。此外，鉴于发达国家的经验和我国的人体基因技术发展的实际状况，我们还可以从以下几个方面加以努力。

（一）正确处理人格利益和财产利益的关系

如前文所述，人体基因之上具有人格和财产双重利益，人格利益居于优先地位，即使随着生物科技的发展对财产利益作出部分退让，也没有在根本上改变人格利益和财产利益的结构关系，即人格利益始终保持着优位性并对财产利益进行着伦理控制，即在任何情况下都不可忽视对人权的保障。因此，在实践中正确处理二者关系尤显重要。

在人体基因研究变得越来越商业化的情况下，无论是投资者还是研究者都获得了丰厚的利益回报，而人体基因提供者呢？其承担着风险和压力，却被寄希望于做毫无保留的利他主义贡献。在美国的 Moore 案和 Greenberg[①] 案中，法院更多地考虑到医学研究的利益才是其认为的公共利益，认为原告对其人体基因并不享有法律上的财产权，这也让人体基因之上的人格利益和财产利益牺牲成一种伦理和法律上的代价。也有很多对人体基因大肆掠夺的实践甚至最终都没能形成诉讼，人格利益和财产利益关

---

① Greenberg v. Miami Children's Hospital Research Institute, Inc. 264 F. Supp. 2d 1064（S. D. Fla. 2003）.

系的妥善处理更是无从谈起。

基于美国的 Greenberg 案和 PXE 案两个实践样本，确定基因公开权不失为处理基因人格利益和财产利益关系的一项良好举措。基因公开权主要包括利益分享和公开利用两方面，其当然是一项人格权利，与基因隐私权、基因平等权等都为个体享有的人格权利。只不过基因公开权是在当下基因技术迅速发展的条件下，对具有人格价值的人体基因也会产生财产价值的一种正视。首先，单一的基因隐私权因其内涵范围较窄，在商业利用问题中难免会出现难以解决的尴尬。而公开权则通过对姓名、基因等的公开利用来弥补隐私权的弊端。其次，基因公开权能够与基因隐私权、基因平等权等相互协调与配合，在维护基因的人格利益的同时，还能够关注基因人格的财产性，能够更好地处理基因之上的人格利益和财产利益之间的关系。

当然，不管是刑事案件还是民事案件，都会或多或少地涉及人权、公共利益、公序良俗、社会道德等原则，在有关人体基因的案例中也不例外。在有关侵权诉讼中，如果某项基因专利剥夺了公众对于受专利权保护的药品或者治疗获取的机会，这时法官则需要在诉讼中谨慎处理，这牵涉公共利益和经济利益的矛盾。例如，在 Hybritech Inc. v. Abbott Laboratories 案中，被告提供关于癌症和肝炎的检测，联邦巡回上诉法院基于公共利益原则的考虑，对临时禁令的颁发采取了否认态度。[①] 因此，当涉及人体基因专利或遗传检测时，人权、公共利益、社会道德作为一项重要的考虑因素，在正确地处理基因的人格利益和财产利益的关系时，不能违背人权和社会伦理道德的要求。

（二）正确处理私人利益和公共利益的关系

尽管知识产权法属于私法，但是其公共利益的目标也是不可忽视的。倘若没有对公共利益的保障，其立法宗旨也无法很好地实现。因此，要在维护公共利益的基础上，对权利人进行利益保护，最终建立公共利益和私

---

① Hybritech Inc. v. Abbott Laboratories. 849 F. 2d 1446, 1459 (Fed. Cir. 1988).

人利益之间的平衡机制。我国新修改的《专利法》对权利人利益的保护进行了强化，这一方面可以更好地实现权利人的私人利益，但是也会存在集体利益和个人利益分开的风险。因此，专利法在给予专利权人私人权利保护的同时，要避免其因私人权利的过度膨胀而损害公共利益。在庞德的观点中，利益是这样一种东西：通过政治、社会的力量对人们的行为或者人们所关系的事情进行调节时所必须顾虑的东西。人们更多关注的不再是以制度、权利等为话题的问题，而是关注于实实在在的利益分配问题。庞德认为法律便是实现这种利益分配的重要手段。① 这也即是我们当今所说的在一个国家中，法就是社会控制的最有效的工具。

因此，应完善有关人体基因的专利制度，加强专利授权机构在授予专利申请时的审查力度，明确有关人体基因专利权制度。在窄化的权利要求范围内，权利人可以排他性地进行独占使用。但是，如果后续研究者是基于该基因或基因序列研究出了新的成果，则该二次成果并不侵犯原专利权人的权利。通过如此的制度设计，不仅可以更好地保护基因专利权的相关内容，还有利于社会的整体发展，同时在侵权纠纷中，法官也能够更好地进行价值取向选择和利益保护的取舍。

同时在立法、司法等法律层面加以保障。法律的主要作用就在于利益之间的协调，包括个人利益和公共利益。在调整利益的过程中，正如庞德所认为的，便是尽可能多地满足一些利益，同时使牺牲和摩擦降低到最小限度。② 然而着眼于立法，我国涉及人体基因资源保护的法律只有《专利法》，难免会把人体基因同传统的发明同等看待，忽视人体基因有机体的特殊性。因此，建议我国为人体基因专利设立专门的法律，逐步明确人体基因专利范围和条件，避免过宽的政策影响科研进步和损害公共利益。除此之外，提升相关法律层次，如完善《人类遗传资源管理暂行办法》中的内容：（1）合理确定人体基因遗传资源的概念和范围；（2）指出保护人

---

① 〔美〕罗斯科·庞德：《通过法律的社会控制》，沈宗灵译，商务印书馆，2010，第38～41页。

② 〔美〕E. 博登海默：《法理学：法律哲学与法律方法》，邓正来译，中国政法大学出版社，1999，第400页。

体基因资源的总体方针和原则；（3）明确基因科研人员在研究过程中应给予基因资源提供者的权利，明确基因专利权人的权利和确保基因提供者的利益等。通过法律的强制性在宏观上为我国人体基因专利的范围划定方向，再附加以相关政策制度的指导。

在 Myriad 案中，最高法院的判决在否定 BRCA1/2 基因可专利性的同时，认可 cDNA 的可专利的做法，正是通过司法对人体基因专利权利进行限制，保障人权，是正确处理私权利和公共利益的一个典型案例。首先，可通过进一步补充和完善相关法律法规，尤其是有关人体基因的专门法，以明确人体基因专利的保护范围、期限、限度等，明确权利主体以及人体基因资源开发利用所衍生的知识产权归属问题；确立相关行为标准和程序，规范权利的设立和使用；明确规定人体基因资源获取的程序、转让的具体条件、权益的界定、利益分配办法等，一方面使人体基因专利限度问题更加明确，另一方面使围绕人体基因的纠纷矛盾有法可依，有章可循。其次，通过立法允许医疗工作者责任豁免。允许医疗工作者进行相关研究和检测，虽然这在一定程度上会影响甚至损害基因专利权人的利益，降低其对人体基因研究的积极性。但是，专利权人的利益与整个医疗事业和公共利益相比较而言，责任豁免对于专利权人的损害将远远小于整个医疗事业的发展和公众的利益。通过立法允许这种责任豁免，将有利于对人体基因的研究，同时有利于医疗事业的发展，有利于实现公共利益即公众对人权的诉求。

（三）正确处理本权和他权的关系

从专利保护模式方面而言，对基因专利的保护模式有两种："产品保护型"和"功能保护型"。这两种保护模式都能够保护智力研发成果，促进研发人员的研发热情。但是，众所周知，任何一个国家专利法的设置，其最终目标并不是奖励研发人员的创新成果，而是促进科学技术的进步，造福于整个社会。很明显，"产品保护型"虽然能够对研发者起到鼓励激励作用，但是其赋予了专利权人以垄断权，很可能导致人的价值理念被科技的工具理性僭越的危险，任由人体基因科学技术对人权肆意挑战也会和基因科学技术发展的初衷相左，同时也会阻碍对基因的进一步研究和下游产品的开发、利用，不利于整个生物技术领域的发展，也有损于社会公共利益。这种保护模式只是保护了权利人的利益即本权，而他权则没能保障。在"功能保护型"下，后续研发可以继续进行研究，不会受到该基因专利的限制。这种保护方式在保护专利权人利益的同时，也保证了后续研发人员的积极性和创新力①，能够较好地处理好本权和他权之间的关系，符合人权利益诉求。

因此，在此建议转变我国的基因专利保护模式：由"产品保护型"转变为"功能限制保护型"，从而更好地处理本权和他权的关系，明确基因专利的保护范围，即对申请者基因专利的保护范围应限制在基因产品的特定用途上，并不是保护该基因或基因序列的排他性使用。如此，可以限制原来的保护模式下过宽的权利保护范围，从而促进我国推动整个生物技术领域的发展，真正为公共利益谋福利。②

我国人体基因技术还不够成熟，在实践过程中难免会有很多争议、矛盾，但既然 Myriad 案将人体基因的争论带到了中心地带，我们就要紧跟世界发达国家在先进科技领域的步伐，正视我们的不足。面对人体基因专利相关问题，在符合人权，尊重人格尊严、社会伦理道德的前提下，限制好专利权人的权利，同时也不能抹杀其创新研发的积极性，努力在人体基因研发者、人体基因提供者以及社会公共利益之间开辟一条平衡之路，发挥科学技术的真正意义。

结　论

伴随着人体基因信息技术的迅猛发展，人权也面临着前所未有的挑战，人作为个体，可能被物化，可能被财产化，人格利益和财产利益的矛

---

① 李轩：《基因序列专利保护范围的界定——瑞士专利法修正案对中国的启示》，《知识产权》2006 年第 6 期。
② 曹丽荣：《论我国专利保护范围的界定》，《南京理工大学学报》（社会科学版）2015 年第 2 期。

盾也绝对突破了传统的人权学说。而面对人体基因技术以及其他科学技术的冲击，人权理论也并不是一一守于传统，在社会利益分配、个人对自由的追求等过程中，人权的主体性理论也接受着自我调整和时代的检验，这个过程也是保证人的主体性地位的过程。人体基因是一种附有生命形态的有机体，也是一种高价值、高风险的具有物质和信息双重属性的物质，由于其本身利益构造的复杂性，有关人体基因专利授权的问题让法学界热议纷纷，但是在人权的视角下探讨人体基因相关问题还是比较少见。我们不得不承认，基因技术领域已经向法律领域提出全面挑战，各国也不得不重新审视自身的专利保护制度、法律法规等，力图在人格利益与财产利益之间、权利人利益与公共利益之间、本权人和他权人之间寻求平衡点。虽然人体基因相关研发正处于初级阶段，但是随着时间的推移、科技力量的爆发，人体基因相关成果的应用面积必然会增加，而我们现在所采取的一切行动都将会指引着未来的发展。正视人体基因对人权带来的挑战，使人体基因技术的发展更好地促使新时代下人权的发展和实现。

我国也应紧跟世界人体基因技术发展步伐，在学习发达国家相关的人体基因技术、立法的前提下，设计出适合我国人体基因技术发展的保护模式。在促进生物科技技术发展的同时，满足人权、社会伦理道德等要求。当然人体基因技术的发展和科技、医疗等息息相关，必然需要医学、社会学等相关学科的协助，共同为我国的基因技术领域贡献力量。

Research on the Range of Human Gene Patentability：From the Perspective of Human Rights

Li Xin & Zhang Shuya

Abstract：Many countries in the world support and encourage research on human genes. However, when faced with the patentability of human genes, their attitude is not so clear, because it involves human rights and social ethics. Whether in the socioeconomic field or in the natural sciences, the development of genetic science and technology is closely related to it, And the impact on society is mainly reflected in the social ethics. However, the existing research on human genes rarely takes the human rights perspective. Cases of human genetic patents, that is, related human rights, which have emerged in practice, have further aroused strong debates in practice and theory. It can be said that human rights is the unity of social rights and natural rights, specific rights and abstract rights, legal rights and moral rights. Therefore, from the perspective of human rights, we explore issues related to human genes, and seek a reasonable balance between human genetic patents and public interests and social ethics. This is of great significance for safeguarding and respecting human rights, taking into account the development of science and technology and promoting the improvement of relevant systems.

Keywords: Human Genes; Human Rights; Social Ethics; Balance

人权实证研究

亚洲国家人权行动计划实施的
影响因素探析[*]

金东日　俞少宾^{**}

摘　要： 亚洲各国文化历史传统和经济社会发展水平差别较大，在人权保护领域的成就也参差不齐。综合考察制订并实施《国家人权行动计划》的亚洲五国情况之后，发现经济发展水平、政局稳定程度、社会转型和民主化程度、非政府组织的参与等，是影响亚洲各国人权行动计划实施效果的主要因素。基于此，在不同国情和环境下推进人权保护事业时，必须高度重视国际人权公约及相关国际标准，充分认识人权理念在不同国情下的适用性问题，深入探究并努力扫除制约人权事业发展的主要障碍。

关键词： 亚洲国家；人权行动计划；国际人权公约；国情

1993 年 6 月，世界人权会议通过的《维也纳宣言和行动纲领》建议各国考虑拟订国家行动计划，以明确各国为促进和保护人权所应采取的步骤。基于此倡议，各国开始结合国情陆续拟订国家人权行动计划。2002年联合国人权高级专员办事处（联合国人权高专办）发布了《国家人权行动计划手册》，对首批制订了国家人权行动计划的 11 个国家进行了总结，同时激励其余各国制订相应的人权行动计划。

与其他洲相比，亚洲国家比较明显的一大特点是，各国的文化历史传统和经济社会发展差别巨大。亚洲地域辽阔，是七大洲中面积最大，人口

　＊　本文为国家人权教育与培训基地项目"各国国家人权行动计划比较研究"（项目编号：13JJD820022）的阶段性成果。

＊＊　金东日，南开大学人权研究中心研究员，南开大学周恩来政府管理学院教授、博导，行政学博士；俞少宾，山东大学政治学与公共管理学院助理研究员，行政学博士。

最多的一个洲。按照地理方位其可以被划分为东亚、东南亚、南亚、西亚、中亚和北亚这六个地区，各个地区的自然环境和人类活动也各具特色。人口方面，亚洲人口超过全球人口总数的 56%，其中总人口超过 1 亿的国家有中国、印度、印度尼西亚、日本、孟加拉国和巴基斯坦。此外，亚洲的人口分布也极不均衡，中国东部、日本太平洋沿岸、爪哇岛、恒河流域、印度半岛南部等地最密集，每平方千米达 300 人以上。亚洲民族和种族众多，其中既有十几亿人口的中国汉族，也有仅几百人的民族部落，辽阔的土地和巨大的人口带来了语言文化和宗教的多元性。① 此外，亚洲国家间的经济社会发展差异也相当显著，既有日本和韩国这些经济发达国家，也有尼泊尔这些发展中国家。② 总而言之，亚洲国家间的多样性以及发展不均衡，给这些国家的人权事业带来挑战，从另一个角度来看，考察人权行动计划在自然、经济、社会、人文等环境多样化的亚洲国家的制订及实施情况，可以给世界其他国家提供有益的借鉴，有助于我们深入理解影响人权发展的相关因素，总结人权保护事业的经验教训。

一　亚洲各国人权行动计划概况

目前亚洲（除中国外）先后有五个国家制订了国家人权行动计划，包括印度尼西亚的国家人权行动计划（1998～2003 年，以及 2011－2014 年共三期），菲律宾的人权行动计划（1996～2000 年），韩国的国家促进和保护人权行动计划（2007～2011 年），泰国的国家人权行动计划（2001～2005 年以及 2009～2013 年共两期），以及尼泊尔的国家人权行动计划（2004 年）。③ 下文将对上述各国人权行动计划的制订过程及其主要内容进行总结分析。

---

① See The United Nations Population Fund, "World Population Trends", http://www.unfpa.org/world-population-trends/，最后访问日期：2017 年 5 月 18 日。

② See The Human Development Report Office, "Human Development Report 2014", http://hdr.undp.org/en/content/human-development-report-2014/，最后访问日期：2017 年 3 月 18 日。

③ 参见联合国人权高专办《促进和保护人权国家行动计划》，http://www.ohchr.org/CH/Issues/PlansActions/Pages/PlansofActionIndex.aspx/，最后访问日期：2017 年 3 月 11 日。

（一）印度尼西亚

印度尼西亚（以下简称"印尼"）总人口约 2.62 亿，居全球第四位，也是全球最大的以穆斯林人口为主的国家。印尼居住着数百个民族和语言族群，其中爪哇族 45%，巽他族 14%，马都拉族 7.5%，马来族 7.5%，以及其他氏族 26%。民族语言 200 多种，通用印尼语。① 二战前的 350 多年间，印尼一直被荷兰殖民统治，间或受到葡萄牙、法国和英国的占领，二战后印尼最终宣告独立。印尼的近代史可以说是一部动荡史，伴随着自然灾害、大屠杀、分裂主义、缓慢的民主化进程以及经济波动，这也是印尼人权事业发展的基本环境和主要特点。

一般来说，印尼被视为亚洲国家中不太愿意接受国际人权公约的国家之一。② 印尼于 1945 年宣布独立。在苏加诺的指导下，印尼起草的第一部"临时"宪法有人权保护的相关条款，这反映了当时的印尼政府认识到了人权保护的重要性。然而，随着 1957 年独裁政府的上台，人权保护事业接近停滞，直至 1999 年印尼《人权保护法》的颁行意味着人权保护正式得到国家法律的承认。此后，印尼于 2000 年吸收了国际人权保护准则并相应地在宪法第 28 条后增加了 10 条修正条款。虽然其仍然保留有部分限制条款，但是新增加的条款明确规定了公民的结社自由、个人全面发展自由、法律面前人人平等以及宗教自由等权利。2006 年 2 月，印尼同时加入了《经济、社会和文化权利国际公约》以及《公民权利和政治权利国际公约》，并为此进一步修订了宪法的相关条款。

印尼人权行动计划书（1998～2003 年）由一个跨部门的人权常务委员会与印尼人权委员会合作共同起草。计划书中的大多数内容来自 1994 年举行的第二届全国人权工作研讨会，参加者包括政府官员、军官、学者、议员、人权委员会成员以及市民组织代表等 300 多人。研讨会的内容

---

① 参见外交部《印度尼西亚国家概况》，https://www. fmprc. gov. cn/web/gjhdq_676201/gj_676203/yz_676205/1206_677244/1206x0_677246/，最后访问日期：2019 年 3 月 22 日。

② Lawrence W. Beer, *Current Human Rights Issues in Asia* (*Occasional Papers in Democracy and Social Change*), International Center for Democracy and Social Change, Lehigh University, 1960, pp. 506 – 509.

直到 1998 年开始的政治改革后才得以公开，在吸收进人权行动计划书时对部分内容和条款进行了修改。

本版行动计划书共分为三大部分（序言、行动计划和结论）。在序言中，行动计划书指出：（1）印尼人民在数百年的殖民统治中为了民族自治的权利而奋斗，因此印尼社会对人权概念并不陌生；（2）印尼的人权保障事业基于三个原则——人权的不可分割性、平等性、尊重各国国情的特殊性；（3）印尼欢迎在人权保护领域的国际合作，但是认为合作必须在联合国宪章第 1（3）条、第 55 条和第 56 条规定的原则下（互相尊重与平等共存）开展；（4）印尼早在 1993 年就成立了国家人权委员会并努力在全社会营造有利于人权保护的氛围；（5）印尼基于 1993 年的《维也纳宣言和行动纲领》精神制订人权行动计划，确定具体的行动步骤保护人权。

行动计划书第二部分共包含了四大类行动计划。第一类是审议通过国际人权公约，第二类是人权信息的传播和人权知识教育，第三类是推进重点人权领域的工作，第四类是履行已经被审议通过的国际人权公约。具体的行动计划有：（1）印尼将组建国家人权委员会作为印尼国家人权行动计划的执行机构，其组成人员将包括政府官员和社区居民；（2）颁发总统令以保障国家人权委员会的合法地位；（3）印尼对国际人权公约的审议将坚持审慎、渐进、与印尼经济社会发展需求相统一的原则；（4）加强人权文化建设，唤醒公民对人权保障的意识，促进和保障人权；（5）通过持续的人权信息传播，促进社区的人权意识觉醒；（6）推进在各级政府、各社会阶层、各地区和各个时间段的人权教育；（7）通过在各阶段学校教育中引入人权相关课程和理念，逐渐在全社会形成较为全面的人权观念和价值；（8）印尼政府于 1990 年批准了《儿童权利公约》，而且早在 1958 年就批准了《妇女权利公约》，同时还分别在 1952 年、1979 年批准了《妇女政治权利公约》和《消除对妇女一切形式歧视公约》，通过社会各层面的动员和数据共享，以及建立相关的研究机构，相关公约得到合理的履行和监督。

在第三部分的结论中，印尼政府继续强调，人权领域的保护是一项长远的事业，依赖政府、各种社会组织和政治组织、非政府组织以及全体公民的合作，不能指望在短时期内达到目标。印尼政府希望在遵守联合国宪章原则的前提下，与世界各国和相关人权机构展开合作以提升印尼的人权保护能力。与此同时，印尼政府将人权保护事业与提升人民的生活质量及消除贫困结合起来，同时对人权行动计划开展定期审查以确保其得到贯彻实施。

在印尼最新一版的人权行动计划（2011～2014）[①]中，印尼政府对人权领域存在的问题、需要采取的策略、期望达成的目标、预期完成的时间以及负责机构等各个方面进行了具体的总结和规划。行动计划书共分为七个方面，分别为：建立和加强人权机构，批准相关国际人权公约，统一的规划和立法，人权知识的宣传和教育，履行国际人权公约，公共通信服务，监测、评估和报告。计划书中，针对人权领域立法不健全、法律法规重叠互相冲突以及人权教育不普及等问题，印尼政府将推动立法协调，设立立法评估工作组，研究和审查法规重叠清单。具体内容如下。

1. 建立和加强人权机构

印尼政府计划于2011年前在国家和各地区层面建立和完善人权委员会，同时分阶段建立与完善各级人权事务协调委员会，该部分计划由国家人权委员会、中央以及各级政府负责。

2. 批准相关国际人权公约

印尼政府计划完善国际人权公约的审议和批准机制，在中央政府层面设立常设工作组负责对国际公约的审议。在此期间，重点计划审议通过《禁止酷刑公约》任择议定书、《儿童权利公约》、《消除对妇女一切形式歧视公约》任择议定书以及儿童权利公约中关于儿童卷入武装冲突问题的任择议定书。该部分计划主要由国家人权委员会、外交部、社会事务部、

[①] 根据印尼人权行动计划（2011～2014）印尼文翻译，原文地址参见联合国人权事务高级专员办事处官网，http://www.ohchr.org/Documents/Issues/NHRA/NAPIndonesiaTahun2011_2014.pdf.。文后各国人权行动计划书的内容，均基于联合国人权事务高级专员办事处官方文件翻译、整理、汇编，不再赘述。

社会工程部、教育部、国防部、警署等机构负责。

3. 统一的规划和立法

此部分行动计划主要针对人权领域立法不健全、法律法规重叠相冲突以及人权教育不普及等问题。对此，印尼政府将推动立法协调，设立立法工作组评估立法草案，同时在编制立法重叠清单的基础上对此清单进行研究和审查。该部分计划主要由国家人权委员会、总检察长、司法部门以及各级政府负责。

4. 人权教育

为了促进人权教育，印尼政府计划提高人权教育教材的质量和数量，并探讨在多元化的教育环境中推进人权教育的方法，提升人权教员和辅导员的水平，加强对政府官员和公众有关人权意识和知识方面的培训。该部分行动计划主要由国家人权委员会、教育部以及各级政府负责。

5. 履行国际人权公约

该部分行动计划主要针对印尼国内存在的人权状况提出解决方案，行动计划书认为印尼国内存在的主要人权问题包括：（1）生命权（由于贫困导致的新生儿和孕产妇死亡率过高，缺乏针对艾滋病、毒品、结核和疟疾等公共疾病的医疗服务）；（2）家庭和婚姻（为无家可归者、乞丐和穷人建立合法婚姻，许多婚姻没有正式登记导致妇女儿童的权利得不到保障）；（3）全面发展的权利（大量适龄儿童得不到基础教育，许多人缺乏对教育的重视）；（4）获得司法救济的权利（缺乏针对贫困人群的法律援助）；（5）个人自由（印尼社会仍然缺乏对宗教自由的宽容度）；（6）免于暴力威胁（执法人员暴力执法，缺乏人权意识，社会各阶层冲突时有发生，关于土地资源的纠纷经常发生）；（7）公共事务参与权（国家层面尚没有准确的人口数据以保障公民的选举和被选举权）；（8）妇女权益（缺乏完善的女性生殖健康和计划生育服务），儿童权利（缺乏对被虐待儿童的保护，对遗弃儿童、流浪儿童的救助）。

相对应地，此部分的主要行动计划包括以下内容。（1）补助贫困孕妇家庭，为孕妇提供额外的营养补充。加强医疗基本设施和专业人员建设，提升孕妇保健水平。提升对艾滋病、毒品、结核和疟疾等公共疾病的医疗救助水平。（2）加强婚姻登记工作，增强对贫困人群合法婚姻的认定工作，以加强对妇女儿童和弱势群体家庭婚姻权利的保障。（3）开展宗教自由宣传和教育，促进全社会对宗教自由的认识和宽容。（4）增强企业社会责任，加强对自然资源的管理，促进当地社区的参与，倡导社会各界共同解决环境和自然资源纠纷，加强对破坏环境和自然资源行为的处罚力度。（5）开展基础教育的统计工作，增强全社会对教育的重视，鼓励地方政府制定政策提供免费教育，开发社区学习中心。（6）加速对法律援助的立法工作，为执行人员提供人权手册，推动在执法过程中消除暴力，对执法过程进行监督。（7）将农民和少数民族土地资源权利合法化，提高当地民众参与土地资产的能力以及增强在此过程中的协调工作能力，推动资产处置的公平执法。（8）提升残疾人工作技能以增加残疾人就业机会，改善针对残疾人的保障援助体系，在公共场合设立更多的无障碍设施。（9）开展居住地登记服务，免费为公民制作身份证，以保障公民在公共事务中的参与权。（10）提高妇女生殖服务保障水平，完善计划生育工作，消除家庭暴力，为家庭暴力受害者提供综合服务。（11）加强对青少年保护的立法工作，增强执法机构对青少年人权的重视和保护。（12）收集贫困儿童的数据，加强对贫困儿童的统计工作，增强对贫困儿童和残疾儿童的医疗保健工作。（13）加强对儿童保护的立法工作，对受到潜在危险的儿童提供救助。该部分计划的负责机构众多，主要有国家人权委员会、卫生部、内务部、社会事务部、社会工程部、教育部、林业部、农业部、交通部、总检察长、警署、贸易部、工信部、财政部、环境部，以及相关企业和各级政府。

6. 公共通信服务

针对存在的公共通信服务问题，印尼政府计划制定标准操作规程（SOP），以处理对人权问题的公共通信。协调处理公众通信，设立通信服务协会并加强对通信服务的监测、评测和报告。此部分行动计划的负责机构主要有国家人权委员会、内务部以及各级政府。

7. 对人权行动计划的监测、评估和报告

针对此领域存在的数据不完整和收集工作不统一的问题，印尼政府计划设立人权评估指标，制定数据收集、统计以及全面报告的制作指南。该部分主要由国家人权委员会和内务部以及各级政府负责。

总体来说，印尼国家人权行动计划中，很大部分篇章集中在如何采取措施提升各群体的物质生活和福利水平，推进政府能力建设，促进公共卫生事业，同时消除社会冲突和分裂主义，维护社会秩序，增强个体自由，提升社会宽容度，为印尼人权保护事业奠定良好的社会环境。

（二）菲律宾

菲律宾总人口1.03亿（2016年），种族众多，文化多样。在菲律宾人口中，马来族占全国人口的85%以上，包括他加禄人、伊洛人、邦邦牙人、维萨亚人和比科尔人等；少数民族及外来后裔有华人、阿拉伯人、印度人、西班牙人和美国人；还有为数不多的原住民。菲律宾国内共有70多种语言，国语是以他加禄语为基础的菲律宾语，英语为官方语言。国民约85%信奉天主教，4.9%信奉伊斯兰教，少数人信奉独立教和基督教新教，华人多信奉佛教，原住民多信奉原始宗教。种族、文化和语言众多，是菲律宾人权事业发展所面临的一个基本社会环境。经济方面，前总统阿基诺执政后，增收节支，加大对农业和基础设施建设的投入，扩大内需和出口，国际收支得到改善，经济保持了较快的增长，但国内贫富差距很大。①

菲律宾人权行动计划的主要特点有：（1）强化了菲律宾人权委员会的中心作用；（2）在正式发布前，广泛地听取了非政府组织的意见。根据联合国人权会议的精神，菲律宾人权行动计划确定了其重点保护的群体，并对每一群体的人权保护状况和工作计划进行了规划。为了实现人权行动计划书的工作目标，菲律宾政府还设立了一个跨机构的"工作小组"，与菲律宾人权委员会一同监督相关的行动。与此同时，菲律宾总统宣布1998～2007年为人权教育年。

---

① 参见外交部《菲律宾国家概况》，http://www.fmprc.gov.cn/web/gjhdq_676201/gj_676203/yz_676205/1206_676452/1206x0_676454/，最后访问日期：2017年3月18日。

具体来说，菲律宾人权行动计划针对各类细分人群面临的主要人权问题现状以及现有的行动措施，制定了较为详细的行动方案。其具体内容如表 1 所示。

表 1　菲律宾人权行动计划

领域	现状/问题	法律法规方面的改善措施	行动计划
妇女	法律歧视	撤销政治、司法、医疗、雇佣、教育和财产权等方面的歧视性法律法规	提升妇女雇佣机会，消除针对妇女的歧视
	针对妇女的暴力	修改法律以满足受到暴力行为侵害的妇女的需求	设立妇女支持体系，比如在警察局设立专门的处理台，委任女性调查警官、检察官、法官、医护人员
	女性的生殖权利、健康保健、性别歧视、教育和就业机会等	制定相关的法律以消除歧视并保障妇女权利	研究学校教科书中存在的性别歧视和偏见 在执法机构中开展培训以提升执法过程中的性别敏感度 推广节省人力的设备以降低女性的家庭劳动强度 鼓励女性在公共场合中发出声音 开发推广新型女性职业发展规划，破除女性的固有形象
儿童	现行的与法律相悖的做法：超期拘禁、与成年人同禁、缺乏矫正项目	制定更加全面的青少年法律体系，设立儿童和家庭法庭	持续对执法机构和项目执行人员开展培训，保障儿童和青少年的权利 为儿童和青少年设立独立的拘禁场所 设立更多的矫正中心和设施
	童工		宣传工作伦理，促进儿童技能发展，保障儿童权利
	儿童武装		禁止招募儿童充当武装人员
	流浪儿童 遭受性剥削的儿童 受自然灾害、虐待、毒品威胁的儿童 劳工移民和难民的儿童 土著居民和来自少数族群社区的儿童	制定法律保护儿童免于麻醉毒品和神经药物的毒害，管制毒品的生产和走私行为	对受到侵害的儿童尽早察觉和介入并切入康复项目 执法机构快速行动以保护处于困境中的儿童 在法律框架中增加儿童权利内容

续表

领域	现状/问题	法律法规方面的改善措施	行动计划
青少年	在校青少年无法自由表达思想，无法获取高质量的教育，以及校园暴力伤害	起草相关法案指导校园内的聚众和群体性行为 推进学校理事会和议事机构程序化和制度化	研究提升教育质量的战略和措施 监督在校园内降低毒品滥用的执行情况 强化增强青少年权利意识的相关项目
	失学青少年		推行项目以增强失学青少年的人权意识和性别敏感度
	青少年就业剥削	审议并修改相关法律以保障青少年的就业权利	审议旅游业相关政策，对旅游业执业证书的换发严格把关，对涉及青少年性剥削的机构不予以换发执照
	特殊需求青少年（残疾、青少年武装、遭受自然灾害等威胁的青少年）		发起全国性的运动，促进公众对特殊需求青少年的认识和态度转变 强化相关项目为遭受暴力威胁的青少年提供协助
土著居民和少数族群社区	文盲	在学校课程中引入与土著居民和少数族群文化相关的课程 在法学院中强制开设有关土著居民法的课程	建立一所多元文化社群研究机构 开展关于土著居民和少数族群社区的传统文化和传统习惯的研究项目 大力宣传有关土著居民和少数族群社区的相关信息，开展对其的研究和教育，探讨让这些社区实行有限自治的可行性
	基本社会服务和基础设施匮乏		为土著居民和少数族群社区提供资助项目，升级支援体系，提高支援效率
	政治不稳定的社区	出台短期法规禁止非部落成员拥有土著居民社区的特许经营权 承认并促进土著居民和少数族群成员的自治权和知识产权 将土著居民社区的习惯法引入全国法律体系中 废止现行法律中阻碍土著居民土地、森林和矿产资源权的有关条款 制定法律保障土著居民在涉及他们的政策规划、执行和评估上的参与 任命土著居民代表 立即通过国际劳工组织公约的相关条款	在全国各级政府中保证一定比例的土著居民和少数族群代表 保障土著居民在各级地方政府部落法庭的参与权 强化部落理事会在提升土著居民和少数族群居民能力方面的制度化角色

续表

领域	现状/问题	法律法规方面的改善措施	行动计划
穆斯林	歧视 对穆斯林宗教权利的不当限制	将侮称穆斯林罪犯的行为定为诽谤罪 加重对毁坏宗教场所罪行的惩罚	完善相关法律法规 为穆斯林举证提供非歧视性的指导意见 在学校促进穆斯林权利，如豁免穆斯林学习神学课程，允许穆斯林伊斯兰装束，在公共场所设立祈祷室 发起媒体运动，合理使用"穆斯林"一词
	武装化和其他人权侵害行为	制定法律惩罚执法者的性虐待行为 在马尼拉和宿雾市设立伊斯兰教教法法庭	撤销不必要的军事检查点
	在各级政府中缺乏代表	评估穆斯林事务	在政府决策机构中任命穆斯林代表 在各级执法机构中任命穆斯林代表以满足穆斯林犯罪嫌疑人的法律需求
老年人	老年乞讨者	制定法案以调查虐待老年人的程度和种类	提高退休金，资助公立医院为弱势阶层提供免费药品 人权委员会为人权受到侵害的老年人提供法律援助
残疾人	不平等的雇佣机会	邀请残疾人参与审议涉及他们的法律法规 修订《残疾人基本法》中关于雇佣的条款	对残疾人相关的项目提供财政资助并监督资金的使用 增强残疾人参与法律和政策决策的能力与机会 严格监管雇佣残疾人的 NGO 增强社区残疾人康复项目
	缺乏高质量的教育	从法律角度探讨是否有必要将特殊教育处升格为特殊教育局	推动关于残疾人教育的大众运动 采取税收激励措施鼓励各类学校向残疾人提供奖学金
精神障碍者	对精神障碍者缺乏认识和尊重	制定精神健康法案以保障精神障碍者的权利并确立相应的执行机制	加强医疗部对精神健康的重视 推广预防精神疾病的教育项目
	不平等的竞争、雇佣和教育机会		剔除求职申请表格中类似"你是否曾经接受过心理治疗"这样的问题
	生理和心理虐待		财政拨款资助职业康复项目 医院、警局、监狱以及媒体要公正人道地对待精神障碍者

续表

领域	现状/问题	法律法规方面的改善措施	行动计划
被拘禁者	不人道的居住和健康状况	将矫正局、各省监狱、监狱管理局统一为一个机构或内设于司法部	强化对拘禁机构的监管、招募工作人员，并引入新技术实施高效的管理和安全保障 对监狱提供财政拨款以升级设施和住宿条件并提高狱警工资水平 建议国会组建一个统一的刑罚制度 向犯人和狱警开展人权教育
	狱警施加的生理和心理虐待		系统评估审讯规则以避免对犯人的拷问、骚扰和虐待 定期巡视监狱和拘禁设施
背井离乡者	背井离乡者需要足够的社会经济稳定性以及基本需求服务	废除各类私人武装团体 撤销镇压性的法律条款	为背井离乡者拨款以抵御自然灾害并恢复正常生活 为背井离乡者提供低成本住房和餐饮设施 承认国内难民并向其提供经济补偿
劳工移民	对非法劳工的剥削	在各地区执行禁止非法雇佣的法律条款	向劳工移民提供福利保障和救济服务 在有关非法雇佣问题的执法上增强协调性
公共领域雇员	没有罢工的权利	修订法律使公共领域雇员拥有罢工和工资协商的权利	
	没有人权促进官员 没有统一的退休年龄和退休金规定等其他问题		制定或修改相关法律，增进对雇员人权的承认和尊重，对雇员的收入和福利及权利行使情况进行监督
私人部门雇员	高失业率	制订关于劳务外包的法规	将就业促进项目与雇员的共同所有权统一起来
	对最低雇佣标准的较低的遵守率	修订学徒法 制定法规以强化雇主和雇员间的自愿纠纷调解机制	在工会层面上设立人权负责人岗位 对中小企业提供特殊的技术性支持
	较低水准和覆盖率的福利服务	制定法规将公共雇佣服务办公室制度化	提升雇佣教育的强度和深度
	雇佣纠纷解决的低效率	对雇佣纠纷的解决设立期限	在司法和准司法机构任命临时工作人员以加速对雇佣纠纷案件的处理

领域	现状/问题	法律法规方面的改善措施	行动计划
非正式劳工	面临来自政府部门的骚扰和威胁	简化注册和许可程序，设立一站式服务中心	对执行机构和人员的行为进行监督
	容易遭受剥削工作环境恶劣	审议劳务外包制度并明确制度要求以保障劳工免受潜在的虐待	建议制定新的职业安全和健康标准并将非正式劳工的状况考虑进去
	对潜在的商业机会缺乏认识	修订"中小企业法"，增强微型企业对高效生产资源和基础服务的获取	培训商业技能以增进他们对企业的吸引力
	缺乏社会保障	制定法规保障非正式劳工的社会福利	向非正式行业的低收入雇员提供基本的福利服务
城市贫民	政策冲突	制定城市贫民法	
	缺乏或者低效的社会化住房项目缺乏土地安全保障	新设住房和城市发展部执行全国土地使用政策	在土地迁移过程中保障居住权
	在各类机构中缺乏代表		为推选代表提供财政资助
	缺乏雇佣机会	设立消除贫困高级专员	提高城市贫民的工作技能并为其提供合适的工作岗位
	缺乏清洁和卫生设施缺少收入和经费		各级政府提供基本的饮用水和卫生设施合理规划生活垃圾排放点使用并监督财政拨款

总体来说，菲律宾国家人权行动计划中，针对特定人群的人权保护制定的相关措施基本都集中在提升各群体的物质生活和福利水平，提升其在经济和政治生活中的参与度，提升政府基本公共服务能力，提升对重点群体和领域的财政资助度等方面。

（三）尼泊尔

尼泊尔为南亚山区内陆国家，是世界三大宗教之一佛教的发源地，位于喜马拉雅山脉南麓。公元前6世纪，尼泊尔人就已在加德满都河谷一带定居。之后印度的移民以及英国的入侵，共同谱写了尼泊尔的历史。截至2013年，尼泊尔总人口约270万，其中男性占48.5%，女性占51.5%。

民族构成方面，截至 2013 年，尼泊尔境内有拉伊、林布、苏努瓦尔、达芒、马嘉尔、古隆、谢尔巴、尼瓦尔、塔鲁等 30 多个民族。① 经济上，尼泊尔被视为一个农业国，80% 的人口从事农业生产，是世界上最不发达的国家之一。尼泊尔政府的主要精力仍然集中在如何减轻饥饿和贫困上，其在 2014 年的世界人文发展指数评比中排名第 145 位。

尼泊尔人权行动计划书开篇阐明：人人生而具有平等以及和平生存的不可剥夺的基本权利。根据《联合国人权公约》的相关精神以及人权行动计划倡议书的具体要求，尼泊尔政府希望借此机会充分调动国内中央以及地方各级政府部门、NGO、民间团体、私营部门以及各类团体协会的力量，共同促进人权行动计划的实施。基于尼泊尔的特殊国情，尼泊尔人权行动计划仅仅制定了行动纲领和政策框架，各项具体的人权行动计划需要相关的政府机构和社会团体因地制宜，筹措和制定必要的技术和财政资源与措施。

尼泊尔在起草人权行动计划的过程中始终围绕着在尼泊尔建立人权文化这一目标而展开。其行动计划的目标包括：保障和促进尼泊尔宪法（1990 年）以及相关国际公约中规定的不可剥夺的权利，包括公民、文化、经济、政治和社会权利。其具体目标为：（1）提升尼泊尔人权现状并树立尼泊尔政府采取行动的决心；（2）改进全体尼泊尔国民的人权状况，尤其是弱势阶层、原住民以及少数族群社区、偏远地区居民的人权状况；（3）将人权行动计划和项目纳入社会共识；（4）提升社会各群体和机构对人权行动计划的认知度和理解；（5）动员全国和国际资源促进尼泊尔人权保护事业的可持续发展。

尼泊尔人权行动计划主要包括以下几个方面：教育文化，医疗卫生，环境和可持续发展，弱势群体如原住民、少数民族族群、"贱民"、残疾人、老年人，妇女与性别平等，儿童权利与发展，司法体制改革，司法管理，监狱管理与改革，劳工与雇佣，冲突管理，强化组织和制度建设。由

---

① 参见外交部《尼泊尔国家概况》，http://www.fmprc.gov.cn/web/gjhdq_676201/gj_676203/yz_676205/1206_676812/1206x0_676814/，最后访问日期：2017 年 3 月 21 日。

于财政预算的限制,尼泊尔政府将人权行动计划中的相关项目与国家发展项目(national development program)统一起来,同时大力开展人权保护领域的基础设施和组织制度建设。具体内容上,行动计划书主要从以下几个方面规划了尼泊尔的人权保护事业。

1. 教育文化

国家发展项目计划到 2015 年让所有儿童能接受完整的初等教育。考虑到尼泊尔是一个多民族和多语言国家,许多族群和部落都有各具特色的语言、服饰、习俗、宗教、音乐、节日、艺术、建筑和历史,为了防止他们受到日益强大的全球化的冲击,尼泊尔政府和相关 NGO 需要积极行动起来,努力保存并发扬原住民和少数民族族群社区、文化传统和生活方式。

2. 医疗卫生

在第九次计划时期(1997~2002 年),尼泊尔对医疗部门进行了改革,医疗服务开始分散化,同时鼓励政府、NGO 和私营部门的参与。行动计划书中关于医疗卫生服务的目标和措施包括:依据国际标准改革现行法律,保障国民享有有质量医疗服务的人权,将医疗设施和服务扩大至全国范围,提高医疗服务水平。

3. 环境保护与可持续发展

尼泊尔在相关国际论坛上已经承诺了增强对环境的保护和可持续发展,为了履行承诺,尼泊尔研究和制定了相关法律法规(如 1987 年实施的《国家资源保护行动法令》和 1989 年实施的 25 年期的《森林开发计划》)以及设立了相关机构,同时大力重视国民对森林资源的管理和保护工作的参与度。横向对比,尼泊尔在环境和可持续发展方面面临的主要难题是如何在保护环境的同时让国民从自然资源中获益。人权行动计划书关于此领域的目标及措施包括:修订环境法律法规以符合国际标准,使国民从自然资源中获益,确保国民生存于健康环境中的权利,以及确保国民能公平地获取自然资源。

4. 弱势群体权利

尼泊尔是一个多语言、多种族和多文化的国家,但是由于历史上长期的封建统治，尼泊尔存在较为严重的种族、宗教和阶级的歧视。为了改善弱势群体的生存状况，尼泊尔政府分别于 1997 年和 2002 年成立了相关委员会，向包括"贱民"在内的边缘阶级和弱势群体提供财政和教育资助。然而大部分尼泊尔"贱民"仍然被迫生活在非常贫困和偏远的地区，他们长期处于被忽视的地位，基本人权无法得到合理的保障。针对以原住民为代表的弱势群体，尼泊尔人权行动计划要求保护并促进这些群体的基本自由和权利，消除所有的基于种族、语言、宗教、文化和地区的歧视和不平等，保护并提升原住民和"贱民"的语言、文字、宗教、文化以及认同感，向这些群体提供自然和经济资源的倾斜支持，保障他们的相关权利，使其能过上有尊严的生活。

5. 妇女权益

尼泊尔的妇女权益以及性别平等问题是一个跨部门的议题，所有政府部门已经设立了性别问题联络中心，不少部门也专门设立了女性开发组。此外，尼泊尔国内还有相当数量的 NGO，在全国各个层面开展工作促进妇女权益保护和性别平等，提升全社会对妇女权益的认识并通过小额贷款等项目提高妇女的经济独立性。然而，在经济和其他的社会领域，妇女仍然落后于社会平均水平，比如女性的识字率只有 42.5%（男性为 65%），学校中女性教员的比例只有 26%，另外，各层级学校的女性入学率均低于同龄男性，每 10 万产妇中 415 例的死亡比例也居于全球最高水平之列。人权行动计划书关于此领域的目标及措施包括：改革现行法律使之达到国际标准，执行相关法律法规，增加女性能动性并缩小性别歧视，严格充分地保障妇女的生活质量及其人权，控制针对妇女的犯罪和暴力行为，以及建设制度性的框架，邀请全社会的参与，保障妇女能充分享有各项权益。

6. 儿童权利

根据国际保护儿童权利的相关公约和协议，尼泊尔政府在 1992 年制定的《儿童法令》和《劳动法令》中规定了儿童的权利。相关的儿童保护机构主要有妇女、儿童和社会福利部，中央儿童福利局，地区儿童福利局，以及地区法院下设的青少年审判庭。经过相关机构的不懈努力，儿童福利工作有了较大的进步，婴儿死亡率下降至 64‰，婴儿接种率也有了提高，同时儿童识字率、入学率和出生登记率有了显著的增长。然而在儿童权利保护和发展领域，尼泊尔离国际标准和公约承诺仍有相当的距离，主要问题包括缺乏健全的儿童保护法律框架，缺乏对儿童权利保护的政治承诺，社会对儿童权利的认识度还不够，对儿童初等教育的财政资助力度有待提高，儿童健康服务水平不足，缺乏对儿童其他方面的权利保护。另外，私营部门的参与度也有待提高。行动计划书在此领域的目标及措施包括：改革现行法律使之达到国际标准，以便更好地保护儿童的人权；根据联合国儿童权利公约，确保儿童享有权利；完善相关的制度框架以便更好地保护儿童的教育、健康和卫生权利；为处于困境中的儿童提供庇护和康复服务；控制针对儿童的暴力犯罪，消除虐待儿童的罪行。

7. 司法体制和司法管理

尼泊尔政府已经成立了工作组评估现行的刑法和民法并对司法改革提出合理的建议，司法改革的顺利推进是当前重点的工作之一。尼泊尔司法改革的主要议题包括保证法律得到良好的执行、如何将人权精神更好地融入法律中、如何提高司法机构的效率、如何对司法机构进行监督和评估、如何提升市民和相关团体对司法工作的认识和参与度。行动计划书规定要建设一套能够快速反应、容易获取、严格遵守法治，同时能更好地保护人权的司法体系。

8. 监狱管理与改革

在此领域，尼泊尔面临的最主要问题是缺乏满足基本人权需求的设施，因此政府以及相关 NGO 需要携手推进监狱管理改革，更新补充监狱设施，提升被监禁人员的生活水平。人权行动计划书在此领域的目标和措施包括：向狱警、狱政管理人员、执法机构工作人员、被监禁人员开展人权知识培训，保障被监禁人员的人权；转移部分被监禁人员至社区矫正中心；开发并扩展可以替代监禁的其他矫正手段。

9. 劳工与雇佣

私营部门越来越成为尼泊尔的一个重要雇佣主体，女性就业和海外就业的比重也在提高，甚至海外汇款已经成为尼泊尔 GNP 的一个重要组成部分。尼泊尔劳工问题主要表现为劳动法没有得到很好的执行，涉及劳工与雇佣的政府部门间的协调不够，另外，劳工的权益没有得到很好的保护。人权行动计划在此领域的主要目标及措施包括：改革劳工与雇佣相关的法律法规，纠正对儿童和妇女的劳动剥削，保障劳工权益，保障在海外工作的劳工的合法权益。

10. 冲突管理

尼泊尔国内存在城市与农村，地区之间，以及性别、种族和阶层之间的悬殊，由此导致的贫困和失业给社会带来冲突，威胁尼泊尔社会的稳定和发展。总体来说，影响尼泊尔社会稳定的原因包括：贫困，就业机会的缺乏，不同群体获取经济和社会资源的不平等以及由此导致的人权问题，政府执政能力偏弱无法有效地实行法治，缺乏可接受的政治程序以及社会各群体间的理解和宽容，人权教育的缺乏等。人权行动计划中冲突管理项目的主要目标包括：建立政治和社会平衡秩序，维护国家和平；使国民享有安全感，保障国民的固有人权；向因为冲突导致的受害者提供补偿和安置；缩小经济、社会和文化领域存在的歧视和边缘化现象。

11. 组织和制度建设

虽然尼泊尔在 1990 年恢复民主后制定并修订了许多法律，而且在《分权制改革行动计划 2002》的指导下由上而下建立了许多组织以促进人权事业，但尼泊尔人权保护相关机构的能力建设仍然落后于规划要求，亟须提高。人权行动计划中强化组织和制度建设项目的主要目标包括：增强人权领域相关机构的能力；使人权保护相关机构有能力推进人权保护事业的开展。

总体来说，尼泊尔政府承认了在推进人权保护行动中面临的国家能力、基础设施、经济和社会发展水平的客观限制，因此其人权行动计划仅仅制定了行动纲领和政策框架。由于财政能力的制约，尼泊尔政府将人权行动计划中的相关项目与国家发展项目统一起来，将国家人权行动计划与全国的第十个五年计划相结合，共同推进。与此同时，尼泊尔根据国际人权组织和人权公约的标准重新审议、修订和制定法律法规，强化总理和部长会议办公室下设的法律与人权处的职能，使其能统筹协调各部门和机构的人权事务，加强对各部门和领域人权事务的监督，同时积极与各级非政府组织和民间力量合作，提高广大民众对人权保障事业的认识，将人权保障工作推进到社会各个领域和层面。

（四）泰国

泰国，官方称谓泰王国，根据泰国宪法规定，泰王国是以国王为国家元首的民主体制国家，国会是最高立法机构，实行上下两院制。截至2014年，泰国总人口为6450万。全国共有30多个民族，其中泰族为主要民族，占人口总数的40%，其余为老挝族、华族、马来族、高棉族，以及苗、瑶、桂、汶、克伦、掸、塞芒、沙盖等山地民族。90%以上的民众信仰佛教，马来族信奉伊斯兰教，还有少数民众信仰基督教、天主教、印度教和锡克教。泰国是东南亚国家联盟成员国和创始国之一，同时也是亚太经济合作组织、亚欧会议和世界贸易组织成员。[①]不难看出，泰国的人权保护事业同样处于多民族、多语言、多文化的复杂社会环境中。

泰国的首份人权行动书（2001～2005年）由权利和自由保护局以及司法部牵头起草，并于《世界人权宣言》颁行50周年之际正式发布。针对首版行动计划在执行过程中存在的专家人力、公众人权意识、资源以及有效的执行机制缺乏等问题，在第二版行动计划书（2009～2013年）的起草过程中，泰国政府与科研机构、民间团体等机构合作，开展了对人权保护的一系列研究和研讨会，并对第一版人权行动计划的执行效果进行了评估。

泰国政府认为，在发展中国家，国家在保护人权和促进人的全面发展方面具有举足轻重的作用。计划书指出"回顾历史，我们可以发现，在发展中国家政府是公共领域中的重要角色，政府通过集中的和有针对性的指导和运作保护全体国民的安全并促进国民的发展"。泰国承诺积极推动民主，以便为实现所有人的人权和自由提供一个有利的环境。2007年泰王国宪法提出，要尊重人类尊严、基于不歧视的平等以及个人权利和自由。

---

① 参见外交部《泰国国家概况》，http://www.fmprc.gov.cn/web/gjhdq_676201/gj_676203/yz_676205/1206_676932/1206x0_676934/，最后访问日期：2017年3月20日。

宪法要保障人民参与政治和管理以及制定公共政策与经济和社会发展规划的权利。宪法还要求国家提供覆盖全国的远程通信基础设施，使人民得以获取所需的信息。要求保障人民的出版、言论和结社自由，尊重社区在自然资源的保护、分配和利用方面的权利。该宪法成为泰国史上第一部明确人权保护的宪法。由此，泰国政府与科研机构、民间团体和 NGO 等机构合作，开展了对人权保护的一系列研究和研讨会，并对第一版人权行动计划的执行效果进行了评估，在此基础上撰写了第二版国家人权行动计划（2009～2013 年）。

具体内容上，行动计划书主要从以下几个方面规划了泰国的人权保护事业。

1. 人权保护的机构和机制

行动计划书指出，为了推进泰国的人权保护事业，政府要建立可持续的独立的人权保护机制，包括在行政、立法和司法部门中设立如国家人权委员会等机构及相关机制。另外，根据宪法要求，还应该支持公民向各级政府提出有关人权保护的意见和要求，积极推动民间社会组织参与人权保护事业。除此之外，计划书提出，泰国要积极参与国际和地区人权组织并在其中发挥作用。

2. 公民的政治权利

享有言论自由的权利是泰国民主社会的基石，行动计划书首先强调了要切实维护宪法的权威，保证公民享有宪法中规定的结社、表达意见、发表演说、宣传出版的自由权利，禁止政府干预新闻和言论自由，同时行动计划书还积极倡导政府要采取措施保护公民的知情权，以方便公民对政府工作的监督。

3. 平等获取司法服务和救济

行动计划书提出要保障公民平等地获取司法服务和救济的权利，保证公民能获得迅速和公正的审判，刑事犯罪案件中的罪犯、被告、受伤害者都能得到必要的司法保护和援助。同时，制作宣传手册，向公众传播有关司法制度的信息并且加强公众诉诸司法的平等权利。另外，要采取措施保障贫困人口以及弱势群体平等获取司法服务和救济的权利，通过社区教育提高他们对自身权利的认识，帮助他们更好地维护自身的权利。

4. 经济、社会和文化权利

经济、社会和文化权利涵盖范围较广，泰国人权行动计划中这方面的内容主要包括以下几点。(1) 雇佣权利。确保工人享有宪法规定的安全和福利权利，同工同酬，同时要采取措施将保护对象和范围扩展至大量在非正规部门就业的人员以及海外移民和海外劳工，对遭受工伤和贫困的劳工提供资助。(2) 医疗卫生权利。促进国家建设以权利为基础的医疗卫生体系，保障全体国民的健康权，政府加大医疗保险的财政资助，尤其应该加大对社区诊所和偏远地区农民以及少数民族等群体的医疗投入，保护艾滋病患者的权利并向其提供医疗补贴。(3) 教育权。继续推行和深化义务教育，扩大免费教育的受益范围和年限。采用新型信息通信技术发展远程教育，为偏远地区儿童提供平等的受教育机会。在多元文化和少数民族地区推行符合他们生活方式和传统的教育形式，使他们能使用母语接受教育，保障贫困和弱势群体的受教育权。(4) 消除贫困。重新审议并修订有关消除贫困和扶持贫困人口及弱势群体的公共政策，帮助他们就业并获得收入。采取措施增加农民收入，保障农民的土地权，促进农民参与到政府决策过程中以充分保障他们的利益。强化社会安全网的构建，确保全体国民享有基本的保障和平等发展的权利。

5. 儿童权利

依照《儿童权利公约》等国际公约及标准，重新审议并修订有关儿童权利的法律法规。强化从中央到地方各级政府在儿童权益保护方面应当承担的责任，保障儿童的受教育权。向母婴提供营养和医疗教育设施，促进儿童的健康成长。在各级政府和社区设立工作中心以切实消除童工。对残疾儿童提供特殊护理。免除对儿童尤其是边缘地区儿童的暴力侵害、性虐待，对受到侵害的儿童提供救济，切实采取措施避免儿童卷入贩毒等犯罪行为中。

6. 妇女权利

依据国际公约和标准，重新审议和修订现有的关于妇女权利与妇女保护的法律法规。在政府各部门内设立性别平等和妇女权益保护小组，推动性别平等在各项政策制定过程中得到落实。鼓励妇女参与公共生活及政府事务，鼓励女性参加选举，提高社会各类组织中女性领导的比例。消除针对女性的暴力，发动反对暴力的宣传，在社区设立工作中心和庇护所，对遭受暴力的女性提供帮助。在各级教育机构中推广人权和性别平等观念，为教员提供相关培训，促进全社会对女性角色和地位转变的认识。

7. 残疾人权利

重新审议并修订《残疾人法》和《残疾人教育法》，将保障残疾人人权的内容融入相关法律法规和政策中。向残疾人发放生活补贴以及提供法律服务，在社区建立康复中心，促进残疾人融入社会。向残疾人提供就业和技能培训，促进残疾人就业，鼓励企业和各类社会组织雇佣残疾人，对残疾人设立的企业或组织提供税收优惠。

8. 老年人权利

考虑到泰国社会的老龄化趋势，制定并强化执行保障老年人权利的各项法律及政策。鼓励老年人积极参与社会，保持良好的心理和生理健康状况。加强面向老年人的社会保障及津贴制度，建立社区老年人看护中心。尊重老年人的工作权利和健康权利，利用老年人的经验和知识，保障老年人过上体面和有尊严的生活。

9. 少数族群的权利

根据相关国际公约和标准，重新审议、修订并制定关于少数族裔群体权利保护的法律和法规，尊重和保护他们的传统、文化和当地知识。保障少数族群对当地自然资源的获取和利用。完善面向少数族群的社会福利和各项保障，维护他们享有的各项公民和经济社会权利。在少数族群居住集中地设立了解当地语言和传统的政府职员，为少数族群成员无障碍地获取公共服务创造条件。保障少数族群居民的财产权，对无固定居所或土地的居民提供合法的居所。

10. 国际劳工和国际移民的权利

国际劳工既包括在海外工作的泰国劳工，也包括在泰国工作的海外劳工。行动计划书指出，泰国政府将遵守各类国际劳工公约，充分保障国际劳工的各项权利，保证在泰国工作的国际劳工享有与泰国本国工人同样的权利。使用国际劳工的母语制作各类宣传册，向在泰国工作的国际劳工宣传他们和雇主的权利义务，在各级政府机关设立雇佣咨询中心，提高雇主与劳工自身对劳动权利的认识，强化劳工保护网络。消除针对国际劳工的剥削和虐待，探讨措施向"非法"国际劳工提供医疗服务。

在保障国际移民、难民和寻求庇护者的权利方面，行动计划书提出，泰国政府要加强与各类非政府组织和国际组织的合作，为进入泰国的各类国际移民提供医疗服务和法律援助，同时要采取措施，追加投入，保障国际移民家庭儿童的受教育权。

11. 人权教育

制作人权知识读本，向公众宣传人权保护的相关知识。在社区设立人权服务点，向社区居民宣传，促进他们对人权的认识。向司法人员如警察、法官等宣传人权知识，提高他们的人权意识，确保他们在工作中保障人权。在各级学校教材中加入人权内容，同时面向教师开设人权培训班。调动各类 NGO 和志愿组织的积极性，针对贫困人口、少数民族、边缘地区人口等弱势群体提供人权知识和教育服务。

总体来说，相比尼泊尔等经济发展水平和国家财政能力较低的国家，泰国国家人权行动计划较少受到国家经济和财政能力的约束，能保障各群体享有基本的公共服务和社会福利。其人权行动计划的重点领域是针对妇女、儿童、少数民族、外国劳工等弱势群体的保护，同时加强社会安全网的建设和司法体系的改革，旨在建立一个更为公正、稳定、平等、宽容的社会。

（五）韩国

韩国，官方称谓大韩民国，总人口约 5100 万，通用韩国语，50% 左右的人口信奉基督教、佛教等宗教。20 世纪 60 年代，韩国经济开始起步，70 年代以来，持续高速增长，人均国民生产总值从 1962 年的 87 美元增至 1996 年的 10548 美元，创造了"汉江奇迹"。1996 年加入经济合作与发展组织（OECD），同年成为世界贸易组织（WTO）创始国之一。1997 年，

亚洲金融危机后，韩国经济进入中速增长期。2016 年人均国民收入为
2.76 万美元。① 韩国社会的单一民族构成，以及 20 世纪 60 年代以来经济
的持续发展，是韩国人权事业发展的基本环境。

韩国人权行动计划（2007～2011 年）是韩国政府提交的首份关于
人权保护的综合纲领性文件。行动计划书初稿主要由法务部牵头并于
2006 年 1 月在部际会议上通过，此后广泛听取了国家人权委员会和相
关部处的意见建议，在正式发表前又分别于 2006 年 12 月和 2007 年 2
月向公众举行听证会并进行相应的修改。该份行动计划书的目标包
括：（1）重申政府在人权保护和促进方面的立场；（2）向国际社会阐
明韩国的人权政策；（3）将涉及人权事业的所有政府部门有机统一起
来；（4）基于国际人权公约制定韩国的人权保护政策；（5）进一步提
升韩国的公民和政治权利；（6）在贫富不断分化的时期确保建立社会
安全网；（7）提升国民生活质量；（8）通过对弱势群体和少数族群的
保护，在全社会形成尊重多元性并消除歧视的氛围；（9）提升公众对
人权问题的意识。

韩国人权行动计划书重点从以下几个方面规划了其人权保护事业：
（1）对公民和政治权利的保护和促进；（2）对经济、社会和文化权利的
保护和促进；（3）对少数族群和弱势群体权利的保护和促进；（4）人权
教育和人权领域的国际合作。

1. 公民和政治权利

行动计划书花了较大篇幅概述韩国在促进公民和政治权利方面的措
施，具体包括以下内容。（1）生命权。政府决定重新审议死刑制度，并且
加强对预防自杀项目的研究和执行。（2）个人自由。改革逮捕制度并强化
刑事诉讼程序，改善被拘禁人员的待遇，对监禁外国人的设施进行检查，
增强对精神疾病治疗机构内患者的人权保护。（3）迁徙和居住权。采取措
施为残疾人的行动提供便利，保障他们参与公共活动的权利；优化并执行

---

① 世界银行，https://data.worldbank.org.cn/country/korea-rep/，最后访问日期：2019 年 3
月 22 日。

《移民法》，保障国际移民的人权。（4）隐私权。针对日益广泛部署的监控设施，韩国政府计划采取措施合理规划并公示监控设施以在维护安全的同时保障公民的隐私。同时颁行"个人信息保护法案"，防范个人信息在通信网络上的泄露和被盗用，尤其要限制对公民身份证信息的提取和使用。（5）思想和宗教自由。认真审议和考虑对强制兵役制的反对声音，同时积极防止滥用《国家安保法》的行为，保护公民的思想和宗教自由。（6）言论、出版和集会的自由。升级通信基础设施，使公民能更方便快捷地接入因特网，促进信息的沟通和自由传播。合理执行《集会和示威法》，保障公民正当合法的集会和示威权利。（7）选举权。为了增强公民的政治参与，提高选举投票率，韩国政府计划完善措施鼓励在国外的公民参加投票，建设相应的设施帮助行动不便或有其他障碍的残疾人行使选举权。与此同时，政府保证在公共机关中妇女和残疾人的职业机会。（8）对人权侵害的矫正和补偿。增强军事法庭的独立性和公正性，同时提升军队对人权问题的重视和保障。

2. 经济、社会和文化权利

该部分的行动计划主要围绕对教育、工作、生活质量、经济活动的参与、家庭、健康、福利以及环境等权利的尊重和保护。具体内容包括以下几点。（1）教育权。强调教育对促进公民全面发展和社会进步的积极意义，政府承诺加强对基础教育的资助，增加校园膳食的财政资助并监督其使用情况。建立健全无障碍设施，保障残疾人的教育权。（2）与工作和就业相关的权利。针对日益增多的非常规职位和家庭护理从业者数量，韩国政府计划采取措施以提高对他们权利的尊重和保护。为残疾人就业提供技能培训、财政补贴和就业辅导等措施，同时，保障所有人的医疗健康、社会保障和职业安全。确保大学教辅人员有组织和参与工会的权利，允许在企业内组建各级工人联合组织，保障工作人员的基本权利。（3）经济参与权。政府鼓励并支持全体国民的经济参与权，为残疾人创业提供资助和支持。放松对劳工移民更换工作场所的限制，以提高他们的收入水平，保障其基本的劳工权利不受侵犯。（4）享有体面的生活水准的权利。韩国政府着重加大对低收入阶层和弱势阶层的补助，保障他们享有体面的生活水准。增加对低收入阶层的医疗保险补贴，加强对新生儿医疗健康的管理，强化对老年人社会保障和医疗健康的发放和管理，对患有疑难杂症和慢性病的人群提供财政资助以提高其生活质量并减轻家庭负担。与此同时，政府大力改善空气、水等环境质量，提高全体国民生活健康水平。（5）文化权。韩国政府鼓励并支持地方各类文化艺术和祭典活动，从制度和设施上共同着手，努力为公民创造文化欣赏的机会。（6）家庭权。增强对母婴的护理和保护，采取措施增进家庭内护理，扩大公立和私立托儿所和儿童护理机构的数量并加强管理，资助有孩子的单亲家庭，支持并完善国内收养制度。

3. 少数族群和弱势群体的人权

该部分主要介绍对妇女、儿童和青少年、残疾人、老年人、外国移民、在外同胞、难民等弱势群体的人权保护工作。具体内容包括以下几点。（1）妇女。在预防和打击性交易的同时对性交易受害女性提供保护和康复工作。预防和打击家庭暴力和性侵害行为，向遭受潜在家庭暴力和性侵害的女性提供保护和心理咨询服务。（2）儿童和青少年。促进青少年对涉及他们的政策的参与，鼓励他们表达观点并在决策过程中予以充分考虑。反对并预防针对儿童的虐待行为，强化相关机制以增强青少年融入当地社区。（3）残疾人。加大对《残疾人歧视法》的宣传和执行力度，增强社会对残疾人权利保护的意识。提高对残疾人和残疾儿童补贴的额度，促进残疾人康复器材和医疗设备的设置，对重度残疾人提供个人协助系统的支持。（4）犯罪受害者。政府对犯罪受害者提供救济，在刑事诉讼程序中充分考虑对人权的保护，并且对受害者的隐私和人身安全进行重点保护。（5）外国人。推进《在韩外国人待遇基本法案》的实施，采取一系列措施帮助外国人定居展开新生活，向外国人提供语言培训和咨询服务，促进他们的文化和社会融合。（6）在外同胞。为了促进对在外同胞的权利保护，韩国政府将向居住在中国、俄罗斯等地的朝鲜族在外同胞设立新的旅行和工作签证类型，方便他们来韩国旅行、工作和居住。（7）难民。对提交难民庇护的申请者和已取得难民身份者提供相应的协助，采取措施保护他们的正当权利和利益，同时政府承诺难民身份审核程序的公平性。（8）对麻风病等传染病患者人群的人权保护。

4. 人权教育，人权领域的国际合作以及履行国际人权公约

该部分主要介绍如何面向学校和社会开展人权教育，加强国内外人权事业合作以及采取措施促进国际人权公约的履行。（1）人权教育。韩国政府计划全方位开展人权教育，重点加强在学校、政府以及公共服务机构的人权宣讲。加强对弱势群体和少数族群的人权教育，增进他们的权利意识。加强对企业和媒体工作者的人权教育，同时向公众宣传人权知识，提升全社会的人权保护意识。（2）国际国内的人权合作。韩国政府计划采取措施增进公民的参与，支持非政府组织参与人权保障事业，积极参加与人权事业相关的国际会议，加大政府开发援助（ODA）的力度。（3）审议通过相关的国际人权公约，同时逐步废止保留条款，力争实现国际人权公约的全面履行和实现。

总体来说，相比亚洲其他国家，韩国的国家人权行动计划，已经超越了对国民提供良好的基础设施和社会福利水平这一层面，其主要目标是建设一个更加公平、自由、开放、多元的国家，进一步提高对少数族群和弱势群体的人权保护水平，促进个体和社会的全面自由发展。

二　人类发展指数评估结果及发展趋势

1990 年，联合国开发计划署（UNDP）创立了人类发展指数（HDI），即以"预期寿命、教育水准和生活质量"三项基础变量，按照一定的计算方法，得出的综合指标，并在当年的《人类发展报告》中发布。1990年以来，人类发展指数已在指导发展中国家制定相应发展战略方面发挥了重要的作用。之后，联合国开发计划署每年都发布世界各国的人类发展指数，并在《人类发展报告》中使用该指数来衡量各个国家人类发展水平。

虽然学界对人类发展指数的编制以及应用范围存在争议，但是基本认同人类发展指数对人权保护工作的衡量价值，并将人类发展指数应用于对

国家和各群体人权保护工作的评估中。① 根据最新的人类发展指数②，亚洲五国的人类发展指数趋势如图 1 所示。

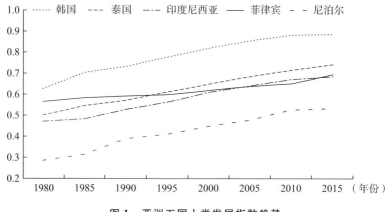

图 1　亚洲五国人类发展指数趋势

根据联合国开发计划署的划分标准，在 2013 年人类发展指数排名中，韩国可被划分为极高的人类发展国家，泰国可被划分为高人类发展国家，印度尼西亚和菲律宾可被划分为中等人类发展国家，尼泊尔可被划分为低人类发展国家。

由图 1 可以看出，亚洲大部分国家的人类发展指数在 1980 年至 2000 年都有了较为显著的增长，而自 2000 年起，各国的人类发展指数的增长势头开始趋缓，同时各国间开始出现了较为明显的高、中、低发展阶段的区别。为了进一步考察各国人权行动计划的实施与人类发展指数的关系，

---

① 代表性观点包括：Ambuj D. Sagara，Adil Najam，"The Human Development Index：A Critical Review"，*Ecological Economics*，Vol. 25，1998，pp. 249 - 264；Gustav Ranis，Frances Stewart，Emma Samman，"Human Development：Beyond the Human Development Index"，*Journal of Human Development*，Vol. 7，2006，pp. 323 - 358；Martin Cooke，Francis Mitrou，David Lawrence，Eric Guimond and Dan Beavon，"Indigenous Well-being in Four Countries：An Application of the UNDP'S Human Development Index to Indigenous Peoples in Australia，Canada，New Zealand，and the United States"，*BMC International Health and Human Rights*，Vol. 7，2007；Martin Ravallion，"Troubling Tradeoffs in the Human Development Index"，*Journal of Development Economics*，Vol. 99，2012，pp. 201 - 209；M. McGillivray，"The Human Development Index：yet another Redundant Composite Development Indicator?" *World Development*，Vol. 19，1991，pp. 1461 - 1468.

② See United Nations Development Program Office，Human Development Index，http：//hdr. undp. org/en/content/human-development-index-hdi，最后访问日期：2017 年 5 月 27 日。

我们可以将各国开始实施人权行动计划的年份为基准点，将人权行动计划实施前后的人类发展指数增长情况进行对比（见表2）。

表2　亚洲五国人权行动计划实施前后人类发展指数增长情况

国家	行动计划首次实施年份	实施前平均增长值	实施后平均增长值
韩国	2007	1980~2005年均增长0.0091	2005~2013年均增长0.0044
泰国	2009	1980~2008年均增长0.0072	2008~2013年均增长0.0036
印度尼西亚	1998	1980~2000年均增长0.0069	2000~2013年均增长0.0058
菲律宾	1996	1980~2000年均增长0.0027	2000~2013年均增长0.0032
尼泊尔	2004	1980~2005年均增长0.0076	2005~2013年均增长0.0079

结合表2和图1，可以发现以下几点。

第一，韩国、泰国、印度尼西亚和尼泊尔这四个国家的人类发展指数在1980年至2000年这一阶段迅猛增长，年均增长值几乎都超过了0.007，韩国在此期间的年均增长值甚至达到了0.0091，其一跃成为极高人类发展水平的国家。韩国在2007年正式实施人权行动计划时，其人类发展指数已经达到了一个极高的水平。

第二，泰国、印度尼西亚、菲律宾和尼泊尔在人权行动计划实施后人类发展指数虽然增长势头趋缓，但从绝对值上来看依然保持了较为不错的增长态势，这表明人权行动计划的实施虽然没有显著地提升其人类发展水平，但仍有积极影响。

第三，只有菲律宾和尼泊尔这两个国家的人类发展指数在人权行动计划实施后有了更高的增长，但是两个阶段的年均增长值差距不大，表明人权行动计划的实施虽然对人类发展指数的增长有积极作用，但并不十分显著。

综上所述，我们可以初步得出结论，对于亚洲国家来说，人权行动计划的实施有助于各国人类发展水平的提高，但其作用并不直接体现在促进人类发展指数的快速提升上。亚洲国家人权行动计划的实践表明，大部分国家在人权行动计划实施前，其人类发展水平已经有了一个快速的爬升和发展阶段，人权行动计划的效果主要体现在巩固当前的发展成果，引导和促进各国的人权事业在质的方面进一步深化提升上。

三 影响亚洲各国人权行动计划 实施效果的相关因素

关于人权保护和社会、文化、政治、经济等因素的关系，各国学者已经有了不少研究。[①] 具体到亚洲各国人权行动计划的实施效果上，本文通过比较各国人权行动计划的制订过程、主要内容以及实施效果，结合各国人类发展指数的趋势和发展阶段，对影响亚洲各国人权行动计划实施效果的相关因素总结如下。

（一）人权保护工作的"硬约束"——经济发展水平

一般而言，经济发展与人权保护工作显著相关。[②] 一方面，经济发展可以为人权事业发展项目提供财力支撑，尤其是在教育、医疗、就业、消除贫困等领域。另一方面，经济的不断发展可以在不同程度上促进公民权利意识的觉醒，进而对政府的人权保护工作提出更高的要求。一国经济的发展也意味着国际贸易和对外交往的加深，从而为人权领域的国际合作和监督创造有利条件。亚洲国家之间经济和社会发展水平差距巨大，其中既有韩国等 OECD 发达国家，也包括大量的发展中国家。亚洲国家间的人类发展指数和同时期经济发展水平的比较，也很直观地显示了经济发展和人权保障之间的正相关关系。韩国作为极高人类发展国家，其人均 GDP 也在亚洲国家中名列前茅，紧随其后的是泰国、印度尼西亚、菲律宾和尼泊尔，经济发展水平排序与人类发展指数紧密对应（见图 2）。

---

① Han S. Park, "Correlates of Human Rights: Global Tendencies", *Human Rights Quarterly*, Vol. 9, 1987, pp. 405 – 413; Uvin, P., *Human Rights and Development*, Streling: Kumarian Press, 2004.

② M. G. Kaladharan Nayar, "Human Rights and Economic Development: The Legal Foundations", *Universal Human Rights*, Vol. 2, 1980, pp. 55 – 81.

图 2　亚洲五国历年人均 GDP

资料来源：世界银行，http://www.worldbank.org/，最后访问日期：2017 年 6 月 1 日。

（二）人权保护工作的"软约束"——政局稳定程度

通过对亚洲各国人权事业发展的比较，可以发现，一国内部政局是否稳定，关系到人权事业的发展能否顺利推进。亚洲国家中人权保护工作进展顺利的国家莫不是在此期间国内的政治和社会秩序保持了基本稳定，并且没有严重的阶级和种族冲突。反面教材如尼泊尔，20 世纪 90 年代以来，由于尼泊尔王室错综复杂的内部矛盾、党派林立以及 1997 年亚洲金融危机加剧的经济和贫困问题，尼泊尔国内局势持续动荡不安，反政府武装兴起，议会党派纷争不断，政府更迭频仍，尼泊尔国内局势愈加扑朔迷离。[①]政治和社会局势的动荡，又加剧了经济困难的局面，影响了人民生活，人权保护事业更加难以开展。

这一局面直到 2006 年 11 月 21 日尼泊尔七个主要政党及反政府武装与以国王为首的政府正式签署和平协议而告终。相应地，尼泊尔人类发展指数在 2005～2013 年才开始缓慢地加速发展，其平均增长值也超过了 1985～2005 年的水平。稳定下来的尼泊尔政府积极与国际组织开展合作，借助联合国的力量，向国内武装力量、安全部队和警察等开展人权教育以

---

① 参见宋志辉、谢代刚《20 世纪 90 年代以来尼泊尔政局持续动荡原因探析》，《四川大学学报》（哲学社会科学版）2008 年第 2 期。

及和解行动，消除暴力冲突和酷刑。在稳定国内秩序的基础上，尼泊尔政府积极采取措施发展经济，消除贫困，同时开展面对各领域和群体的人权保护事业。

（三）人权保护工作的"突破口"——社会转型和民主化程度

关于社会转型与人权保护的关系，研究者已经通过不同年份和地区的统计数据得到了证实。[1] 韩国在社会转型前，由于国内的独裁统治，人权保护事业困难重重，各种抗议独裁和争取权利的事件此起彼伏，各类抗议事件和政府高压处理行为屡见不鲜。这种情况随着 1987 年韩国社会成功转型并实现民主化而得到了改变，此后，各行业各群体可以自由结社，也可以采取游行、示威、集会等方式，自由地提出各自的权利主张。相关的权利团体和 NGO，在人权保护和民主宪政框架下，也加入运动洪流中。另外，作为践行竞选总统时的承诺，金大中政府于 1998 年发布成立"国家人权委员会"的计划，并于 2001 年 11 月 25 日正式成立了国家人权委员会，由此韩国人权保护事业开始步入正轨。[2] 韩国的人类发展指数趋势（1980～2000 年前后是一个快速攀升的时期）也很好地印证了这一历程。

在印尼，1957 年独裁政府的上台使得其人权保护事业接近停滞，这一局面直到 1998 年开始的政治改革才得到改观。1999 年印尼《人权保护法》的颁行意味着人权保护正式得到国家法律的承认。此后，印尼政府根据国际人权保护准则，不断修订宪法和法律，保障公民的结社自由、个人全面发展的自由、法律面前人人平等以及宗教自由。韩国和印尼的人权事业发展历程表明，社会转型以及在此基础上的政府及其领导人的意志是影响人权保护事业向纵深发展的关键因素之一。

---

[1] Davenport, C. and Armstrong, D. A., "Democracy and the Violation of Human Rights: A Statistical Analysis from 1976 to 1996", *American Journal of Political Science*, Vol. 48, 2004, pp. 538 – 554.

[2] 参见金东日、俞少宾《韩国外来劳工人权保护政策转变的影响因素分析》，《韩国研究论丛》2013 年第 2 辑。

（四）人权保护工作的"催化剂"——非政府组织的参与

人权保护事业的发展，除了政府的大力推动，还离不开各类非政府组织的参与。联合国人权理事会在《国家人权行动计划》中强调：各成员国基于国际人权公约和一系列条约标准的精神，团结社会各界，加强政府与非政府机构间的合作，在计划起草和实施过程中吸收各类群体和组织的智慧，将人权保护事业深入社会各个层次和角落。从这个角度来讲，非政府组织的参与机制、参与形式、参与频度、参与深度，都会影响人权行动计划的实施效果。

首先，非政府组织由于体制和人员灵活，可以在其自身的专业领域动员社会资源，弥补政府的财政和资源不足。许多人权领域的非政府组织国际联系与合作非常频繁，对于后发国家如印度尼西亚和尼泊尔来说，这些组织往往起着本国政府与国际组织的中介作用。其次，相比政府机构，非政府组织更接地气，与社区关系紧密，因此可以起到沟通政府与社区的桥梁作用，既可以为政府制订人权行动计划提供准确的信息与情报，也可以推进人权项目在基层社区的实施。再次，东南亚国家的一大特点是各类少数族群众多，这些群体往往居住在偏远边缘的地区，由于语言和文化障碍，他们无法有效地享受政府提供的公共服务，政府也缺乏向他们提供有质量的公共设施和公共服务的机构和人员。各类非政府组织和社区组织利用自己的网络、语言、人员和灵活性的优势，很好地弥补了政府的不足，帮助政府广泛开展人权知识宣传，将人权项目触角延伸至最广泛的社区之中。最后，非政府组织由于所处地位和视角不同，他们既是政府在起草与实施人权行动计划时的帮手与智囊，同时也起着不同程度的监督与制约作用，可以代表社会力量对政府的行为纠偏。

四　结语

根据以上讨论，此处总结亚洲各国在人权行动领域的经验教训，以加深我们对人权保护事业在不同国情和环境下如何规划和实施的认识。

（一）重视国际人权公约及相关国际标准

亚洲各国，虽然大部分国家发展水平相对较低，历史传统和文化差异较大，但在人权行动计划中，无一例外地都普遍尊重国际人权公约及相关国际标准的地位，依据国际人权标准重新审议现有的法律规定并做出相应的修订或者制定新的法律。与此同时，各国也承诺将逐步签署更多的人权文件或撤销已签署的文件中的保留条款作为努力方向。

在依据国际人权公约大幅修改国内法律或撤销保留条款以便与国际标准看齐的过程中，韩国的行动最为突出。虽然在 2000 年前后韩国的人类发展指数已经达到一个相当高的水准，但是韩国在实施人权行动计划过程中，将巩固并制度化人权保护成果作为一个重要的工作方向。相关的法律修订与新修成果包括：2008 年 10 月撤销了对《儿童权利公约》第 9 条第 3 款的保留；2009 年 9 月撤销了《关于难民地位的公约》中对有关相互条件的免除的第 7 条的保留；2008 年 6 月《人身保障法》生效；2008 年 3 月修正了《心理健康法》；2008 年 3 月批准了《禁止就业中年龄歧视和促进老年人就业法》；2009 年 2 月修订了《公开正式选举法》；2010 年 4 月修订了《保护儿童和少年免遭性虐待法》；2010 年 9 月修订了《保护儿童和少年免遭性虐待法》；2010 年 11 月《移民控制法》生效；2010 年 5 月修订了《犯罪受害人保护法》，同时相应地颁布了《犯罪受害人保护基金法》；2011 年 3 月颁布了《防止自杀和促进尊重生命文化法》以及《个人信息保护法》；2011 年 8 月修订了《儿童福利法》；2011 年 9 月颁布了《性别影响评估和分析法》；2012 年 1 月通过了《社会服务法》，强化了对社会服务工作人员的人权教育；2012 年 2 月颁布了《难民法》。这些法律的修订与颁布，为韩国在人权保护领域突破国内利益团体的阻碍并且与国际标准接轨提供了坚实的法律与制度保障。

（二）人权理念在不同国情下的适用性问题

当现代人权理念和公约广泛引入亚洲国家时，一个最激烈的争执就是其与亚洲国家历史文化的相容性和适用性问题，也即学界所探讨的普适主义与文化相对主义。① 普适主义认为，人权是个人与生俱来的，不分国界、文化、宗教和社会地位的差别。而文化相对主义则认为人权不具有普适性，必须基于特定社会的文化、经济和社会形势去理解。对人权理念的不同理解会影响各国对人权保护事业的定义与优先级排序，这一点在亚洲国家对人权概念的理解和践行上表现得最为突出。虽然亚洲各国在人权行动计划的文本中几乎无一例外地引述了国际人权公约中关于人权普适定义和人权保护的基本原则，但是在实际执行中存在明显的差异。

总体来说，相比西方国家个体人权至上的理念，亚洲各国普遍强调国家这一形态，在人权行动计划的制订和执行上注重国家利益，认为公民在行使个人权利的同时不能损害国家的安全。比如联合国在审查韩国提交的普遍审议报告时，数次提到其《国家安全法》和《安全监视法》的相关条例会侵害公民自由表达和言论自由的权利，但是基于朝鲜半岛特殊的地缘政治形态，韩国方面坚持"政府一直努力确保《国家安全法》得到严格的执行，而没有任何任意解释或可能的滥用。宪法法院和最高法院都维持《国家安全法》的合法性，并指出，其规定的必要条件并不违反清晰的原则"。同时韩国还认为，"《安全监视法》并不侵犯个人的信仰和良心自由，因为该方案是根据对破坏自由和民主的基本秩序的惯犯的潜在威胁的评估，而不是根据对受监视对象的思想或信仰的评估，严格限于最低必要水平"。② 泰国的人权行动计划书则开门见山地指出，"回顾历史，我们可以发现，在发展中国家政府在公共领域中担任重要角色，政府通过集中的和有针对性的指导和运作保护全体国民的安全并促进国民的发展"，因此公民的权利主张不得侵害国家的存在和利益为其应有之义。

各国文化历史和经济社会发展水平不同，因此推进人权保护事业时，必须探究制约人权事业发展的主要障碍，从而在这些领域重点发力，补齐"短板"。比如，国家能力与人权保护被视为齐头并进的关系，在人权事业

---

① Diane K. Mauzy, "The Human Rights and 'Asian Values' Debate in Southeast Asia: Trying to Clarify the Key Issues", *The Pacific Review*, Vol. 10, 2011, pp. 210 – 236.

② 参见联合国人权理事会《韩国普遍定期审议报告（2012）》，http://daccess-dds-ny.un. org/doc/UNDOC/GEN/G12/160/23/PDF/G1216023.pdf? OpenElement，最后访问时间：2015年11月2日。

起步期，稳定的政局和有效的国家能力是人权事业发展的有力保障。① 大部分亚洲国家虽然都深刻地认识到了自身在人权保护事业上与国际标准相比的不足，也提出了切实的行动措施，但是经济发展水平和国家能力极大地制约了人权保护事业的发展。因此，印度尼西亚、菲律宾和尼泊尔等国家纷纷将人权行动计划与本国的经济发展中长期规划结合起来，在中长期经济发展规划中增加对弱势群体、少数族群和边缘地区的财政资助和投入。这三个国家的人权行动计划中还有相当一部分内容是关于如何稳定社会秩序、改善基础设施、发展经济、消除贫困的计划，这与韩国的侧重如何在更高层次实现个体的全面发展大为不同。

此外，亚洲各国尤其是后发国家，本着诚恳务实的态度，均认识到了它们在人权理念的宣传和教育、人权保护的制度和能力建设上与发达国家存在的差异，因此在人权计划中坦诚地表明与国际人权机构合作的愿望，同时在人权行动计划实施过程中，通过设立专职人权委员等方式，负责与国际人权机构的直接对话和沟通，为国际人权机构人员的访问、现场指导或检查监督提供便利，这些都为其人权事业的不断发展提供了额外保障。

Analysis on the Factors Influencing the Enforcement of Human Rights Action Plan in Asian Countries

Jin Dongri & Yu Shaobin

Abstract: Due to the differences of culture, history, tradition and economic-socio development among Asian countries, their accomplishments in the area of human rights protection vary. This paper summarizes the formulation and enforcement of National Human Rights Action Plan in selected five Asian countries, and found out that the level of economic development, political regime

---

① Sen Amartya, "Human Rights and Capabilities", *Journal of Human Development*, Vol. 6, 2005, pp. 151 – 166.

stability, the degree of social transformation and democratization, and the participation of NGOs are the key factors that influence the outcome of Human Rights Action Plan. Therefore, it is advised that to enforce human rights protection under different conditions and circumstances, we must be aware of the applicability of human rights notions in different countries, analyze and remove major obstacles that contain the human rights development, while at the same time, abide by the fundamental principles of Universal Declaration of Human Rights and its related international standard.

Keywords: Asian Countries; Human Rights Action Plan; International Covenants On Human Rights; National Conditions

非洲国家宪法环境权的实证研究[*]

张小虎[**]

摘　要：20 世纪 60 年代开始，非洲各国纷纷独立，与此同时，环境权被西方社会提出，环境权入宪成为国际社会最热点的问题。在殖民资源掠夺、非洲环境危机和西方法律移植的背景下，《非洲人权和民族权宪章》首次在区域性人权公约中提出环境权保护。1990 年贝宁成为第一个环境权入宪的非洲国家。经历三次入宪浪潮，至今共 33 个非洲国家在宪法中写入了公民环境权，非洲成为全球环境权入宪的主力军，这些国家尤以非洲大陆法系国家居多。多元化的条款设计与差异化的实施效果，让非洲宪法环境权研究颇具价值。从宣示性的单一型条款，到公民权利义务结合国家责任与司法救济的综合型条款，非洲各国对公民环境权保护与救济的法律制度日益完备，对程序性环境权的保障也趋于严格。基于文本比较与实效分析，环境权入宪并非解决非洲环境危机的决定性因素。是否在法律中赋予作为公民基本权利的环境权以可诉性，才是保障公民环境权，救济实体性权利与程序性权利，以及促进环境公益诉讼的关键所在。

关键词：非洲宪法；环境权；环境权入宪；可诉性

引　言

根据《联合国人类环境会议宣言》的原则："人类有权在一种能够过

---

* 本文系国家社科基金项目"'一带一路'背景下我国企业对非投资的环境法律风险及对策研究"（项目编号：17CGJ020）的阶段性成果。

** 张小虎，湘潭大学非洲法律与社会研究中心副主任，法治湖南建设与区域社会治理协同创新中心研究员，法学博士。

尊严和福利的生活环境中，享有自由、平等和充足的生活条件的基本权利，并且负有保护和改善这一代和将来世世代代的环境的庄严责任。"[1] 作为"第三代人权"的内容之一，吕忠梅教授将环境权界定在"公民环境权"的范围以内，并且将其定义为："公民享有的在不被污染和破坏的环境中生存及利用环境资源的权利。"[2] 越来越多的国家将环境权视作公民的基本权利，并将其写入了宪法。截至目前，在全球 233 个国家和地区（198 个国家，35 个地区）中，大约有 70 余个国家在宪法中明确规定有环境权，约占全球国家和地区总数的 31%。其中，亚洲 9 国，约占地区 10%；欧洲 20 国，约占地区 44%；拉丁美洲 10 国，约占地区 50%；非洲 33 国，约占地区 61%；而大洋洲和北美洲国家则未在宪法中明确规定环境权。[3] 从数据上看，非洲国家是环境权入宪的主力军，六成以上的非洲国家在其宪法中以不同的条款设计模式确认保障公民环境权，约占全球环境权入宪国家数量的一半。因此，从文本上看，非洲国家成为环境权入宪的"万花筒"；从理论上看，它们为环境权条款的比较研究提供了有益范本；从实践上看，公民环境权的保障和救济是环境权入宪实证分析的有力说明，具有较高的研究价值。

一　非洲的环境危机与环境权入宪

1960 年是非洲的独立年，这一年中，喀麦隆、多哥等 17 个国家先后获得独立并展开立宪运动，也正是在这一时期，联大通过决议将召开斯德哥尔摩人类环境会议，并号召全球关注环境保护，环境权理论于欧美国家

---

① Declaration of the United Nations Conference on the Human Environment, Principle 1. Man has the fundamental right to freedom, equality and adequate conditions of life, in an environment of a quality that permits a life of dignity and well-being, and he bears a solemn responsibility to protect and improve the environment for present and future generations. In this respect, policies promoting or perpetuating apartheid, racial segregation, discrimination, colonial and other forms of oppression and foreign domination stand condemned and must be eliminated.

② 吕忠梅：《沟通与协调之途——论公民环境权的民法保护》，中国政法大学出版社，2005，第 24 页。

③ 吴卫星：《环境权入宪的比较研究》，《法商研究》2017 年第 4 期；陈海嵩：《环境权实证效力之考察：以宪法环境权为中心》，《中国地质大学学报：社会科学版》2016 年第 4 期。

广泛兴起，关于环境权入宪与否的争论成为该时期最热点也是最具挑战性的法律问题。然而，长达 500 多年的殖民贸易，让非洲国家成为欧美列强的原材料基地和资源开采场，在新一轮的经济全球化博弈中，非洲各国的生态环境和自然资源遭受到严重破坏。于是，从 20 世纪 90 年代起，严峻的环境问题迫使非洲国家在"第三次法律文化变迁"[①] 中积极响应国际立宪潮流，约半数非洲国家将环境权写入了独立后的新宪法。

（一）环境危机在非洲爆发

二战以后，非洲国家纷纷开展民族解放运动，通过立宪巩固民族统一与国家独立。但长时间的殖民掠夺给非洲大陆的生态环境与自然资源带来了巨大破坏。作为世界第二大洲，当时的非洲总面积约 3029 万平方公里，一半以上已沦为了极干旱、干旱或半干旱地区，沙漠的蔓延让撒哈拉沙漠占据了非洲大陆地表面积的三分之一以上，加之落后的烧荒农耕方式和殖民资源开采，大量的林木被砍伐。据统计，"从 1950 年到 1983 年，非洲 24% 的雨林消失。1983 年以来，仍以每年 1% 的速度继续消失。损失全部森林 80% 以上的国家有布基纳法索、乍得、埃塞俄比亚、尼日尔、卢旺达和塞内加尔等 13 国。损失森林覆盖达 50%—80% 的国家有贝宁、喀麦隆、中非、科特迪瓦、肯尼亚、尼日利亚、苏丹、多哥、乌干达和刚果（布）等 21 国。更为严重的是毁林比造林的速度快 30 倍"。[②] 这些国家恰好都是在 20 世纪 90 年代修宪中增加环境权条款的国家。在野生动物和生态平衡上，近几十年来非洲象每年被杀的数目多达 5 万~15 万头，在安哥拉、喀麦隆、中非、乍得、乌干达等国，非洲象已经绝种。鉴于非洲黑犀牛的珍贵药用价值，非法捕杀让其数量锐减了

①　20 世纪 50 年代以来，在撒哈拉以南各国纷纷独立的背景下，它们开始将传统与现代相结合，注重公民权利和人权保障，以社会主义思潮、美国宪政主义等理论为改革的指导思想，探索符合各国特色的法制现代化道路，开启了非洲法的第三次重大变迁。第一次与第二次变革分别是：公元 7 世纪至 16 世纪，伊斯兰法与非洲本土习惯法的融合；16 世纪至 20 世纪中叶，殖民活动带来的西方两大法系与非洲本土习惯法和伊斯兰法的融合。参见夏新华《非洲法律文化之变迁》，《比较法研究》1999 年第 2 期。

②　包茂宏：《非洲的环境危机和可持续发展》，《北京大学学报》（哲学社会科学版）2001 年第 3 期。

90% 以上，黑犀牛濒临灭绝。[①] 在水资源方面，在世界上缺乏安全饮用水人口比例最高的 25 个国家中，非洲有 19 个。非洲 80% 以上的疾病和一半的婴儿死亡是由水污染和不健康的环境卫生引起的，非洲因饮用脏水造成腹泻的死亡率是全世界最高的。[②] 此外，在社会稳定与生存环境上，殖民压迫和部族冲突，让非洲人民的生存环境面临着危机。疾病的传播、环境的恶化，让许多非洲人民丧失了基本的生活尊严和健康的生存环境。面对日益恶化的生态环境，非洲国家开始采取应对措施。于是，借助民族独立的时代背景，非洲各国积极修改宪法，将环境权作为公民的基本权利写入宪法。

（二）环境权被写入非洲各国宪法

鉴于日益恶化的生态和生存环境，独立后的非洲国家开始以区域性公约的方式表达其对环境保护的认同和对公民环境权的尊重。首先，1961 年《卡萨布兰卡非洲宪章》公开宣示："各民族有权享有有利于其发展的普遍良好的环境。"1968 年《非洲保护自然界和自然资源公约》提道，"为了人类今后世代的幸福采取行动，从而保护、利用和发展以土壤、水、植物和动物资源为代表的财富"等。其次，1986 年生效的《非洲人权和民族权宪章》成为第一份明确确认"一切民族均有权享有一个有利于其发展的普遍良好的环境"[③] 的区域性人权公约。另外，1991 年《设立非洲经济共同体公约》要求缔约国追求健康的环境，制定环境政策与战略，实施行动计划。1992 年《建立南部非洲共同体的温得和克条约》要求缔约国可持续性利用自然资源和有效保护环境。[④] 至此，通过对区域性公约的并入和转化，非洲各国开启了环境权入宪之路。截至 2018 年，54 个非洲国家中，有贝宁、几内亚、莫桑比克、安哥拉、马里、刚果共和国、佛得角、

---

① 曾建平：《环境正义：发展中国家环境伦理问题探究》，山东人民出版社，2007，第 27 ~ 28 页。

② 联合国环境规划署：《世界环境展望》，张世纲等译，中国环境科学出版社，1997，第 27 页。

③ African Charter on Human and Peoples' Rights, Article 24. All peoples shall have the right to a general satisfactory environment favorable to their development.

④ 范纯：《非洲环境保护法律机制研究》，《西亚非洲》2008 年第 4 期。

埃塞俄比亚、乌干达、喀麦隆、乍得、塞舌尔、南非、尼日尔、布基纳法索、科特迪瓦、科摩罗、塞内加尔、多哥、圣多美和普林西比、卢旺达、中非、苏丹、刚果民主共和国、肯尼亚、南苏丹、津巴布韦、加蓬、突尼斯、索马里、埃及、毛里塔尼亚、摩洛哥共33国将环境权写入了宪法。

二 非洲环境权入宪的原因与历程

基于特殊的历史遭遇,非洲国家通过移植西方的法律制度,加快现代化立法进程,试图采取修宪等方式增强环境保护意识。从1990年贝宁宪法到2014年埃及宪法,33个非洲国家以不同的条款设计模式,将环境权写入宪法。

(一) 环境权入宪的原因考察

(1) 目标价值:以环境权入宪,化解环境危机。政治独立并未带来经济发展的改观,非洲国家深刻依附殖民宗主国的现状没有改变,粗放型经济发展让原材料出口长期成为非洲对外贸易的核心内容,资源枯竭在所难免。此外,欧美国家资源密集型工业的转移,让非洲的生态环境遭受了进一步破坏,居民生存环境恶化,种族隔离制度引发严重社会矛盾。在国际环境运动和环保NGO的推动下,非洲多国认识到经济发展、环境保护与人权保障的关系,于是,用环境权入宪的方式赋予公民健康、无害的环境权利,化解环境危机、缓和社会矛盾。

(2) 历史因素:移植西方法律,传播环保理念。16世纪至19世纪中叶的殖民活动给非洲带来深重灾难,但是,通过对英国"间接移植"和对法国"直接移植"的方式,许多西方的法律制度和观念也被杂糅进非洲本土的法律体系之中。经历了两次工业革命以后,为了反思欧洲的环境危机,各国开始注重以立法来保护生态环境,确保自然资源的可持续性利用。于是,欧洲列强在将高污染、高能耗工业转移至非洲的同时,也把环境保护的立法理念和制度输出给非洲。

(3) 执政手段:增设公民权利,获取民意支持。非洲国家政权更迭和宪法修改频繁，通过修宪增设公民的基本权利，以便政治党获得更多的民意支持。"新政府或执政党上台往往先修改宪法或者制定新宪法，以宣布自己的施政纲领与执政理念，宪法的稳定性往往难以实现，但同时也为在宪法中载入作为新兴人权代表的环境权创造了机遇。"① 每当非洲国家发生政治改革或政权更迭，修宪则伴随而生。为体现公民权利、回应人权保护、达成政治和解、获取选民支持，将环境权等国民最关切的权利进行宣示并写入宪法，成为稳定政权的重要手段。于是，在频繁的政权更迭和宪法修改中，非洲各国成为环境权入宪的主力军。

（二）环境权入宪的历史进程

从 1986 年《非洲人权和民族权宪章》成为首份确认环境权的人权公约，至"阿拉伯之春"后 2014 年埃及通过的新宪法，在此期间，非洲各国环境权入宪进程可划分为三个阶段。

（1）1990 年至 1999 年是非洲国家环境权入宪的"黄金十年"。其间，贝宁（1990）、莫桑比克（1990）、圣多美和普林西比（1990）、几内亚（1990）、布基纳法索（1991）、安哥拉（1992）、多哥（1992）、佛得角（1992）、刚果（布）（1992）、马里（1992）、塞舌尔（1993）、埃塞俄比亚（1995）、乌干达（1995）、喀麦隆（1996）、乍得（1996）、南非（1998）、尼日尔（1999）共 17 国将环境权写入宪法，成为非洲第一批探索宪法环境权的国家。② 民族独立和人权运动的浪潮，加上全球性环境保护运动的兴盛，是推动该时期非洲各国环境权入宪的根本原因。

（2）2000 年至 2009 年是非洲国家环境权条款完善的十年。进入 21世纪，非洲各国全部实现民族独立，于是引入第三代人权理念，将环境权写入宪法。新政权通过改善公民生存环境，从而获取民意。其间，科特迪瓦（2000）、科摩罗（2001）、卢旺达（2003）、中非（2004）、刚果（金）（2005）、苏丹（2005）共 6 国将环境权作为公民的基本权利写入宪法，其

---

① 王树义等：《环境法基本理论研究》，科学出版社，2012，第 156 页。
② 吴卫星：《环境权入宪的比较研究》，《法商研究》2017 年第 4 期。

条款设置和内容日趋完善，内容涵盖了国家环境政策、公民基本权利和国家环保责任等。

（3）2010 年至当前是非洲国家环境权获得司法保障的新阶段。经历了"颜色革命"，北非国家进入了宪政变革与宪法变迁时期，通过修宪，一些国家将环境权写入宪法，条款设计趋于完备，通过建立环境权的司法救济机制，公民环境权具备了可诉性，可操作性大大增强。肯尼亚（2010）、南苏丹（2011）、摩洛哥（2011）、索马里（2012）、毛里塔尼亚（2012）、塞内加尔（2012）、津巴布韦（2013）、加蓬（2014）、埃及（2014）、突尼斯（2014）共 10 个国家将环境权入宪。至此，非洲国家宪法环境权的条款设计日益完善。一些国家甚至建立起了以宪法环境权为核心，以其他相关环境和公民权利保护的条款为补充的环境权司法救济机制，让作为公民基本权利的环境权具备了可诉性的保障。[①]

三　非洲环境权入宪的文本比较

按照法律规制分类标准，非洲各国宪法环境权条款可分为授权性规则和权义复合型规则。从强制程度上看，可分为指导性规则和强制性规则。授权性规则具有一定的指导性，而权义复合型规则更具强制性。据此，比较非洲各国宪法环境权文本，主要存在四种类型。即，宣示公民环境权利的单一型条款、明确公民环境权利与国家环境责任的对应型条款、要求公民权利义务与国家责任结合的复合型条款，以及在权义复合型基础上增加环境权可诉性保障的综合型条款。

（一）单一型条款宣示环境权是公民的基本权利

该模式通常用一个条文，采取授权性规则的方式，表明国家重视公民的健康环境权，彰显环境保护的重要性，以基本国策或基本原则的方式将

---

① 吴卫星：《宪法环境权条款的实证考察》，《南京工业大学学报》（社会科学版）2017 年第 4 期。

环境权提升至国家最高法律层面，具有鲜明的政策宣示性和指导性。该模式以简单列举的方式在宪法序言或者公民的基本权利与义务中宣示公民拥有生活在无害、健康的环境中的权利。但是，这种环境权条款具有抽象性，不能直接适用，清洁、健康、无害等用词具有一定的伸缩性，必须通过司法解释才能成为可适用的法律规则。

如，1996 年乍得宪法第 47 条："所有人民均有健康的环境权。"[1] 1995 年乌干达宪法第 39 条："每一个乌干达人均有清洁和健康的环境权。"[2] 2000 年科特迪瓦宪法第 19 条："人人均享有健康环境权。"[3] 2001 年科摩罗宪法序言："每个人获得健康环境的权利和保护环境的义务。"[4] 2004 年中非宪法第 9 条列举出每个公民都有卫生环境权、教育权等基本权利。[5] 其中，2012 年索马里宪法第 25 条是单一型环境权条款最为详尽的一种："（1）每个人都有权享有不损害健康和福祉的环境，有权免受污染和有害物质的侵害。（2）每个人都有权分享国家的自然资源，同时有不受因自然资源的过度和破坏性开采所带来伤害的权利。"[6]

综上，以单一型条款宣示公民环境权，凸显了国家环境保护的政策，满足了公民对作为人权的环境权的需求。但该类型的条款缺陷十分明显：一方面，未设置国家的环保责任，公民权利与国家责任缺乏互动，导致公民参与环境保护的积极性不强；另一方面，未明确具体的保护内容，公民环境权范围过宽，导致环境权保障流于形式。

---

[1] 孙谦、韩大元主编《世界各国宪法·非洲卷》，《世界各国宪法》编辑委员会编译，中国检察出版社，2012，第 1102 页。

[2] 孙谦、韩大元主编《世界各国宪法·非洲卷》，《世界各国宪法》编辑委员会编译，中国检察出版社，2012，第 1030 页。

[3] 孙谦、韩大元主编《世界各国宪法·非洲卷》，《世界各国宪法》编辑委员会编译，中国检察出版社，2012，第 392 页。

[4] 孙谦、韩大元主编《世界各国宪法·非洲卷》，《世界各国宪法》编辑委员会编译，中国检察出版社，2012，第 384 页。

[5] 吴卫星：《环境权研究——公法学的视角》，法律出版社，2007，第 233～244 页。

[6] Article 25. (1) Every person has the right to an environment that is not harmful to their health and well-being, and to be protected from pollution and harmful materials. (2) Every person has the right to have a share of the natural resources of the country, whilst being protected from excessive and damaging exploitation of these natural resources.

（二）对应型条款明确公民权利与相应的国家责任

该模式兼具授予公民权利、设定国家责任两种内涵，将二者相互结合，该类型的条款可以作为司法审判中间接适用的法律依据，其中囊括了有关公民环境的具体权利和国家应当承担的环保责任，二者之间相互对应，实现国家与个人在环境保护上的互动。公民具有健康的环境权利，国家有保护这种权利的责任。

如，1992 年多哥宪法第 41 条规定："每个人均有权要求干净的环境。国家应致力于环境保护。"① 2001 年塞内加尔宪法第 8 条规定：共和国确保所有公民都享有基本个人自由、社会经济权利以及集体权利。这些自由和权利按照法律规定的条件行使。② 2006 年刚果（金）宪法第 53 条规定："任何人均有权获得有利于全面发展的健康环境。任何人均有义务保护环境。国家监督保护环境和人民健康。"③ 2014 年加蓬宪法第 8 条明确了拥有良好的自然环境是公民的权利，而且国家应保障这种权利。④ 2014 年突尼斯宪法在前言中强调了保护健康环境的必要性，保证该国自然资源的可持续性利用，并且在第 45 条中规定："国家确保公民身处健康及和谐环境中的权利，以及参与应对气候变化的权利。国家应当采取必要措施以消除环境污染。"⑤ 在对应型条款明确公民权利与国家责任的设计中，最为详尽的是 2014 年埃及宪法第 46 条："每位埃及公民有生活在一个舒适健康的环境中的权利。环境保护是国家的责任。国家应当采取必要的措施保护环境并确保不危害环境。确保理性使用自然

---

① 孙谦、韩大元主编《世界各国宪法·非洲卷》，《世界各国宪法》编辑委员会编译，中国检察出版社，2012，第 126 页。

② 孙谦、韩大元主编《世界各国宪法·非洲卷》，《世界各国宪法》编辑委员会编译，中国检察出版社，2012，第 854 页。

③ 孙谦、韩大元主编《世界各国宪法·非洲卷》，《世界各国宪法》编辑委员会编译，中国检察出版社，2012，第 220 页。

④ Article 8. The state, subject to its resources shall guarantee to all, notably to the child, the mother, the handicapped, to aged workers and to the elderly, the protection of health, social security, a preserved natural environment, rest and leisure.

⑤ Article 45. The state guarantees the right to a healthy and balanced environment and the right to participate in the protection of the climate. The state shall provide the necessary means to eradicate pollution of the environment.

资源以期实现可持续发展，并确保未来的埃及公民能够享有上述环境权。"①

该模式虽然明确了公民环境权利并设置了相应的国家环保责任，但对应型条款依然有明显的缺陷。作为一种授权性的法律规则，对应型环境权条款的强制力不足。公民权利和国家政策的宣示让宪法环境权条款实施困难，相关概念解析伸缩不定，难以让公民环境权真正落实到位；另外，指导性特征的宪法条款也反映出该国对公民环境权保护的矛盾态度，既担心权利保障的困阻，又顾忌国际环保立法潮流和民间压力。因此，以国家责任对应公民权利的条款设计满足了环境权入宪的社会需求，但并未创设出可执行的权利，环境权的司法救济陷入困境。

（三）复合型条款要求公民权利义务结合国家责任

该模式通常由两个或两个以上条款构成，首先设置公民的环境权利，作为环境权的主体，公民也应当负有保护自身环境的义务，随后结合国家的环保责任，将公民权利义务与国家责任相结合，构建一种复合型的宪法环境权条款设计模式，进而实现国家与公民在环境保护上积极互动。即，"一方面被指示的对象有权按照法律规则的规定做出一定行为，另一方面做出的这些行为又是他们不可推卸的义务"②。

如，1990 年贝宁宪法第 27 条规定："任何人都享有健康、满意、持续的环境的权利，并有义务维护环境。国家应对环境保护予以关注。"③1992 年马里宪法第 15 条规定："所有每个人均有权拥有健康的环境。保护和维护环境，提升生活质量是每个人和国家的义务。"④ 1993 年塞舌尔宪法第 38 条规定："国家承认人人有权体在清洁、健康和生活平衡的环境

---

① Article 46. Every individual has the right to live in a healthy, sound and balanced environment. Its protection is a national duty. The state is committed to taking the necessary measures to preserve it, avoid harming it, rationally use its natural resources to ensure that sustainable development is achieved, and guarantee the rights of future generations thereto。

② 张文显：《法理学》（第 3 版），北京大学出版社，2007，第 119 页。

③ 孙谦、韩大元主编《世界各国宪法·非洲卷》，《世界各国宪法》编辑委员会编译，中国检察出版社，2012，第 57 页。

④ 孙谦、韩大元主编《世界各国宪法·非洲卷》，《世界各国宪法》编辑委员会编译，中国检察出版社，2012，第 150 页。

中生活并享受该环境，为确保此项权利的有效实现，国家承担下列职责：
1. 采取措施促进环境的保护、维持和改善；2. 通过审慎使用并管理塞舌尔的资源以确保塞舌尔社会经济的可持续发展；3. 提高保护、维持和改善环境的公共意识。"随后第 40 条规定一切塞舌尔公民应当履行保护、维持并改善环境等义务。[1] 2003 年卢旺达宪法第 49 条规定："任何公民都有权获得健康的、令人满意的环境。任何人有义务保护、维护和促进环境。国家监督环境的保护。组织法确定保护、维护和促进国家文化发展的活动。"[2] 1996 年喀麦隆宪法序言规定："任何人都享有良好的环境权。保护环境是所有人的责任。国家关心、保护和改善环境。"[3] 2003 年圣多美和普林西比宪法第 49 条规定："1. 所有人均享有拥有一个人居环境的权利，并有保护环境的义务。2. 国家应在其管辖的领土范围内规划并实施一个环境政策。"而且第 10 条还确定了保护自然和环境的和谐平衡是国家的初期目标之一。[4] 2004 年莫桑比克宪法第 90 条规定："1. 所有公民均有权享有和谐的环境，并承担保护环境的责任。2. 国家和地方政府应担与环保协会合作，采取保护环境的政策，并促进合理使用自然资源。"[5] 2005 年苏丹宪法第 11 条规定："（1）苏丹人民有权享有干净和多样化的环境，国家和公民都有义务保护和促进国家的生物多样性。（2）国家不应采取任何对动植物的生存或生活环境造成消极影响的政策和行动。（3）国家应根据立法对自然资源进行最佳利用和最有效的管理。"同时其在第三节"公民的职责"第 23 条中还要求公民尤其应当履行保护自然环境的义务。[6]

---

[1] 孙谦、韩大元主编《世界各国宪法·非洲卷》，《世界各国宪法》编辑委员会编译，中国检察出版社，2012，第 868 页。

[2] 孙谦、韩大元主编《世界各国宪法·非洲卷》，《世界各国宪法》编辑委员会编译，中国检察出版社，2012，第 503 页。

[3] 孙谦、韩大元主编《世界各国宪法·非洲卷》，《世界各国宪法》编辑委员会编译，中国检察出版社，2012，第 566 页。

[4] 孙谦、韩大元主编《世界各国宪法·非洲卷》，《世界各国宪法》编辑委员会编译，中国检察出版社，2012，第 894 页。

[5] 孙谦、韩大元主编《世界各国宪法·非洲卷》，《世界各国宪法》编辑委员会编译，中国检察出版社，2012，第 633 页。

[6] 孙谦、韩大元主编《世界各国宪法·非洲卷》，《世界各国宪法》编辑委员会编译，中国检察出版社，2012，第 950、951 页。

2010 年安哥拉宪法第 39 条规定："1. 人人享有在健康、无污染的环境中居住的权利，并有义务捍卫它。2. 国家应当在本土范围内采取必要措施保护环境和动植物物种，以维护生态平衡，确保经济活动适当，在可持续发展、尊重后代的权利以及保护物种的理念下合理开发和利用自然资源。3. 禁止危害或破坏环境的行为。"① 2010 年佛得角第 73 条规定："1. 每个人均应享有健康生活和生态平衡环境的权利，有义务捍卫和维护。2. 为保障环境权，国家机构应负责：（a）制定并实施适当的领土规划，保护和维护环境以及合理利用所有自然资源的政策，保护环境再生和生态稳定的能力；（b）推广环境教育，尊重环境价值，防治沙漠化和干旱。"② 2010 年尼日尔宪法规定："任何人均有要求洁净环境的权利。国家有义务为当代和后代人之利益保护环境。人人均得致力于其所生活环境之保障与改善。来源于领土上之工厂和其他工业或手工业单位之有毒或污染性废料，其取得、储存、操作和排出受法律的规制。在本国领土内从事外国有毒或污染性废料的交易、出口、储存、埋藏和注入以及与此相关的所有协议均构成叛国罪，受法律制裁。国家致力于分析和审查所有环境发展计划草案将产生的影响。"③ 2011 年南苏丹宪法第 41 条规定："（1）每个人或群体都应当有权获得一个清洁和健康的环境。（2）为了当前和今后的子孙的福祉，人人应当有责任保护环境。（3）为了保护当前和今后的子孙的福祉，人人都有环境权，通过制定适当的法律和采取其他的措施：（a）防止污染和生态恶化（b）促进环境保护，以及（c）保护生态可持续发展，使用自然资源促进合理的经济和社会发展，以及保护资源的遗传稳定和生态多样性。（4）各级政府应当在保护和维护环境的同时发展能源，从而保证满足人民的基本需求。"④ 2012 年毛里塔尼亚第 19 条第 2 款规定："公民享

---

① 孙谦、韩大元主编《世界各国宪法·非洲卷》,《世界各国宪法》编辑委员会编译，中国检察出版社，2012，第 33 页。

② 孙谦、韩大元主编《世界各国宪法·非洲卷》,《世界各国宪法》编辑委员会编译，中国检察出版社，2012，第 150 页。

③ 孙谦、韩大元主编《世界各国宪法·非洲卷》,《世界各国宪法》编辑委员会编译，中国检察出版社，2012，第 749 页。

④ 孙谦、韩大元主编《世界各国宪法·非洲卷》,《世界各国宪法》编辑委员会编译，中国检察出版社，2012，第 723 页。

有与政府同等的权利、履行同等义务。他们拥有平等参与祖国建设的，以及在同等的条件下拥有可持续发展、获取平衡生态以及享受健康生活的权利。"① 2013 年津巴布韦宪法第 73 条规定："（1）每个人都有权利：（a）享受健康和无害的自然环境；（b）通过合理的立法和其他措施来保护环境，以造福今世后代——（i）防止污染和生态退化；（ii）促进节约用水；（iii）在促进经济和社会发展的同时，确保生态可持续发展和自然资源的利用。（2）国家必须在有限的资源范围内采取合理的立法和其他措施，以逐步实现本节所列权利。"②

综上，将公民的环境权利、义务与国家的环保责任结合，加上具体化履责内容，这种条款设计模式可以让宪法环境权兼具实体性权利和程序性权利的双重特征。一方面，将公民的权利与义务相统一，让他们成为环境权保障的主体，增强了他们的自主性；另一方面，这种将公民权义结合国家环保责任的模式，亦增强了公民和国家共同参与环境保护的积极性和互动性。此外，明确规定国家履行环保责任的职能任务，也增强了宪法环境权条款的可操作性。所以，复合型条款设计让环境权具备执行力，可以直接成为法院审判的宪法依据，为环境公益诉讼主体资格的放宽提供了有力保障。

（四）综合型条款确保公民环境权具备可诉性保障

该模式通常由较多的条款组成，内容甚至散落在各章，综合型的条款设计体现在四个方面：其一，赋予公民清洁健康的环境权利；其二，明确国家履

---

① Article 19. Every citizen must loyally fulfill his obligations towards the national collectivity and respect public property and private property. The citizens enjoy the same rights and the same duties vis-à-vis the Nation. They participate equally in the construction [edification] of the Fatherland and have right, under the same conditions, to sustainable development and to an environment balanced and respectful of health.

② Article 73. (1) Every person has the right— (a) to an environment that is not harmful to their health or well-being; and (b) to have the environment protected for the benefit of present and future generations, through reasonable legislative and other measures that— (i) prevent pollution and ecological degradation; (ii) promote conservation; and (iii) secure ecologically sustainable development and use of natural resources while promoting economic and social development. (2) The State must take reasonable legislative and other measures, within the limits of the resources available to it, to achieve the progressive realisation of the rights set out in this section.

行环境保护的责任；其三，要求国家机关开展环境保护立法和相关活动；其四，加强和确保作为公民基本权利的环境权的实施与救济。可见，这种环境权入宪的设计模式能够让环境权在实体性权利和程序性权利方面发挥效力，让公民环境权具备可诉性保障，通过立法、执法和司法展现国家环境保护的责任。

如，1991 年布基纳法索宪法第 29 条和第 30 条分别规定："承认享有健康的环境的权利。保护、维护和改善环境的人人皆有的义务。""任何公民都享有以请愿的形式发起一项行动或参与某项集体行动，以反对下列行为的权利：损害国有财产；损害社区利益；破坏环境、文化遗产或历史遗产。"① 1995 年埃塞俄比亚宪法第 44 条首先明确了环境权利："所有人均享有干净和卫生的环境权利。"② 随后第 92 条规定了国家环境政策的目标和环境权益受损时的求偿权："1. 政府应尽力保证所有埃塞俄比亚人生活在一个清洁和健康的环境中。2. 方案的设计和实施、项目的开发不得损害和破坏环境。3. 人民有权就环境政策、直接影响他们利益的项目的规划和实施进行谘商以及表达意见。4. 政府和公民均有责任保护环境。"③ 1998 年南非宪法第 24 条规定："每个人皆有：（1）享受无害于其健康与幸福的环境的权利；以及（2）未来实现后代子孙的利益，经由合理的立法及其他措施保护环境，以防止污染及生态恶化的权利、促进环境保护的权利以及在实现合理的经济与社会发展的同时，确保自然资源和生态环境永续发展和可持续适用的权利。"④ 同时第 152 条规定环境保护是地方政府的执政目标，第 184 条规定环境权是人权保障所考察的重要内容，"把与生俱来且不能被剥夺的环境利益与社会经济权利一并纳入宪法"⑤。第 25

---

① 孙谦、韩大元主编《世界各国宪法·非洲卷》，《世界各国宪法》编辑委员会编译，中国检察出版社，2012，第 93 页。

② 孙谦、韩大元主编《世界各国宪法·非洲卷》，《世界各国宪法》编辑委员会编译，中国检察出版社，2012，第 21 页。

③ 孙谦、韩大元主编《世界各国宪法·非洲卷》，《世界各国宪法》编辑委员会编译，中国检察出版社，2012，第 27 页。

④ 孙谦、韩大元主编《世界各国宪法·非洲卷》，《世界各国宪法》编辑委员会编译，中国检察出版社，2012，第 677 页。

⑤ A. Du Plessis, *Fulfillment of South Africa's Constitution Environmental Right in the Local Government Sphere*, Nijmegen: Wolf Legal Publishers, 2009, p. 15.

条规定了土地资源及其平等使用权，第 27 条赋予公民水权，第 32 条赋予公民获取国家环境信息的权利，第 38 条赋予作为公民基本权利的环境权以可诉性。[①] 2002 年刚果（布）宪法第 35 条首先明确："一切公民有权获得健康、舒适和可持续的环境，并有义务对环境加以保护。国家监督环境的保护与维持。"第 36 条规定环境污染的法律责任："国家领土内的工厂、其他工业和手工业单位的有毒、污染或放射性废料，其储存、处理、焚化和排放的条件由法律确定。经济活动所造成的一切污染或破坏均应赔偿。法律确定赔偿措施的性质及其执行的方式。"第 37 条认定了环境犯罪行为："在国家管辖范围内的内水和领水中运输、进口、储存、藏匿、排放以及在大气空间中撒播有毒、污染或放射性废料或任何其他危险物质，无论其是否来自国外，均构成犯罪，由法律加以处罚。"第 38 条保障自然资源合理使用："任何契约、协议、条约、行政安排或任何其他行为，若具有剥夺国家从自然资源和自然富源中获得全部或部分生存手段之直接效果，均视为不受实效约束的掠夺罪，由法律加以处罚。"最后，在第 39 条中对环境权作出宪法诉讼保障："前条所规定之行为及其企图不论形式如何，若为宪法机关所为，则应根据情况作为叛国罪或渎职罪加以处罚。"[②] 2010 年几内亚宪法第 16 条规定："任何人都享有健康和可持续的环境权，并负有保护环境的义务。国家应当监督环境保护。"同时，第 17 条要求国家打击环境犯罪行为："有害废物或污染物在境内的中转、进口、储存、排放及所有与此有关的协议均构成对国家的犯罪，适用的处罚由法律予以规定。"[③] 2010 年肯尼亚宪法第 42 条首先确认公民环境权："每个人都有权获得清洁健康的环境，包括以下权利：

---

① Article 38. Enforcement of rights. Anyone listed in this section has the right to approach a competent court, alleging that a right in the Bill of Rights has been infringed or threatened, and the court may grant appropriate relief, including a declaration of rights. The persons who may approach a court are- (a) anyone acting in their own interest; (b) anyone acting on behalf of another person who cannot act in their own name; (c) anyone acting as a member of, or in the interest of, a group or class of persons; (d) anyone acting in the public interest; and (e) an association acting in the interest of its members.

② 孙谦、韩大元主编《世界各国宪法·非洲卷》，《世界各国宪法》编辑委员会编译，中国检察出版社，2012，第 206 页。

③ 孙谦、韩大元主编《世界各国宪法·非洲卷》，《世界各国宪法》编辑委员会编译，中国检察出版社，2012，第 243 页。

（a）为了当代与未来世代的利益，通过立法或者其他方式，特别是第 69 条所规定的方式来保护环境；（b）履行由第 70 条所规定的与环境相关的义务。"接着，第 69 条明确了国家环保责任："（1）国家应当：（a）确保对环境与自然资源的可持续开发、利用、管理与保护，并确保累积收益的公平分享；（b）使肯尼亚土地达到与保持至少 10% 的森林覆盖率；（c）保护和推进共同体生物多样性与基因资源上的知识产权与本土知识；（d）鼓励公众参与环境的管理、保护与维护；（e）保护基因资源与生物多样性；（f）建立环境影响评估、环境检查与环境监管系统；（g）消除可能损害环境的工序与活动；（h）利用环境和自然资源使肯尼亚人民从中获益。（2）每人都有义务与国家机关和他人合作以保护与维护环境，确保生态的可持续发展与自然资源的可持续利用。"再者，第 70 条对环境权的实施作出详细规定："（1）当有人主张受第 42 条所确认和保护的清洁健康环境权已经、正在或者可能被否认、违反、侵害或者受到威胁，则除获得其他法律救济之外，其还可以就同一事项向法院申请救济。（2）在接到第（1）款规定的申请后，法院在认为适当的下列情形下，得做出裁定或者发出指令——（a）以防止、制止或者停止有害于环境的作为或者不作为；（b）以促使公职人员采取措施阻止或者制止任何有害于环境的作为或者不作为；（c）为清洁健康权受到侵害的人提供赔偿。（3）对本条而言，申请人无须证明有人受到了损失或者遭受了伤害。"最后，第 72 条再次宣示肯尼亚宪法中有关环境立法的最高效力："国会应当制定充分实施本节条款的法律。"①

综上，以综合型条款设计宪法环境权是一种最为完备的方式，它实现了公民环境权利、国家环保责任、环境保护措施、环境权司法救济四位一体的综合体系，由此形成了一套从权利义务到权力责任，从立法保障到司法救济的宪法环境权制度，进而展现了环境权入宪的真正价值，让公民环境权更具可操作性和可诉性。一方面，确保公民积极参与，置身其中。将公民的环境权利与环保义务相结合，提高了环境保护的公众参与度，有利于配合国家开

---

① 孙谦、韩大元主编《世界各国宪法·非洲卷》，《世界各国宪法》编辑委员会编译，中国检察出版社，2012，第 407、411 ~ 412 页。

展环境保护工作。另一方面，促使政府积极作为，履行责任。将国家对生态环境与自然资源保护职能以法律清单的形式列举出来，在具体环境目标下，国家相关机构权责明晰，在立法、执法和司法上切实保障公民的环境权。

四　非洲环境权入宪的实效分析

基于历史考察，非洲各国环境权入宪有着相似的原因，殖民经贸掠夺资源、西方法律的移植、全球性环境保护以及区域性人权运动的兴盛，这些都是非洲各国在宪法中赋予公民环境权的原因；基于文本比较，非洲各国宪法中的环境权趋于完善，综合型的条款设置让公民权利与义务、国家责任、环保措施和司法救济有机统一。但是，从环境权入宪的实效来看，非洲各国对公民环境权的保障方式与力度各不相同，司法救济的依据和途径也有所差异。这些差异在非洲各国公民环境权的保护实践过程中，究竟起到了何种作用，值得探讨。

（一）宪法环境权的保障关键在于设置可诉性的权利

以宣示性条款在宪法中赋予公民环境权的非洲国家并不在少数，宣示性条款的特点在于仅在条款中提出公民拥有环境权，而不在该宪法条款中对国家责任、救济途径等其他要素进行规定。然而该类型的条款在适用过程中，由于缺乏与权利相对应的责任和明确的救济途径，公民环境权保护的实效不容乐观。采用将公民环境权作为一种宣示性权利的立法模式的国家在对该权利的保护过程中，其实效表现与其立法预期不相匹配。

反观以肯尼亚和南非为代表的采用综合型规则设置模式的国家，其对公民环境权的保护实效则乐观许多。在这些国家，公民环境权不再仅仅作为一种授权性的权利宣示存在于宪法当中，而是被公民援引用作权利被侵犯时寻求救济的法律依据。

以肯尼亚2010年的新宪法对公民环境权的规定为例，其将公民环境权的保护条款从扁平化的权利塑造成由权利到责任，从立法到救济的不同维度的宪法环境权。肯尼亚宪法第42条赋予了公民拥有清洁健康环境的权利^①，第 69 条规定国家有责任保护环境，以确保公民环境权的实现。^②此外，宪法在第五章"土地与环境"的第二节"环境与自然资源"中明确了国家保护自然环境应采取的具体措施，包括政府应承担的可持续开发、利用、管理与保护国家自然资源，采取措施提高森林覆盖率，保护生物多样性与基因资源，确保公众参与环境保护与环境权益分享的权利，开展环评与监管系统等 8 个方面的责任。同时宪法还要求公民有义务与国家机关和他人合作以保护环境。依据肯尼亚宪法的要求，国会应当依据该法制定相关法律，确保权利的充分实现。^③ 最后，肯尼亚宪法第 70 条赋予公民在其宪法环境权受到侵害或威胁时，除获得其他法律救济之外，肯尼亚公民还可以向法院申请环境权的救济，法院必须做出裁决，防止或停止侵害、促使公职人员制止危害环境行为，为环境权受侵害人提供赔偿途径。^④ 目

---

① Article 42. Every person has the right to a clean and healthy environment, which includes the right (a) to have the environment protected for the benefit of present and future generations through legislative and other measures, particularly those contemplated in Article 69; and (b) to have obligations relating to the environment fulfilled under Article 70.

② Article 69. (1) The State shall— (a) ensure sustainable exploitation, utilisation, management and conservation of the environment and natural resources, and ensure the equitable sharing of the accruing benefits; (b) work to achieve and maintain a tree cover of at least ten per cent of the land area of Kenya; (c) protect and enhance intellectual property in, and indigenous knowledge of, biodiversity and the genetic resources of the communities; (d) encourage public participation in the management, protection and conservation of the environment; (e) protect genetic resources and biological diversity; (f) establish systems of environmental impact assessment, environmental audit and monitoring of the environment; (g) eliminate processes and activities that are likely to endanger the environment; and (h) utilise the environment and natural resources for the benefit of the people of Kenya. (2) Every person has a duty to cooperate with State organs and other persons to protect and conserve the environment and ensure ecologically sustainable development and use of natural resources.

③ Article 72. Parliament shall enact legislation to give full effect to the provisions of this Part.

④ Article 70. (1) If a person alleges that a right to a clean and healthy environment recognised and protected under Article 42 has been, is being or is likely to be, denied, violated, infringed or threatened, the person may apply to a court for redress in addition to any other legal remedies that are available in respect to the same matter. (2) On application under clause (1), the court may make any order, or give any directions, it considers appropriate- (a) to prevent, stop or discontinue any act or omission that is harmful to the environment; (b) to compel any public officer to take measures to prevent or discontinue any act or omission that is harmful to the environment; or (c) to provide compensation for any victim of a violation of the right to a clean and healthy environment. (3) For the purposes of this Article, an applicant does not have to demonstrate that any person has incurred loss or suffered injury.

前，肯尼亚公民可以向普通法院以及环境与土地法庭提起针对环境权的诉讼。增强环境权条款的具体性与可操作性，使肯尼亚公民积极参与环境保护，同时，也促使政府积极作为，履行责任。在此背景下，肯尼亚公民环境权的保护程度上升到非洲国家的前列。

如，在"克莱门特·卡瑞乌奇诉肯尼亚林业局案"[①] 中，被申请人肯尼亚林业局于 2012 年 6 月 14 日在《国家日报》上发出通知，号召个人和有兴趣的机构申请国家林场的特许权，每个地块面积为 1000～12000 公顷。申请人认为，被申请人的行为除非受到限制，否则可能会导致严重后果，对环境、经济和动植物造成严重伤害，且这一行为所带来的对森林管理和森林使用的影响将不利于肯尼亚森林社区的生存与发展。最终，宪法法院法官支持了原告这一主张，认为尊重和支持环境是宪法的价值观和原则之一，肯尼亚林业局的这一举动会对森林造成不利影响，因此法院判定禁止被申请人采取进一步行动实施该广告的命令。本案中，原告方克莱门特等人提起诉讼并非基于其环境权正在遭受侵害或是受到侵害威胁，而是基于保护公共利益之目的提起诉讼。因此肯尼亚宪法法院受理该起案件的行为意味着公民依据宪法环境权条款提起公益诉讼的行为得到了法院的认可，即法院在司法实践中认可了公民依据宪法条文获得环境公益诉讼主体的资格。同时，本案中的法官在审理该案时，依据肯尼亚宪法第 42 条做出了判决，亦是肯尼亚对宪法赋予公民的实体性权利进行救济的体现。由此可见，在肯尼亚，宪法第 42 条并不仅仅是一条宣示性的口号，在之后的程序规则的保障下，其完成了宪法环境权设置的初衷。

与肯尼亚宪法环境权条款类型相似的南非宪法在颁布以后，法院也在司法实践中贯彻了其立法目的。在"范诉环境事务和旅游部案"[②] 中，某自然保护区管理者范质疑待建铁矿将污染附近的咸水湖，申请公开政府掌握的相关文件，被政府拒绝，于是其以环境权被侵犯为由诉至南非高等法

[①] Republic v. Kenya Forest Service Exparte Clement Kariuki & 2 Others [2013] eKLR, *Judicial Review* 285, 2012.

[②] Van Huyssteen and others v. Minister of Environmental Affairs and Tourism and others, High Court of South Africa, 1996 (1) SA 283 (C), June 28, 1996.

院。法院认为，咸水湖附近土地所有者在面临待建钢铁厂可能的污染时有权知悉政府掌握的相关文件。尽管知情权不是绝对的，但"为了保护其权利"，原告有权查询相关文件。法院在本案的司法实践中，将宪法环境权、知情权和《促进行政公正法》等相关内容相互结合，以保护环境知情权这种程序性权利为契机，进而保护南非的公民环境权，使得环境权的保护从实体性权利的保护延伸至程序性权利进行保护。另外，南非法院也开始承认公益案件原告的诉讼资格。在"南部非洲野生动物协会诉环境事务和旅游部案"①中，南非最高法院支持了非营利性环境组织和公民的诉权。该案中，原告试图恢复被非法移居者破坏的海岸保护区。法院在审理过程中虽然已经意识到关于放宽诉权的要求可能会造成"怪人和好事者"（cranks and busybodies）的滥诉，但法院认为最高法院起诉的高昂成本将阻却滥诉。法院还认为，即使不适用宪法所明确规定的诉权，法律也要求政府采取行动保护环境和公共利益，环保公益组织在普通法层面上也有权要求法院发布命令强制政府遵守法律。

作为非洲公民环境权入宪国家中权利保护实效最突出的肯尼亚和南非，二者对环境权条款的设置从不同维度实现了对公民环境权的保护，其成功的关键在于给予扁平化的权利宣示以可诉性，使其在司法实践上具备可操作性，从而达到立法目的，切实保护和救济公民环境权利。

（二）环境权入宪并非保障环境权的唯一途径

尽管有61%的非洲国家以不同的方式将公民环境权写入宪法中，将环境权作为公民的基本人权进行保护，但仍有一些国家并未将公民环境权入宪。以坦桑尼亚为例，虽然其未在宪法中对公民环境权作出规定，但坦桑尼亚俨然是非洲在环境保护语境下解释和适用宪法生存权条款的先驱。该国2005年宪法第14条规定："每个人都有权在第15号法令②下享有生存

---

① SA Predator Breeders Association v. Minister of Environmental Affairs（72/10）[2010] ZAS-CA151.
② 坦桑尼亚第15号法令即坦桑尼亚1984年宪法修正案。

权，其生命应受到保护。"① 坦桑尼亚此前并未在宪法中对公民的"生存权"作出解释，然而在"约瑟芬诉达累斯萨拉姆市议会案"② 中，法庭对"生存权"作出了及于环境保护的解释。

在本案中，约瑟芬以及其他几位达累斯萨拉姆市市民依据坦桑尼亚宪法第14条，向当地高等法院起诉达累斯萨拉姆市议会，称后者在1988年以前很长一段时间内，在塔帕塔地区倾倒从全市收集来的垃圾、废物和其他垃圾。原告认为，市议会这种持续的倾倒活动对其生命构成威胁。1989年9月初，塔帕塔居民获得一项判决，判定市议会停止将该地区用于倾倒目的，并在不会对生命构成威胁的地点倾倒或建造倾倒场。然而，市议会以其他垃圾地区倾倒场正在建设为由先后2次申请延期执行判决。当市议会第3次申请延期执行时，遭到塔帕塔市民的反对，法院接受了市民的反对意见，拒绝了市议会延期执行的申请。法院认为，不允许申请的根本原因在于，此诉讼的中心问题不仅是在塔帕塔倾倒垃圾，而且在于倾倒的活动对塔帕塔居民和使用者的生命构成了真正的威胁。因此，公共当局以及个人，不应该对污染环境、危害人民的生命之事项寻求法院许可。如果法院接受该项申请，就会构成违宪，即剥夺人们的基本生命权利和社会对这种生命权利的保护。

由此可见，虽然坦桑尼亚没有在宪法中对公民环境权作出明确规定，但是法院解释"生存权"的时候，已将公民有权生活在良好的、利于生命延续的环境中这一理念加以明确。不仅如此，坦桑尼亚亦从程序性权利的角度，授权公民向法院提起公益诉讼以保护环境。在"法斯托诉达累斯萨拉姆市政府案"③ 中，最高法院承认了诉求禁止市政府和其他组织向某居民区倾倒城市垃圾的795名原告的诉讼资格。两年后的"克里斯托弗诉司法部长案"④，高等法院考察了加拿大、印度、尼日利亚、巴基斯坦和英国的判决后认为：当热心公益的人士寻求法院对违宪的立法和行为予以干

---

① Article 14. Every person has the right to live and to the protection of his life by Act No. 15.
② Joseph D. Kessy and Others v. The City Council of Dar es Salaam, Civil Case No. 299 of 1988.
③ Festo Balegele and Others v. The City Council of Dar es Salaam, Misc Civil Cause No. 90.
④ Christopher Mtikila v. Attorney General, Misc Civil Cause No. 10 of 2005.

预时，法院作为宪法卫士和受托人及公平正义的化身，有责任对抗这些行为，当这种行为明显是为公共利益，且法院能够提供有效救济时，应赋予原告诉权。

从坦桑尼亚的司法实践来看，其不管是从实体上还是程序上，都对公民应当生活在健康安全环境中这一理念进行了良好的贯彻，从而使得未曾入宪的公民环境权在实践中得以实现。诚然，坦桑尼亚宪法第14条中的"生存权"是一个较为抽象的概念，但是这并不影响该条文的可诉性。因此，入宪并非对公民环境权利保护的唯一途径，国家同样可以从其他位阶的法律中对其进行保护。另外，法官对宪法中概念的援引和解释，也可以成为保护公民环境权利的有效手段。

五 非洲环境权入宪的演进趋势

通过对各国环境权条款的文本比较与实证分析，可以总结出非洲国家环境权入宪的一般规律。空间上，非洲法语国家是环境权入宪最大的群体；时间上，20世纪90年代和2010年以后是环境权入宪的两次高潮。此外，在环境权的条款设置、权利类型、救济方式和受理机构上存在特定发展规律和趋势。

（一）历次社会变革促成三次环境权入宪浪潮

在1986年生效的《非洲人权和民族权宪章》的指引下，非洲国家开启了环境权入宪的历史进程。1990年纳米比亚获得独立，非洲大陆实现全部独立，在之后的十年里，民族独立与人权运动是推动最初17个国家将环境权入宪的动力，在建立黑人政权的斗争中，环境权成为第三代人权的象征之一被广泛吸收。进入21世纪，非洲各国开始探索多党民主制，社会动荡和政党纷争也相伴产生，新政党扩大公民的基本权利以寻求民众支持，这为作为新兴权利的环境权入宪提供了契机，条款设计也趋于完善。但2010年北非"颜色革命"对非洲政治发展产生重大影响，导致多国废除或修改宪法。如，2011年7月生效的摩洛哥宪法第19条就增设了公民平等享有一系列"文化和环境的权利与自由"（des droits et libertés à caractère culturel et environnemental），并将其定纳入公民的基本权利与自由（Libertés et droits fondamentaux）中。同时第 31 条还要求政府、所有公共服务机构及其所附属的土地向人民开放，并确保公民拥有并行使其依法享有公共资源的权利，"拥有水源和健康的环境"（à l'accès à l'eau et à un environnement sain）也成为公民依法享有的权利之一。[①] 可见，从埃及、突尼斯，到肯尼亚、津巴布韦，通过修宪这 10 个国家的宪法环境权条款日益完备，甚至建立起了以公民环境权为核心的司法救济制度，至此，非洲的环境权具备了可诉性。因此，非洲三次环境权入宪浪潮有其深刻的社会背景，人权运动、多党民主、修宪改革等因素是环境权入宪并日趋完备的推动力量。

（二）非洲大陆法系国家是环境权入宪的主力军

由于特殊的殖民背景，54 个非洲国家中有 26 个法语国家（21 国官方语言 + 5 国通用语言）和 5 个葡萄牙语国家，这些国家的法律制度深受殖民宗主国影响，从立法体系来看，它们能够归入大陆法系法律传统的区域之中。在 31 个非洲大陆法系国家中，有 24 国已将环境权写入宪法，占非洲环境权入宪国的 72% 以上，可见非洲大陆法系国家是环境权入宪的主力军。除此之外，埃及、南非、埃塞俄比亚、津巴布韦等虽然是英语国家，但它们受法国法、荷兰法影响也较深，展现出混合法系的特征。[②] 以法国为首的大陆法系国家在非洲采取"直接统治"模式，相关法律制度在这些国家强行适用，为法律移植提供了可能。立法上，1976 年葡萄牙成为欧洲最早将环境权入宪的国家，两年后西班牙也将环境权写入宪法，不论在葡萄牙还是西班牙，环境权都被列入公民基本权利与义务章节，葡萄牙宪法第 66 条"环境与生活质量"（Ambiente e qualidade de vida）第 1 款规定："任何人有权拥有健康并且生态平衡的人类环境（direito a um ambien-

---

[①] Bouchra Nadir, "Les fondements constitutionnels du Droit de l'environnement au Maroc", *Mediterranean Journal of Social Sciences*, Vol. 4, 2013, pp. 164 – 170.

[②] A. Esin Örücü, "What is A Mixed Legal System: Exclusion or Expansion", *Journal of Comparative Law*, Vol. 12, 2008, pp. 8 – 32.

te de vida humano)，任何人均有义务保护它。"西班牙宪法第 45 条也规定了环境和生活质量（Medio ambiente Calidad de vida）内容，其第 1 款规定："任何人均有权享有可持续发展的环境，并且有义务保护环境。"这种权利义务复合型的宪法环境权条款设计，成为其后非洲国家环境权入宪的模板。此外大量的中东欧国家也将环境权入宪，大陆法系国家是欧洲环境权入宪的主力军，随后与宪法序言、人权序言并行为法国权利法案三大支柱的《环境宪章》更是成为世界环境权入宪的典范之一，三个文件依次宣告了自由权与政治权、社会权和环境权三代人权，在环境权发展史上具有重大意义。[①] 这些欧洲大陆法系国家环境权入宪对非洲法语国家影响较大。

（三）宪法环境权从宣示性向复合型条款演变

非洲国家环境权条款的发展经历了从宣示性权利向权利义务与国家责任的复合型条款的完善道路。基于案例分析，对非洲各国宪法环境权进行实证考察。最初，各国多以单一型的条款，在宪法序言或公民权利章节中宣示环境权是公民的一项基本权利，这种类型的宪法环境权不能直接在司法中适用，对公民环境权抽象性的表述，让环境权的可操作性大打折扣。随后，各国尝试以对应型条款明确公民权利与相应的国家责任，或者以复合型条款将公民权利义务与国家责任相结合，这样一来加强了公民与国家的互动，促进了国家机构以环境立法的方式履行宪法环境权的要求；最终，在宣示公民环境权利和明确国家环保责任的基础上，通过宪法环境权统领环境立法和执法活动，环境权的司法救济机制在环境权及其相关宪法条款的规定上正式建立，可诉性环境权的出现，可以让公民环境权在宪法、民法、环境法等综合法律体系下被切实地保障和救济。另外，这也促使了宪法环境权与相关部门法的衔接、互动。

（四）逐渐加强对程序性环境权的保障和救济

从近年来非洲各国环境权的司法实践情况来看，有关环境信息的知情

---

① Henry Buller, *Getting between the Vertical*, *Environmental Policy in Europe*: *The Europeanisation of National Environmental Policy*, London: Routledge, 2004, p. 94.

权利和披露义务等程序性环境权已经成为非洲各国环境权保障与救济的重点内容。这些内容体现出非洲各国通过环境权入宪的方式，将国家环境保护政策融入立法体系，据此向普通法院系统、宪法法院或者人权委员会提起环境权救济，南非和肯尼亚的宪法环境权诉讼就颇具代表性。如，在肯尼亚，曾有个著名判例——"旺格瑞·玛塔诉肯尼亚时代媒体信托公司案"① 高等法院认为只有最高检察长才有权代表公众提起公益诉讼，因此原告没有"诉讼资格"（locus standi）。环境公益诉讼主体资格限制直至2010 年肯尼亚修宪才得到改善，根据新宪法第 42 条和第 70 条，人民有权享有干净和健康的环境，为了实现环境权，人民在权利救济的诉讼中无须证明自己拥有"诉讼资格"便可以提起环境公益诉讼。未来，在加强程序性环境权的保障与救济基础上，随着司法机制的成熟与部门法律的完善，公众参与环境立法与司法的活动将日益频繁，实体性环境权的救济将在此过程中得到进一步的强化，以宪法环境权保护为中心，放宽对提起环境公益诉讼主体资格的限制，使环境权益受到侵害或者侵害威胁的公民或基于合理推断认为环境遭受破坏的公民都有渠道参与环境诉讼，从而更加全面地保障作为人权的公民环境权，实现从保障程序性环境权到兼顾程序性和实体性环境权救济的新要求。

Empirical Study on Constitutional Environmental Rights in African Countries

Zhang Xiaohu

Abstract: Since the 1960s, African countries have become independent gradually. At the same time, environmental rights have been put forward by the

---

① In Wangari Maathai v. The Kenya Times Media Trust, DUGDALE, J., ruled that the applicant has no standing since she had not alleged that "the defendant company [was] in breach of any rights, public or private in relation to the plaintiff nor [had] the company caused damage to her. The citation to this case is [1989] KLR 267 as referenced in Department for International Development/Kenya Law Reports, Land, the Environment and the Courts in Kenya, Background Paper for The Environment and Land Law Reports by Dr. J. M. Migai Akech (2006).

western society, and the constitutionalization of environmental rights has become the hottest issue in the international community. In the context of colonial resource plunder, African environmental crisis and western legal transplant, the African Charter on Human and Peoples' Rights proposed the protection of environmental rights in regional human rights conventions for the first time. Benin became the first African country to have environmental rights enshrined in its constitution in 1990. After three waves of constitutional inclusion, 33 African countries have so far included citizens' environmental rights in their constitutions, and Africa becoming the main force for the inclusion of global environmental rights into the constitution, especially African continental law system countries in the majority. The design of diversified articles and the implementation effect of differentiation make the study of African constitutional environmental rights of great value. From declarative clauses to comprehensive clauses that combine civil rights and obligations with state responsibilities and judicial relief, African countries have increasingly complete legal systems for the protection and relief of citizens' environmental rights and stricter protection of procedural environmental rights. Based on textual comparison and practical analysis, the inclusion of environmental rights in the constitution is not the decisive factor to solve the environmental crisis in Africa. The key lies in whether citizens' environmental rights can be litigated in law.

Keywords: the Constitution of Africa; Environmental Rights; the Constitutionalization of Environmental Rights; Justiciability

律师辩护权利的司法保障实证研究

——以刑事辩护对刑事审判的影响力为切入点

张洪亮*

摘　要：以审判为中心的诉讼制度改革的主要目的之一是实现刑事辩护对刑事审判的有效影响。然而，刑事辩护对审判的程序推动力不足，对裁判的实体说服力不强。在从"理论上的律师辩护权利"到"法律上的律师辩护权利"再到"行动中的律师辩护权利"的阶段转化中，转化过程脱节，转化结果不佳。其内在机理为律师辩护与裁判生成的脱离，并体现为裁判生成机制虚无以及控辩双方能量失衡。为此，应制定律师辩护权利保障操作细则，建立律师辩护权利司法审查机制，完善律师辩护意见处理机制，完善对律师辩护权利的司法保障，实现人权保障与司法公正的双重目的。

关键词：以审判为中心；律师辩护权利；司法保障；刑事辩护

一　问题的提出

党的十八届四中全会明确提出"推进以审判为中心的诉讼制度改革，确保侦查、审查起诉的案件事实证据经得起法律的检验"。以审判为中心的诉讼制度改革，为律师辩护权利及其保障体系的完善提供了良好的契机，同时，律师辩护权利的司法保障也是审判中心主义目标的应有之义。[1]具体而言，以审判为中心的诉讼制度改革的主要目的之一在于通过保障刑

---

* 张洪亮，四川大学法学院博士研究生。
[1] 参见陈卫东、亢晶晶《我国律师辩护保障体系的完善——以审判中心主义为视角》，《中国人民大学学报》2016 年第 3 期。

事辩护权利，提高辩方地位，优化"控辩平等、居中裁判"的"等腰三角形"诉讼结构，实现刑事辩护对刑事审判的有效影响。刑事辩护究其本质就是"说服裁判者的艺术"。刑事辩护的根本目的不在于驳倒控方的控诉，而在于说服裁判者接受辩方观点。① 如何最大限度地说服裁判者，实现刑事辩护对刑事审判影响力的最大化便成为刑事辩护的根本归宿。② 刑事辩护是一项系统性工程，刑事辩护目标的实现，一方面需要辩护律师凭借其专业素养，尽职尽责，充分行使辩护权利，通过会见、阅卷、调查取证等庭前辩护活动充分获取案件信息，通过举证、质证、发问、辩论等庭审辩护活动充分展示案件信息，并据此提出辩护意见以促成有利于被告人的法官心证。另一方面需要裁判者认真对待律师辩护权利以及律师辩护意见。因此，在某种程度上可以认为以审判为中心的诉讼制度实质上是充分保障辩护权的诉讼制度。③ 近年来学界关于刑事辩护的研究虽然不胜枚举、层出不穷，但关于刑事辩护对刑事审判影响力的系统性研究十分缺乏。利用实证研究方法，客观全面地研究刑事辩护运行机制及其实际影响力的研究更是"凤毛麟角"。④ 为更全面地展现刑事辩护运行机制及其真实影响力，本文拟选取 C 市两级法院通过刑事庭审示范庭审理的 210 件刑事案件（以下简称"示范案件"）及与之相对应的通过普通庭审程序审理的 210 件刑事案件（以下简称"对比案件"），通过统计分析、案例分析，并结合对 C 市法官、检察官、律师的问卷调查与访谈，结合我国法律规范对刑事辩护制度的相关规定，全面调查刑事辩护对刑事审判影响力的维度与力度，透析律师辩护权利的现实困境与内在机理，并以此为基础探寻提升刑

---

① 参见陈瑞华《刑事辩护的几个理论问题》，《当代法学》2012 年第 1 期。

② 参见陈瑞华《刑事辩护制度的发展趋势》，载徐昕主编《刑事辩护的中国问题》（司法：第 9 辑），厦门大学出版社，2014，第 45 页。

③ 参见顾永忠《以审判为中心背景下的刑事辩护突出问题研究》，《中国法学》2016 年第 2 期。

④ 2018 年 7 月 30 日以刑事辩护为关键词在中国知网上进行检索，共检索出相关文献 3976 篇，这些文献主要涉及律师辩护权利、辩护制度、控辩关系、审辩关系、法律援助、有效辩护等话题。其中，对刑事辩护对刑事审判影响力进行系统性研究的文献主要是陈瑞华《辩护权制约裁判权的三种模式》，《政法论坛》2014 年第 5 期；欧明艳、黄晨《从形式到实质刑事辩护对裁判结果影响力研究——以 C 市 Y 中院近 3 年 198 名被告人的律师辩护为样本》，《法律适用》2016 年第 1 期。

事辩护影响力的真实路径，以达至保障人权与公正裁判的双重目的。

二 刑事辩护对刑事审判的影响力不足

（一）对审判的程序推动力不足

纵观我国刑事辩护制度及司法实践，刑事辩护对刑事审判程序的影响模式主要有三种：辩护权主导模式、裁判权主导模式以及辩护权影响裁判权模式。透过对这三种模式的实证研究，我们发现现阶段刑事辩护对刑事审判的程序推动力严重不足。

（1）辩护权主导模式下的程序推动。辩护权主导模式是指对于辩护律师提出的某些辩护请求，裁判者通常都会直接受理，并且完全支持。比如样本案件中辩护律师阅卷权的行使便属于辩护权绝对主导模式。样本案件中的所有辩护律师都在开庭前提出了查阅、复制、摘抄案卷材料的权利诉求，所有裁判者都对此予以绝对支持。辩护权绝对主导模式下刑事辩护对刑事审理程序的开展具备绝对的推动力。

（2）裁判权主导模式下的程序推动。与辩护权主导模式截然相反的模式即裁判权主导模式，处于这一模式之下的辩护请求，裁判者不会对其进行细致审查，更谈不上对其予以支持，相应地也并未提供充足的理由，有些裁判者对这些辩护请求甚至直接不予受理。在与 C 市两级法院法官的访谈中，便发现辩护律师在开庭前提出的延期开庭的申请；在开庭审理过程中提出的休庭与被告人进行交流的申请以及对被告人变更强制措施的申请等辩护请求事项都被裁判者直接驳回。裁判权主导模式下刑事辩护对刑事审理程序的开展几乎不具备推动力。[①]

（3）辩护权影响裁判权模式下的程序推动。通过对样本案件中刑事辩护对刑事审理程序的影响模式梳理，我们发现辩护权主导模式、裁判权主导模式并非刑事辩护对刑事审理程序影响力发挥的常态模式。在样本案件

---

① 参见陈瑞华《辩护权制约裁判权的三种模式》，《政法论坛》2014 年第 5 期。

中，辩护律师提出某项辩护请求，通常情况下，裁判者会积极受理，在进行审查后作出准许与否的决定并说明理由，这种常态模式即为辩护权影响裁判权模式。依据辩护对审理程序影响力程度的不同，辩护权影响裁判权模式可以分为"强影响模式"以及"弱影响模式"。在强影响模式下，虽然辩护律师的辩护请求对裁判者的裁判结论不具备决定性影响力，但是其对案件审理程序有巨大影响力，能够促使裁判者启动程序性裁判程序。① 在 210 件示范案件中，93 件案件提出了排除非法证据的申请，占审理案件数的 44.29%。18 件案件启动了非法证据排除程序，占审理案件数的 8.57%，占申请案件数的 19.35%。6 件案件最终实际排除了非法证据，占审理案件数的 2.86%，占申请案件数的 6.45%，占启动非法证据排除程序案件数的 33.33%。诸如排除非法证据申请权等强影响模式对被告人权利的保障以及裁判公正的实现意义重大。但是其在司法实践中相对于弱影响模式下的权利而言数量较少。在弱影响模式下，辩护律师的辩护请求不仅对裁判者的裁判结论不具备决定性影响力，而且对案件审理程序的影响力也比较微弱。在司法实践中，比较常见的辩方申请证人、鉴定人、专家辅助人出庭作证的权利，申请法院向侦查机关、检察机关调取新证据的权利，申请通知新的证人到庭，调取新的物证，申请重新勘验或者鉴定的权利都属于弱影响模式。辩方即使明确提出这些辩护权利诉求，裁判者也不会启动专门的程序性裁判程序，更不会支持辩方的诉求。因为，在这一模式下，裁判者具备巨大的裁量权，对辩护权利实现的"必要性"判断拥有巨大权威。除此之外，辩方在这一模式下没有有效的救济渠道，对裁判者也缺乏明确的制裁手段或否定性后果。②

（二）对裁判的实体说服力不强

通过对律师辩护作用机制的实证研究，我们可以得出初步的结论：律师能够利用调查取证、举证、质证等多种辩护方式说服裁判者，但辩护意

---

① 参见陈瑞华《审判之中的审判——程序性裁判之初步研究》，《中外法学》2004 年第 3 期。

② 参见陈瑞华《辩护权制约裁判权的三种模式》，《政法论坛》2014 年第 5 期。

见的发表才是说服裁判者的最重要辩护方式。① 除此之外，按照刑事判决书改革要求，判决书应当对律师辩护意见进行回应。② 这为我们研究律师辩护效果，评估刑事辩护对于刑事裁判者的说服力提供了客观素材。

（1）辩护意见的被采纳率较低。示范案件中，律师提出的914个辩护意见中，法院最终采纳533个，采纳率为58.32%，采纳率较低。在采纳的意见中，定性意见43个，占8.07%；量刑意见509个，占95.50%。从类型上看，"酌定量刑意见"采纳数量最多，"指控证据不足的无罪"意见采纳数量最低。辩护律师发现控方指控不当并成功辩驳最能体现辩护的实质作用。示范案件中，律师发现控方指控不当并提出辩护意见予以辩驳成功的共54个，占采纳意见数的10.13%。

（2）辩护意见的回应不完全且说理不充分。示范案件中判决书对辩护意见的回应方式主要有5种：明确表示采纳（回应方式1）；未采纳，对于不采纳的原因仅一带而过（回应方式2）；未采纳，但充分说明了原因（回应方式3）；未对辩护意见作出任何回应（回应方式4）；律师提出数个辩护意见，判决书明确表示对某个予以采纳，对于其他辩护意见未作出任何回应或仅简要说明（回应方式5）。判决书对样本案件的具体回应情况可参见图1。

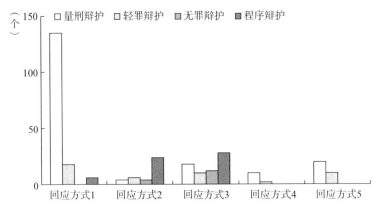

图1 判决书对辩护意见的回应方式及其辩护意见种类

① 参见左卫民、马静华《效果与悖论：中国刑事辩护作用机制实证研究——以S省D县为例》，《政法论坛》2012年第2期。
② 参见罗书平《改革裁判文书的成功尝试——评云南高院对褚时健案的刑事判决书》，《法学家》1999年第5期。

通过图1，我们可以发现，判决书对辩护意见的回应存在以下问题。第一，罪轻辩护意见的被采纳率低，无罪辩护意见被采纳率为零。辩护意见被采纳率高达58.32%，但是大部分是被告人系初犯，认罪态度好，有自首情节，犯罪行为较轻，社会危害性较小等量刑辩护意见。罪轻辩护意见的采纳率不足一成，无罪辩护意见一律未被采纳。[1] 这种状况一方面体现了审判机构与公诉机构在罪名认定方面高度的一致性；另一方面也显示了审判机构对待罪轻判决、无罪判决的慎重性。反观近年来在社会各界引起强烈反响的一些冤假错案，律师虽提出了有理有据的无罪辩护意见，但是法官"不敢"直接采纳，就做出了一种"留有余地的判决"。[2] 第二，部分判决书对辩护意见的回应缺乏透彻的说理。在黄某被控强奸案中，律师以翔实的案件证据为支撑，提出从两人的关系上看，被告人与被害人系男女朋友关系；从行为的时间和地点上看，被害人对行为后果是明知的，是自愿的；从行为时双方具体动作分析，被害人属于半推半就，并进而提出了无罪辩护意见。对于律师这番逻辑严谨、论证充分的辩护意见，判决书仅以"该辩护意见没有证据予以证明"为由，就将其直接排除了。判决书对辩护意见的这种处理方式，在曹某被控以危险方法危害公共安全案、李某被控抢劫案、王某被控聚众斗殴案等案件中都屡见不鲜。判决书对辩护意见说理的不足在某种程度上反映了判决书说理不充分的现状。而判决书说理不足非但不利于定分止争，维护被告的辩护权利，而且会影响司法公正的彰显和司法公信的树立。[3] 第三，律师提出了多个辩护意见，但部分判决书对个别辩护意见未予以回应。在夏某被控受贿案、张某被控寻衅滋事案等案件中，律师都提出了量刑辩护意见、罪轻辩护意见以及程序辩护意见等数个辩护意见，判决书虽然对量刑辩护意见明确表示采纳，但是

---

[1] 示范案件中S县人民法院仅作出了一件无罪判决。在2013年刘某被控诈骗案中，刘某的律师以询问笔录与被告人供述相互矛盾，且无其他证据为由，提出刘某无罪。法院最终判决刘某无罪。但是，判决书中未对辩护意见作出任何回应，因此，笔者倾向于认为律师的无罪辩护意见未被采纳。

[2] 参见陈瑞华《留有余地的判决——一种值得反思的司法裁判方式》，《法学论坛》2010年第4期。

[3] 参见胡云腾《论裁判文书说理与裁判活动说理》，《人民法院报》2011年8月10日，第5版。

对罪轻辩护意见、程序辩护意见没有回应。从程序正义的角度分析，法官应当在判决书中对辩护意见予以必要的回应，否则将构成程序违法。此外，这将打消律师提出高质量辩护意见的积极性，销蚀被告人获得有效辩护的机会。[①]

三 律师辩护权利保障的现实困境

刑事辩护不能充分发挥对刑事审判影响力的症结在于司法实践中对辩方地位的忽视与弱化，导致"控辩平等、居中裁判"的"等腰三角形"诉讼结构被扭曲，甚至退化为"控审二元线型"诉讼结构。而提升辩护地位的关键在于提高律师辩护权利的实际享有与效用发挥，逐步实现控辩平等。控辩平等在刑事法治领域，归根结底就是控、辩双方"权""能"的平等。"权"的平等特指公诉机关的控诉权力与刑辩律师的辩护权利的"平等武装"，对于辩护律师而言，"平等武装"意味着立法机关对辩护权利的高度认可，并以法律制度的形式将辩护权利予以固化，实现"理论上的辩护权利"充分转化为"法律上的辩护权利"。"能"的平等特指公诉机关的控诉职能与辩护律师的辩护职能的"平等对抗"，对于辩护律师而言，"平等对抗"的前提，不仅在于"平等武装"，还在于司法机关遵循规则之治、程序之治，慎用裁量权；辩护律师能提升素养、尽职尽责、规避风险，实现"法律上的权利"完全转化为"行动中的权利"，以实现有效辩护，增强刑事辩护对刑事审判程序的影响。但经实证研究发现，刑事司法实务中，在从"理论上的律师辩护权利"到"法律上的律师辩护权利"再到"行动中的律师辩护权利"的律师辩护权利的阶段转化中，转化过程存在严重脱节，转化结果存在较大差序。具体而言，律师辩护权利在制度配备、司法保障、行使发挥三个层面都存在诸多障碍与困境。

---

① 有效辩护的理念主要包括合格称职的辩护律师，为辩护所必需的防御准备，与委托人进行的有效沟通和交流，有理、有据、精准、及时的辩护活动。参见陈瑞华《有效辩护问题的再思考》，《当代法学》2017 年第 6 期。

（一）权利保障的制度供给不充分

"毫无疑问，2012 年新刑事诉讼法（以下简称'刑事诉讼法'）充实了辩护权的内容，强化了辩护权的保障体系。从直观数量上考察，修改或新增加的有关辩护权的条文达 25 条之多；在内容上，修改涉及辩护人职责的重新定位、辩护人介入诉讼起点时间提前、辩护人会见权、阅卷权等的调整以及法律援助范围扩大等诸多方面。"[①] 此外，2018 年刑事诉讼法修改也明确增加了值班律师制度。但是从"法律上的律师辩护权利"到律师辩护活动的有效展开仍然存在三个方面的不足。

1. 部分重要律师辩护权利未在刑事诉讼法中规定

对平衡控辩双方地位，推动刑事辩护有效展开有重要意义的部分律师辩护权利并未在刑事诉讼法中予以规定。通过与 C 市刑辩律师的座谈，我们发现在提及"您觉得刑事诉讼法对于哪些重要辩护权利未予以规定将产生比较负面的影响"的问题时，大部分律师认为侦查人员讯问犯罪嫌疑人时律师在场权以及律师执业豁免权的缺失是新、旧刑事诉讼法都未予以规定的重要权利。其中律师在场权主要是为了预防侦查人员刑讯逼供。司法实践显示，刑讯逼供是导致冤假错案的高发性"毒瘤"。为消除刑讯逼供，刑事诉讼法明确规定侦查人员讯问犯罪嫌疑人时可以对讯问过程进行录音、录像；对于犯罪嫌疑人可能被判处无期徒刑、死刑的案件或其他重大犯罪案件，应当对讯问过程进行录音、录像。司法实践中大部分对犯罪嫌疑人的讯问过程也进行了较全面的录音或录像。但是，录音、录像属于技术性手段，极易被部分侦查人员变通操作，导致刑讯逼供现象被过滤。相反，辩护律师在场权的实现不仅能够有效监督讯问行为，避免刑讯逼供，保证犯罪嫌疑人口供的真实性；还能为犯罪嫌疑人在接受讯问时提供必要

[①] 汪海燕：《合理解释：辩护权条款虚化和异化的防线》，《政法论坛》2012 年第 6 期。关于 2012 年新刑事诉讼法对律师辩护权利的具体完善内容，参见汪海燕、付奇艺《辩护律师诉讼权利保障的法治困境》，《中国司法》2014 年第 1 期；闫俊瑛、陈运红《新〈刑事诉讼法〉背景下强化律师刑事辩护权研究》，《法学杂志》2013 年第 5 期。

的专业知识支撑，提高其口供的法律预期性。① 而律师执业豁免权主要是为了消除律师辩护的不当风险，解除律师对执业风险的顾虑，使律师辩护时能够更加全面从容。通过问卷调查以及访谈，我们发现所有刑辩律师都认为现在刑事辩护的风险非常大，存在大量无法预期的法外风险。因此，律师在选择辩护行为时往往不会选择虽然对刑事审判影响力大，但同时风险性更大的辩护行为。因此，刑事诉讼法对于律师执行豁免权的规定将可能对刑事辩护影响力的提升产生重要意义。②

2. 部分关于律师辩护权的条款过于模糊

在刑事诉讼法中，部分关于律师辩护权的条款过于模糊，在司法实务中存在被虚化、异化的极大风险。辩护律师会见权以及辩护律师在侦查阶段是否拥有调查取证权都存在该问题。具体而言，在辩护律师会见权方面，《刑事诉讼法》第 39 条规定：“辩护律师可以同在押的犯罪嫌疑人、被告人会见和通信。辩护律师持律师执业证书、律师事务所证明和委托书或者法律援助公函要求会见在押的犯罪嫌疑人、被告人的，看守所应当及时安排会见，至迟不得超过四十八小时。”但是对于“安排会见”的认识、对于会见次数与会见时间的理解，以及对于“不被监听”的理解，由于刑事诉讼法律的模糊规定，在实务中存在诸多争议。③ 在辩护律师侦查阶段是否拥有调查取证权方面，《刑事诉讼法》第 43 条第 1 款规定：“辩护律师经证人或者其他有关单位和个人同意，可以向他们收集与本案有关的材料，也可以申请人民检察院、人民法院收集、调取证据，或者申请人民法院通知证人出庭作证。”第 2 款规定：“辩护律师经人民检察院或者人民法院许可，并且经被害人或者其近亲属、被害人提供的证人同意，可以向他们收集与本案有关的材料。”该条款并未对辩护律师在侦查阶段是否拥有调查取证权予以明确规定，这就导致司法实务中对于该条款的认识存

① 参见闫俊瑛、陈运红《新〈刑事诉讼法〉背景下强化律师刑事辩护权研究》，《法学杂志》2013 年第 5 期。
② 参见林琳《刍议律师刑辩权利的进与退——基于新刑事诉讼法与律师法的比较》，《江汉论坛》2013 年第 5 期。
③ 参见顾永忠《我国刑事辩护制度的重要发展、进步与实施——以新〈刑事诉讼法〉为背景的考察分析》，《法学杂志》2012 年第 6 期。

在诸多争议。①

3. 最高司法机关限制律师辩护权利

2012 年刑事诉讼法修改以后最高人民法院、最高人民检察院、公安部等最高司法机关对于刑事诉讼法的解释都存在一定程度的"曲意释法"。② 目前"曲意释法"主要体现为两个方面。一是对辩护律师行使阅卷权的阅卷范围予以不当限制。《刑事诉讼法》第 40 条明确规定："辩护律师自人民检察院对案件审查起诉之日起，可以查阅、摘抄、复制本案的案卷材料。"此处的案卷材料主要是指与刑事案件相关的诉讼文书和证据材料。然而，最高人民检察院出台的《人民检察院刑事诉讼规则（试行）》（以下简称"最高检《规则》"）对辩护律师的阅卷范围作出了限缩性解释。最高检《规则》第 265 条第 2 款规定："采取技术侦查措施收集的材料作为证据使用的，批准采取技术侦查措施的法律决定文书应当附卷，辩护律师可以依法查阅、摘抄、复制。"根据该条文，律师在审查起诉期间的阅卷范围仅仅限于侦查机关、公诉机关批准技术侦查措施的诉讼文书，不包括获取的证据材料。有学者认为，"从我国法律的实然规定看，律师的阅卷权来源于法律的直接赋予。因为案卷是诉讼历程的记载和诉讼证据的汇集，它既是诉讼的重要成果，又是诉讼的基础性材料和重要资源"。③ 最高检对律师阅卷范围的不当限制将严重影响辩护律师行使阅卷权。二是对审查起诉阶段听取律师意见的方式进行不当限制。《刑事诉讼法》第 173 条明确规定："人民检察院审查案件，应当讯问犯罪嫌疑人，听取辩护人或值班律师、被害人及其诉讼代理人的意见，并记录在案。"该条款中的"听取辩护人意见"主要是为了贯彻直接言词原则，要求检察官在审查起诉阶段亲耳听取辩护人意见。但是，最高检《规则》第 365 条却规定："直接听取辩护人、被害人及其诉讼代理人的意见有困难的，可

---

① 参见汪海燕《合理解释：辩护权条款虚化和异化的防线》，《政法论坛》2012 年第 6 期。

② 参见万毅《"曲意释法"现象批判——以刑事辩护制度为中心的分析》，《政法论坛》2013 年第 2 期。

③ 朱孝清：《再论辩护律师向犯罪嫌疑人、被告人核实证据》，《中国法学》2018 年第 4 期。

以通知辩护人、被害人及其诉讼代理人提出书面意见，在指定期限内未提出意见的，应当记录在案。"据此，最高检在刑事诉讼法规定的直接听取意见以外设置了接受辩护意见这种间接听取意见方式，在实际运行中，检察官们往往凭借"直接听取意见有困难"的由头，拒绝律师当面听取辩护意见的权利诉求。[①] 这将对全面掌握辩护律师意见，实现律师程序参与权造成一定消极影响。

（二）权利的司法保障存在系统性障碍

法律条文本身或其精神之"善"能否转化为实践之"善"是一个极其复杂的问题。前车之鉴似乎也在预示这是两个概念，即立法上的美好期许有时在司法实践中会遭遇种种误读。如何保证"纸面上的法"变成"行动中的法"是一项系统的繁杂工程。[②] 通过对样本案件的系统分析以及对 C 市法官、检察官、律师的问卷调查以及访谈，我们发现从 C 市司法机关对律师辩护权利的司法保障角度出发，以律师辩护权利的类型化为分析框架，在律师辩护的条件性权利、手段性权利、保障性权利三个方面存在系统性障碍，主要存在以下问题。

1. 对于条件性的律师辩护权利保障不充分

条件性的律师辩护权利是指辩护律师享有的会见权、阅卷权、调查取证权等诉讼权利。这些诉讼权利都是为辩护做准备、提供条件的，因而称之为条件性的律师辩护权利。[③] 对于这些条件性的律师辩护权利，2012 年刑事诉讼法的修改从立法层面对其进行了较好的完善，也在一定程度上缓解了律师辩护的"三难"问题。但是实证研究发现，条件性的律师辩护权利在司法机关主导的权利转化中仍然存在诸多问题，这主要体现为两个方面。一是司法机关对律师会见权、阅卷权的安排缓慢，转化效率较低。在一项关于"辩护人在查阅、摘抄、复制案卷材料时，您是否提供了相应的

---

① 参见韩旭《限制权利抑或扩张权力——对新〈刑事诉讼法〉"两高"司法解释若干规定之质疑》，《法学论坛》2014 年第 1 期。

② 参见汪海燕《合理解释：辩护权条款虚化和异化的防线》，《政法论坛》2012 年第 6 期。

③ 参见顾永忠《我国刑事辩护制度的重要发展、进步与实施——以新〈刑事诉讼法〉为背景的考察分析》，《法学杂志》2012 年第 6 期。

方便"的问卷中，71.79% 的受访法官表示提供了非常大的便利，并有 58.94% 的受访法官表示每次都保证了必要的阅卷时间。在律师会见权实现方面，据访谈，部分看守所不及时安排会见或者附加限制性条件。有的看守所拖延至 48 小时即将届满时才安排会见；个别看守所违反律师凭"三证"会见的法律规定，要求律师会见必须事先进行预约；一些看守所硬件设施不足，会见室数量较少，且经常被办案机关占用，难以满足律师正常的会见需要，律师会见需要长时间排队等候，这些现象都会导致律师在会见启动上耗费大量时间，会见时间效率低下。在律师阅卷权实现方面也存在相同的效率问题，即检察院案件管理部门与审查起诉部门对接不畅，律师联系或者预约阅卷花费时间较长，安排阅卷不及时，阅卷排队现象时有发生。[①] 二是律师调查取证权未得到充分保障，"调查取证难"未得到改善。在与律师的座谈当中，对于"您认为《刑事诉讼法》规定的律师辩护权利，哪些得到了司法机关充分的保障"，绝大多数律师都认为会见权、阅卷权受到了司法机关的充分保障，但是调查取证权的保障力度仍然有待提高。在与律师的座谈中，受访律师普遍反映《刑事诉讼法》修订生效以后，律师调查取证权完全未得到充分保障，调查取证难问题并未得到有效改善。在一项对 C 市两级法院法官关于"您是否充分保证了辩护律师的调查取证权"的问卷调查中，有 41.67% 的受访法官表示保障力度非常大，但是仍有 44.87% 的受访法官表示保障力度一般，但已尽最大努力。此外，在一项关于"在保障辩护律师调查取证权方面是否有障碍"的问卷中，13.46% 的受访法官表示有非常多障碍，有 35.26% 的受访法官表示有一些障碍，有 34.62% 的受访法官表示几乎没有障碍，仅有 16.66% 的受访法官表示完全没有障碍。在证据调取方式的选择方面，大部分律师选择"申请司法机关代为调取"，仅有少数律师选择"自主调取"。经与律师座谈，这主要是因为自主调取证据律师面临的刑事风险较大；证据持有人配合力度不足，调取难度较大；此外，自主调取的证据的证明力在法

---

① 参见韩旭《新〈刑事诉讼法〉实施以来律师辩护难问题实证研究——以 S 省为例的分析》，《法学论坛》2015 年第 3 期。

官认证中较申请调取的证据弱。① 但是，在申请司法机关代为调查取证方面，司法实践中仍然存在以下问题。一是辩护律师在侦查阶段是否享有申请侦查机关调查取证权在司法实践中争议较大，并未形成统一合理的操作模式。大部分律师认为侦查阶段律师享有申请调查取证权，并且有律师在侦查阶段曾经行使过申请调查取证权，其中还有个别律师在侦查阶段申请调查取证获得过侦查机关的许可。二是辩护律师申请调查取证的获准率较低，司法机关在审查调查取证申请方面有极大的裁量权。大部分律师认为申请调查取证的获准率仍然较低。当提及"司法机关是否对未批准调查取证申请予以充分说理"的问题时，大部分律师认为"没有充分说理"，仅有少数律师认为"进行了充分说理"。经座谈发现，许多检察官、法官在未经细致审查的情况下，还会以"没有必要""完全不需要"为由直接拒绝律师的申请。这充分说明司法机关在审查律师取证申请时，主观意识作用强大，拥有近乎完全的裁量权。三是辩护律师申请调取无罪或罪轻证据的权利难以落实。在提及"您是否有申请调取无罪或罪轻证据成功的经历"的问题时，大部分律师表示"有过很少次"，仅有少数律师表示"有过多次"。

2. 对于手段性的律师辩护权利保障不充分

手段性的律师辩护权利，是指辩护律师针对司法机关对犯罪嫌疑人、被告人的程序性措施、实体性控诉以及实体性认定，直接提出质疑性、反驳性、否定性的证据、意见或主张。刑事诉讼法赋予了律师大量的手段性辩护权利，以提升辩方对程序推进以及实体结果的实际影响力，改善控辩双方的力量对比格局，但是司法机关对于某些手段性辩护权利的转化相当不充分。这主要表现为以下几个方面。一是辩护律师表达意见的权利未受到重视。刑事诉讼法虽然要求公安、检察机关在办案过程中应认真听取

---

① 有部分律师结合自己的办案实践，表达了对调查取证可能导致的刑事风险的担忧：对证人调查后，一旦证人推翻原来对侦查机关所作的不利于犯罪嫌疑人的证言，侦查机关便会对证人采取高压"措施"或者以伪证罪相威胁，迫使证人推翻对律师作出的有利证词，证人为了自保，不惜将翻证归责于律师的"教唆、引诱"，这无疑增加了律师调查取证的风险。

辩护律师的意见，做到兼听则明。但是座谈律师普遍认为，无论是侦查期间，还是审查起诉环节，抑或是审查批捕过程中，公安、检察人员一般都不会主动听取辩护律师意见，即便在律师提出要求时，办案人员通常也不会当面听取意见，而是采取变通方式，要求律师提交书面意见来代替当面的口头陈述，直接言词原则在刑事诉讼中并未得到贯彻实施，辩护效果大打折扣。[①] 二是申请证人出庭作证得不到法院的充分支持。刑事诉讼法在证人出庭作证问题上虽然作出了法律规定，但这种法律规定在实践中已经落空，证人出庭作证率低的现状仍未得到改变。座谈中，律师普遍反映，在示范性案例中申请法院通知证人出庭作证能够得到较大支持，但是在对比案例中往往得不到支持。这就不难理解为什么新刑事诉讼法实施后证人出庭作证率与以前相比并没有明显提高。证人尤其是关键证人不出庭作证，不仅剥夺了被告人的对质权，审判程序的正当性受到质疑，而且为查明案件事实带来困难，不利于防范冤假错案的发生。[②]

3. 对于保障性的律师辩护权利保障不充分

保障性的律师辩护权利，是指当司法机关侵犯辩护律师享有的条件性辩护权利以及手段性辩护权利时，辩护律师可通过行使该类权利获得有效救济，并追究相关主体的法律责任。《刑事诉讼法》第49条明确规定，辩护人认为公安机关、人民检察院、人民法院及其工作人员阻碍其依法行使诉讼权利的，有权向同级或上一级人民检察院申诉或控告。人民检察院对申诉或者控告应当及时进行审查，情况属实的，通知有关机关予以纠正。但是，在一项关于"您认为《刑事诉讼法》规定的律师辩护权利，哪些得到了司法机关充分的保障"的座谈中，仅有少数律师认为，其辩护权利受到侵害时，获得了检察机关的有效救济。这在某种程度上能够反映，在目前的司法实践中检察机关并未严格按照《刑事诉讼法》第49条的规定履行保障辩护权利的职责。

---

① 参见韩旭《新〈刑事诉讼法〉实施以来律师辩护难问题实证研究——以 S 省为例的分析》，《法学论坛》2015 年第 3 期。

② 参见韩旭《新〈刑事诉讼法〉实施以来律师辩护难问题实证研究——以 S 省为例的分析》，《法学论坛》2015 年第 3 期。

（三）权利的行使效能不足

1. 辩护律师的专业素养不足，不能充分运用辩护权利

在一项"您认为哪些因素会影响律师辩护质量"（多项选择）的问卷中，47.44%的受访法官表示律师学历专业水平会影响辩护质量，69.23%的受访法官认为律师执业经验会影响辩护质量，57.05%的受访法官认为律师对于案件的投入会影响辩护质量。从我们与 C 市刑辩律师的座谈中得出的律师专业素养的分析如下。在年龄方面，不满 35 岁的律师占刑辩律师的大部分，这些律师因较年轻相较于老律师缺乏一定的生活阅历，对于刑事案件的经验事实把握能力稍显不足。在学习经历方面，虽大部分律师为法学专业毕业生，接受过系统的法学教育，但是对于许多法律基本概念缺乏深入的了解，对于法律理论体系缺乏全面的认知。在刑辩经历方面，大部分律师从事刑事辩护职业的时间不满 5 年，所代理的刑事案件不足 50 件。通过以上内容可以看出 C 市刑辩律师的整体水平无论从从业年限，还是从代理案件数量来看，都与技艺娴熟的优秀律师有一定的差距。除此之外，通过与刑辩律师就辩护权利的享有与行使问题进行座谈，并查阅样本案件卷宗中关于律师辩护权利行使的内容，我们发现大部分律师不仅对刑事法律规范赋予的律师辩护权的内涵、外延缺乏全面、深刻的认识；对刑事辩护过程中具体应如何充分、巧妙地运用法定辩护权利，最大限度地推进刑事审判程序，说服裁判者更是缺乏充分、有效的理解，甚至出现很多无端弃权、不规范用权的辩护行为。

2. 辩护律师的职业态度偏差，没有尽心履行职责

在一项关于"您在代理刑事案件时投入的精力程度是多少"的座谈中，大部分律师表示由于案件压力、外部压力、个人经历等各方面因素，并不能投入全部精力在刑事案件代理中。此外，在一项关于"哪种因素最可能影响您对案件投入的精力"的座谈中，座谈律师大多数认为"案件的收费"是影响律师精力投入的主要因素。这展现了令人担忧的律师职业态度，律师费收入的最大化已经将律师职业的责任感远远地抛在了身后。在目前律师会见权、举证权、提出辩护意见权的行使已无制度障碍与司法障碍的情况下，样本案件中，律师在行使会见权时与犯罪嫌疑人、被告人的会见次数少、会见时间短、会见内容与案件实质关联性小。由于律师在庭前辩护阶段尽责心不足，律师在行使举证权时，举证数量少，举证针对性不足；律师提出的辩护意见不仅数量少，缺乏必要的事实支撑，而且种类单一，大部分辩护意见都是酌定减刑辩护意见，很少有轻罪、无罪辩护意见，即使偶尔为之，也因为缺乏必要的证据支撑而说服力不足。

3. 辩护律师的执业风险过大，无法深入开展辩护

在一项关于"您在代理刑事案件时遇到风险的频率是"的座谈中，大部分律师表示偶尔遇到，有少部分律师表示从未遇到。在谈及"办理刑事案件时遇到的具体风险有哪些？"的问题时，受访者结合个人遭遇的现实风险，提出了刑事诉讼的国家机关以及办案人员，被害人及其近亲属，犯罪嫌疑人、被告人及其近亲属，证人，社会公众等8种风险源头，具体的风险内容更是五花八门，多种多样，令辩护律师尤其是经验不足的年轻律师防不胜防。其中危害最大的源头是国家机关，据统计"过去十多年内，我国刑事辩护律师在执业活动中被有关公安、检察机关立案追究刑事责任的有300多例，但是大多数最后被认定无罪，这足以说明，刑事辩护律师所面临的被无端追诉的情况之严重"[①]。然而，在一项关于"辩护律师在辩护过程中是否有哪些违反法律规定的辩护行为"的调查中，受访法官的9.62%认为在辩护程序中必然发生违反法律规定的辩护行为，受访法官的11.54%认为在辩护程序中经常发生违反法律规定的辩护行为，受访法官的61.54%认为在辩护程序中偶尔发生违反法律规定的辩护行为，仅有10.26%的受访法官表示几乎没有发生过违反法律规定的辩护行为。

四 律师辩护与裁判生成的脱离

（一）刑事庭审与刑事裁判的不当分离

刑事辩护对刑事审判影响力的不足，淋漓尽致地展现了我国在法庭之

---

① 门金玲：《刑事辩护操作指引》，法律出版社，2015，第9页。

外形成裁判结论的司法现状，反映了我国刑事审理与刑事裁判不当分离的审判失衡。这种审判失衡集中表现为以下两种模式。

1. 以案卷笔录为中心的审判模式

裁判者独立办理刑事案件时，通常会依据公诉机关移送的案卷笔录进行庭前准备；通过庭审中公诉机关宣读的证人证言、被告人供述、被害人陈述等案卷笔录认定案件事实；援引案卷笔录直接作为裁判依据。裁判者这种以案卷笔录为中心的审判模式在我国刑事审判实务中影响深远。裁判者对于案件事实的认定程序实质上都是围绕对案卷笔录的确认而展开的。案卷笔录被赋予了天然的证据能力以及优先的证明力。案卷笔录的天然证据能力意味着，法院裁判者无理由地认可案卷笔录的合法性，公诉机关无须提供证据证明案卷笔录的合法性。而律师一旦对案卷笔录中的某个证据提出异议，就需要承担相应的举证责任。易言之，在裁判者眼里案卷笔录就是免证事实。案卷笔录的优先证明力意味着，律师提出的证据在证明力上通常较案卷笔录弱。庭审过程中，律师通常会通过指出案卷笔录记载的同一证人的证言自相矛盾，证人之间的证言相互矛盾，被害人所做陈述前后矛盾，或调取其他的证人证言来推翻案卷笔录的效力。但是，裁判者仍然会提出案卷笔录相互印证，细节上的差异不影响证据认定等理由，继续坚持将相关案卷笔录作为裁判依据。案卷笔录的天然证据能力将导致刑事庭审中关于证据能力的证据规则难以建立；案卷笔录的优先证明力又会导致刑事庭审中司法证明机制无法运行。[①] 若刑事庭审证据规则及证明机制无法发挥作用，刑事辩护影响力的提升，有效辩护的完美实现，甚至是以审判为中心的诉讼制度的确立都将成为空中楼阁。

2. 科层式的司法决策模式

裁判者在面对难办案件时，通常会依据法院处理难办案件的相关制度或惯例，将案件报送至院庭长、法官联席会、审判委员会、上级法院，由上级领导具体审议并给出裁判意见。这种上下级之间报送、审议的行政方

---

① 参见陈瑞华《案卷笔录中心主义——对中国刑事审判方式的重新考察》，《法学研究》2006 年第 4 期。

式实质上是一种科层式的司法决策模式。"这种科层式程序的独特之处在于其结构被设计为一系列前后相继的步骤，这些程序步骤渐次在镶嵌于上下级链条中的官员们面前展开。"① 这种模式虽然有利于提高案件审判质效，统一裁判尺度，解决在法律适用、政治压力及社会影响等方面遇到的疑难问题，但是也会损害事实认定机制，降低案件审理流程公开性，造成司法资源浪费。② 此外，上级领导在作出判决意见时，未经历庭审，几乎无法全面捕捉律师辩护意见并作出合理的甄别。这很容易导致辩护律师怠于法庭辩护，即使对那些有很强事实支撑的辩护意见也不屑一提。近年来，刑事辩护领域还出现了一种"表演性辩护"，律师不再把辩论精力花费在准备庭审上，而是花费在法庭之外，利用媒体进行对抗性表演辩护。③

（二）强大控方与弱小辩方之间的能量失衡

法官在甄别刑事辩护对刑事审判的影响力时，通常会将辩护意见与公诉意见进行综合对比，将目光在两者之间往返流转。而"任何有效的诉讼主张，都必须建立在对诉讼事实、案件信息的充分掌握之上。而这些诉讼事实、案件信息的取得，前提当然是诉讼参与者拥有知悉这些信息的必要条件和能力"。④ 因此，控辩双方诉讼能量的对比直接制约刑事辩护影响力的实现。在我国现阶段的诉讼格局下，辩护律师与公诉机关相比无论是在客观能量的对抗上，还是在主观能量的对抗上都处于绝对的劣势。在客观能量层面，公诉机关不仅承接着刑事案件侦查程序与刑事案件审判程序，而且享有对整个诉讼程序的法律监督权。在会见当事人、调查取证等案件事实的查明方面，检察院更是享有强制性诉讼权力。律师虽然享有会见权、阅卷权、调查取证权等诉讼权利，但是相较于检察院在会见当事人、调查取证时享有的"权力"外衣，律师在会见当事人、调查取证时依

---

① 〔美〕米尔伊安·R. 达玛什卡：《司法和国家权力的多种面孔》，郑戈译，中国政法大学出版社，2004，第85~86页。
② 参见龙宗智《论建立以一审庭审为中心的事实认定机制》，《中国法学》2010年第2期。
③ 参见李奋飞《论"表演性辩护"——中国律师法庭辩护功能的异化及其矫正》，《政法论坛》2015年第2期。
④ 陈瑞华：《刑事辩护制度的实证考察》，北京大学出版社，2005，第140页。

靠的"权利"外衣，在履行辩护职能时就显得能量不足。① 这集中表现为上文论述的"纸面上的律师辩护权利"的不完备性以及"纸面上的律师辩护权利"转化为"行动中的律师辩护权利"的不充分性。在主观能量层面，法院对于检察院公诉活动总是给予充分信任，而对于律师辩护活动通常有较多怀疑，导致律师的主观能量远不如检察院。在刑事司法领域，我国长期坚持国家本位及权力本位传统，国家利益与个人利益相比、国家权力与个人权利相比具有天然的优越性。在这种传统观念之下，法官普遍认为，检察院的公诉行为相较于律师的辩护行为具有道德上的优先性。我国政法系统的同质性与亲密性，使公安部门、检察院、法院在打击犯罪时总是齐心协力，携手合作。在这种司法格局之下，法院总是将检察院当作拍档，而将律师当作对手。在上述观念及格局的双重影响之下，法官们总是有重公诉、轻辩护的认识。

法院并未处理好刑事辩护全覆盖背景下的新型侦辩、诉辩和审辩关系。② 而控辩双方的能量失衡直接导致法院在甄别辩护意见，尤其是在辩护意见与公诉意见相冲突的时候，经常出现一边倒的现象。既然对律师辩护意见通常都是不予采纳，律师的发问、质证、辩论也就不那么重要，法官们在听取控辩双方针对辩护意见的辩论时也就少了几分耐心，在甄别辩护意见时也就少了几分审慎，在回应辩护意见时也就少了几分尊重。与此同时，法院并未认真对待刑事诉讼程序中控辩关系三种样态的运作机理及形成原因。③

五　律师辩护权利的司法保障路径

律师辩护权利转化的效果将直接影响刑事辩护的影响力，最大限度地提升律师辩护权利的转化效果便成为破解问题的关键。在律师辩护权利的

---

① 参见顾永忠《我国刑事辩护制度的重要发展、进步与实施——以新〈刑事诉讼法〉为背景的考察分析》，《法学杂志》2012 年第6 期。

② 参见兰跃军《刑事辩护全覆盖背景下新型侦辩、诉辩和审辩关系》，《学术界》2018 年第6 期。

③ 参见李奋飞《论控辩关系的三种样态》，《中外法学》2018 年第3 期。

保障与实现过程中，我们有必要强化律师辩护权利的法律创制，尤其是制定律师辩护权利保障操作细则；强化对司法权力的监督制约，尤其是建立律师辩护权利司法审查机制；强化对律师法律素养、职业精神、风险化解的提升，从司法权力的角度尤其要注意完善律师辩护意见处理机制。

（一）制定律师辩护权利保障操作细则

目前我国关于律师辩护权利的相关法律规范大多数是比较原则的规定，学界的相关研究也比较宏观，缺乏较强的可操作性。[①] 为进一步强化对辩护权利的保障，在未来的立法进程中，可以出台关于律师辩护权利保障的操作细则。具体而言，可以围绕律师会见权、阅卷权、调查取证权以及参与庭审权四个方面，作出全面系统的规定。

1. 制定保障律师会见法官、被告人权利的操作细则

在律师约见法官方面可以明确，律师对案件的代理和辩护意见应当在庭审中发表，庭审外，确有必要会见法官的，应提交书面申请。法官应当按照上级法院关于规范法官会见案件当事人、诉讼代理人、辩护人、涉案关系人规定的相关要求，进行审查。准许会见的，应及时安排并通知律师与法官会见。会见应在工作时间，在法院专门工作场所进行，并由被申请会见的法官及一名书记员或法官助理在场，涉及重大、复杂、疑难案件的，审判长或合议庭成员共同参加会见，会见时法官应认真听取意见，书记员或法官助理应做好记录，经律师签字后附卷。在律师会见被告人方面，可以明确规定，在押被告人向法官提出要求会见辩护律师的，法官应当告知其向看守所提出，并及时向辩护律师转达被告人的会见要求。

2. 制定保障律师阅卷权利的操作细则

可以明确规定依法保障律师的阅卷权，不得设置或变相设置限制条件阻碍律师阅卷。在刑事诉讼中代理律师与辩护律师享有同等的阅卷权。有条件的法院应设置专门的阅卷场所，同时提供复印机、扫描仪等设备，方

[①] 参见陈光中《完善的辩护制度是国家民主法治发达的重要标志》，《中国法律评论》2015年第2期；顾永忠《我国刑事辩护制度的重要发展、进步与实施——以新〈刑事诉讼法〉为背景的考察分析》，《法学杂志》2012年第6期。

便律师查阅、摘录、复制案件材料。除合议庭、审判委员会的讨论记录以及其他依法不能公开的材料外，应允许律师以复印、拍照、扫描、电子数据拷贝等方式复制案卷材料。

3. 制定保障律师调查取证及排除非法证据权利的操作细则

在调查取证权利方面，可以依据调查取证对象的不同，作出三方面的区分。一是明确规定律师向法院申请调取公安机关、检察院的证据材料。辩护律师有在刑事诉讼审理期间书面向法院申请调取公安机关、人民检察院在侦查、审查起诉期间收集但未提交的证明被告人无罪或者罪轻的证据材料的权利。法院对辩护律师提出的申请应当依法及时审查。经审查，认为辩护律师申请调取的证据材料已收集并且与案件事实有联系的，应当及时调取。相关证据材料提交后，法院应当及时通知辩护律师查阅、摘抄、复制。经审查决定不予调取的，应当书面说明理由。二是明确规定律师向法院申请调取被害人及其近亲属的证据材料。在刑事诉讼中有申请法院向被害人或者其近亲属、被害人提供的证人收集与本案有关的材料的权利。法院应当在收到辩护律师提出的申请后七日以内作出是否许可的决定，并通知辩护律师。辩护律师书面提出有关申请时，法院不许可的，应当书面说明理由；辩护律师口头提出申请的，法院可以口头答复。三是明确规定律师申请法院收集、调取证据。保障辩护律师申请法院收集、调取证据的权利，法院应当在收到辩护律师提出的申请后三日以内作出是否同意的决定，并通知辩护律师。辩护律师书面提出有关申请时，法院不同意的，应当书面说明理由；辩护律师口头提出申请的，办案机关可以口头答复。在申请排除非法证据权利方面，可以明确规定，律师申请非法证据排除应当在开庭审理前提出，同时应提供所知悉的非法取证的人员、时间、地点、方式、内容等相关线索或者材料。律师在开庭审理后发现案件有关证据属于刑事诉讼法规定的非法证据相关线索或材料的，可以申请排除非法证据，法院应当及时签收并依法进行审查。辩护律师在开庭以前申请排除非法证据，法院对证据收集合法性有疑问的，应当依照《刑事诉讼法》第187条第2款的规定召开庭前会议，就非法证据排除问题了解情况，听取意见。辩护律师申请排除非法证据的，法院应当听取辩护律师的意见，按照法定程序审查核实相关证据，并依法决定是否予以排除。[①]

4. 制定保障律师参与庭审权利的操作细则

在庭前会议律师权利保障方面，可以明确规定，在刑事案件开庭审理前，辩护律师可以向承办法官建议召开庭前会议，并说明理由或附相关证明材料。辩护律师在开庭之前提出召开庭前会议、回避、补充鉴定或者重新鉴定以及证人、鉴定人出庭等申请的，法院应当及时审查作出处理决定，并告知辩护律师。在保障律师庭审中的辩论权方面，可以明确规定，法庭审理过程中，法官应当注重诉讼权利平等和控辩平衡。对于律师发问、质证、辩论的内容、方式、时间等，法庭应当依法公正保障，以便律师充分发表意见，查清案件事实。法庭审理过程中，法官可以对律师的发问、辩论进行引导，除发言过于重复，相关问题已在庭前会议达成一致，与案件无关或者侮辱、诽谤、威胁他人，故意扰乱法庭秩序的情况外，法官不得随意打断或者制止律师按程序进行的发言。在律师质证权的保障方面，可以明确规定，在庭审过程中律师有权向出庭证人、鉴定人发问，法院不许可律师向证人、鉴定人发问的，应说明理由，律师有权对此发表意见。在辩护意见的保障方面，可以明确规定，在法庭调查和法庭辩论环节结束前，独任法官或审判长应询问律师"是否还有新的意见"，或"是否还有补充意见"，或"还有没有最后要陈述的意见"等，切实保障律师在法庭上充分完整表达诉求和意见。除双方无争议且按有关规定可以简化外，特别是适用普通程序审理的案件，裁判文书应当全面归纳总结律师就案件事实、证据、法律适用等发表的观点和意见。对于律师依法提出的辩护或代理意见未予采纳的，应当在裁判文书中说明理由。

（二）建构律师辩护权利司法审查机制

对于权利保障中存在的权利保障不积极、滥用裁量权、说理不充分、救济途径不通畅等主要问题，目前缺乏理论关注。[②] 其实，其根本出路在

[①] 参见陈瑞华《程序性辩护的理论反思》，《法学家》2017年第1期。

[②] 参见王永杰《论辩护权法律关系的冲突与协调——以杭州保姆放火案辩护律师退庭事件为切入》，《政治与法律》2018年第10期。

于改革检察院实现权利救济的现行机制，将司法机关对律师辩护权利的保障情况纳入司法审查范围，建构兼具公正性、可操作性、制裁性、救济性的律师辩护权利司法审查机制。①

1. 通过申请登记对申请要件进行形式审查

若律师认为公安机关、检察院有侵犯其辩护权利的行为，应当在刑事案件提起公诉之后，开庭审理之前向法院提出审查申请。为遏制律师滥用诉权，减少司法资源的浪费，律师只有在满足下列要件的情况下才能向法院提出司法审查申请。一是提出申请的主体必须是与刑事案件辩护权利的行使有直接利害关系的律师，也就是"辩护权利纠纷的原告"（以下简称"原告"）。二是必须有明确的公安机关、检察院作为"辩护权利纠纷的被告"（以下简称"被告"）。三是原告必须提出明确的权利审查请求并提供相关证据材料及法律理由。四是原告必须向受理相应刑事案件的法院提出权利审查申请，且相关辩护权利必须是刑事诉讼法规定的权利。除此之外，原告还要向法院递交辩护权利审查申请书。法院接到申请书后要对申请进行形式审查，对于符合上述申请要件的，应当登记受理；对于不符合申请要件的，应当制作不予受理辩护权利审查申请裁定书并载明不予受理的理由。

2. 召开庭前会议对权利纠纷进行初步审查

法院在受理申请后，要通过召开庭前会议，进一步接收原被告对申请的说明、证据、辩论。庭前会议有两种功能。一是发挥程序过滤功能。若经过庭前会议，法院认为原告提供的证据不足以证明被告有侵犯辩护权利的可能性，而被告也提出了令人信服的答辩及证据，那么法院可以直接驳回原告的申请，不再进入下一程序。二是发挥说服协商功能。在庭前会议中引入原被告双方的协商机制，在庭前会议中，若被告通过查看原告提交的证据，认为其工作人员确实存在侵犯辩护权利的情形，法院可直接说服被告重新采取权利保障措施，并消除不利影响。相反，若原告了解被告的

---

① 需要特别说明的是，此处的司法审查机制仅适用于公安机关、检察院对律师辩护权利的保障情况。若律师认为法院存在侵犯辩护权利的情形，则可在一审判决作出后，通过上诉程序寻求救济，不适用本文建构的司法审查机制。

答辩意见及证据以后，认为权利保障申请不可能得到法院支持的，也可以向法院直接撤回申请。

3. 通过庭审程序对权利纠纷进行专门审查

在通过庭前会议仍然不能有效解决权利纠纷的情况下，法院便在刑事庭审程序中，针对司法机关是否严格依照法律规定保障律师辩护权利的问题开展专门审查。专门审查程序具备法官居中裁判、原被告双方平等对抗的诉讼构造。专门审查程序参照适用刑事诉讼法关于法庭审理的相关规定。在专门审查程序中，原被告双方均应实际享有平等的举证、质证、发问、辩论等程序权利，并在法官的主持下积极开展调查、辩论活动。除此之外，还需要对专门审查程序的标准予以明确，以此规制法官裁量权，为法官提供明确的裁判指引。专门审查程序的标准主要包括两个方面：一是法律标准，即法官应当将刑事诉讼法及相关司法解释对于律师辩护权利的规定作为审查的法律标准，并且在法律规定存在漏洞、冲突等情况下，作出有利于律师的解释与适用；二是事实标准，即法官应当将权利纠纷相关证据规则作为认定案件事实的具体标准。主要包括两个方面的内容，其一是证明责任的分配：原告仅需要在初步审查程序中对权利保障的违法性承担初步的证明责任；在专门审查程序中，证明责任倒置，由被告对权利保障的合法性承担证明责任。其二是证明标准的承担：原告仅需要举证使法官对司法机关权利保障的违法性产生合理怀疑就能满足证明标准要求，而被告对辩护权利保障合法性的证明则需要达到"事实清楚，证据确实、充分"的最高证明标准。

4. 三重审查后附理由裁判的作出

在现行辩护权利保障制度作用下，司法机关违反律师辩护权利保障规定，不仅不会遭受不利后果，反而还能从中获益，这就很容易导致制度成为"空文"。因此，在建构律师辩护权利司法审查机制时应当设定强有力的制裁举措，使审查机制能发挥"剥夺违法者违法所得之利益"的功效，督促司法机关严格守法。[①] 这种制裁举措主要表现为法院对于司法审查的

---

① 参见陈瑞华《法律程序构建的基本逻辑》，《中国法学》2012 年第 1 期。

最终裁判。这种裁判主要有两种类型。一是宣告无效裁判。当法院通过专门审查发现被告在保障律师辩护权利时存在不履行法定职责、违反法定程序、滥用职权、明显不当等违法行为时，可直接作出宣告无效裁判。在法院认定被告在辩护权利保障中存在以上违法行为的基础上，依据"有害错误"和"无害错误"的理论架构①，可将宣告无效裁判划分为两种类型。其一是当上述违法行为造成了"有害错误"，即违法行为对案件事实的认定产生了实质影响，以至于所认定的案件事实真实性存在问题时，法院可作出宣告违法行为本身及其导致的结果双重无效的宣告无效裁判。关于宣告结果无效裁判，由于律师辩护权利及其实际影响的不同，可以根据实际情况作出不同的裁判。如检察院限制律师阅卷权，导致律师未能依法查阅、复制案卷材料的，相关案卷材料若不利于犯罪嫌疑人，则不得被作为证据采纳。其二是当上述违法行为仅造成了"无害错误"，即违法行为并未对案件事实的认定产生实质影响时，法院可作出宣告违法行为本身无效的宣告无效裁判，并责令被告重新作出权利保障行为。二是驳回申请裁判。当法院通过专门审查发现被告严格依照法律规定保障律师辩护权利时，可直接作出驳回原告申请的裁判。法院在作出上述两种裁判时都应当基于事实依据及法律依据两个部分作出明确的说理。当事人若对裁判不服，可以向上一级法院提出上诉申请。

（三）完善律师辩护意见处理机制

刑事辩护的良好运行以及辩护权利的保障根本上需要依靠人民法院对辩护意见的有效处理，具体而言，需要进一步完善辩护意见处理机制。辩护意见处理机制的完善是一项系统性的工程。为使辩护意见处理机制的革新起到立竿见影的效果，我们有必要从以下进路重新出发。

1. 文书的出具与争议的释明

全面完整地接收律师提出的辩护意见是辩护意见处理机制良好运作的根本前提。面对庭前辩护意见接收场合少及庭审中辩护意见接收不充分的

---

① 参见陈瑞华《非法证据排除程序再讨论》，《法学研究》2014 年第 2 期。

困境，各级法院可从以下两个举措出发。一是向律师出具"提出律师意见通知书"。法院可以在受理案件后，三日内向律师出具一份"提出律师意见通知书"，通知书中应明确律师可以在开庭审理之前，向法院提出包括但不限于申请回避，申请法院调查取证，申请证人出庭，对案卷笔录证明能力及证明力的合理怀疑，非法证据排除以及各种量刑、罪轻、无罪辩护意见。通知书中还应当列明承办法官的姓名及联系电话。承办法官在接收到律师意见后，必须认真斟酌，及时完全回应。二是在庭审中释明辩护意见的争议焦点。目前，审判长在面对控辩双方就辩护意见的辩论时，要么在双方还未充分表达意见时，直接将法庭辩论终结，要么放任双方反复进行无意义的辩论。为提高法庭辩论的质效，法官在主持法庭辩论时，可以在明晰公诉意见及辩护意见的基础上，向控辩双方释明辩护意见的争议焦点。控辩双方在法庭辩论中的一切言辞必须围绕争议焦点展开。这些言辞必须有充分的证据支持。双方辩论若脱离了争议焦点或证据支持，法官可立即中止辩论；双方辩论若紧扣争议焦点及既有证据，则合议庭应当耐心听取。如此这般，法官便能充分接收辩护意见，双方的法庭辩论也更具实质性价值。

2. 充分说理与规范说理相结合

裁判文书说理是裁判文书的灵魂所在。裁判文书中辩护意见说理是被告及其律师知悉法官如何甄别辩护意见的唯一途径。但是，由于受到法治水平和司法环境的限制，我国法官面对辩护意见会出现不敢说理、不能说理、不愿说理的状况。[①] 通过对裁判文书中辩护意见部分说理的改良，不仅能让外界知悉法官甄别辩护意见的依据，而且能倒逼法官认真对待律师辩护意见，敦促法官联席会议及审判委员会讨论案件时充分重视对辩护意见的处理。具体言之，对辩护意见的说理应坚持充分说理与规范说理相结合。第一，坚持完全回应与"五理"并具，实现辩护意见充分说理。辩护意见说理必须建立在每个辩护意见在裁判文书中都有完整的体现和明确的

---

① 关于法官不敢、不能、不愿说理的原因论述，参见罗灿《推进裁判文书说理改革要避免的五大误区》，《人民法院报》2015年5月6日，第5版。

回应基础上。对于律师提出量刑、罪轻、无罪等多个辩护意见的情形，即使辩护意见明显不能被采纳，裁判文书也必须一一列明，并逐一回应。对辩护意见的回应除了明确表明采纳与否的结果外，还需要从辩护意见的事理、法理、学理、情理、文理角度综合说明辩护意见采纳与否的理由。①"五理"并具不是每个案件都需要将"五理"一个不落地写在裁判文书中，而是法官必须要结合"五理"对辩护意见进行全面考量。第二，遵循法律论证逻辑，实现辩护意见规范说理。充分说理为辩护意见的说理制造了丰富的可能，但是其并不能在裁判文书中呈现一条首尾相连、环环相扣的逻辑链条。为将辩护意见的说理推入更高的位阶，将充分说理含混不清的论证思路转变为规范说理清晰明确的论证思路，法官有必要在坚持"五理"并具的基础上，遵循法律论证的逻辑。法律论证的逻辑最基本的底线是三段论的思维。易言之，法官在甄别辩护意见时，必须找寻辩护意见的大前提即法律依据，辩护意见的小前提即事实证据，综合对大、小前提的认识，推断出辩护意见是否被采纳的结论。当然，法律规范并非天衣无缝，事实证据也并非明确无疑，当大、小前提的结合出现缝隙时，法官便拥有了对辩护意见甄别的裁量权。为彰显"疑罪从无，疑罪从轻"的刑法理念，法官可以在行使甄别辩护意见的裁量权时，作出有利于被告人的裁断。

3. 考核与激励相结合

现有法官考核体系中并没有关于法官处理辩护意见的指标，也没有设立任何对法官处理辩护意见情况的激励机制。因此，在辩护意见处理工作中，存在干与不干一个样，干多干少一个样的消极状况。为塑造法官积极处理辩护意见的局面，可从以下两点着手。第一，将法官对辩护意见的处理情况予以量化纳入法官考核体系。以量化的方式测评辩护意见的处理情况可以最真实地展现法官的实际工作成果。各法院可制定"辩护意见处理考核实施办法"，将法官出具"提出律师意见通知书"的比例及质量、对控辩双方辩护意见争议焦点归纳与释明的比例及准确性、裁判文书中辩护

① 参见胡云腾《论裁判文书的说理》，《法律适用》2009 年第 3 期。

意见充分说理及规范说理的比例及完备性纳入考核范围。由各院的审管办将上述各项工作的完成情况，分别以十分制量化为具体分数，并在法官考核中将此分数赋予适当的权重。此外，还可将考核结果与评优选先、职级晋升、法官遴选、法官培训相衔接。第二，建立多位阶的法官处理辩护意见激励机制。借助于我国法院层级的四级设置，可建立多位阶的激励机制。由最高人民法院组织全国各级法院定期举办优秀"辩护意见说理裁判文书"评选活动。各级法院可将优秀文书印发成册并在院网上开辟专栏展示。下级法院还可将优秀文书报送上级法院参评，对于获奖的优秀文书，上级法院可在其主办的刊物上刊发，还可结集成册印发给下级法院法官学习。最高人民法院还可选取高级人民法院报送的优秀文书作为全国法院系统内的辩护意见处理指导性文书。对于在优秀文书评选活动中获奖的法官，还应当依据获奖层级给予一定的物质奖励。为激发各级法院领导组织优秀文书评选活动的积极性，上级法院还应将下级法院法官的获奖级别及获奖数量量化，作为对下级法院的重要考核指标。

结　语

通过以审判为中心的诉讼制度改革，制定律师辩护权利保障操作细则，建立律师辩护权利司法审查机制，完善辩护意见处理机制，优化律师辩护权利的保障与行使，提升律师辩护权利的实际享有与效用发挥，完善"控辩平等，裁判居中"的"等腰三角形"构造，实现刑事辩护影响力的最大化。通过行使在侦查阶段中的律师辩护权利监督制约公安机关的侦查权力，通过行使在审查起诉阶段中的律师辩护权利监督制约检察机关的审查起诉权力，通过行使在审判阶段的律师辩护权利有效对抗公诉权力，监督裁判权力，使以律师辩护权利监督制约司法权力的思路贯穿于刑事诉讼的全过程，并以律师辩护权利的实现进一步保障被告人（犯罪嫌疑人）的权利尤其是获得有效辩护的基本权利，达到人权保障与司法公正的双重目的。

An Empirical Study on the Judicial Protection of Lawyers' Right to Defend: Investigating the Influence of Criminal Defense on Criminal Trials

Zhang Hongliang

Abstract: One of the main purposes of the trial-centered litigation system reform is to achieve an effective impact of criminal defense on criminal trials. However, the criminal defense has insufficient incentives for the trial process and is not convincing to the referee's entity. In the stage of "the theoretical defense rights of lawyers" to "the legal defense rights of lawyers" and then to the "rights of lawyers' defense in action", the transformation process is out of line and the conversion results are not very well. The internal mechanism is the separation of the lawyer's defense and the referee generation mechanism, and it is reflected in the falsification of the referee generation mechanism and the energy imbalance between the prosecution and the defense. To this end, it is necessary to formulate rules for the protection of lawyers' right to defend, establish a judicial review mechanism for lawyers' right to defend, improve the lawyer's defense opinion handling mechanism, improve the judicial protection of lawyers' right to defend, and achieve the dual purposes of human rights protection and judicial justice.

Keywords: Centered on Trial; the Right to A Lawyer's Defense; Judicial Guarantee; Criminal Defense

国家责任法框架在难民责任
分配中的应用

柳新潮[*]

摘　要： 国际社会对于难民问题的目光大多聚焦在难民自身的人权保障上，从不关注难民接收国的负担是否合理。实际上，难民接收国一直承受着不合理的负担，同时也不可避免地造成了难民人权保障不力的后果。因此，除了1951年的《关于难民地位的公约》，国际社会仍需其他框架来确定难民救助责任的分配。国家责任法作为传统国际法原则，可以用于确定一国在违反国际义务时应以何种方式弥补其过错。在难民产生的语境下，要想证明特定国家对难民接收国的开销有赔偿义务，需要同时证明以下三点：该国实施了国际不法行为；难民接收国的开销不属于1951年《关于难民地位的公约》的义务而是可以引起赔偿义务的损害；该不法行为与损害之间有足够直接的因果关系。海牙国际法院采取的but-for测试在"多因一果"的情形下会产生不公平的结果，所以应当采取NESS测试来判断因果关系。但是，无论何种法律框架，都需要相应的实施机构；在联合国人权理事会中依据联合国赔偿委员会的模式增设处理国家有关人权的诉求机制不失为良策。

关键词： 难民责任；国家责任法；因果关系；NESS测试；联合国赔偿委员会

---

* 柳新潮，现就读于美国乔治城大学法学院硕士生。

一 问题因何存在？

——难民责任分配难题与国家责任法

（一）难民责任分配不均的困境

一国政府是否会因为该国难民流出而产生国家责任？如果仅从如今的国家实践和难民法角度看，答案必然是否定的。[①] 国际法上与难民有关的国家责任，只能追溯到 1951 年的《关于难民地位的公约》。该公约为了保障难民权益，规定了大量难民接收国应当赋予难民的权利和生存保障，包括住房、教育和社会福利等等[②]，而对难民不在其境内的其他国家仅仅规定了合作义务[③]，但未规定合作义务的限度应当如何确定。不管是 1975 年的越南难民还是如今的叙利亚难民，国际社会尤其是联合国及其附属组织的关注点主要在难民安置方面，完全不考虑难民接收国的承载能力。[④]

然而，联合国各方面的报告都显示着现行难民救助义务分担结构的不合理性。[⑤] 根据联合国大会上黎巴嫩代表的发言，黎巴嫩现有近 100 万叙利亚难民，超过黎巴嫩原人口的四分之一[⑥]；过去三年中，黎巴嫩在难民安置方面的开销高达 150 亿美元[⑦]，而 2018 年联合国难民署为叙利亚全部难民的募捐总额仅有 28 亿美元。[⑧] 此外，大量难民涌入造成的社区拥挤过

[①] Luke T. Lee, "The Right to Compensation: Refugees and Countries of Asylum", *American Journal of International Law*, Vol. 80, 1986, pp. 532, 566.

[②] Convention Relating to the Status of Refugees (adopted 28 July 1951, entered into force 22 April 1954), 189 UNTS 137, Article 19 – 22.

[③] Refugee Convention, Article 35.

[④] J. Garvey, "Towards A Reformulation of International Refugee Law", *Hamburg International Law Journal*, Vol. 26, 1985, pp. 494, 507.

[⑤] Syrian Regional Refugee Response, http://data.unhcr.org/syrianrefugees/regional.php，最后访问时间：2017 年 4 月 23 日。

[⑥] Syrian Regional Refugee Response, http://data.unhcr.org/syrianrefugees/regional.php；黎巴嫩共和国内阁会议主席萨拉姆在联合国大会的发言，http://weibo.com/1709157165/ErieneXJs? type = comment#_ rnd1490150386357，最后访问时间：2018 年 4 月 23 日。

[⑦] 黎巴嫩共和国内阁会议主席萨拉姆在联合国大会的发言，http://weibo.com/1709157165/ErieneXJs? type = comment#_ rnd1490150386357，最后访问时间：2017 年 4 月 23 日。

[⑧] Syrian Regional Refugee Response, http://data.unhcr.org/syrianrefugees/regional.php，最后访问时间：2017 年 4 月 23 日。

度和资源短缺也使得黎巴嫩的诸多东道社区之间和内部均产生摩擦和冲突。① 由此可见，一味强求难民接收国实现难民人权不仅无法保障东道国利益，也无法真正达到保障难民人权的目的，因为难民接收的承载力很大程度上决定着难民的人权是否能得到有效保障。②

笔者认为，造成难民接收国难堪重负的主要原因，就是国际法上对于难民救助责任的分配规则不明确。虽然 1951 年《关于难民地位的公约》要求各缔约国与联合国难民事务高级专员合作促进其功能的实现，但是这样的措辞将除难民接收国以外的任何国家的义务都限定在以自愿为基础的合作义务范围内，属于道德义务而非不履行就会带来国家责任的国际义务。在非强制的语境下，没有国家会认为自己负有更大的救助难民义务，导致的结果就是国际援助无法满足难民人权保障的需求。

（二）国家责任法在难民义务分配中的可行性

结合现行国际法规则，许多学者认为根据国家责任法框架确定难民救助责任不失为一个有效的解决途径。联合国也曾经做出过此种尝试，1985年联合国启动了通过国际合作防止新生难民流动的项目，1986 年的安理会专家组报告，曾经试图将产生难民政策（refugee-generating policy）引入国际不法行为（internationally wrongful act）的框架。③ 之后一直到 1993年，许多学者试图从国家责任法角度解释产生难民的国家责任④，然而结

---

① 《人道协调员：黎巴嫩东道社区与叙利亚难民的关系存在日趋紧张的风险》，联合国新闻，http://www.un.org/chinese/News/story.asp? NewsID = 27214，最后访问时间：2018年 4 月 23 日。

② See Joseph Blocher & Mitu Gulati, "Competing for Refugees: A Market-Based Solution to A Humanitarian Crisis", *Colombia Human Rights Law Review*, Vol. 48, 2016.

③ International Co-operation to Avert New Flows of Refugees, Note by the Secretary-General, para. 66.

④ Rainer Hoffmann, "Refugee-Generating Policies and the Law of State Responsibility", Max-Planck-Institut für ausländisches öffentliches Recht und Völkerrecht, 1985; Luke T. Lee, "The Right to Compensation: Refugees and Countries of Asylum", *American Journal of International Law*, Vol. 80, 1986, p. 532; Hannah R. Garry, "The Right to Compensation and Refugee Flows: A 'Preventative Mechanism' in International Law?" *International Journal of Refugee Law*, Vol. 10, 1998, p. 97.

果并不尽如人意：一方面，主权平等这一国际法原则或者由此引申出的注意义务（due diligence）很难直接适用于难民造成的开销，因为通过签署1951年《关于难民地位的公约》，各国就已经在一定程度上让渡了一部分主权，承诺在难民入境时提供人道主义援助；另一方面，难民产生的原因通常十分复杂，责任主体常常难以确定。① 因此，直接通过主权损害确定难民流出国的国家责任缺乏国际法基础。

同时，国家责任法逐渐发展成国际习惯法。从20世纪50年代起，国际法委员会（International Law Commission）就着手起草了一系列有关国家责任构成的条款草案。② 2001年正式的《国家对国际不法行为的责任条款草案》（Draft Articles on Responsibility of States for Internationally Wrongful Act）出台以后，甚至在此前的起草过程中，国际法院就已经开始在许多案件中直接引用其中的条款，间接承认了）这些条款的国际习惯法效力。③ 因此，通过国家责任法框架确认难民救助责任的分配机制具有相当高的可行性。

然而，国家责任法仅提供框架，而不提供实体内容。也就是说，其仅仅规定产生国家责任时的情形，而不规定哪些行为会产生国家责任。根据草案第1条，所有的国际不法行为都会产生国家责任，但是国际不法行为的界定需要通过实体国际法来进行。④ 所以，用国家责任法来确定难民责任的最大问题就是，为何产生难民属于国际不法行为。同时需要注意的是，这种不法行为必须是针对其他国家的，而非针对个人或其他团体的。换句话说，侵犯个人的人权本质上并没有侵犯其他国家的利益。因此，笔者将从产生难民这一"行为"究竟何以成立国际不法行为开始讨论；即使输出难民属于国际不法行为，还需证明其违反了针对其他国家的国际义

---

① James C. Hathaway, *The Law of Refugee Status*, 2nd edn, CUP, 2014, p.588.

② 1953 UNGA Resolution 799 (VIII), Request for the Codification of the Principles of International Law Governing State Responsibility; Draft Articles on Responsibility of States for Internationally Wrongful Acts, with Commentaries, (2001) 2 YBILC 31 [Articles on State Responsibility].

③ Gabčíkovo-Nagymaros Project (Hungary v. Slovakia), Judgment, [1997] ICJ Reports 7 [Gabčíkovo-Nagymaros Project]; Application of the Convention on the Prevention and Punishment of the Crime of Genocide (Bosnia and Herzegovina v. Serbia and Montenegro) Merits, [2007] ICJ Reports 1 [Genocide case].

④ Articles on State Responsibility, Article 1 commentary (5).

务，以及其他国家遭受了"损害"。笔者将完全从现存国际法框架下寻求产生难民的国家责任，而非建立一个国际法上不存在的新的责任分担机制。虽然框架本身符合国际法原则和其他领域的国际习惯法，但是由于缺乏国家实践，因而缺乏国际习惯法基础，这些框架在难民法领域的适用也许难以被国际社会认同。因此，笔者将对在国际纠纷实践中应当如何适用和推行此种机制进行初步探索，尤其是在联合国人权委员会（United Nations Human Rights Committee）下设类似联合国赔偿委员会（United Nations Compensation Committee）的纠纷解决机构适用这一方案。

（三）难民问题的现实意义

难民问题并非完全与中国无关。即使在当今国际形势下，也很难说中国不需要承担难民救助责任。日本近日已经宣布解禁难民入境禁令，按照联合国难民事务高级专员（United Nations High Commissioner for Refugees）要求接收第一批 300 名难民。[①] 在此情形下，中国领土辽阔、适合难民移居的性质很容易使国际社会将不合理的负担施加给中国；确定的难民责任分配机制有利于限制这种不合理性。从根本上讲，解决难民人权保障问题也有利于世界和平与发展。因此，该问题的讨论对中国有一定的现实意义。

二 难民的定义及难民流出国际
违法性的学理分析

（一）难民的定义

根据 1951 年《关于难民地位的公约》，"难民"一词指"具有正当理由而畏惧会因为种族、宗教、国籍、特定社会团体的成员身份或政治见解的原因受到迫害，因而居留在其本国之外，并且不能或，由于其畏惧，不愿接受其本国保护的任何人"。[②] 如果直接依照这个定义，战争难民虽然

---

① 《承诺数量翻倍 日本宣布 5 年内接收 300 叙利亚难民》，观察者网，http://www. guan-cha. cn/Neighbors/2017_02_05_392623. shtml，最后访问时间：2018 年 4 月 23 日。

② Refugee Convention，Article 1.

本质上不被公约保护，但是战争状态使得国家没有能力保护国民不受迫害，因而导致国民产生恐惧心理而逃离本国也应归于 1951 年《关于难民地位的公约》的保护范围①，大量国家实践也证明了战争难民是受到 1951 年《关于难民地位的公约》的保护的。② 因此，对难民的定义本身并没有体现国家责任：难民产生的核心要素是"恐惧"（fear），也就是人自己的主观心理；而这种心理的产生并不一定与国家行为有关。即使国家没有进行迫害行为，也有可能会有人产生害怕被迫害的心理从而逃亡他国。尽管 1951 年《关于难民地位的公约》要求难民对迫害的畏惧必须有"正当"理由（well-founded fear of being persecuted），同时难民地位手册中也提到，确定畏惧迫害的理由是否正当应当同时考虑主观和客观两方面因素③；但是这些要件都没有从根本上提到国家在难民产生的过程中究竟有何行为或起到了怎样的推动作用。

（二）对难民流出的国际违法性的学理分析

1. "产生难民的政策"论

由于难民产生原因的多样性，国际法上并不存在直接将难民流出定义为国际不法行为的规则。许多学者曾试图将产生难民本身定义为会引发国家责任的国际不法行为。早在 1939 年，詹宁勋爵就认为如果一国采取了"产生难民的政策"（refugee-generating policy）并且确实导致了这一结果，该国就应当赔偿那些接收流出难民的国家的相关费用。④ 但这一论点主要针对二战前期纳粹政权对国内的犹太人进行大范围驱逐的行为。所以，问题在于，不是所有政策都像将特定人种全部驱逐出境一样，与难民的产生有如此直接而明显的因果关系。有时一国政府在自然灾害等紧急情况下，

---

① United Nations High Commissioner for Refugee's Handbook on Procedures and Criteria for Determining Refugee Status, HCR/IP/4/Eng/REV. 1, p16 [UNHCR Handbook].

② Syrian Regional Refugee Response, http://data. unhcr. org/syrianrefugees/regional. php，最后访问时间：2018 年 4 月 23 日。

③ UNHCR Handbook, p. 44.

④ R. Yewdall Jennings, "Some International Law Aspects of the Refugee Question", *British Yearbook of International Law*, Vol. 20, 1939, p. 98.

为了保障全体国民的基本人权，不得不实施某些可能会影响一部分国民权利的政策，例如在战争期间进行信息管制，或在极度干旱时削减分配到每一户的水资源。因此，"产生难民的政策"本身就难以定义；就算给出一个定义，也需要具体分析个案中国家行为在何种程度上导致了难民的产生，此种理论因而在当今语境下缺乏现实意义。而从更广泛的层面上讲，并非所有难民都产生于"政策"。在上文提到的紧急状态发生时，很难判断难民究竟产生于该国领土上发生的不受国家政府控制的客观情况，还是产生于国家政策本身；就算是产生于政策，如果政策的颁行符合盖巴斯科夫－拉基玛洛工程案中 ICJ 认定的紧急状况（state of necessity）标准，或者 1966 年《公民权利和政治权利国际公约》第 4 条中规定的人权克减（derogation of human rights）的构成要件，那么这种政策在既不存在违法性，又在某种程度上是迫不得已而实施的情况下，坚持难民的流出是因为政策本身的观点便会失去意义，因为如果要无视因果关系的缺失直接根据结果谴责难民流出国的话，就必须按照严格责任原则进行认定；然而，严格责任原则在国际法上并未被确立，尤其是在确定赔偿责任时，国际习惯法采用的是过错责任原则。① 同时，强行要求连本国国民人权都无力确保的难民流出国进行赔偿也无法真正实现难民的权利。

2. 基于领土主权的注意义务和跨界损害（transboundary harm）

1985 年联合国开始预防新生难民流动项目以后，许多学者试图将产生难民本身定义为国际不法行为，其论点大致相近：难民离开一国便意味着进入他国②，结合"国家不得知情地容许自己的领土被用于侵害其他国

---

① P. Rao，First Report on the Legal Regime for Allocation of Loss in Case of Transboundary Harm Arising out of Hazardous Activities，55th session of the International Law Commission，UN Doc A/CN 4/531，2003，para. 117；C. L. Gaylord，"Fault，No Fault or Strict Liability？" *ABA Journal*，Vol. 58，1972，p. 589；B. Jones，"Deterring Compensating and Remedying Environmental Damage：the Contribution of Tort Liability"，in Peter Wetterstein（ed.），*Harm to the Environment：The Right to Compensation and the Assessment of Damages*，OUP，1997，p. 14；Gunther Handl，"State Liability for Accidental Transnational Environmental Damage by Private Persons"，*AJIL*，Vol. 74，1980，pp. 525，553.

② Message of the President，1891 Foreign Relations of the United States，at xiii.

家利益的行为"这一国际法原则①，得出如果一国产生难民，就必定造成另一国的损害，因而难民流出国有义务弥补这种损害的结论。然而，仅仅因为产生了"损害"就将损害的源头作为责任主体的逻辑与前文所述的"产生难民的政策"论并无太大区别。因此，此种逻辑无法直接证明难民流出这一事件本身即构成国际不法行为，而只能按照科孚海峡案中国际法院提出的"对于本国领土造成的损害的注意义务（due diligence）"得出类似于"国家如果未尽到注意义务而导致难民产生，就需要为此种结果负责"的结论。但是，"防止难民产生的措施"并非像科孚海峡案中"防止外国舰艇通过本国领海时提醒其海域内有水雷"一般容易判断其存在与否，如果不能依据严格责任（即结果上难民是否产生）来判断措施的充分性，那么就只能以难民产生过程中可能采取的措施为依据进行判断。但是，想要确定国家在何时产生阻止难民流出的义务是十分困难的，其原因请见下文。

此外，有学者将难民流动类比为跨界环境损害，因为：（1）其根源都是国家没有正确行使领土主权②；（2）都会给接收国带来经济和社会负担，且都可以为损害的来源国所避免。③ 然而，此类比存在许多问题，例如，国家可以通过叫停相关生产活动来防止跨界污染造成的损害，但是国家不能要求国民不产生对迫害的恐惧；有些情况下，此种恐惧可以通过政策加以缓解，但是国家在紧急状态下（尤其是在自然灾害或战争时期）能力有限，想要通过政策手段防止国民产生被灾害或战争波及的恐惧可能性很低。此种情况下，将既不受国家控制又不能归责于国家的事件产生的难民责任完全归于难民流出国是极其不合理的。因此，笔者认为无法将所有难民产生的情形都置于跨界环境损害的规则框架下一概而论，甚至可以说该框架只能不周延地概括很小的一部分难民产生的情形，即国家主动实施导致难民产生的政策的情形。

从另一角度考虑，不管是注意义务还是跨界损害，这两种理论都会遇

①　Corfu Channel Case（UK v. Albania），Judgment，［1949］ICJ Rep 4，p. 22.

②　Goodwin-Gill, *The Refugee in International Law*, Oxford University Press, 1983, p. 228.

③　Lee，p. 554.

到同一个无法解决的问题：国家共有两个时间节点有机会阻止本国难民对他国产生损害，一个是恐惧心理产生前，而另一个则是难民越过国境线时，国家有能力通过政府行为从物理上阻止难民出境。然而，想要在这两处节点给国家施加阻止难民产生的义务均存在不合理性。第一处存在的问题是上文已经论证的国家能力有限，可能性较低；而将国家的责任延后至"防止难民出境"这一时间点也是不合理的，因为在国民对于迫害的恐惧心理已经产生的情况下，国家没有国际法依据限制其按照自己的意愿逃往他国，如此则可能会侵犯 1966 年《公民权利和政治权利国际公约》第 12 条赋予个人的移动自由（freedom of movement），甚至可能因为此种限制（结合国内迫害产生的原因）导致对国民人身和财产的直接损害。同时，对于国民的人权克减只能以应对国内紧急状况为目的，所以 1966 年的《公民权利和政治权利国际公约》并不允许国家以"可能对他国造成负担"为由限制人权。如果不管是否禁止可能会被赋予难民地位的国民出境都会违反国际法，那么国家就会陷入两难境地。

综上所述，根据现行国际法渊源，很难简单地将"防止难民产生"定义为国际义务。难民的产生有各种各样的原因，究竟要如何构建"责"和实现"任"分配体系还需要在各种情形中进一步分析难民产生过程中各主体的国际法关系。

三　国家责任法框架与难民赔偿责任：规则适用间隙的阐明

（一）国家责任法框架简述

"国际义务"、"国际不法行为"和"国家责任"这一系列概念源于民法中人的义务、对义务的违反和由此产生的责任，二者具有相似的结构。该体系早在 16 世纪就被格劳秀斯提出[①]，并在国际法院的前身——常设国

[①] H. Grotius, *Dejure Belli ac Pacis*, 1646 edn, Carnegie Endowment trans. , Oxford Clarendon Press, 1925, p. 430.

际法院的案件中被作为国际法基本原则加以适用。① 从 20 世纪 60 年代起，以罗伯托·阿戈为代表的一系列国际法委员会的特别报告员（Special Rapporteur）开始着手将现存的国家责任法原则成文化，并于 1980 年完成了对《国家对国际不法行为的责任条款草案》的首读。② 在此后修订的过程中，国际法院也数次引用仍在修订中的条款草案的条文，包括在著名的盖巴斯科夫－拉基马洛工程案中也直接引用了 1996 年国际法委员会对当时国家责任条款草案第 41 条的评论来论证国际不法行为的准备行为的合法性。③ 而在 2007 年的防止及惩治灭绝种族罪公约的适用案（Case Concerning Application of the Convention on the Prevention and Punishment of the Crime of Genocide）中，在已经确定塞尔维亚和黑山（简称"塞黑"）违反了该公约的情况下，由于波斯尼亚和黑塞哥维那提出塞尔维亚和黑山未能遵守公约中规定的防止种族屠杀的义务，而应对斯雷布雷尼察大屠杀造成的损害结果进行赔偿，因而在讨论到涉及国际不法行为如何弥补的问题时，国际法院直接引用了条款草案第 31 条说明只有当不法行为与损害结果有足够直接清楚的因果关系时才能产生赔偿责任。④ 因此毫无疑问，国家责任法体系本身就是成文化的国际法原则；而经过国际法院长期且持续的引用，草案中的许多核心条款作为国际法渊源的效力也毋庸置疑。或者说，在现行国际法渊源的背景下，若要建立由难民产生的经济责任，就不得不通过国家责任法体系进行论证。

（二）难民责任分配体系构建中的间隙

国家责任法是关涉任何对国际义务的违反而产生的责任及其后果的国际法机制。⑤ 但是，其适用范围并不能直接完全覆盖难民赔偿责任的所有

---

① Factory at Chorzów, Jurisdiction, Judgment No. 8, [1927] PCIJ Series A, No. 9; Territorial Jurisdiction of the International Commission of the River Oder, Judgment No. 16, [1929] PCIJ Series A No. 23.

② Special Rapporteur Willem Riphagen, Preliminary Report on the Content, Forms and Degrees of International Responsibility (Part 2 of the draft articles on State responsibility), (1980) 2 YBILC 107.

③ Gabčíkovo-Nagymaros Project, para. 79.

④ Genocide case para. 462.

⑤ Draft Articles on Responsibility of States for Internationally Wrongful Acts, with Commentaries, (2001) 2 YBILC 31.

论证，其中有几处逻辑和法律上的间隙需要填补。

1. 难民接收国作为接受赔偿主体的适格性

根据条款草案第 1 条，只要一国违反了其由国际法产生的国际义务，就会产生相应的国家责任。但是，有责任不意味着就一定会产生国家之间的责任，更不意味着会产生赔偿责任。一方面，有些国际义务的真正指向对象不是其他国家，而是不具有国际法人格的主体，比如外交保护的权利主体就是法人和自然人；人权条约虽然是国家之间签订的，但是一般只要求国家保护在其管辖权范围内的公民的权利。① 而条款草案第 31 条规定，只有"受到损害的国家"（injured state）才有资格要求弥补；第 42 条将"受到损害的国家"定义为"被违反的国际义务单独地指向该国；或被违反的国际义务指向一个包括该国的国家团体或整个国际社会，且尤其影响了该国"②。因此，即使一国侵犯了自己国民的人权或因为战争或自然灾害导致难民涌入另一国，该难民接收国是否能被定义为国家责任法体系下的受到损害的国家，也仍待商榷。

2. 损害与经济赔偿之间的联系

另一方面，即使难民接收国可被视为受损害的国家，责任的履行方式也因损害结果不同而有所差异。虽然所有做出不法行为的国家都有义务针对损害进行弥补（reparation），但是弥补的形式应当先采用恢复原状（restitution），不能通过恢复原状弥补的才考虑金钱赔偿（compensation）。③ 甚至，并非所有不法行为都需要进行弥补：在 2007 年对防止及惩治灭绝种族罪公约的适用案中，法院认为虽然塞尔维亚和黑山违反了公约中有关防止种族灭绝的义务，但是由于这种义务的违反与斯雷布雷尼察大屠杀的发生没有确定的因果关系，所以不能认定塞黑负有赔偿义务；相反，仅仅是国际

---

① International Covenant on Civil and Political Rights（adopted 16 December 1966, entered into force 23 March 1976）, 999 UNTS 171, Article 2（1）.

② A State is entitled as an injured State to invoke the responsibility of another State if the obligation breached is owed to：（a）that State individually；or（b）a group of States including that State, or the international community as a whole, and the breach of the obligation specially affects that State.

③ Articles on State Responsibility, Article 33 – 36.

法院的这一不支持塞黑的判决就足以弥补其不法行为造成的损害。[①] 不同于环境法中的跨界损害，难民的产生与国家行为之间的因果关系没有那么明确，因为难民的产生很多情况下是由多种原因共同导致的，而并非像环境污染一样，通常情况下不具有多重诱因。

综上所述，如果想要证明产生难民的国家或者对产生难民有原因力上的推动的其他国家要承担难民造成的开销，需要同时证明以下条件：

（1）这些国家实施了国际不法行为，且其实施的国际不法行为违反了其对于其他国家（而非难民个人）的国际义务；

（2）难民接收国的开销可被视为"损害"（injury）；

（3）国际不法行为与损害之间具有因果关系。

笔者接下来将详细讨论在证明这三个事实的过程中可能出现的问题，以及如何解决这些问题。

四　第一道间隙：导致难民产生的国际
不法行为的"适格性"

说到产生难民的原因，由于定义中固有的"迫害"一词，可以想到的第一类国际不法行为就是对人权的侵害。然而，一国政府对本国国民的人权侵害不一定会引起指向他国的国际义务的违反。条款草案第33条规定，关于国家间赔偿的条款仅适用于一国违反对另一国负有的义务的情形，而不适用于一国违反其对不具有国际法人格的主体的义务的情形。在评论中，国际法委员会认为，人权条约下的义务虽然可以说是对特定国家群体（所有签署该条约的国家作为一个整体）的义务，但是其最终的保护对象是拥有这些人权的个人。所以在违反人权条约的语境下，即使国家可以要求弥补，最终的受益人也应该是人权被侵犯的个人。[②] 如果完全遵循这个逻辑，在产生难民的语境下，难民接收国虽然可以向难民流出国主张赔

---

① Genocide Case, para. 463.
② Articles on State Responsibility, Article 33 commentary (3).

偿，但是赔偿的对象是难民本人而非国家。表面上看，国际法委员会切断了一国违反人权条约时，另一国因此受到损害而向其主张赔偿的可能。

事实上，此处国际法委员会做出此种评论的原因是没有考虑到对人权条约的违反可能造成该条约保护的唯一对象——公民个人以外的主体受到损害的情形。虽然不论是 1966 年的《公民权利和政治权利国际公约》还是 1966 年的《经济、社会和文化权利国际公约》中的条款具体保护的对象都只是公民个人，但是这些人权条约的序言中都提到了"保护人权是维护世界和平与稳定的重要任务"。也就是说，签署人权条约的各缔约国在保护公民个人权利的同时，也有着希望通过世界上更大范围人权的实现使世界更加和平稳定的意图。① 从这个层面上考虑，人权条约就不能说仅仅包含对公民个人的义务；国家这种主体也就可能因为他国违反人权条约尤其是受到损害（specially affected），从而符合条款草案第 42 条要求的"受到损害的国家"的定义的标准。或者说，难民流出给接收国带来损害正符合条款草案第 42 条所规定的情形：违反人权条约义务就意味着违反了签署人权条约缔约国这一国家群体的义务，此为第一步（即使难民流出国是非缔约国，如果侵犯的人权已经成为国际习惯法保护的对象，该国则违反了负于整个国际社会的义务）；而难民接收国又因为此种违反受到了特别突出的损害，此为第二步。

另外，从国际法原则的角度来讲，任何国家对条约的遵守本身就是"条约必须遵守原则"（pacta sunt servanda）的要求。② 不管违反条约的内容为何，其他缔约国都必然从该缔约国对条约的遵守中获益；违反条约这一行为本身就侵犯了其他国家的利益。因此，对人权条约的违反可以视为产生难民赔偿责任的"适格"国际不法行为。

虽然难民的定义中有"迫害"二字，但是针对特定群体的迫害早已不再是产生难民的唯一原因；战争同样是当今世界严重地导致难民产生的原

---

① Case Concerning the Barcelona Traction, Light and Power Company, Ltd (Belgium v. Spain) [1970] ICJ Reports 3, para. 35.

② Vienna Convention on the Law of Treaties (adopted 23 May 1969, entered into force 27 January 1980) 1155 UNTS 331, Article 26.

因，而战争难民符合 1951 年的《关于难民地位的公约》中对难民的定义也已经为国际社会所认可。[①] 国家可以作为违反《联合国宪章》第 2 条第 4 款——禁止使用武力原则的主体，这种违反与难民产生之间的因果关系虽然不如对人权的严重侵犯直接，但是只要造成了源头国无力保护其国民生命安全的状态，根据《国家对国际不法行为的责任条款草案》第 28 条的规定，可将难民流出视为在第三国控制下的行为从而将其归责于非法使用武力的国家。虽然并无此种论证的直接渊源，但是 1991 年伊拉克战争结束后，联合国成立的赔偿委员会曾处理过此种赔偿请求（详见本文的第六部分）。

至此，依据国家责任法确定难民产生的赔偿责任的逻辑框架已经基本确定。首先必须存在"难民产生"这一现象以外的其他国际不法行为，而难民的产生及其带来的接收国的损失则属于这一不法行为造成的损害。根据第三部分的论述，这一框架还缺少两个关键的逻辑漏洞，将在下文依次讨论：第一，如何将难民接收国接收难民这一行为造成的结果定义为"损害"；第二，判断这种损害是其他国家的不法行为"造成"的标准为何。

五 第二道间隙：难民接收国受到的"损害"

正如前述，由于世界上绝大多数国家都签署并通过了 1951 年的《关于难民地位的公约》[②]，因而让渡了部分主权以应对别国可能产生难民的风险。这就造成了国家应承担的难民责任和难民流入造成的损害之间的混淆，同时这也正是 1951 年《关于难民地位的公约》的不合理之处。只要难民进入一国，该国就负有条约中规定的全部义务；不管难民在国籍国受到了怎样的迫害，国籍国都没有超出第 35 条规定的国际合作协助联合国难民事务高级专员完成其功能以上的任何义务。[③] 在此之上，一旦接收了

---

① UNHCR Handbook，16.

② 截至 2015 年 4 月，共有 145 个国家签署并批准了该公约。https：//treaties. un. org/Pages/Treaties. aspx？id = 5&subid = A&lang = en，最后访问时间：2017 年 4 月 23 日。

③ Lee，546.

这些移民，按照 1951 年《关于难民地位的公约》第 33 条的不退回（推回）原则（non-refoulment）的要求，任何缔约国不得以任何方式将难民驱逐或送回（推回）至其生命或自由因为他的种族、宗教、国籍、参加某一社会团体或具有某种政治见解而受威胁的领土边界。这样一来，面对可能被克以程度非常不合理且时间长度不可预测的过重义务的风险，难民接收国就会变得越来越不愿意承认非法移民的难民身份，比如现实中国家为了防止难民主张庇护权，越来越不愿允许疑似移民船舶上的人上岸。① 同时，任何国家对外来人口的承载力都是有限的，所以如果难民救助责任的分配完全按照 1951 年《关于难民地位的公约》的规定，就会演变成无过错的接收国无条件地负担可能有过错的难民流出国的国民的开销并且无法追偿的局面。

但是，1951 年的《关于难民地位的公约》只适用于确定难民地位以及拥有难民地位后可以获得的人权方面的保障，而并不用于确定国家的责任。虽然国家在难民流入的情况下有义务保障公约赋予难民的权利，但公约赋予国家的义务仅就难民接收国和难民之间而言，并不解决造成难民产生的国家和难民接收国之间的关系问题。从许多国际法案件中，可以看出难民法与国家责任法是两个不同的体系。比如，1951 年《关于难民地位的公约》中对难民的定义要求有充分理由害怕受到"迫害"。② 同时，国际刑法中也存在"迫害"这个概念，属于反人类罪的一种。然而，前南斯拉夫刑事仲裁庭（International Criminal Tribunal of the Former Yugoslavia）的许多案件中，都强调了国际刑法中的迫害与难民法语境下的迫害是完全不同的两个概念，二者不能混淆，比如公诉人诉杜斯科·塔迪奇一案中，仲裁庭在确定反人类罪中迫害的构成要件时，明确指出难民法对迫害的定义是不可以通用的。③ 著名难民法学者詹姆斯·C. 海瑟薇等也认为难民法意义上的迫害仅仅用于难民接收国决定申请人的难民资格，不能给他国带

---

① 张晏瑆：《论海上人权保障的国际法律制度》，载齐延平主编《人权研究》（第 11 卷），山东人民出版社，2012，第 283 页。

② Refugee Convention, Article 1.

③ Prosecutor v. Dusko Tadić, Decision on the Defence Motion for Interlocutory Appeal on Jurisdiction, Case No. IT‑94‑1（ICTY, 2 Oct. 1995）para. 694.

来国家责任。[1] 又如，在灾难性环境难民的语境下，国家可能是因为事实上完全没有能力或可能性保护它的国民，在这种情况下，只有在国家有能力却没有尽到注意义务或者保护义务时，才能说该国违反了国际法。[2] 如果将国际刑法中的迫害等同于国家责任法中的一种国际不法行为，那么1951年《关于难民地位的公约》就不能从这方面赋予难民流出国任何国际义务。这当然不代表产生难民的国家就没有任何违反国际法的行为，不能断言因为国家通过1951年的《关于难民地位的公约》让渡了主权，所以任何国家就可以任意输出难民而不受到国际法的限制。例如有些学者认为越南和古巴等国曾经故意向他国输出难民以造成社会混乱和资源分配上的压力。[3] 就算没有这种意图，面对大量没有工作能力且需要提供住房和社会救济的移民涌入，从任何意义上说这对于接收国来说都是一种负担。

至此，可以得出阶段性结论，当一国对其国民的人权造成侵害或第三国通过使用武力或干涉导致该国失去保护其国民的能力，造成国民畏惧受到迫害而逃离国籍国，给接收国造成额外负担甚至损害时，难民接收国有权就用于难民的开销向源头国或第三国要求赔偿。然而，人权侵害或战争状态与难民开销之间的因果关系并非想象中的那么显而易见。下面，笔者将讨论人权侵害或战争状态在何种情况下才可被认为与难民接收国的开销有"可以导致赔偿责任产生程度"的因果关系。

六 第三道间隙：不法行为与损害结果之间的因果关系

与民法中侵权责任的构成要件相似，国家责任中的弥补责任（reparation）也要求不法行为与他国遭受的损害之间存在因果关系（causal nex-

---

[1] Hathaway, 594; Michelle Foster, "Causation in Context Interpreting the Nexus Clause in the Refugee Convention", *Michigan Journal of International Law*, Vol. 23, 2002, pp. 265, 299.

[2] 张超、张晏瑢：《由国际法论环境难民之法律地位》，载齐延平主编《人权研究》（第15卷），山东人民出版社，2015，第164~170页。

[3] Barry Wain, "The Indochina Refugee Crisis", *Foreign Affairs*, Vol. 58, 1979, pp. 160, 168; Garvey, pp. 484-486, 500.

us）。这一原则在 20 世纪初的许多仲裁案中就有体现。比如，在著名的瑙利拉仲裁案（Naulilaa Arbitration）中，葡萄牙的瑙利拉港在一战期间拒绝运输德国的货物，德军派数名军官持武器到港口交涉。由于翻译人员水平和态度的问题，德军以为葡方想要逮捕他们，而葡方以为德军在策划攻占港口。因此，德国军官准备离开时，葡方将其射杀。之后，德军攻打并摧毁了瑙利拉港，这一举动导致附近的葡方军队大面积撤离。由于没有政府力量压制，当地的原始部落开始互相争斗，导致超过 15 万人死亡和巨大的财产损失。仲裁庭认为虽然德国在一定程度上要对原始居民的损失负责，但是一方面其认为德国只应对部分损失负责，因为这些损失很大程度上是因为葡方军队撤出了不必要的距离；另一方面，仲裁庭认为德国有赔偿责任的法理是公平合理原则（ex aequo et bono），而非当时可被证立的国际法规则。① 然而，该案是由双方当事人共同指定的国际仲裁庭审理的，并非海牙国际法院（International Court of Justice）。如果将《国际法院规约》的第 38 条作为国际法渊源的唯一标准，则依据该条第 2 款规定，只有在当事国双方均同意的情况下，国际法院才可以将公平合理原则作为国际法渊源。② 因此，如果瑙利拉一案在国际法院审判，则德国并无责任赔偿原始部落内乱造成的损失。可以看出，本案中仲裁庭在判断德国的赔偿责任的范围时，将其限制在一定的因果关系邻近程度（proximity）范围内，而非因其行为导致的全部后果。这一衡量赔偿额度的标准也被用在特雷沃冶炼厂仲裁案（Trail Smelter Arbitration）中。加拿大在与美国接壤的边境城市特雷沃建造了大型冶炼厂，导致美国许多城市二氧化硫浓度超标，引起空气和土壤污染以及许多间接损害，比如牲畜受到的损害以及空气质量下降导致的商家客流减少的损失。仲裁庭认为这些连锁损害与修建

---

① Responsabilité de l'Allemagne à raison des dommages causés dans les colonies portugaises du sud de l'Afrique（Portugal contre Allemagne）（sentence sur le principe de la responsabilité），2 UNRI-AA 1011, 1031；Julia Pfeil, "Naulilaa Arbitration（Portugal v. Germany）", in *Max Planck Encyclopedia of Public International Law*, online edn, OUP, 2007, http://opil. ouplaw. com/view/10. 1093/law：epil/9780199231690/law-9780199231690-e178？rskey = GZbzEw&result = 1&prd = OPIL，最后访问时间：2018 年 4 月 23 日。

② Statute of International Court of Justice（entered into force 18 April 1946），33 UNTS 993，Article 38（2）.

冶炼厂的行为之间的因果关系过于遥远和间接以至于无法推算（too remote and consequential to be appraised），所以不能纳入赔偿责任范围内。① 因此，国际法委员会将因果关系这一要求写入了《国家对国际不法行为的责任条款草案》第31条；在对该条的评论中，委员会认为因果关系本身只是要求弥补的必要条件而非充分条件，要想使做出国际不法行为的国家承担恢复原状或赔偿等责任，这种因果关系不可过于遥远、间接和难以预料。②

国家责任法上的因果关系可以分为两类，即确定行为违法性的因果关系及确定责任范围的因果关系。③ 本文主要讨论前者，因为在仍未将产生难民证明为国际不法行为的状态下，讨论责任范围（即哪些具体的损害可以得到赔偿）是不切实际的；而关于不法行为的可赔偿性（而非确定可赔偿性以后对赔偿范围的确定），例如海牙国际法院在2007年的防止及惩治灭绝种族罪公约的适用案中曾进行解释的因果关系问题，学者认为属于行为不法性本身的证明。④

这里需要注意的是，《国家对国际不法行为的责任条款草案》第31条中提到的"弥补"（reparation）并非一定是金钱赔偿责任。根据《国家对国际不法行为的责任条款草案》第34～36条，"弥补"可以采取很多种形式，比如恢复原状，甚至有时候法院对其不利的判决就足以弥补其错误。金钱赔偿所需要的因果关系标准是否与其他弥补责任相等？关于这个问题并无定论。但是国际法院在防止及惩治灭绝种族罪公约的适用案中，对于何种程度上的因果关系会引起国家赔偿的责任进行了细致的定位。在该案中，虽然塞黑违反了种族灭绝公约中关于防止种族屠杀的义务，但是法院认为只有在这种违反与种族灭绝行为的发生之间有足够直接和确定的因果关系（sufficiently direct and certain causal nexus）时才能引发该国的赔偿义务，而只有在法院可以认定"如果塞黑履行了其在种族灭绝公约下的义

---

① The Trail Smelter Arbitration（United States of America v. Canada）Award，［1941］3 RIAA 1905，1931.

② Articles on State Responsibility，Article 31 commentary（10）.

③ Ilias Plakokefalos，"Causation in the Law of State Responsibility and the Problem of Overdetermination: In Search of Clarity"，*EJIL*，Vol. 26，2015，pp. 471，475.

④ Plakokefalos，490.

务，种族灭绝行为就一定不会发生"的情况下，这种因果关系才能够建立。①

一言以蔽之，法院在此处考虑的核心问题是"假设一国没有违反其实际上已经违反的义务，他国实际上已经遭受的损害结果是否仍然会发生"。如果答案是肯定的，那么因果关系就不能建立。这种被称作"如果不"（but-for test）的检测因果关系是否存在的方式是一个相当高的标准。一方面，从逻辑上来说，损害结果的发生通常有多方面原因，数个原因共同作用产生同一个损害结果。比如在该案中，斯雷布雷尼察大屠杀的原因可能是塞黑的支持，可能是塞族共和国对于特定人群的仇恨，也可能是波斯尼亚和黑塞哥维那与塞族共和国的战争出于军事需要的必然结果。② 尽管可能任何一个原因都不能百分之百导致种族灭绝犯罪的发生，但是每一个原因都与这个损害结果有着不可否认的因果关系。即使在这种情况下，国际法院依然不认为大屠杀与塞黑的支持有可以引发赔偿责任的因果关系，说明国际法院只有在可以认定不法行为足以百分之百导致损害结果发生的情况下才会认为过错国有赔偿责任。另一方面，从该案的案件事实来看，国际法院在认定因果关系上似乎已经过于谨慎：尽管实施屠杀的塞族共和国的军官绝大多数都是塞黑军队从波黑撤离时留在波黑境内的残余，而且他们的工资和晋升等事宜都由塞黑军队管理，塞族共和国90%以上的武器都从塞黑国内购买，同时还接受塞黑银行的经济支持。③ 法院虽然认定如果塞黑军方撤销这些对塞族共和国的援助，可以在极大程度上限制塞族共和国军事行为上的选择，但是仍然拒绝承认在这种援助和种族灭绝行为之间有"足以产生赔偿责任"的因果关系。④

乍看之下，难民的产生不仅具有主观因素，而且除去大范围驱逐这种情形外根本不能被称作一个行为而仅仅是一个现象，比起种族灭绝这种有特定实施主体的行为，其诱因当然更加难以确定。但是，在分析之后就会

---

① Genocide Case, para. 463.

② Genocide Case, paras. 138 – 141.

③ Genocide Case, paras. 138 – 139.

④ Genocide Case, para. 140.

发现，种族屠杀案中的逻辑并不能直接适用到难民的语境下。首先，与种族屠杀不同，难民的流动不是一种国家行为，而是在难民本人或群体的意志控制下进行的一种社会现象。这就造成了国际法院在种族屠杀案中的"如果不"标准不能适用。在该案中，法院认定因果关系不存在的原因是"即使塞尔维亚和黑山遵守了1949年《防止种族屠杀公约》，塞族共和国依然有可能实施斯雷布雷尼察大屠杀"。① 这里的核心问题是，法院并不需要确定"在塞尔维亚和黑山遵守条约的情况下，大屠杀依然可能发生在同一时间点"，只需要确定种族屠杀有可能发生即可。② 但是，难民在不同时间点发生迁移在很大程度上说明导致他们畏惧自己受迫害的原因是不同的。也就是说，只有在国家有能力防止"在自己控制下的非本国势力在未来的任何时间点实施屠杀行为"才能判定该国不遵守公约与种族屠杀有因果关系，但是这在难民的语境下是不可能的，一方面因为难民通常由多种诱因引起，另一方面难民流动本身属于合法行为，国家无法直接阻止，故无法通过"防止犯罪"领域的因果关系结构判断难民产生时的原因。一言以蔽之，"如果难民早晚都会迁移到他国，所以不管本国做了什么可能导致难民迁移的迫害行为，都不能说本国的行为与难民流动有因果关系"，这种逻辑是明显不正确的，同时它也不符合大陆法和普通法对于因果关系的理解。③ 所以，国际法院在种族屠杀案中采取的这种测试并不适用于难民流动引起的国家责任。

另外，国家不法行为对于难民流动的影响程度也并非难以确定。既然难民流动已经发生，且讨论因果关系不需要讨论国家没有做某些行为时的情形假设，那么我们唯一需要确定的就是是否存在某个国家已经实施了的不法行为导致了难民的流动。联合国难民事务高级专员办事处颁布的《确定难民身份的程序和标准手册》中指出，难民地位的判定应从主观和客观两方面入手。笔者认为，这也正是法院在确定国家行为与难民流动的因果

---

① Genocide Case, para. 463.

② Genocide Case.

③ P. S. Atiyah, *An Introduction to the Law of Contract*, 5th edn, Oxford Clarendon Press, 1995, p. 466.

关系时应当遵循的模式。具体来说，主观因素指促使难民产生逃往他国的念头的原因。这个原因并不一定是国家行为本身，也可以是国家行为带来的已经发生的影响或是必然后果，因为难民的产生只要求对迫害的畏惧，而非迫害行为本身。① 比如，国家出于水资源匮乏，停止了对沙漠地区原住居民的供水。这一行为导致的必然结果是，这些居民会因为缺水患疾病甚至死亡。在这种结果发生之前，原住居民如果因为畏惧这种结果的发生逃往他国以求生存，就可以认定国家停水的行为与难民对迫害的畏惧的产生之间具有因果关系。客观上，法院在判定国家行为与难民流动之间的因果关系时，不能严格按照种族屠杀案中的"如果不"测试标准。续前例，沙漠中的原住居民一方面可能因为国家不供水而变成难民，另一方面也有可能因为不可逆转的土地沙漠化导致耕地无法产出粮食而被迫迁徙。即使后者总有一天会发生，也不能说国家中断供水没有造成"这一次"或者"这个时刻"的难民产生。如果同时期没有其他可能导致难民产生的非国家行为方面的因素，而国家又恰好存在对基本人权的侵犯（尤其是维持生存与生活方面的权利，如食物权、水权等），那么两者之间就必然存在因果关系。即使有许多促使难民产生的因素同时存在，笔者认为只要国家不法行为在其中起到了推动作用，就不能否认因果关系的存在。

法理上，这种由哈特提出的只要求不法行为是损害结果的原因之一（a cause）而非全部原因（the cause）的因果关系要求被称为"充分集的必要元素"测试（"necessary element of a sufficient set" test，简称 NESS 测试）。② 经过赖特的改进，NESS 测试被定义为：当且仅当某条件为一实际发生的条件集合的必要元素，而该条件集合又是特定结果发生的充分条件（即"充分集"）时，该某条件就是该特定结果的一个原因 [a particular condition is a cause of（contributed to）a specific result if and only if it was a necessary element of a set of antecedent actual conditions that was sufficient for

---

① UNHCR Handbook, 45.

② H. L. A. Hart, T. Honoré, *Causation in the Law*, 2nd edn, 1985, pp. 110 – 129.

the occurrence of the result]。① NESS 测试的支持者认为，应当选择这种标准作为确定赔偿责任的依据，因为 but-for 测试在许多实际情况下会产生不公平的结果，比如在重叠因果关系（concurrent causation）或者择一的竞合（pre-emptive causation）等情形下，but-for 测试就会认定不法行为与结果之间没有因果关系。②

从判决可以看出，海牙国际法院在种族屠杀公约适用案中采取 but-for 测试时并未将其作为国际法原则或其他国际法渊源，而仅仅是根据案件具体情况和本身的自由裁量得出的结论。③ 这一点从该法院对于科孚海峡案的判决中也可见一斑：在该案中，法院完全未讨论阿尔巴尼亚未尽到告知义务与英国受到损害之间的因果关系，即判决阿尔巴尼亚应当对损害负责。④ 在绝大多数案件中，海牙国际法院都未讨论法律上究竟应当采取哪一种因果关系标准，而不同的国际法庭所采取的因果关系标准也不尽相同。例如，在上文提到的瑙利拉仲裁案中，仲裁庭就采取了偏向 NESS 测试的因果关系标准⑤；而联合国赔偿委员会（UNCC）则明确拒绝采用 but-for 测试来判断损害的可赔偿性。⑥ 因此，究竟应当采取哪一种标准并不存在国际法上的既定规则。⑦

最近，海牙国际法院的一项判决再次涉及了损害赔偿请求中的因果关系问题。于 2018 年 2 月颁布的"尼加拉瓜在哥斯达黎加边境地区的特定活动案"的关于赔偿的判决中，虽然法院在该判决中对每一项哥斯达黎加提出的损害都进行了因果关系充分性的论证，但是论证过程都十分简

---

① R. Wright，"Causation，Responsibility，Risk，Probability，Naked Statistics，and Proof：Pruning the Bramble Bush by Clarifying the Concepts"，*Iowa Law Review*，Vol. 73，1987 – 1988，pp. 1001，1019.

② Plakokefalos，477.

③ Genocide Case，paras. 461 – 462.

④ Corfu Channel Case（UK v. Albania），Judgment，[1949] ICJ Rep 4，p. 22.

⑤ Plakokefalos，486.

⑥ United Nations Compensation Commission，Report and Recommendations Made by the Panel of Commissioners Concerning the Egyptian Workers' Claims，2 October 1997，UN Doc S/AC. 26/1997/3 [214].

⑦ Plakokefalos，483 – 490.

短，且没有进行对因果关系标准的阐明。此外，本案中不存在"多因一果"（overdetermination）的情形，所以也无法判断法院适用的究竟是哪一种判断标准。最重要的是，法院指出"最终应由本院决定不法行为与损害之间是否存在充分的因果关系"（Ultimately，it is for the Court to decide whether there is a sufficient causal nexus between the wrongful act and the injury suffered）。① 所以，无论海牙国际法院实际上采取了哪种标准，其似乎都意图将对于因果关系是否存在的判断从成为国际法渊源的可能性中摘出，并作为法院自由裁量权的一部分。笔者并不认为完全将因果关系判定纳入自由裁量权会导致法院做出更任意的判决，同时在没有国际习惯法限制的状态下，诸多国际法庭与仲裁庭在此问题上也因此可以采取不同的解释方法；但是，but-for 测试已经饱受诟病②，如果再次出现"多因一果"类型的案件，继续采用并非明智之举。

至此，学理部分的论述即告完成：难民产生本身不能被视作国际不法行为，若要求难民流出国或造成难民流出的第三国承担难民接收国的经济损失，需证明：（1）难民流出国或第三国实施了国际不法行为，且（2）该行为是 NESS 测试下难民流入接收国的一个原因，而（3）难民接收国的损失又的确由难民流入造成，难民接收国即可依照国家责任法框架向实施不法行为的国家要求赔偿。

七　迈向实践：受理难民接收国赔偿　请求的机构设想

任何理论都需要在实践中发挥其作用。一般而言，国家政府间的纠纷应当由海牙国际法院或其他国际仲裁庭受理。由于海牙国际法院在因果关系认定标准上采取较为保守的态度，而且其判决依据又有国际法院规约的

---

① Certain Activities Carried out by Nicaragua in the Border Area (Costa Rica v. Nicaragua), Judgment on Compensation Owed by the Republic of Nicaragua to the Republic of Costa Rica, International Court of Justice, 2018 2 February General List, No. 150 [34].

② Plakokefalos, 476.

严格限制①，笔者认为如果由其受理此种基于国家责任法框架的难民损害赔偿请求，会有很大概率不能产生促进这一领域法体系发展的效果，反而会因为现行国际法不存在先例而阻碍更公平合理的规则的产生；至于其他仲裁庭，一方面没有处理此类诉求的先例，另一方面由于仲裁本身的保密性和相对性②，多数难以产生国际法影响。因此，应当在联合国体系下寻找更为适宜的机构和机制处理此类诉求，从而使这一架构为国际社会所认可，进而演变为国际法规则。

联合国赔偿委员会（United Nations Compensation Commission，UNCC）创建于1991年，为联合国安理会的附属机构。它的任务是处理索赔和支付因伊拉克非法入侵和占领科威特而直接遭受的损失。伊拉克石油销售收入的一定比率将上交给一个特殊基金，用来支付补偿成功的索赔。③ 根据联合国安理会第687号决议，伊拉克"按照国际法，应负责赔偿因其非法入侵和占领科威特而对外国政府、国民和公司造成的任何直接损失、损害（包括环境的损害和自然资源的损耗）和伤害"。④ 此后，联合国在安理会下设了联合国赔偿委员会这一组织，专门处理由自然人、法人或国家提起的各类人身和财产损害赔偿请求。⑤ 值得注意的是，其处理的 F 类诉求是由他国政府提出的赔偿请求；而其中就包括伊拉克入侵科威特，导致科威特国民成为难民并流入他国过程中周边国家为此付出的开销，包括对难民提供的运输工具及房屋和基础设施建设方面的费用，且委员会最终支持了此类赔偿请求。⑥

---

① Statute of International Court of Justice（entered into force 18 April 1946），33 UNTS 993，Article 38（1）.

② Gary B. Born，*International Arbitration：Law and Practice*，2nd edn，Wolters Kluwer，2014，§10. 02.

③ 联合国赔偿委员会 – 简介，http：//www. un. org/zh/aboutun/structure/sc/uncc/introduction. shtml，最后访问时间：2018 年 10 月 14 日。

④ UN Security Council，Security Council Resolution 687（1991）［Iraq-Kuwait］，3 April 1991，S/RES/687（1991）.

⑤ UN Security Council，Security Council Resolution 692（1991）［Iraq-Kuwait］，20 May 1991，S/RES/692（1991）.

⑥ United Nations Compensation Commission Governing Council，Report and Recommendations Made by the Panel of Commissioners concerning the Second Instalment of "F2" Claims（7 December 2000），S/AC. 26/2000/26，paras. 14 – 15，167 – 189.

赔偿委员会的职能和模式对于难民接收国的损害赔偿请求来说较为友好，同时也有过支持同类请求的先例，所以应当将此种模式重新引入国际纠纷解决机制体系当中。该模式唯一的问题在于，其赔偿请求均建立在伊拉克已经承认自己的国际不法行为的前提之下，所以安理会秘书长在提交报告时提到，该委员会"不是一个法庭，也不是各方对簿的仲裁庭；它是一个政治机构，主要负责核实赔偿要求、核实其确实性、评估所受损失、估计偿付数额和解决争议的赔偿要求等调查职务，仅对最后一项才涉及准司法的职能"。① 由于确定国家的难民责任需要首先确定国家是否实施了国际不法行为，属于法律判断，因此需要一个具有司法（至少是准司法）职能的联合国机构来处理相关诉求。

较为可行的一个方案是在联合国人权理事会（United Nations Human Rights Council, UNHRC）中增设受理国家政府与人权相关诉求的机制。2007年6月18日，人权理事会通过了题为《联合国人权理事会的体制建设》的第5/1号决议，该决议设立的新申诉程序旨在处理世界任何地方在任何情况下发生的一贯严重侵犯所有人权和基本自由且得到可靠证实的情况。② 难民的人权保障与理事会的人权侵犯申诉受理职能息息相关，甚至可以说难民群体是最容易发生大规模人权侵犯情形的群体：在受到战争或国家紧急政策的迫害后流离失所，而难民接收国一方面需要安置难民，另一方面作为战争或灾害的周边国家必然也会受到影响，通过要求过错方进行经济赔偿，也可使难民接收国保障难民人权的能力得到增强，从而实现理事会保障人权的目的与功能。③

结　语

如今，全球范围内正在爆发愈加严重的难民危机。在欧洲许多国家，

---

① United Nations Security Council, Report of The Secretary-General Pursuant to Paragraph 19 of Security Council Resolution 687 (1991), S/22559 (May 2, 1991), 7.

② 联合国人权理事会 - 申诉程序, https://www.ohchr.org/CH/HRBodies/HRC/ComplaintProcedure/Pages/HRCComplaintProcedureIndex.aspx, 最后访问时间：2018年10月14日。

③ Resolution adopted by UN General Assembly, Human Rights Council, UN Doc A/RES/60/251 (3 April 2006), para. 5.

难民都已经成了犯罪的象征和不稳定因素的代名词，有学者甚至将难民形容为"世界最不愿接纳的人"（the world's least wanted）。① 但是，我们要做的不是把他们当作危机本身予以排除，而是要一方面和平解决争端和实现民主政治，从而避免流离失所的人口的产生，另一方面尽力保障现存的难民作为人类应当被承认的最基本的权利。这必然要求国际社会努力改变现今极其不合理且已经造成严重不平衡的难民责任分配机制，通过建立国家责任法框架在难民责任领域的适用机制，实现更公平、更可行的责任承担结构。法而且是良法已经存在，只是施行过程必然会让许多喜好以正义的名义发动战争的国家感受到难以忍受的阵痛；但是它们在有义务阻止国际犯罪的同时也的确有义务正确地面对这个事实：人权的主人从来都不会考虑所谓的世界格局和长期利益，而对他们的保护才是最应当实现的正义。

The Application of Law of State Responsibility in the Distribution of Obligations to Assist Refugees

Liu Xinchao

Abstract: The focus of the international community on refugee population has always been the protection of their human rights, with insufficient attention paid on the situation of the asylum State. In practice, refugee-receiving States have already been stretched beyond the breaking point, which inevitably resulting in the failure to protect refugees' human rights. Therefore, a more reasonable distributional mechanism is needed to protect both the asylum State and refugees' basic rights. The law of State responsibility, containing many basic principles of international law, could determine what a State should do for reparation when it breaches an international obligation. Under the context of emer-

---

① Blocher, 3.

gence of refugees, three factors must be presented simultaneously if a State is said to be responsible for the costs of the asylum State on refugees: Firstly, the State conducted an internationally wrongful act breaching an obligation owed to other States; Secondly, the costs of the asylum State could be regarded as injury rather than its treaty obligation under 1951 Refugee Convention; Finally, sufficiently direct and certain causal nexus is need between the wrongful act and the injuries. Since the "but for" test adopted by the International Court of Justice would emerge injustice in the situation of overdetermination, NESS test shall be applied in the decision of existence of causation. However, without an institution the mechanism cannot be taken into practice. The author believes endowing the United Nations Human Rights Commission with power to deal with refugee cost claims brought by governments following the pattern created in the United Nations Compensation Commission is a practicable and apposite choice.

Keywords: Obligation to Assist Refugees; Law of State Responsibility; Causal Nexus; NESS Test; United Nations Compensation Commission

权利发展研究

社会运动与权利构造[*]

——以我国台湾地区"婚姻平权"运动（2016~2017）为例

杨　帆　史隽琸[**]

摘　要： 马克思主义法社会学视野下的"权利构建主义"学说主张：权利既不来自超验的神力，也不来自实证法基础上的逻辑推理，而是来自具体的社会情景互动，尤其是各种权利相关的社会运动在其中扮演了关键角色。近年来，同性婚姻平权运动在我国台湾地区逐渐兴起，形成了法律上新的"权利话语"。这一运动不仅仅利用"反对歧视、争取平等"的话语体系为同性婚姻进行价值证成，更在现实中积极发展运动组织，联合政治、媒体与流行文化的"权力"，推动了婚姻平权从街头政治走向了法律场域。通过对这一新兴权利案例的实证分析，构建主义的权利理论得到了经验上的论证与说明，并希望为我国新兴权利研究与新时代社会治理理论带来新的视角与反思。

关键词： 社会运动；权利建构主义；婚姻平权；台湾地区；社会治理

导　言

"我们的权利从哪里来？"

这是一个近代以来各类人文社会学科都不断尝试回答的经典问题。但

---

*　本文系司法部 2017 年度国家法治与法学理论研究项目（项目编号：17SFB3003）的阶段性成果。

**　杨帆，吉林大学法学院、理论法学研究中心副教授，吉林大学司法数据应用研究中心研究员，国家"2011 计划"司法文明协同创新中心研究员，研究方向为法社会学、法哲学、比较法；史隽琸，澳大利亚新南威尔士大学法学院法律博士（JD）在读。

是囿于认识论与方法论的局限，不同学科给出的答案不尽相同，甚至在各个学科中，对权利问题进行研究所使用的概念框架也有很大差异。一般来说，政治哲学、伦理学、法哲学等学科倾向于从先验与逻辑分析的角度对权利下定义。① 在当代法学界占据主流地位的规范分析法学研究则倾向于以"从法律规范到规范的解释与适用"的演绎认知路径来回答这一问题。相较于前两者，社会学、历史学等学科则倾向于以经验描述的方法来对权利进行建构性解释。比如，有政治社会学学者主张"权利是个人与国家之间的某种关系状态"：公民权利是特定利益集团的诉求和主张，它能否在道德上、经验上都被广泛认同是正义的，则取决于政治系统内不同行动者之间的冲突与斗争情况。② 历史学家莫恩（Samuel Moyn）则认为，当今西方世界主流的权利观念大多来自 20 世纪 70 年代国际舞台上各种复杂政治事件的综合互动。③ 而在著名法学家、律师德肖维茨（Alan Dershowitz）的法律史名著《你的权利从哪里来》中，这一观点也得到了充分的论证：权利不是来自上帝、自然正义或者逻辑演绎，也不来自法律规范，而是来自人类的经验，尤其是"不正义"的经验（Wrongs）；历史证明，往往是人类的恶行才能够刺激人们不断地反省和审视自身行为，进而不断地设定、补充、修改权利的方式，以达到对恶行的限制。④

近年来，这种"外部建构"的权利认知视角也被作为交叉学科的法社会学所继承和沿用，成为规范法学、法教义学等主流法学范式之外的一种新的权利法学研究进路。尤其是在马克思主义法社会学的视角下，权利的法律建构过程被更多地与争取新兴权利的各种社会运动联系起来，并通常被冠以"权利的社会建构"（Social Construction of Human Right）等称谓。⑤ 20 世纪

---

① 例如 L. W. 萨姆纳《权利的道德基础》，李茂森译，中国人民大学出版社，2011。

② 赵德余：《权利、危机与公共政策：一个比较政治的视角》，上海三联书店，2014，第 1 ~ 14 页。

③ 〔美〕塞缪尔·莫恩：《最后的乌托邦：历史中的人权》，汪少卿、陶力行译，商务印书馆，2017，第 7 ~ 8 页。

④ 参见〔美〕阿伦·德肖维茨《你的权利从哪里来?》，黄煜文译，北京大学出版社，2014。

⑤ Neil Stammers, "Social Movements and the Social Construction of Human Rights", *Human Rights Quarterly*, Vol. 21, 1999, pp. 980 – 1008.

60 年代以来，西方社会运动的样式发生了许多显著改变，以少数群体推动边缘价值核心化为目的的新型社会运动越来越频繁地出现在大众视野，诸如黑人权利运动、女权运动、生态运动等等。80 年代后，这些运动开始逐渐壮大，甚至重塑了西方社会的权利观念。伴随着这些运动而兴起的是法律上关于诸多权利的再审视和新兴权利的不断涌现。社会运动和法律、权利观念之间的互动受到了西方学界的普遍关注，形成了声势浩大的"法律与社会运动"（Law and Social Movements）研究潮流。昂格尔（Roberto Mangabeira Unger）等当代马克思主义法学家则是这一研究运动中的重要舵手。对这种新兴权利形成的社会过程进行学术研究，也有助于在我国新时代社会主义建设的语境下更好地把握社会治理的关键点，预防和化解社会矛盾。

在中文学术界，这一研究主题尚未引起足够的重视。已有的新兴权力研究多聚焦于某一具体权利（或者权利束）的发生及适用，且大多停留在法学内部视角的总结与比较，对于权利的社会构建过程关注较少。① 本文希望以此为突破点，首先对法律外部视角（法社会学）对于权利问题的认知路径（"权利的社会建构主义"）这一理论进行梳理和批判性评述，作为研究的整体框架，进而围绕我国台湾地区近几年来发生的所谓"婚姻平权"运动开展法社会学意义上的个案研究，最后达到反思这种研究路径与权利实现过程的学术目的。需要说明的是，本文写作的出发点是为我国的新兴权利研究和社会治理理论提供新的视角，并不代表对台湾地区的"同性婚姻"、"社会运动"或者"政治运作"等持正面态度，而仅仅是基于法社会学的学术立场，对这一社会运动与法律之间的互动进行描述性研究。

一 法社会学视角下社会运动与"权利建构主义"理论

关于社会运动和法律关系的研究是二战后西方法社会学的重要主题，

---

① 参见钱大军、尹奎杰、朱振等《权利应当如何证明：权利的证明方式》，《法制与社会发展》2007 年第 1 期。

它关注社会运动的建构力量，重视立法的社会互动过程。从总体上说，这种研究趋势与西方法学界传统的自然法理论或者实证主义法学距离都比较远，而是受到马克思主义关于"社会物质基础决定上层法律制度"的思想影响较深，是马克思主义法学观的一种现代再现。这种"法律与社会运动"研究大致经过了三个发展阶段。（1）古典理论：古典理论与社会心理学的发展有密切关系，着重考虑感情因素。它们强调社会运动并不具备理性的特征，而是社会失衡的情感宣泄渠道。根据这一立场，法律作为理性的造物，必然与社会运动格格不入，并且必须对社会运动这种不理性的现象施以强力规范。（2）主流理论：20世纪60年代，出现了社会运动的资源动员和政治过程理论，这两种学说都强调引发社会运动的原因不仅是感情，也包含着很多理性考虑的因素，而法律不仅不是主动的规范性力量，反而成为被社会运动争夺的资源和工具。由此便形成了著名的"法律动员"（Legal Mobilization）理论。这一理论认为，在社会运动中，法律应该被看作拥有符号象征意义与文化预设的体系，这种体系通过符号来影响人们的价值取向和行为选择。法律话语和符号的相交并融在社会运动中被展示出来，让人们意识到法律中更为复杂的意识形态内涵。法律成为公民在现实中为了争取权利能够动员的资源。社会行动者对政府提出权利主张，其成果的可能性很大程度上取决于这一群体以法律作为"利益旗帜"的意愿和能力的强与弱。（3）新兴理论：文化框架论是1985～1986年欧洲和美国学界对于此领域交流整合得出的结果。[1] 根据文化框架论的观点，主流理论的理性主义视角仅仅构造出"策略性框架"，但是没有考虑超出理性的文化、情感因素在法律与社会运动的互动中起到的重要作用。[2] 以上三个阶段的理论范式各具特点，其中影响力最大的是主流理论中的"法律动员理论"。

---

[1] 在1985年和1986年，美国康奈尔大学的塔罗教授和荷兰阿姆斯特丹自由大学教授克兰德曼斯召集了两次研讨会，对于促进西方法律与社会运动研究的交流和整合发挥了重大作用。自此以后，西方法律与社会运动研究开始进入"超理性"阶段，各国学者取长补短，"文化框架论"即是理论整合的核心成果。

[2] 参见廖奕《从情感崩溃到法律动员——西方法律与社会运动理论谱系与反思》，《法学评论》2014年第5期。

在法律与社会运动研究不断发展的过程中，权利的"社会建构主义"理论也逐渐形成。这一理论最重要的代表人物是英国学者斯塔莫斯（Neil Stammers），他于 2009 出版了《人权与社会运动》（*Human Rights and Social Movements*）一书①，详细阐述了社会运动与斗争对于形塑当今世界的各种人权概念的关键作用，对后续研究产生了很大影响。在书中，他对各种主流的学术话语在研究人权问题上的缺失进行了批判。首先是形而上的抽象人权理论（比如天赋人权理论、自然法中的人权理论），斯塔莫斯主张这些理论带有过多的信仰色彩，完全脱离了真实的社会实在背景，并且只有在西方自由主义的传统下才有号召力，其普适性也值得怀疑。其次是法学界主流的法律实证主义（Legal Positivism）理论，斯塔莫斯指出，这种进路没有对人权的本质与起源问题进行追问，而是直接将它们当成了给定的事实，并且对未被纳入法律规范的人权主张无法企及。再次是过度的特殊主义权利观（Strong Particularism），这种观点强调每一种人权实践都是特殊的、不可复制的，而忽略了人权价值本身具有一定的可推广"普适性"。最后一种被批判的对象是结构主义（Structuralism）的人权理论。结构主义主张任何人权观念都是完全客观的社会关系与社会环境的产物，但是忽略了社会行动者在这一过程中的能动作用。②

在这些批判的基础上，"权利构建主义"理论首先主张人权是一种历史的、情景的产物。它既不来自超验的神力，也不来自实证法基础上的纯粹逻辑演绎。各种形式的社会运动与抗争在权利的法律构建过程中扮演了最为核心的角色。在这里，社会运动一般指分享共同利益或者具有某种共同认知的行动者组成一个群体，为了某种诉求，以权利话语为主要手段，向权力者抗争的行为或事件。③ 在"权利构建主义"理论看来，社会运动中的"权力"（power）与"话语"（discourse）是两个最值得关注的要素。受福柯（Michel Foucault）与卢克斯（Steven Lukes）等西方左翼学者

---

① See Neil Stammers, *Human Rights and Social Movements*, Pluto Press, 2009.
② Neil Stammers, "Social Movements and the Social Construction of Human Rights", *Human Rights Quarterly*, Vol. 21, 1999, pp. 990–994.
③ See Alan Scott, *Ideology and the New Social Movements*, Routledge Press, 1990.

思想的影响，这里的权力主要指社会运动与抗争的过程中产生的各种无形的作用力，一方面它可以是无意识的、去主体化的、弥散在各处的"微观"权力，另一方面它也可以是社会运动行动者（actors）有意为之的权力。[①] 而"话语"更是一个福柯色彩很浓的概念，它指围绕社会行动产生的各种观念、主张、意识形态以及说理表达等。权力与话语两者密不可分。权力运作与权力关系是社会运动能够发生作用并最后生产新的权利话语的最重要机理；而话语则是权力的最重要载体，它是权力运作的轨迹，体现了权力关系和新的权力结构的形成。因此，"权利构建主义"理论认为，"权力"与"话语"可以作为分析机制，解剖社会运动的机理，分析权利话语最终成为新的法律结构的动态过程。

这种"权利构建主义"路径的法社会学研究，在我国当今的学术语境下也有特殊的、"可转化"的借鉴意义。一方面，它一定程度上打破了西方意识形态权利话语中所谓的"普世性"主张，重新回到了马克思主义的"经济基础决定论"，把权利观念还原为一种特定社会历史情境的产物；另一方面，它通过法社会学客观描述的方式再现了新兴权利发生发展的过程，这可以使得政府部门的社会治理工作认识到关键抓手所在，可以精准地实现社会治理。运用以上理论资源，尤其是"法律动员理论"以及"权利构建主义"中的"权力"与"话语"分析机制，本文在后续将采用案例研究的方式，以我国台湾地区"同性恋平权运动"30年的发展为背景，重点考察在2016～2017年所谓的婚姻平权运动中，行动者们打破过去同性婚姻权被反复否决的权力格局，最终将其推进到平权立法阶段的过程，以对其进行批判性思考。

二 社会行动者的权利话语形成

话语是整个社会运动符号系统的核心组成，也是与法律中的符号系

---

① Neil Stammers, "Social Movements and the Social Construction of Human Rights", *Human Rights Quarterly*, Vol. 21, 1999, p. 999.

统互动的工具。在具体的社会运动中，话语意味着行动主体为了实现某一目标而使用的各种形式的表述，包括使用的口号、对核心事件塑造的符号形象等等一系列可能出现在公众视野的叙说。对一个社会运动中话语的考察，往往能够看出这一社会运动所借以实现利益的核心价值；同时，作为权力的载体，话语也是动员社会力量来推进其所诉求的权利现实化的重要工具。通过话语体系的构建，社会运动将一个抽象的权利进行具体化证成。在进入法律上的较量之时，这些新的话语体系瓦解着传统的权利话语中的预设，并且为一个从来没有被承认过的权利挖掘出了生存的可能。

对于同性恋者争取权利的运动来说，通过所谓的"科学主义"叙事话语的重构（即证明同性恋并非疾病），完成"去罪化"过程，使得同性恋进入国家权力不加控制的领域，往往是比较常用的话语手段。然而，同性恋的道德问题被回避了，同性恋成为一种似乎是"无法选择的恶"，因此国家权力必须加以容忍。① 同时，如果想要论证出法律上同性恋者应具有和其他人一样的婚姻权以及抚养子女的权利，仅仅说明国家权力不应该干涉是不足够的，而应该采取一套新的话语策略，来证明同性恋同样具有应该被肯定的价值，同样分享着主流社会的"善"。② 因此，在我国台湾地区同性恋行动者争取婚姻权的进程中，能够看到话语集中在了打开主流社会对同性恋者的认同这一方面：一方面要降低对于同性恋者"恶"的理解（主要体现在反驳"反同"群体的观点），另一方面极力争取对同性恋者"善"的理解（主要体现在反对设计"专法"和寻求婚姻权和后代抚养权）。这一话语策略的核心目的即在于打破"同性恋即不正常，而不正常即应该是恶的、被排斥的和被改造的"这一逻辑链条，从而使婚姻权这一具有所谓的"善"的价值的权利能够对同性恋者同样接纳。在此，我们从"口号"、"符号事件"和"生命故事"三个方面各选取一部分典型例子，来考察"争取同性者婚姻权就是反对歧视，争取平等"这一话语的形成

---

① 参见郭晓飞《本质的还是建构的——论性倾向平等保护中的"不可改变进路"》，《法学家》2009 年第 1 期。
② 参见王森波《同性婚姻：无力的守护与尴尬的诉求》，《东方法学》2011 年第 2 期。

过程。

（一）诉诸最有助于利益实现的核心价值：平等

口号是一个社会运动中话语最集中的体现；选择什么样的口号，最能够呈现这一群体的核心诉求。在台湾地区同性恋行动者争取婚姻权的过程中，存在着一系列的口号。它们聚焦的点各有不同，但是我们可以通过观察发现，"平等"的概念是其最常借用的。具体来说，涉及平等的最知名口号有："'民法'不修，歧视不休""反对'专法'，隔离就是歧视"等等。这一话语策略的所谓逻辑在于：在法律上，从权利的角度对同性婚姻合法正当的证明基于一种权利平等的法律原则。

温特敏特（Robert Wintermute）曾总结了三种同性恋者证成自己权利的途径。（1）不可改变进路：由于性倾向无法人为选择，所以同性恋属于不可改变的身份。（2）自由选择进路：认为性倾向可以由个人选择，这样的进路一般需要援引自由、隐私等概念，来对抗公权力的干预。（3）性别歧视进路，即如果歧视同性恋者就是一种性别霸权，和压迫女性相同，那它就违反了平等的价值。[1] 在同性恋非罪化的时代，前两种进路（不可改变和隐私权）都曾经作为去除法律上对于同性恋者处罚的良好抗辩理由而被援用。[2] 但是，在争取同性恋走出私人领域进入公共领域的过程中，尤其是同性恋获得婚姻权的过程，隐私权不再是一个好用的理由。而根据著名法学家桑斯坦（Cass. R. Sunstein）的分析，对于同性恋者获得法律认可的目标来说，用隐私与自由远远不如用第三种进路——"平等保护"进行证成更加有利。因为平等保护条款倾向去打破历史悠久并且被期待继续存在的实践，而自由则更有利于传统形成的制度和权利不被突然地限制。由于同性恋者的权利在传统上并不存在，所以用平等保护来打破对传统的性别关系和婚姻的固有认知，从而为婚姻权适用于同性恋群体进行论证是更

---

[1] Robert Wintemute, *Sexual Orientation and Human Rights: the United States Constitution, the European Convention and the Canadian Charter*, Oxford: Clarendon Press, 1995, p. 17.

[2] 2003 年美国最高法院在 Laurence v. Texas 案件中，就用隐私权这样的实质性正当程序的进路，推翻了反对同性间所谓的"非自然性行为"的法律。

加有利的策略。① 很显然，通过对核心口号的分析，我们发现台湾地区同性恋社会运动中即采取了更为功利性的、以平等为核心的"反歧视"作为最重要的理由，来使同性恋者能够和异性恋一样进入婚姻殿堂。

（二）对核心符号事件赋予意义：反歧视

在全世界同性恋权利运动的历史上，重要的突破往往都是借助一些突发事件达成的，这些事件正是社会治理理论要关注的重点。在我国台湾地区，这些事件也引发了大量的公众讨论，使得同性恋运动能够借机将自身认可的"价值"通过这些事件呈现在公共视野，从而把其符号化，宣扬争取所谓平等、反对歧视的价值，其成为争取权利的话语体系的重要构成。

"叶永鋕事件"就是一个典型事件。叶永鋕（简称"叶"）是屏东县的一名普通中学生，因为不同的性别气质，其经常遭到同学霸凌。由于长期被同学脱裤子、嘲笑等原因，叶不敢在下课时间去上厕所。2000 年 4 月 20 日，叶永鋕在还在上课时去上厕所，结果被发现时正躺在一片血泊当中，送医时死亡。其母在电视采访中控诉："是霸凌！性别歧视害死我的小孩！"这一事件后，大量以"玫瑰少年"为题的纪录片出现。② 这一符号形象以"玫瑰"为名，涵盖了作为男性的叶永鋕呈现的不一样的性别特质——声音比较细、讲话时"兰花指"、喜欢打毛线和烹饪等。其象征意义试图说明，这些跟别人不太一样性格特质成为他遭受同学歧视的根源，甚至最后夺走了他的生命。"玫瑰少年"代表着由于整个社会不合理的价值观而陨落的青涩的生命，具有很强的符号意义，后续其几乎会出现在每一场相关运动之中。③

① Cass. R. Sunstein, "Homosexuality and the Constitution", *Ind. Law Journal*, Vol. 70, 1994, p. 3.

② 例如，2000 年，"同志"纪录片导演陈俊志筹划拍摄叶永鋕纪录片。2006 年，台湾地区"性别平等教育协会"出版《拥抱玫瑰少年》以记录叶永鋕事件，借此探讨其性别教育意涵。2007 年，台湾地区教育主管部门也拍摄了纪录片《玫瑰少年》。

③ 例如，2015 年 11 月 7 日，歌手蔡依林在台北表演鼓励同志的歌曲"不一样又怎样"前，就播放了由导演侯季然执导访问叶永鋕妈妈的《玫瑰少年》叶永鋕纪录片，唤起人们对于性别歧视的关心。在每年的同性恋游行期间，都有类似"你还记得玫瑰少年是怎么死的吗"等文章出现。

　　类似的事件还有"北一女中自杀案""长发男警叶继元免职案"等等。无一例外的是，对这些重大事件的报道，从支持同性恋运动一方出发，都强调出了被害一方呈现的不同于人们日常对性别认识的特质，而他们因为这种不同的特质，遭受到了他人的排挤和污辱，轻者丢掉工作，重者心理受到巨大创伤，甚至失去生命。但同时，这些事件在"反同"群体眼中，却尽量与性别歧视这一主题脱钩。例如叶永鋕案被认定为学校失职造成地板湿滑而引起的意外事故；即使叶的家人和屏东县的其他人，也反对将"娘娘腔""同性恋"这样的字眼加诸叶，认为这是污辱。总之，这些事件借助支持同性恋运动的媒体的报道，从不同方面呈现了（或者夸大了）社会对于性别歧视的漠视，并且借由此使得所谓的"争取同性恋合法权利就是反对歧视，争取平等"的话语走向成熟。

（三）诉说生命故事："爱的感召"

　　在自媒体时代，信息的交互发生了革命，每个人都可以成为媒体源。通过自媒体进行倾诉是同性恋权利话语体系里最能够"打动人"、最庞大的部分。这些部分试图展示出同性恋者也具有感情需求和爱的能力，进而希望获得主流社会的承认。卡洛斯·鲍尔（Karlos Ball）认为，把身体亲密和情感亲密结合起来是人独特的能力，这种能力展示了对他人爱和关怀的潜力。类似地，同性恋群体也主张同性恋不只是性冲动的满足，而且还有被爱的需求，以及所谓的"爱和互相照顾的能力"。因此，他们认为国家不仅要满足公民的选择，而且要提供选择。① 在台湾地区同性恋组织的支持下，很多同性恋者分享了他们成长过程中所遭遇的"困惑"和"歧视"，获得了不少同情。例如在全台大专院校性别社团串联下，台大"浪达新闻"发布了这样一篇自我讲述：

---

① Carlos A. Ball, *The Morality of Gay Right: An Exploration in Political Philosophy*, NewYork: Routledge, 2003, pp. 101 – 116.

永远也忘不了大一在去了游行之后，那时系上的谣言与背后攻击，也永远记得那些人的嘴脸与小动作威胁，满满的恶意。而后让我在大一的中后期进入了长长的低潮与忧郁，每天出门上课，看着白净的蛋卷和穿着学士服拍照的学长姐，想到的不是希望，是死亡。……但，我现在在这里，不再是只为了当年那个瘦弱无助的我，更是为了那些不被看见的性别与艰难：跨性别、艾滋以及性的污名做翻转，改善所有性别的处境。①

我们可以看到，这些陈述声明故事的话语是有很强的感情色彩的，但它是很有煽动力的。这些生命故事在社交平台上形成了相当的"感召力"，讲述者的身边人以及陌生人，都因为这些故事和传递出的感情，引发了连锁式的"共情效应"。这也是为何在"撑同"现场，有很多人举出"我是异性恋，我支持同性结婚"等口号。甚至有的父母、朋友现身现场，儿子举着"我今年28岁，我想要结婚"的标语，而妈妈举着"我今年58岁，想看到儿子结婚"的标语，这就彰显了这种生命故事在自媒体时代具有的巨大的煽动力量，他们居然也获得了代表保守方的某些异性恋、家庭、学校的支持。这些煽动性的感情叙述，瓦解着原有的社会文化中对于同性恋者的漠然态度，让其作为一个"正常的人的感情需求"进入公众视野，也在法律上成为其建立婚姻这种亲密、排他关系的实质基础。

通过所谓的核心价值的选择、事件的符号化以及生命故事的构建，在台湾地区同性恋者争取婚姻平权运动中形成了一整套以"反对歧视""争取平等"为核心的话语，高调要求公众接纳认同同性恋者而不仅仅是容忍。这些权利话语被以各种方式重组，不仅仅成为对抗"反同"的武器，更被整合起来，用以在法律的竞技场上证明自身诉求的"合理"和"合法"，在后文中，我们将看到这些话语是如何渗透到法律的领域，最终促成了以法律变革为标志的权利构建的。

---

① 台湾大学 PTT 论坛"浪达新闻"，http://www.ptt.cc/，最后访问时间：2017 年 6 月 24 日。

三 社会行动者的权力资源积聚

（一）组织与身份权力

同性恋"婚姻平权"运动在我国台湾地区经历了一个从单独个人、单个媒体的抗争，发展到成立组织的漫长过程。到 2017 年初，整个同性恋群体的组织已经相当齐备，且这些组织呈现了分工化、分级化的特征。从分工化来说，各种各样的同性恋组织扮演和具有不同的角色和功能。例如，"婚姻平权大平台"聚焦于争取同性婚姻合法化的问题，在其主页上，有详细的法律相关问题和不同"婚姻平权法案"版本的整理，实时更新进程；"台湾同志家庭权益促进会"主要负责为同性恋伴侣同居、组成家庭中遇到的困难，以及收养小孩、和父母矛盾的解决方面提供经验和帮助。甚至这种分工的细化，在同一个大学的同性恋组织中都有不同。从分级化来说，这些同性恋组织拥有的资源、负责的地域范围都各有不同。比较大的全岛性组织拥有比较强大的媒体号召力和组织能力，往往负责召集全岛性质的比较重大的游行活动。而其他的组织，有的只负责一部分地域，有的则驻扎在高校，仅仅负责校园内部和其他校园的联合活动。这些组织相互配合，形成了一个层层传递，紧密合作的机制，能够在短时间内执行复杂的动员任务，在关键时刻推动运动的前进。

到 2017 年初，全台湾地区已经形成了从覆盖全岛到管辖地方，从高校到企业的近百个同性恋群体组织。并且这些组织与女性权益组织结盟，辅助台湾地区行政主管机关设置的所谓"性别平等委员会"的工作，为同性恋群体的法律抗争积累了有效的组织资源。一方面，这些组织力量使得在社会运动需要集中的话语爆发和人力支持时提供着有力的后盾；另一方面，同性恋组织也通过建设同性恋者身份的"认同感"和"归属感"，帮助整个团体将"同性恋者"的身份固定下来，而不再是仅仅的同性性行为。社会理论家威克斯（Jeffy Weeks）对这种建立同性恋者共同意识来进行政治斗争的做法进行过揭示和批判，称其为"策略性的本质主义"：

"这不是建立在自然真实的基础上，而是建立在权力的政治领域之中，重要的不是性身份的真实性质，而是现实斗争的政治意义。"他发现对性的身份进行虚构在这里是"必要"的，因为只有将同性恋的身份固定下来，就像少数种族一样，才能在法律上援用平等进行抗争。[①] 类似地，中国大陆实证研究也曾指出，这些同性恋组织"一方面让同性恋者更加认同自己，找到一种归属感。另一方面也让大众了解和认识这样的一个群体。他们通过各种社会活动，不仅加强了同性恋者之间的联系，也通过曝光率来增加了与外界的接触和交流。正因为同性恋组织的宣传和活动，使得同性恋者开始意识到他们有自己的群体，有一种归属感，意识他们所受到的歧视和迫害是不公正的，从而开始觉醒和抗争"。[②] 尽管也有研究指出同性恋者身份的组织固定化可能更加强化了二元对立（如酷儿理论），但是对于现实中争取权利的斗争来说，这是一个不可回避的"最佳"路径，解构身份会使得这一斗争举步维艰。[③] 社会运动的组织化动员，无疑是社会治理最需要关注的问题点之一。

（二）政治权力与盟友

对于台湾地区的"选举"制度而言，一个"法案"能够在"立法机构"获得通过，与当年"选举"的情况以及民意代表的立场对比有直接的关系。选民直接"选举"进入"立法机构"的民意代表，导致候选人以及各政党不惜一切力量争取选民的支持，尤其是对"选举"影响越来越大的年轻一代。社会运动和政治势力的结合在任何选举制的社会都不算稀奇，在台湾地区也是如此。

在 2016 年台湾地区"领导人选举"前夕，"同性婚姻"组织"伴侣盟"就曾发动"婚姻平权立委连线"的活动，号召民意代表签署承诺表明支持"婚姻平权法案"的文件，并且得到了 20 名候选人的支持。在之

---

① 转引自李银河《性的问题》，中国青年出版社，1999，第 217～218 页。
② 项文：《同性恋组织在推动同性恋婚姻合法化进程中的作用研究》，广西大学 2014 年硕士学位论文，第 9 页。
③ 参见郭晓飞《本质的还是建构的——论性倾向平等保护中的"不可改变进路"》，《法学家》2009 年第 1 期。

后，各个同性组织亦在网站上呼吁，直接打电话给民意代表，游说他们支持婚姻平权。另外，在"选举"前，某些希望对抗当局的政治势力亦有结盟同性组织的策略愿望。当时的台湾地区执政当局在此议题上长期采取搁置或者拒斥的态度，招致许多态度激进的年轻人的反感。可见，展示出对同性恋者支持的态度，是想要挑战执政地位的势力的一种功利性策略。

在我国台湾地区"大社会小政府"的民粹主义背景之下，如果做出这种姿态的政治力量在进入了"执政时期"选择了反对同性恋"婚姻平权法案"转而支持"专法"（指另立"伴侣法案"）的态度，则容易被认为是"虚伪"和"欺诈"的，是为了争取选民在"说谎"。所以，同性恋团体与某些政治力量的结盟可以说是一次策略上成功的选择。这种结合在世界范围内的同性恋运动中也屡见不鲜。例如在加拿大，同性合法婚姻权在很大程度上也受益于此。来自该国保守党的司法评论员多斯就曾认为，同性婚姻是中央政府对分离主义者所作出的妥协。[1] 因此，联合能够控制政府、立法机构甚至干预到司法行为的政治资源，是同性恋行动者基于现实考虑通常会采取的策略，也体现了其积极诉诸制度内尤其是法律的保障来构建自己的权利的强大的动员能力。这一点必须被社会管理机关注意到。

（三）流行文化与媒体权力

在台湾地区，最初的同性恋相关知识通常来自一些个人和组织的网页。后来，这些传播者逐渐成长为具有独立撰文能力的自媒体。与此同时，面对以年轻人为主的受众群体，流行文化也成了同性恋行动者借用的武器。值得重视的是，这些流行文化的受众可能受到年龄影响，但是并不因为同性恋或者异性恋有所区分。流行文化的推广途径主要有以下几种。首先是关于同性恋文化的消费产品层出不穷。例如在台湾主打性别权利的某书店和坐落在其楼下的"女巫店"，以各种各样猎奇和挑战传统的书籍、饮品和"音乐 live 现场"为卖点，吸引了许多年轻人，甚至已经成为"必游景点"。同时，某些流行艺人和音乐会也对扩张台湾同性恋婚姻平权议

---

① 参见王森波《同性婚姻：无力的守护与尴尬的诉求》，《东方法学》2011 年第 2 期。

题的影响力起到了重要作用。多个同性恋运动组织的官方网页上，都提到了所谓的"名人支持同性婚"，还列举了某些艺人对于支持同性婚姻合法化的表态。

"反同"群体由于具有宗教支持和较强经济实力，在传统媒体的战场上亦显得十分强势。2016 年 11 月中，"下一代幸福联盟"于《苹果日报》《联合报》《自由时报》《中国时报》四份台湾地区主要报纸买下半版广告，宣传"全台家长站出来捍卫下一代幸福"，要求民众于隔日到"立法机构"表达心声，广告内容认为通过"婚姻平权法案"是"黑箱作业"，"家庭结构完全崩坏"等。随后，在 2016 年"选举"中上台的台湾当局教育主管部门马上反驳了相关指控，并且在自媒体领域不断宣传。尽管"反同"团体似乎拥有更强的控制传统媒体的力量，但其影响力并没有渗透到年轻人聚集的新媒体领域，这使其影响力减弱。而对比来看，同性恋组织基本上控制了自媒体，又由于其自身话语构建的充分以及组织的得力，他们用有限的力量获得了更多的影响。

四 法律场域内的权力斗争与权利话语

无论是一系列关于同性恋者的话语体系塑造，还是通过自身的组织、媒体与政治力量的动员，台湾地区的同性恋婚姻平权行动者展现出了非常强的通过法律来推动社会变革的动员能力。在有些理论看来，社会运动不仅仅体现为双方意见的对峙以及对歧视的控诉，更有可能以有力的方式在现实中"实现权利"。社会运动并非仅仅在一个抽象的文化层次上潜在地影响着法律的变迁，法律也不是仅仅作为中立裁判者给予赞同或者反对的回应。相反，社会运动孕育了法律中权利生成的可能性，并且一定程度上影响着权利变更的方向。从某种程度上看，法律上权利的变化就是社会运动的结果。接下来，我们将通过阐释在具体的法律部门中，台湾地区同性恋婚姻权利确立的进程是如何和社会运动相呼应，并且最终以（准）法律的形式确定下来的。

法律在具体的社会运动中，不但被作为工具使用，并且在很大程度上成为社会运动正反双方的竞技场。从行政部门的制度变革动议，到"立法机构"的公听会、民意代表辩论，以及司法主管机构关于"司法解释"举行的大辩论，都体现了这一过程的推进。无论是试图打破传统、塑造新的权利的一方，还是固守现有规则诉诸传统的保守一方，都在利用各自的话语和资源力量，推动整个法律向有利于己方的身份认同和现实利益的方向发展。纵观台湾地区同性婚姻法律规制的发展，从最开始的"性变态"定性到"'民法'未规定可以结婚的权利"，对该条的解释逐渐有松动的趋势，直到出现了"多元成家法案"，婚姻平权进入"立法机构"，最终到 2017 年启动了所谓的"释宪"讨论，并且最终获得通过。这一过程中，法律场域一直受到社会运动的持续影响。

（一）"行政法规"场域

早在 2001 年，台当局行政主管部门下属的所谓"两性平等委员会"就牵头制定了"两性平等教育法草案"。此规定在前文提到的"叶永鋕事件"后正式更名为"性别平等教育法"，2004 年 6 月 23 日制定公布后，由教育主管部门所谓的"性别平等委员会"负责落实和执行。从此之后，教育部门开始在台湾地区的基础教育中融入对所谓的"不同性别特质"的包容，以及一系列关于性取向的"科学教育"。这实际上为今天台湾地区年轻的一代人增加对同性恋权利的认同奠定了基础。同时，"性别平等委员会"也推出了一系列的行动，用来增加社会对性别平等的认知。① 进而，台当局行政机构又在自身的权限范围内，为同性恋者合法共同生活打开了一扇门。自 2015 年起，整个台湾地区陆续开放了为同性伴侣提供的"注记服务"，同性恋者可在"户役政资讯系统"内的登记字段，登记彼此的伴侣关系，但这一登记不具法律效力。最终，2017 年，亦是由台北市"民政局"向台司法主管机关提出了所谓的"释宪"，进而促成了法律的彻底变革。

---

① 例如"性别平等公厕"就是一个典型的行政部门推进的变革性尝试。从 2013 年起，我国台湾地区行政主管部门规定，在全岛范围内逐渐推行除男女二分以外的"性别友好"型公厕。

（二）"立法机关"场域

在某种意义上，社会运动和立法领域内的政治运作有着不可分的联系。一方面，某些政治势力因支持社会运动而获益；另一方面，这些政治势力在"议会"中的进退几乎完全决定着社会运动的成败。我国台湾地区地域狭小、民主发展不成熟、法治不尽完善，这使得社会运动和"立法机构"的联系更为直接和紧密。"婚姻平权"问题之所以能够在进入2016年后，由之前多年的反复提反复停滞，到忽然能够翻盘，取得"立法机构"相当优势的支持，和整个2016年台湾地区政治局势经过"选举"发生的大变动直接相关。"选举"后的2016年10月，第14届台湾地区所谓的"同志骄傲"大游行前夕，"立法机构"内的某些民意代表再次提出"婚姻平权法案"。该法案在这些因"选举"而得益的政治力量的共同推动下，以多数优势一读通过。

在进入2017年后，这些政治势力的支持率严重下滑，其中最重要的是选前作为支持率最高的年轻族群翻转成为最不满意的群体。他们不得不采取措施来挽回支持率。比起这些势力的其他政策（例如"废除核电""一例一休""年金改革"等），支持"同婚"可以说是策略上最节约成本，不至于引起严重的族群、阶层对抗，又能大幅挽回年轻群体支持的上佳策略。因此，在"立法机构"的婚姻平权斗争中，他们的有意推动和政治时机的到来，可以说是为同性婚姻平权的斗争"铺平了道路"。5月24日下午，在台湾地区司法部门的所谓的"释宪"通过后，这些政治势力都纷纷表态支持，并将在所管辖领域推出措施以适应这一变革。

（三）司法场域

2017年5月24日，是台湾地区婚姻平权运动的关键节点。台湾地区司法主管部门出台了所谓的"大法官释字"748号。在某种意义上，同性恋者能够获得婚姻权已经实现了"法律"的承认。因此，即使在现实生活中仍然面对着相当的阻力，但是依靠对法律的利用，同性恋运动行动者能够做到首先使得一个权利被司法承认，这已经实现了运动的主要目标。这也充分彰显了法律既作为社会运动者争取的资源和工具，同时也影响着社会运动进程的复杂互动关系。此二者的联结当引起社会治理者的足够重视。

比如，在这一所谓的"释宪"背后，一些突发性社会事件及其后续的社会运动也扮演了关键性的角色。典型的突发性事件就是"祁家威案"。祁家威是一名同性恋者。他几十年来一直以各种方式提出与同性伴侣结婚的申请，但是都被驳回。① 2013 年 3 月，在再一次登记未果、行政诉讼败诉后，祁家威认为现行台湾地区"民法"第 4 编亲属第 2 章婚姻规定"使同性别二人间不能成立法律上婚姻关系"这一条款是所谓的"违宪条款"。他与台北市行政部门担任共同申请方，向台湾地区司法主管部门提出"释宪"声请。司法主管部门受理了祁家威与台北市行政机构所提之声请，并于同年 3 月 24 日召开所谓的"宪法法庭"进行言词辩论。辩论的核心议题有以下几点：现有"民法"规定是否允许二名同性登记结婚？如果否，那么这样的制度设计是否违反"宪法"第 22 条之婚姻自由与第 7 条之平等保护？如立法创设非婚姻之其他制度，如类似的"伴侣法案"，又是否符合所谓的"宪法"宗旨？

随后，台湾地区司法主管部门公布的解释文明确指出，此条款的确与所谓的"宪法"有违，其核心理由是：现有"民法"不允许同性婚姻违反了婚姻自由原则，婚姻自由保障成年人选择是否结婚、与谁结婚的权利，并且认为这是所谓的"关系到一个人根本幸福的不可剥夺的基本权利"，而同性恋者对于亲密关系需要和建立的能力与常人无异，但是不享有异性恋者享有的此项权利，显然不合理。司法主管机关并且声明："有关机关应于本解释公布之日起两年内，依本解释意旨完成相关法律之修订或判定，至于以何种形式达成婚姻自由之平等保护，属立法形成之范围。逾期未完成相关法律之修订或制定者，相同性别二人为成立上述永久结合关系，得依上述婚姻章规定，持二人以上证人签名之书面，向户政机关办理结婚登记。"也就是说，尽管还不清楚是采取修订所谓的"民法"还是

---

① 例如，1994 年，祁家威向台内政主管机构表示希望能同意同性婚姻。台内政主管机构与法律主管机构研议后，法律主管机构颁布决议，称"现行'民法'所谓之结婚，必为一男一女结合关系，同性之结合则非属之"，驳回了他的申请。

另立所谓的"专法"方式，我国台湾地区同性恋婚姻原则上已经通过"合法性"审查。

从整个所谓的"释宪"过程来看，在社会运动中采取的核心话语的确作为支持方的主要观点进入了司法的考虑范围。法律支持了同性恋婚姻平权运动的核心观点，即在整个运动中展示出的口号——"反对同性恋结婚就是歧视，违反平等"。诸多首先由社会运动组织的媒体报道，例如"医学证明""同性恋者的感情能力无异"等，都被"法官"在"释宪"中所考虑和援用。尤其是所谓的"司法解释文"提出的"生育不是婚姻的条件"和"同性恋者也遵守伦理，并非和乱伦等同"等概念，显然是来自社会运动中反复宣传的口号。所有这些观点的提出在同性婚姻平权运动还未成型的21世纪初的我国台湾地区都不是主流话语，传统的婚姻观念在那时也无一例外地统治着法律的解释。因此，即使作为"大法官"也很难脱离开社会意识形态带来的影响，而社会运动正是这种意识形态转变的关键动因。

结　语

通过整个上文的分析，我们看到，在实然的层面上，可以说没有这30年我国台湾地区同性恋社会运动的发展（尤其是2016～2017年密集而频繁的所谓"婚姻平权"运动），就不会将同性是否能够拥有婚姻权这一问题提到正式的法律讨论中，也不会有后续各种针对这一新兴权利的法律议程。这一过程恰恰印证了马克思主义批判法学家昂格尔所指出的，法律在具体情景中得以存在。[①] 一方面，我们看到，我国台湾地区法律体系的"开放性"和"不稳定性"，使得民间话语对于法律制度的变化有直接的影响。通过话语的塑造，同性恋运动整合并且创造了整个关于婚姻平权的话语系统，打开了对话的空间，并在"价值"上为这一权利证成；通过对资源的动员和争夺，同性恋运动形成了庞大的组织化的力量，并且能够通

---

① See Roberto Mangabeira Unger, *The Critical Legal Studies Movement*, Harvard University Press, 1983.

过掌握话语权的成员的支持，在现实层面上创造"婚姻平权法案"提上日程并且通过"立法机构"一读并且进入司法主管部门"释宪"的可能。而另一方面，也正是因此，法律成为社会势力进行角逐的竞技场，在社会运动中取得优势的力量，也更可能控制法律朝符合自身期待的方向发展。某种意义上，无论是受到政治势力影响的"立法"还是处在社会环境中的"司法"，它们对于同性恋态度的转变，都是权利话语下同性恋运动以及政治斗争中对所谓的"同性恋婚姻合法化"这一议题进行利用的结果。① 这些都是社会治理活动应当注意的方面。

作为马克思主义法社会学思想的重要继承者，昂格尔还指出，我们现有的权利体系是个人关系历史累积的经验性模式（例如一男一女组成家庭的夫妻制度），这样的模式确定了社会生活中人们的相对位置，但并不一定能够在人之间的关系中容纳变革的刺激（例如同性恋者结合与组成家庭）。他认为，良好的法律应当具有能够在具体的社会情境下应对冲突和挑战的能力，不再是仅仅根据其自身相对独立逻辑的话语体系而被设计。这样的法律权利体系涵盖了更开放的构成性情境。这种对法律的理解根植于对昂格尔对人性的判断：人性具有无限性，自我力量要永恒地超出有限的想象和它所衍生出的世界。② 闫天在对美国社会运动与法律的关系研究中也指出：从法律形式主义到法律现实主义，法律的视角注意并且承认了社会运动对法律带来的影响。③ 正如政治科学家惠廷顿（Keith E. Whittington）的观察：行宪并不局限于法院的宪法解释，而且包含着法院以外的宪法建构。日常政治的各种主体都可能参与到宪法建构之中，使得宪法建构"往往高度派性化、凌乱且激烈"，却能够促进立法和行政变革，并且"通过对法院规程和提交到法院的问题种类的重塑，影响到了法院解释

---

① 参见王森波《同性婚姻：无力的守护与尴尬的诉求》，《东方法学》2011 年第 2 期。

② See Roberto Mangabeira Unger, *The Critical Legal Studies Movement*, Harvard University Press, 1983. 亦参见张翠梅《法律如何在"社会情境"下存在——读昂格尔的〈批判法学运动〉》，《河北法学》2007 年第 3 期。

③ 闫天：《社会运动与宪法变迁：以美国为样本的考察》，《华东政法大学学报》2015 年第 3 期。本文中，作者提出，例如哥伦比亚大学教授赫伯特·威克斯勒就承认，联邦最高法院同情民权运动，在布朗案及后续案件中偏向黑人一方；联邦最高法院也同情劳工运动，根据是否对劳工有利来决定支持还是推翻联邦立法。

宪法的走向"。① 法律形式主义在今天面对着社会价值多元和信息高速爆炸的挑战，对权利生成机制的解释必然会得到一定重塑。权利的"社会构建主义"理论正是基于马克思主义"经济基础决定上层建筑"的本质主义立场，对形式主义的法学理论提出质疑，进而主张权利的社会构造属性。它一定程度上为这种重塑提供了视角，让人们认识到社会运动在塑造新兴权利领域的关键性作用。

除了以上的理论贡献，"社会构建主义"的权利理论也为我们今天的社会治理理论与实践提供了一种批判性思考和方向性指引。在新兴权利的社会构建过程中，作为社会管理者和重大责任人的政府不应当放任其发展，而应该积极参与其中，在一些关键节点和关键领域做出正确的引导。在本文中，我们不评价"同性婚姻"这一现象在应然方面的意义，却可以从我国台湾地区这一社会运动和法律的互动过程中，总结出政府管理工作的得失，以此为鉴来改进我们的社会治理工作。在理论上，我们试图解释一种"权利建构主义"的法律观，它是马克思主义法学的现代再现——法律中的权利并非来自天赋或者自然存在，也不是一成不变的，而是取决于在具体的社会生活中各种力量的博弈，尤其是在社会运动与各种权力的互动中获得了实现。这一研究进路值得在当下以形式主义法学为主的法律研究中获得重视。我们希望此文能够作为把法律社会学的研究方法应用于某一新兴权利研究的尝试，也希望可以对社会治理的理论与实践有所启发。

Social Movements and the Construction of Rights: The "Marriage Equality" Movement in Chinese Taiwan (2016 ~ 2017)

Yang Fan & Shi Junzhuo

Abstract: The "Constructivist Theory of Rights" in the perspective of

---

① Keith E. Whittington, *Constitutional Construction: Divided Powers and Constitutional Meaning*, Harvard University Press, 1999, pp. 5 – 19.

Marxist sociology of law claims that rights do not come from transcendental powers or logical reasoning based on positive laws, but from the social interactions in specific situations, especially the social movements related play a key role. In recent years, the movement of same-sex marriage right has gradually emerged in Chinese Taiwan, and formed a new legal "discourse of right". This movement not only used the discourse of "fighting against discrimination and striving for equality" to prove the value of same-sex marriage, but also actively developed the movement organizations, uniting with the "power" of politics, media and pop culture, and finally promoted the marriage equality from street politics to the legal fields. Through the empirical analysis of this case of emerging right, the constructivist theory of rights has been empirically demonstrated and illustrated, and it is hoped that this will bring new perspectives and reflections to the studies of emerging rights and social regulation in New Era China.

Keywords: Social Movements; Constructivist Theory of Rights; Marriage Equality; Chinese Taiwan Region; Social Regulation

公法权利保障的非典型性进路[*]

——以美国法上的政府行为原则为视角

杜国强^{**}

摘　要：传统上，公民的公法权利只能向政府组织主张，但随着公私界限的日益模糊，越来越多的社会组织开始进入公共治理过程。公法规范对这些组织是否适用，直接关系到其承担公共任务时的行为遵循与法院的审查范围，美国联邦最高法院针对该问题发展出政府行为原则，并提出公共职能、紧密关联、联合参与等多项判断标准，虽然没有完全解决该问题，但这些标准本身以及围绕标准形成的理论争议对于我国学界思考公民面对非国家机构时的公法权利保障机制仍具有重要的启发价值。

关键词：政府行为原则；公法规范；政府

工业化后，公共事务的内涵与外延日趋丰富，政府身影变得无所不在，并通过各种方式以不同强度对私人的生产生活施加着影响。20 世纪 60 年代以降，随着以政府为主导的单向式、对抗性的官僚制管理模式的松动，私人亦开始大规模地进入公共治理过程。传统泾渭分明的公私划分不再清晰，这是世界范围内普遍出现的现象。公法中的典型问题是探讨政府组织作为公共权力主体的角色，宪制结构下的政府组织必须服膺于公法规范，尊重公民公法权利并积极保障其实现，而私人主体则基于社会组织的身份倾向于强调私法自治，承担公共任务却无须履行公法义务，公法权利因而面临无法全面且有效保障之虞。相比政府组织而言，是否将私人主

＊　本文是西北政法大学行政法学院中青年学术能力提升项目"基于一体性原则的跨部门合作法律问题研究"（项目编号：XBGFX201801）的阶段性研究成果。

＊＊　杜国强，西北政法大学行政法学院副教授，硕士生导师。

体纳入公法规范之内，虽然是公法中的非典型性问题，却兹事体大，决定着公民能够享受的公法权利的范围或程度。美国对这一问题的讨论基本上沿着政府行为原则展开，政府行为原则是如何产生的，其判断标准是什么，围绕政府行为原则又存在哪些争议？本文力图对政府行为原则进行回溯，以期为我国提供镜鉴。

一　政府行为原则的缘起

美国宪法具有以个人权利与消极自由为观念支点的防御性特征，20世纪以前尤为如此。"宪法制定者的大多数都相信，宪法创立的政治结构是保护人民权利基本和首要的工具。其中，包括诸如权力分立、制约与平衡、两院制、权力列举和联邦主义等结构上的手段被看作反抗政府暴政的坚实保障。"[1] 蕴含程序主义精神的宪法条款将政治国家所处的公共领域塑造成一个高度特定化与稳定性的公法性体系，宪法及其修正案的诸多条款被认为是对州、郡、市、学区、税区等任何层级与形态的政府组织的要求，"宪法文本中对个人权利与自由的保护条款适用于州或联邦政府"[2]，私人行为无须遵守公法规范，几乎是不证自明的真理。

1875年，国会通过的《公民权利法案》首条规定："在合众国范围内的所有人都有权在旅店、水陆、公共交通、剧院和其他公共娱乐场所，完全与平等地享受膳宿、设备、利益、优惠；这些权利只受制于法律所建立的条件和限制，并且不论以往的奴役状态，以同样方式适用于所有种族与肤色的人民。"接下来的第2条则规定，违反第1条将构成轻罪并将被判承担民事赔偿责任。1885年五起依据《公民权利法案》发动的诉讼中，被告均系被诉有歧视行为的私人，联邦最高法院将其合并审理并命名为"公民权案件"。代表多数意见的大法官Bradley认为，"一个显而易见的

---

[1] 〔美〕阿兰·艾德斯、克里斯托弗·N.梅：《美国宪法个人权利：案例与解析》，项焱译，商务印书馆，2014，第23页。

[2] John E. Nowak, Ronald D. Rotunda, *Constitutional Law*, West Publishing Company, 1995, p. 470.

事实是，这些案件中的主要和重要问题在于法律是否与宪法一致，如果法律本身是违反宪法的，这些控告就不能被受理"。① 对"公民权案件"而言，需要解决的前在性问题是，在宪法第十三、第十四修正案下，国会是否有权制定《公民权利法案》之类的法律并对私人课以不得对其他公民基于种族等原因进行差别对待的义务。

宪法第十三、第十四修正案分别对禁止奴隶制或强制劳役、正当程序与平等法律保护作了规定，并明示"国会有权以适当立法实施"。在 Bradley 看来，依据修正案，国会虽然是宪法第十三、第十四修正案的主要与直接实施者，但其只能通过适当的立法加以实施。何谓适当的立法？对宪法第十三修正案而言，适当的立法意味着"国会有权通过立法禁止蓄奴制及其附属产物，只要对所有形式的蓄奴和强制奴役是必要或合适，不论是否受到州立法的支持，它都直接适用于私人行为"②，但这仅针对被禁止的蓄奴制度；而对宪法第十四修正案而言，适当的立法指的是国会不能制定保护公民的一般性立法，而是一种纠正性立法，即在州的立法、执法、司法行为侵犯了修正案确认的基本权利后，为阻止其运作提供法律上的补救方式，这种补救涉及的范围虽然扩展至种族、阶层或肤色，但私人对其他公民权利的侵犯从来不是宪法第十四修正案的主题。因此，在基于种族、阶层或肤色的私人行为与蓄奴或者强制奴役并无关系的情况下，国会无权通过《公民权利法案》将公法规范的适用延伸至普通的私人案件中，公法规范仅对政府适用，不能对私人的政策与行为进行规制。

联邦最高法院在"公民权案件"后的一系列涉及私人的案件中开始有意识地运用政府行为原则，"在任何有关正当程序的诉讼案中，首要解决的问题就是，是谁采取的引起本诉讼的伤害行动。如果是政府造成，法庭可以进行进一步的关于程序是否正当的分析。如果伤害是由私人团体造成的，那么有关正当程序的诉讼到此结束"③。而且，在相当长的时期内，政

① The Civil Rights Cases, 109 U. S. at 3 – 5.
② 〔美〕保罗·布莱斯特：《宪法决策的过程：案例与材料》，张千帆、范亚峰、孙雯译，中国政法大学出版社，2001，第278页。
③ 〔美〕史蒂文·J. 卡恩：《行政法：原理与案例》，张梦中等译，中山大学出版社，2004，第503页。

府行为原则意义上的政府，外延相当清楚，通常与正式的公共机构，例如立法机构、法院、行政机构、市政当局相关，不包括形式上是私人的行为。

二 政府行为原则的判断标准与实践发展

公私的混合与交织，既然是现代社会的常态，形式化地区分政府与私人并以此决定是否适用公法规范不仅显得教条，更不利于公民公法权利的保障。20 世纪 60 年代后，联邦最高法院开始在诸多案件中探讨私人是否应遵守公法规范以及政府是否应对私人给其他公民的侵权承担责任，越来越多的以事实为基础的逐案分析不断涌现。

从联邦最高法院的判例来看，对政府行为原则的认定一般从公共职能、紧密关联、联合参与等方面进行判断。

（一）公共职能标准

公共职能标准认为，如果私人在传统上属于政府职能的范围内活动，其行为即构成政府行为。但是，公共职能标准本身并非一成不变，而是呈现出出现、高涨、收缩与重现的发展过程。

没有一种职能在与政府的紧密联系上能超过公民通过政治过程对政府官员的选择，因而，公共职能标准的出现最初与一系列白人预选案件相关。20 世纪 60 年代以前的南部许多州，投票权上的种族歧视仍比较普遍，得克萨斯州最为严重，其甚至通过立法方式对黑人的投票权予以排除。大法官霍姆斯在涉及该法律的诉讼中指出，不管是制定排除黑人投票的法案还是对法案的执行都是政府行为，"州要做出一种被认为是合理的分类比较困难，但是有一个限制，肤色不能成为法律对公民权利进行分类的基础，这一点非常清楚"①。得克萨斯州于是通过一部新的法律，规定州内每一个政治团体有权通过其内部的执行委员会规定成员的条件，并且以自己的方式决定谁有资格投票或者参与该政治团体，这是一个更为巧妙的能

---

① Nixon v. Herndon, 273 U. S. 536, 540（1927）.

够规避违宪风险的举措。民主党的州执行委员会依据该法仅允许所有白人党员参与预选，黑人 Nixon 就此提出诉讼，大法官 Cardozo 强调，"这个事件的精髓在于，当诸如政治团体的州执行委员会被授权以独立于他们代表的社团意愿行事时，他们已经是州的组织机构了，在行使着官方的权力"①。

Chickasaw 是一个位于亚拉巴马州的由 Gulf Shipbuilding Corporation 拥有的城镇，除了其私人所有的性质外，Chickasaw 其实与美国的其他小镇并无区别，原告 Marsh 是一位在城镇人行道上分发宗教材料的教士，结果被警告未经公司允许不能这样做，Marsh 认为公司的规则对她不能适用，故拒绝离开，结果被该镇副治安官逮捕。联邦最高法院认为，按照案件的事实，政府的市政当局没有权力阻止 Marsh 分发宗教材料，所以本案的关键是私人所有的市镇能否被定位为政府，大法官认为，"我们应该关注的问题是：这些生活或者来到 Chickasaw 的人是否仅仅因为该城镇法律名义上属于一个公司，就不应享有表达与宗教上的自由？"② 公司拥有的城镇承担着公共职能，因而应该被看成政府，"无论公司还是市政当局拥有或者管理城镇，公民在每一种情形下，对于社区功能都有着相同的利益，其中就包括表达意见的自由"③。

一般而言，房主对进入其居所的人的言行有近乎绝对的规制权，但在商业经营的场合此种规制是否需要遵守公法规范不无争议。在 Amalgamated Food Employees Union Local 590 v. Logan Valley Plaza, Inc. 案（简称"Logan Valley 案"）中，Logan Valley Plaza, Inc. （简称"Logan Valley"）是一家大型购物中心，Weis Markets, Inc.（简称"Weis"）则是位于这家商场的一个企业。Amalgamated Food Employees Union Local 590 的成员们对 Weis 进行巡察，并声称"Weis 不属于工会且其雇员不接受工会薪水或者其他利益"。Logan Valley 要求工会成员停止对 Weis 的巡查。联邦最高法院认为，巡察不能因为发生在购物中心就认为其具有特殊性，"如果购物中心房屋不

①　Nixon v. Herndon, 273 U. S. 536, 540 (1927).

②　Marsh v. Alabama, 326 U. S. 501, 508 – 10 (1946).

③　Amalgamated Food Employees Union Local 590 v. Logan Valley Plaza, Inc., 391 U. S. 308, 315 – 19 (1968).

是私人所有，而是由市政当局管理，二者在一定程度上是相似的，原告不能被禁止行使宪法第一修正案的权利"。① Logan Valley 对原告要求继续进行巡逻的拒绝被视为政府行为，该案被看成公共职能标准的宽松代表。但是联邦最高法院没有回答的是，在宪法第一修正案以外的领域，购物中心能否被认定成政府，什么情况下，购物中心的所有权的利益超过第一修正案下公众寻求自由表达的权利？这些问题的悬而未决为司法风向的转变留下了可能。

Lloyd Corp. v. Tanner 案中，Lloyd Corp. 是一家占地 50 英亩的私人购物中心，Tanner 在购物中心内部分发反战会议的邀请传单，于是被保安警告如果继续分发其将被逮捕，Tanner 离开购物中心后寻求司法救济。联邦最高法院认为，该案件涉及一个私人拥有的购物中心是否有权禁止在其设施上分发与购物中心运作没有关系的传单问题，联邦最高法院不再认同，"公众中的所有成员，无论是不是消费者，都有同样的权利在私人所有的购物中心的人行道、街道，或者停车区域进行自由表达，就像他们在城镇相同的公共设施上那样。……不能认为侵入者或者未受邀请者有权在私人所有的财产上行使基本的表达自由的权利"②。私人对其财产享有的所有权超过了反战者主张的宪法第一修正案的权利，因而拒绝将公共职能理论运用于私人购物中心案件中，私人财物的所有者仅仅为私人用途而实施言论规制时不能被贴上政府行为的标签。随后的 Hudgens v. NLRB 案中，为消除任何可能的 Logan Valley 案判决的残留，联邦最高法院更是指出，"如果以前这个问题不清楚，现在已经很清楚，那就是 Logan Valley 案件的基础不能再继续存在下去"③。

此后，公共职能理论愈发收缩。Jackson v. Metropolitan Edison Co. 案中，Metropolitan Edison Co. 基于 Jackson 没有及时付费终止了对其的供电服务，Jackson 声称，对其终止电力服务之前没有进行充分的告知、听证，且公司行为依据的是宾夕法尼亚州公共设施委员会制定的规则条款，从而

---

① Amalgamated Food Employees Union Local 590 v. Logan Valley Plaza, Inc., 391 U. S. 308, 315 - 19（1968）.

② Lloyd Corp. v. Tanner, 407 U. S. 551, 561 - 67（1972）.

③ Hudgens v. NLRB, 424 U. S. 507, 518（1976）.

构成了政府行为，违反了宪法第十四修正案中的正当程序条款。联邦最高法院拒绝这种主张，"虽然私人行为免于修正案限制极易被提及或者确立，特定行为是私人的或者政府的经常不是一个容易回答的问题"①。联邦最高法院认为此案三个方面的因素不足以构成政府行为：（1）宾夕法尼亚州是通过公共设施委员会对 Metropolitan Edison Co. 进行广泛规制的；（2）Metropolitan Edison Co. 的垄断地位是宾夕法尼亚州法律赋予的；（3）Metropolitan Edison Co. 提供的是一种合理且持续的基本公共服务。公共服务与公共职能不同，后者是一个传统上与国家主权联系、具有支配性的领域，提供电力服务显然不是，从而将公共职能标准限缩到一个相当狭窄的范围内。

联邦最高法院还从排他性的角度对公共职能标准做了进一步的限缩。在 Rendell-Baker v. Kohn 案中，"无论私人学校的资金是否主要源自公共资源且受公共机构的规制，当其解除特定雇员时，学校在州的法律之下"②。然而，私人学校在教育特殊孩童方面具有专长，其履行的职能在传统上并非排他性地属于州政府；Blum v. Yaretsky 案中，享受医疗补助计划的患者起诉一家私人疗养院，认为其作出将患者转移或者降低照顾等级的决定，没有事先通知或进行听证，联邦最高法院认为，尽管该私人疗养院受政府的高度规制与资金支持，但是唯此仍不足以确立政府行为原则，法律要求政府给私人疗养机构提供资金，但没要求政府自己提供服务，即使政府被强制提供服务，也不意味着私人疗养机构的决定传统上排他地基于代表公众的主权而作出；San Francisco Arts & Athletics, Inc. v. United States Olympic Committee 案中，联邦法律授权美国奥委会禁止对奥林匹克单词做商业和促销的使用，原告 San Francisco Arts & Athletics, Inc. 开展了一个名为快乐奥运会的活动，并在其信纸、邮件和当地报纸上使用，美国奥委会要求其停止使用，在 San Francisco Arts & Athletics, Inc. 拒绝后，美国奥委会向司法机关申请到永久禁令，San Francisco Arts & Athletics, Inc. 申请联邦最高法院撤销该禁令，"国会没有意图向奥委会提供对单词的排他性控

---

① Hudgens v. NLRB, 424 U. S. 507, 518（1976）.

② Rendell-Baker v. Kohn, 457 U. S. 830（1982）.

制，奥委会实施的活动虽然服务于国家的利益，但其依据国会授权采取的行为仅仅是对私人实施的行为的协调，而这从来不是传统的政府职能"①。

在主权性与排他性的双重挤压下，公共职能标准开始搁置不用且几乎从司法场景中消失了。

直至 20 世纪 90 年代的 Edmonson v. Leesville Concrete Co. 案，联邦最高法院认为，"在决定特定行为或举动本质上是否系政府而为时，由判例确认的相关因素为：行动者多大程度上依赖于政府的资助与利益、行动者是否履行了一项传统的职能、所受损害是否因为政府权力而以独特的方式加重……传统的政府职能是明显的，陪审团行使着一项由政府授予的司法权"②。陪审员的选择代表了一种独特的政府职能，该职能一旦被授予私人，它就可以被归结为政府。该判决的意义在于，公共职能标准中的排他性规则被取消，同时，公共职能标准的判断是权衡政府行为的因素之一，而非在孤立的、无关联的方式下讨论，公共职能理论由此重新萌发出生命。

（二）紧密关联标准

如果说公共职能标准强调私人行为的性质，紧密关联标准则转向政府与私人之间在具体行为上是否存在充分连接，关注政府是否存在向私人的授权，或者强迫私人做出某种行为，以至于私人行为相当程度上可以被视为系由政府而为。

Burton v. Wilmington Parking Authority 案将紧密关联标准正式推向司法实践的前端与中心地，联邦最高法院此后开始谨慎形成判断紧密关联的基本框架。Eagle Coffee Shoppe, Inc.（简称 "Eagle"）是一家餐馆，坐落在由 Wilmington Parking Authority——特拉华州的一个政府机构所有并运营的停车楼上，Eagle 系停车楼的承租人。Eagle 基于肤色原因不愿意向黑人 Burton 提供服务，后者遂将出租人 Wilmington Parking Authority 诉至法院。联邦最高法院承认，在宪法平等保护条款下，提炼出一个识别政府责任的

---

① San Francisco Arts & Athletics, Inc. v. United States Olympic Committee, 483 U. S. 522 (1987).
② Edmonson v. Leesville Concrete Co. , 500 U. S. 614 (1991).

精确公式几乎是不可能的，但是本案"（1）Eagle 所处的土地和建筑由政府拥有，前者是后者的承租人；（2）出租给 Eagle 和其他承租人的财产不是政府的盈余财产，而是政府自运营部分之计划不可或缺的组成部分；（3）Eagle 与停车楼有着特定的联系，二者之间存在经济上的互利关系；（4）在政府拥有和运营的停车楼内，如果 Burton 只能以二等公民出现，这是一个带有强烈讽刺感的严重不公"[①]。法院因此认定政府与 Eagle 的歧视行为存在关联，应由 Wilmington Parking Authority 承担责任。

在 Evans v. Newton 案中紧密关联标准被再次确认。20 世纪早期，参议员 Augustus Bacon 发现了一大块地，在规定该地"只能被城市的白人做公园和娱乐的使用"后，将其交 Macon 市托管，该市基于涉嫌种族歧视的理由辞去受托人身份，三个私人成为公园新的受托人。联邦最高法院认为，在此案的特定事实下，新的受托人受委托持续性地运营公园构成了政府行为，大法官 Douglas 推断，"假设在公园被 Macon 市直接管理期间，公园的清扫、修剪、灌溉、巡逻和养护是城市公共设施，但仅仅向白人开放，那么公园作为公共设施是确定的，不能因为新的受托人的出现而使公园的公共性质消失"[②]。换言之，如果市政当局没有改变其公园上的管理与控制权力，新的受托人的行为仍然受到第四修正案的限制。市政当局因为对公园的管理与控制而与新的受托人必然发生连续性接触，行为上相互交织在一起，新的受托人的行为足以构成政府行为。

紧密关联标准的发展也曾短暂受挫。前述 Blum v. Yaretsky 案中，Yaretsky 诉称，私人疗养院对其作出的调低护理层次的决定受到了政府资金的影响，因而属于政府行为。联邦最高法院审查发现，政府政策要求就私人医护设施成立一个评估委员会，并由其决定每一个患者应该享受的照顾水准，如果委员会已经建议对适格的患者进行调低，而私人疗养院拒绝遵从的话，政府保留对疗养院资金进行数额调整的权利。但是，这不足以构成政府行为，因为委员会在决定是否调低患者护理层次时享有一定程度上的医

---

① Burton v. Wilmington Parking Authority, 365 U. S. 715 (1961).
② Evans v. Newton, 382 U. S. 296 (1966).

疗裁量权，政府的规制不足以给私人疗养院贴上政府行为的标签。

Moose Lodge No. 107 v. Irvis 案中，Moose Lodge No. 107 是坐落在宾夕法尼亚州哈里斯堡的一个全国组织的私人俱乐部，其章程明确俱乐部成员只能为白色男性高加索人，黑人 Irvis 因此被拒绝提供服务。Irvis 认为，Moose Lodge No. 107 的行为已经构成政府行为，因为政府向其颁发酒精执照足以说明政府与 Moose Lodge No. 107 的关系，联邦最高法院拒绝了 Irvis 的主张："Moose Lodge 坐落在由其所有的土地上，而非任何公共机构。……它不是公共设施。Moose Lodge 显著地表明一个事实，它从未向全体公众开放。……它是一个私人建筑里的私人的社会俱乐部。"[①] 至于政府向 Moose Lodge No. 107 发放酒精许可是否意味着 Moose Lodge No. 107 的行为构成政府行为，大法官 Rehnquist 认为，"政府提供的服务包括一些生活必需品，例如电力、水、警察和防火，Irvis 的观点将彻底消除公民权案件中提出的私人与政府行为的界限"[②]。只有当政府强迫私人作出某种被诉之行为时，这种行为才可能被归结为政府行为，本案仅仅是要求 Moose Lodge No. 107 取得酒精许可后应在其章程确定的范围内提供服务，政府和 Moose Lodge No. 107 在政府的执照发放和规范体系中尽管有共同利益，但是唯此仍然不足以构成满足政府行为原则必不可少的依赖关系。

值得注意的是，即便在上述拒绝认定政府行为的案件中，联邦最高法院也没有彻底抛弃紧密关联标准，而是试图在特定的情势中，发现并确立政府行为所需要的、政府与私人存在连接的充分因素。

（三）联合参与标准

联合参与标准对政府行为的判断，不是从政府与私人的静态联系，而是从二者动态的相互作用着手，特别是如果政府在鼓励私人作出某种行为，以至于私人实际上被笼罩在政府的权威之下，则政府行为存在。

联合参与的第一种表现方式是政府官员与私人通过合谋或一致剥夺了

---

① Moose Lodge No. 107 v. Irvis, 407 U. S. 163（1972）.

② Moose Lodge No. 107 v. Irvis, 407 U. S. 163（1972）.

其他公民的权利。1964 年的 Cecil Ray Price Neshoba 案中，县司法官拘留了 3 位主张公民权的工人 Michael Henry Schwerner、James Earl Chaney、Andrew Goodman，并将他们送进监狱。三人当晚从监狱出来后，又乘坐县司法官的车辆被载往其他地方，途中被包括 3 位政府官员及 15 位非公职人员在内的一伙人截杀，这伙人被指控剥夺了他人宪法或法律保护的权利。联邦最高法院维持了上述指控并认为，15 个私人都具有政府的身份，"这些私人与政府官员打着法律的名义，一起从事被禁止的行为。以法律名义行事的人并非一定是政府官员，但只要是一个在与政府或其代理人联合行动中有意的参与者就足够了"①。此案确立了与政府官员构成联合参与的私人，其行为与政府行为受到同等对待，此种意义上的政府行为比较容易发现。

联合参与的第二种表现方式是政府在被诉的行为中存在执行性参与，与合谋不同的是，执行性参与具有一定的自动性特点。在 Sniadach v. Family Finance Corp. 案与 Tulsa Professional Collection Services, Inc. v. Pope 案两个案件中，一个涉及私人对债务人工资的扣押，另一个涉及私人对债务人个人财物的发还，前述行为均为州的法律所授权，且无须告知债务人或需要听取其意见。联邦最高法院认为，案件中债权人如果没有政府方面的行政性参与，则无法达到剥夺债务人财产的目的，虽然参与仅仅表现为书记员应债权人请求发出传票，或者在债权人填好的通知单上签名盖戳，但这足以构成联合参与，债权人的行为应视为政府行为，遵守正当程序原则。

Lugar v. Edmondson Oil Co. 案中，Lugar 向 Edmondson Oil Co. 借款，该公司为了借款担保请求对 Lugar 的某些财产进行诉前扣押，依据州的立法规定，公司仅需要提供一份单方面的请愿书，申明 Lugar 正在处置自己的财产或者可能处置自己的财产以规避债权人的债权，就可以获得对 Lugar 财产的扣押。州法院的书记员收到请愿书后，签署了扣押令并由县司法官进行了执行。Lugar 对此提出诉讼，认为 Edmondson Oil Co. 与州联合起来剥夺了其财产，且未遵守正当法律程序。联邦最高法院在审理该案时，创造性地使用了一种两分支式路径：第一分支，剥夺行为必须由政府

---

① United States v. Price, 383 U. S. 787, 790 - 91 (1966).

创立的特权或权利的行使造成，或者是由政府制定的行为规则导致，或者是由政府对其行为负责的个人实施；第二分支，被诉的当事人必须在相当程度上可以被认定为政府主体，他本身就是政府官员，或者虽然不是政府官员但是与政府官员一起工作，或者从政府官员处得到了实质帮助，又或者其行为原本就应该由政府承担责任。具体到该案，第一部分针对州立法权创设了扣押权，要素满足。第二部分，"我们已经持续地认定，私人与政府官员的在扣押财产方面的联合参与对于认定政府行为是充分的。……"①尽管 Edmondson Oil Co. 不是政府官员，但是它确实和书记员、司法官共同作出行为且从后者处得到重要帮助，因而存在政府行为。

联合参与标准没有解决的问题是，政府与私人在一项活动中往往交织在一起，能否因为政府在程序上的介入，进而私人就应当承担针对政府的公法义务？如果这样的话，公法规范的适用范围将空前扩大，或许正因如此，联邦最高法院对该标准的运用较为谨慎。

总体而言，尽管前述三项标准为判断政府行为提供了视角，但几乎每一项标准都存在含糊之处，相关判例传递的司法立场也时常变动不居。重要的是，在政府行为的判断上，一致性的分析框架并未形成，联邦最高法院的明确态度是，"使用和运用一种识别政府责任的精确公式……是一个不可能的任务，联邦最高法院也从来没有试图做这方面的努力。只有借助于筛选事实与权衡情势，识别私人行为中政府非显而易见的卷入才具有重要意义"②。政府行为原则被认为是美国法律系统中最为复杂和含混的部分。

三　政府行为原则的存废之争

"随着公共越来越私化，私有越来越公共，政府行为原则的轮廓正在勾勒着最基本宪法权利的轮廓。"③ 政府行为原则一度在美国法学界占据

---

①　Lugar v. Edmondson Oil Co. ，457 U. S. 922 （1982），

②　Burton v. Wilmington Parking Auth. ，365 U. S. 715，722 （1961）.

③　IH Inoue，"State Action and the Public/Private Distinction"，*Harvard Law Review*，Vol. 123，2010，pp. 1248 - 1314.

中心地位，根据 Chemerinsky 的考察，该原则在 20 世纪 50 年代到 60 年代的法律评论中受关注的程度远远超过其他任何主题①，但 20 余年的讨论并未形成基本共识，"政府行为是美国法中最为重要，却是讨论不够深入的一个问题。在对其概念与功能形成一致看法之前，这种讨论不应停止"②。有关政府行为原则的讨论似乎将持续下去。然而，到了 20 世纪 70 年代末80 年代初的时候对该原则的关注突然发生了消退，这并非在沉默中积累共识，事实上这一阶段大多数学者的观点与法院的做法高度不一致，"学者在早期成功论证了政府行为原则内在的不一致。政府行为的概念从来没有被理性或者持续地加以适用。构建这一原则的失败导致一些专家学者认为政府行为的概念可能彻底消亡"③。联邦最高法院的法官们不仅对任何旨在放弃政府行为原则的主张保持警惕，而且在不同的案例中不断以前述不同标准继续适用政府行为原则，一时间，不仅有关政府行为原则的学说发展没有方向，甚至于要弄清政府行为原则的概念都是相当艰难的，讨论其消亡又几无可能。暂时的低迷，毋宁说是学术讨论上挫败导致的结果。

纵观学界关于政府行为原则的讨论，大体可以分为"废止论"与"存续论"。

（一）政府行为原则的"废止论"

从 Charles L. Black 开始，政府行为原则先后被贴上"法律中的迷糊含混地带"④"自相矛盾的发明"⑤"持续性的时代错误"⑥ 等负面标签。

Hale 在早期的一篇论文中指出，政府对公民享有强制性的权力不意味

---

① Erwin Chemerinsky, "Rethinking State Action", *Northwestern University Review*, Vol. 80, 1985.

② Black, "Foreword: 'State Action,' Equal Protection, and California's Proposition 14", *Harv. L. Rev*, Vol. 81, 1967, pp. 69 – 70.

③ Erwin Chemerinsky, "Rethinking State Action", *Northwestern University Review*, Vol. 80, 1985.

④ Freund, Paul A., "The 'State Action' Problem", *Proceedings of the American Philosophical Society*, Vol. 135, 1991, pp. 3, 5.

⑤ William W. Van Alstyne, Mr. Justice Black, "Constitutional Review, and the Talisman of State Action", *Duke L. J.*, 1965, pp. 219 – 245.

⑥ Arthur Kinoy, "The Constitutional Right of Negro Freedom", *Rutgers L. Rev*, Vol. 21, 1967, pp. 387 – 415.

着政府是遵守公法规范的唯一主体，权力就是权力，"当谈及权力的时候，不应该关注权力是否被政府授予或者直接由政府行使"①。私人行使的权力同样会对其他人构成侵害，需要遵守公法规范。Amar 也认为，公法规范仅适用于政府的论断是不正确的，他提出了一个"最小权利"② 领域的概念，在这些领域，私人行为与经济权力严重腐蚀着正当程序和平等保护中的民主价值，一些人"除了自己一无所有"，他们受教育程度很低，没有财产，也没什么机会得到社会、政治和经济资源，一旦公共服务外包给私人，承包商及其员工将享有可观的裁量，有权决定是否提供服务以及提供服务的内容与数量，私人行为和私人权力应置于与政府行为和政府权力相同的公法规范下。

　　Chemerinsky 对政府行为原则从多个角度提出了质疑。第一，政府行为原则维护的是侵害者的自由。政府行为原则通常被认为是"通过限制联邦法律和联邦司法权的范围以维持一个私人自治的领域"③，但实际上，"必须牢记的是，对私人作出的侵犯他人宪法权利的自由加以保障时，牺牲的是受害者的自由"④。政府行为原则根据行为主体判断是否适用公法规范，忽视了对相互竞争的侵害者与受害者的权利应该提供保护上的权衡，只有侵害者的自由能够为其侵害行为提供充分基础时，一项对他人的侵害行为才是可以容忍的。第二，政府行为原则与维系州的主权没有关系。政府行为原则从联邦主义立场出发，认为私人行为的规制应交由州的政治过程解决，这是为州保留的主权领域，问题是新政后，几乎没有什么行为只能由州进行规制，而且如果州在宪法权利保护上消解懈怠，联邦机构对此当然坐视不管。第三，消除政府行为原则不会造成案件大规模地向联邦法院涌动。政府行为原则的目的之一是防止案件集中于联邦法院系统后造成司法负荷，这一点即便是成立的，也不会长久，因为一旦联邦法院通过判例明确对私人侵权行为的审查标准，私人为避免诉讼会调整其行

①　Robert L. Hale, "Coercion and Distribution in A Supposedly Non-Coercive State", *Pol. Sci. Q.*, Vol. 38, 1923, pp. 470 – 471.

②　Amar Akhil Reed, Remember the Thirteens Constitutional Commentary 10, 403 – 408.

③　Lugar v. Edmondson Oil Co., 457 U. S. 922, 936 (1982).

④　Erwin Chemerinsky, "Rethinking State Action", *Northwestern University Review*, Vol. 80, 1985.

为，案件数量可能不升反降。至于摒弃政府行为原则是否会导致司法权对社会施加过多的限制更是没有疑问，"权力的分配远没有权利被保护这一事实重要。而且，法院也仅仅是在州与国会没有行动时，为确保权利能够得到充分保护，才对来自私人的侵害提供宪法上的救济"①。保护受到侵害的权利是恢复法院作为权利保护机构的角色。

Martha Minow 认为，政府行为原则相关的判例看起来是一团乱麻，既没有确立连贯的对私人自由的保护，也没有形成一致性的对政府权力的规制，正如 Justice Louis D. Brandeis 200 多年前曾认为的，"法律已经在任何地方表现出落后于生活事实的倾向"②。联邦最高法院在提及政府行为原则时经常考虑的问题是，政府行为或者与私人相对应的公共是什么，而并非政府是否可以通过外包私人规避公法规范的约束；私人是否可以借助于契约法的规定逃逸于正当程序之外，或者通过主张宗教与表达自由免除对公法规范的遵守；在全社会反歧视的战争中，应当在多大程度上对私人与群体的隐私与自由进行限制。"政府行为原则没有提供一个能够有力回应这些问题或者权衡公共规范和私人领域意图保护某些价值的框架。"③

（二）政府行为原则的"存续论"

Dilan A. Esper 认为，政府行为原则尽管受到不连贯、不适当、不相关等指责，但是政府行为原则从未被联邦最高法院放弃，自有其存在基础。④原因在于以下几点。第一，政府行为原则是一些宪法条款的具体表现。与宪法第十三修正案适用于所有的主体和行为不同的是，宪法第一修正案、第十四修正案、第十五修正案，前述规定明白无误地指向政府，这本身就说明公法规范在适用对象上的差异。第二，政府行为原则具有避免法院个

---

① Erwin Chemerinsky, "Rethinking State Action", *Northwestern University Review*, Vol. 80, 1985.

② Louis D. Brandeis, "The Living Law", *Ill. L. Rev.*, Vol. 10, 1916. pp. 11 – 14, reprinted in James W. Ely, *Reform and Regulation of Property*, 1997, pp. 461 – 464.

③ Louis D. Brandeis, "The Living Law", *Ill. L. Rev.*, Vol. 10, 1916. pp. 11 – 14, reprinted in James W. Ely, *Reform and Regulation of Property*, 1997, pp. 461 – 464.

④ Esper, Dilan A., "Some Thoughts On The Puzzle of State Action", *Southern California Law Review*, 663.

案裁判诱发负面后果的作用。政府行为原则使得法院将一些棘手或尚未形成共识的问题推向立法机构的政治过程，没有政府行为原则，法院可能不得不声称某些私人行为具有合法性，它为联邦最高法院提供了一个逐渐形成共识并走出困局的路径。第三，政府行为原则具有理论上的道德典范效应。对私人而言，平等对待他人不是公法规范的要求，而是应被鼓励的道德上的良好行为。政府则不同，如果政府能够坚持更高的非歧视的标准，它将成为公众与社会发展的标杆。

Lillian BeVier 和 John Harrison 强调，政府行为原则从未否认权力普遍存在的现实，但其根基是政府与私人在现代国家的不同角色："政府行为反映了政府与私人之间真实和深刻的区别：当政府官员以其官员身份，行使宪法赋予的国家权力时，他们时常是代理人，而私人具有公民身份，当其行使政府确认的权利时，他们是委托人。"[1] 一方面，在宪法规定的委托代理结构下，政府不仅不能追求自身利益的最大化，而且要在法律授权的范围内积极地代表公民行事。私人，无论是行使权利还是履行义务，都是自身合法利益的代表者，当私人行使由普通法或者制定法创设的权利时，其行为并非政府行为，政府为确保私人决策的有效而对法律规则的制定与实施才是受公法规范约束的政府行为。另一方面，宪法在授予政府权力的同时，也对其施加了限制，每一具体机构只能在其特定决策框架机制下运转，并受制于特殊的责任机制。而在一个需求接近无限和资源高度稀缺的世界中，没有任何私人能够获得自己意图追求的一切，而且面临其他人的权利的反制或阻碍，其中既有普通法提供的具体机制，亦可以期待市场经济竞争机制下的理性选择，没有必要将公法规范扩展至私人领域。

Christopher W. Schmidt 提出，学者包括一部分法官频繁攻击政府行为原则，"他们这样做是不公正的，他们或者不赞同原则的产出，或者认为该原则没有达成某些法律应该具有的基本目标"[2]。政府行为原则常常被

---

[1] Lillian Bevier and John Harrison, "The State Action Principle And Its Critics", *Virginia Public Law and Legal Theory Research Paper*, Vol. 96, 2010.

[2] Schmidt, Christopher W., "On Doctrinal Confusion: The Case of the State Action Doctrine", *Brigham Young University Law Review* 575, 2016.

认为宪法判例领域最为混乱的部分，在 Schmidt 看来，混乱既是政府行为原则无法克服的特征，也未尝不是一件好事。

政府行为原则试图在公共领域与私人领域划定一条界线，这本身就是一项困难与复杂的工作，罗斯福新政后，"在某个地方、某种程度内、某些范围内都存在着政府的行为输入，政府权力成为社会的外观"①。问题的关键不是政府行为有无的问题，而是政府是否因为参与一种社会行为而应该承担责任的问题。法律原则往往是法院对发生在司法体系之外的宪法议题的政策回应，面对争议，法院时而引导、时而跟随，但在更多时候是缠绕其中，需要持续地对现存规则进行尝试、局部或偶然的调整，其结果就是某种程度的混乱。就宪法议题的解决而言，整个社会存在一个多元化机制，法院从来不是唯一的回应机构，立法者和私人的行为会减轻法院构建具备清晰性与一致性的法律原则的压力。以禁止种族歧视为例，虽然其范围不断扩展，但政府行为原则在该领域并未废止，法院担心一旦废止该原则可能导致自己在新的宪法领域缺乏能力，因而不愿意过于激进，宁愿等待政治制度与私人对这些议题的处理或自我调整。

"许多发展宪法的成功案例被贴上一团乱麻的原则标签，经常带有变迁的多样性与不时的变化。宪法不是一个公式，它是组织和实施社会共识以及统筹各类异议的资源。"② 法律原则的一致性与可预测性当然是需要的，却未必是一个重要问题。"法院的角色不必然是勾画出精致且整洁的原则，或者说这不是司法机构经常的优先考虑。"③ 其他机构应当与法院共同分享宪法事业，法院在发展宪法时可以通过给其他机构传递信号的方式强调宪法价值的优先顺序，对原则内容进行澄清不是最重要的考虑，也可能超出了法院的能力。

---

① Schmidt, Christopher W., "On Doctrinal Confusion: The Case of the State Action Doctrine", *Brigham Young University Law Review* 575, 2016.

② Schmidt, Christopher W., "On Doctrinal Confusion: The Case of the State Action Doctrine", *Brigham Young University Law Review* 575, 2016.

③ Schmidt, Christopher W., "On Doctrinal Confusion: The Case of the State Action Doctrine", *Brigham Young University Law Review* 575, 2016.

四 政府行为原则的变革及其 可能的替代路径

围绕政府行为原则的争论还在继续，不过，考虑到联邦最高法院从未表达过任何抛弃政府行为原则的态度，与其大声疾呼，不如退而躬耕，变革政府行为原则进而寻找一个更具预测性与实效性的分析框架，这可能是更符合实际的目标。

（一）政府行为原则的三步式路径

John Dorsett Niles 等人认为，尽管政府行为原则的案例看起来分散，但是仍然可以融入一个具有实用性的综合路径中。[①]

第一步，识别被诉称违反宪法的行为及其作出主体。这一阶段大多比较简单，但是简单性不能掩饰其重要性，它为判断政府行为原则是否存在提供基础，并能决定判断的结果。

第二步，分析作出主体在性质上是公共的还是私人的。如果是公共的，其行为即是遵守公法规范的政府行为，如果是私人的，其行为只有在政府充分涉入其行为时才需遵守公法规范。他发现，联邦最高法院在此经常调查两个问题：行为主体是政府的还是非政府的；以及它以公共的还是私人的身份行事。对两个问题的不同回答形成四种主体：以公共身份行事的政府、以私人身份行事的政府、以公共身份行事的私人、以私人身份行事的私人。前三种都是公共的，出现第四种情形时，法院会转向下一步：政府是否充分地涉入了该私人的行为。

第三步，政府是否充分涉入争议中的行为，以至于该行为在相当程度上可归结于政府。政府与私人的交往可以分为事前、事中与事后。（1）当交往发生在公民利益被剥夺前时，如果政府通过资助或管制的方式鼓励或

---

① John Dorsett Niles, Lauren E. Tribble, Jennifer N. Wimsatt, "Making Sense of State Action", *Santa Clara Law Review*, Vol. 51, 2011.

推进私人行为，存在政府行为，相反仅仅是政府对私人的许可或批准并不产生政府行为。鼓励与许可的区分是难点，要从一项规则是否要求政府官员承担使得特定的私人活动更可能发生法律责任进行判断，这一点既可以从政府官员的行为或陈述中判断，也可以从政府官员的行为表现出来的客观外形分析。（2）如果交往发生在事中与事后，而政府给予了私人在普通法律机制之外的协助，因为二者分享着共同的目标，私人的行为仍可归结于政府。

（二）政府行为原则新的"双层"判断法

Michael Deshmukh 认为，"政府行为原则的主要角色是对公私进行有意义的区分，目的在于使对扩展公法规范导致的对私人领域过分限制的危险与政府和私人界限模糊后私人行为的潜在危害二者之间达到一种平衡"[1]。然而，政府行为在其发展中已经表现出与预定意图明显的不一致，公共职能标准、紧密关联标准、联合参与标准不仅未能成功解决私人活动在多大程度上是公共的，而且"学者对政府行为案件的批评，经常是责问法院为何过于强调某一特定因素而非其他因素，这一点经常是不清楚的"[2]。因此，有必要寻求一种具有实效性与解释力的分析框架，从而在一个更为一致性的推理过程中实现结论的可预测性。

在承认公私区分的前提下，政府行为是否存在可以分成两层加以考察。

第一层，政府对私人行为是否存在重要利益。法院需要检视政府与被诉的行为或者服务有无关系，"政府行为原则基本上是一个程度问题"[3]。

---

① M. Deshmukh, "Is FINRA A State Actor? A Question that Exposes the Flaws of the State Action Doctrine and Suggests A Way to Redeem It", *Vanderbilt Law Review*, Vol. 67, 2014, pp. 1173 – 1211.

② M. Deshmukh, "Is FINRA A State Actor? A Question that Exposes the Flaws of the State Action Doctrine and Suggests A Way to Redeem It", *Vanderbilt Law Review*, Vol. 67, 2014, pp. 1173 – 1211.

③ M. Deshmukh, "Is FINRA A State Actor? A Question that Exposes the Flaws of the State Action Doctrine and Suggests A Way to Redeem It", *Vanderbilt Law Review*, Vol. 67, 2014, pp. 1173 – 1211.

重要或者关联的程度，一般考虑政府是借助于私人推进其既定目标，还是表现为政府仅仅是介入了那些与自身既定目标分离的私人文书流程。

第二层，私人对他人的控制是否具有唯一性。并非所有源自私人的侵害都是宪法意义上的，法院需要分析受害人是否在其诉称的行为中对私人能够行使重要的选择权。以歧视为例，对来自私人的歧视行为，受害人通常有替代性，比如不到种族歧视的餐厅就餐，当一个人与政府交往时，往往没有其他可替代的资源，如果受害者在私人行为面前没有选择权，则存在政府行为。满足以上两层标准后，私人行为将成为政府行为，并需遵守公法规范。

Michael Deshmukh 对自己提出的框架较为谨慎，"在政府逐渐创设与私人联系的新型方式的背景下，这种新框架不能彻底消除与政府行为原则以往类似的推理过程，它只能缓和该原则最为随意的方面"[1]。新的框架仍然依赖于一定的事实，如果没有清楚的重要利益或控制的证据，这一框架可能不会对政府行为的发现提供指导，新案件的细微差别仍然可能将法院推到不同方向。而且，分析框架要求对政府是否对私人行为存在重要利益作出判断，问题是立法者对于追求重要利益的意图往往保持沉默或干脆采用文书修辞的方式加以掩饰。

（三）替代性机制的寻求

随着民营化时代的到来，私人越来越多地参与到公共目标实现的过程之中，"现实情况中，很多公共服务和职能都是由一张通过历史、实践和任务编制在一起的彼此高度依赖的公共—私人合作关系之网提供和履行的，……"[2] 政府行为原则虽然没有完全将公法规范限定于政府，但实际情况是，尽管存在公共职能、紧密关联等标准，私人应遵守公法规范的判例仍属少数。考虑到民营化可能对公民公法权利造成的减损，有学者开始

---

[1] M. Deshmukh, "Is FINRA A State Actor? A Question that Exposes the Flaws of the State Action Doctrine and Suggests A Way to Redeem It", *Vanderbilt Law Review*, Vol. 67, 2014, pp. 1173 – 1211.

[2] 〔美〕彼得·舒克:《行政法基础》，王诚译，法律出版社，2009，第 292 页。

寻找能够超越政府行为原则的替代性方案。

在 Gilman 看来，解决民营化时代的责任问题可以从以下几个方面着手。

第一，在联邦与州的授权法案中寻找保护服务接受者程序权利的潜在资源。有些法律规定虽然没有达到宪法上正当程序的标准，但确实包含着关于通知和听证的条款，可以以此为依据要求私人履行对其他公民的义务。不过，如果法案没有明确表达其对私人行为的可适用性，法院对于将原本适用于政府的规范扩展至私人方面仍然相当谨慎。因此，立法机构应对接受服务者更有同情心，改变弱者必须"甘苦混杂"的心态，将行政程序的适用扩展至私人。

第二，契约法为服务接受者提供了一种在政府直接运行的项目中无法得到的潜在却更富生命力的救济途径。在"第三方受益理论"之下，服务接受者可以直接起诉提供服务的私人迫使其遵守与政府缔结的合同条款，而且对政府而言，服务接受者的起诉能够减轻政府自己实施合同的压力。契约法上的第三方被分为"特意第三方"与"偶然第三方"，只要从环绕交易的环境以及合同条款的实际表述能够判断出合同当事人有施益于第三方的明确意向，第三方即属于特意型，有实施合同的权利。政府合同领域，考虑到受益者数量庞大，服务接受者向私人寻求损害赔偿时，不仅需要合同对其受益的明确意图，而且需要政府合同的当事人存在赋予受益者实施合同权利的明确意图，这在表面上似乎限制了服务接受者的权利，但法院在服务接受者寻求其他方式的司法救济时，态度比较开放，法律条款在解释合同条款时有重要作用，一些重要的原本应由政府履行的程序性义务会迁移至私人，"法律被解读为合同的覆盖物，也就是说，法律条款被合同所吸纳"[1]。

第三，禁止反言要求私人必须向服务接受者提供准确的信息。正当程序的一个要素是取得正确信息的权利，服务接受者无论是没有享受其应有的权利，还是其取得的利益没有达到法律的要求，只要损害是私人提供的

---

[1] Gilman, Michele E., "Legal Accountability in An Era of Privatized Welfare", *California Law Review*, Vol. 89.

错误信息所致，服务提供者就可以主张禁止反言。为避免政府对其代理人的未经授权或超越权限的言论承担责任，政府在禁止反言上享有一定的豁免，但对私人而言，禁止反言却是经常被运用的武器。

Gilman 提出的替代性方案，对于解决政府行为原则在民营化时代的不足当然有重要作用，但其自身亦面临一些问题，例如国会对制定规制私人行为的法律规范并不热衷，法院在"特意第三方"的判断上享有高度裁量权，而禁止反言在社会服务领域为公民提供的保护相对有限等。因而，替代性方案能否真正发挥替代性功能，有必要进一步观察。

五　美国政府行为原则的启示

"在美国——并且我相信在更广阔的地方——出现一种离开公共和私人严格区别，并走向两者的模糊和混合的运动。"[①] 本文对美国法中的政府行为原则从缘起与发展、判断标准及理论争议等多个角度进行了初步考察，我国虽与美国在政治制度与社会发展阶段上存在差异，但考虑到我国变化着的国家与社会关系、持续进行的党与国家机构改革以及不断加快的民营化进程，宪法规定的国家机构之外的主体是否需要遵守公法规范，进而与该主体产生法律关系的公民能否向其主张包括宪法基本权利在内的公法权利成为相当迫切的问题。

长期以来，公法学界尤其是行政法学界对这一问题的研究在授权与委托的框架下展开：对行政授权而言，社会组织一经获得法律、法规的授权即取得"拟制行政机关"的地位，具有行政主体身份，公法规范对其当然适用；行政委托后的社会组织，更被视为行政机关手臂之延长，无疑更应尽与行政机关亲自执法相同的公法义务。如果把权力行使的视野拉伸至整个国家机构的活动领域，这种对遵守公法规范的组织的界定是一种典型的形式进路或者组织进路，即某一组织是否遵守公法规范，主要看其是不是

---

① Dwlght Waldo, *The Enterprise of the Public Administration*: *A summary View*, Chandlee and Sharp, 1980, p. 164.

国家机构或虽不是国家机构但受其委托，又或者通过法律、法规授权在行使公共权力。问题在于，如果需要遵守公法规范的组织范围仅仅止步于此的话，恐怕与公共权力行使的真实世界并不相符，也不利于公民公法权利的保障。美国法上的政府行为原则为我们提供了以下启示。

（一）采用功能进路确立公法组织

从美国的经验看，政府行为原则中的政府并不仅仅限于宪法明确列举的机构，学者罗伯特·登哈特指出，"对于公共组织的认识应首先把公共行政作为一个过程来对待，而不是作为发生于某个特定类型结构中的事情；其次，应该突出公共行政过程的公共性本质，而不是仅仅与政府的形式体制的联系"[1]。德国学者也认为，"理想的模式自然是由形式意义上的行政完成行政任务，私人机构完成私人事务；实则不然，存在着——相当部分不可消除——各种不同的重叠形式"[2]。甚至于以参与市场活动、将营利作为目的的国有公司，以往认为其应享有最大的私法缔约自由，但是有人提出疑问，"这样做到底是否正确呢？……另外，关于其程序不存在特别的规范吗？"[3]

受此启发，对公法组织的理解应转向一种更为积极的功能进路，即凡是经由组织或管理过程，透过管制与服务活动，贯彻公法上的政策或目标的组织，均须在一定范围或一定程度上接受公法调整，此即所谓的功能性公法组织。当前，功能性公法组织除了前述形式进路确定的组织外，最少还应包括以下几种。（1）中国共产党。中国共产党虽然非宪法规定的国家机构，但"共产党的组织的当代中国不仅事实上是一种社会公共权力，而且也是政府机构的核心"[4]，党基于执政地位享有领导、决策、指挥的权力，在立法、行政、司法、军事领域均有体现[5]，《中共中央关于深化党

---

① 〔美〕罗伯特·登哈特：《公共组织理论》，项龙等译，华夏出版社，2002，第 17 页。

② 〔德〕平特纳：《德国普通行政法》，朱林译，中国政法大学出版社，1999，第 40 页。

③ 〔日〕盐野宏：《行政法》，杨建顺译，法律出版社，1999，第 11 页。

④ 魏娜、吴爱明：《当代中国政府与行政》，中国人民大学出版社，2002，第 5 页。

⑤ 姬亚平：《机构改革对行政复议与诉讼的新要求》，《人民法治》2018 年 Z1 期。

和国家机构改革的决定》实施后，中国共产党在国家治理体系中的作用将更加突出，将其纳入公法规范有利于管党治党，加强党的领导。（2）通过合同方式参与公共事务的组织。如《行政强制法》上的承接代履行业务的第三人，虽然法律上规定其与行政机关的关系是"委托"，但此委托与《行政处罚法》上的委托大相径庭，系以自己的名义出现在行政强制过程之中。（3）通过特许经营的方式面向公民提供服务的组织。这些组织虽提供公共服务，却并不进入国家机构体系，而是通过政府的特许，以垄断性身份直接面对市场与消费者，以收回投资和成本、获取回报为目的。（4）参与公共基础设施与公共服务项目建设与经营的组织。行政机关首先确定服务项目与项目建设标准，然后与企业签订合同，后者依据合同设计、筹资、建设及运营公共基础设施与公共服务项目，企业行为具有强烈的公共服务属性。（5）承接政府职能的社会组织。党的十八届三中全会决定提出，要"激发社会组织活力。正确处理政府和社会关系，加快政社分开，推进社会组织明确责权、依法自治、发挥作用。适合由社会组织提供的公共服务和解决的事项，交由社会组织承担"。在行政职能转移的背景下，大量原来由政府承担的职能将转移至社会组织，这不是行政授权，毋宁说是行政放权，职能性质也将从行政职能转为具有公共性的社会管理职能。（6）按照章程、村规民约进行自治管理的组织。例如村委会、律师协会等，其在本组织范围内对组织成员进行自我管理，其权力既非法律授予，也不是行政放权，而是本组织成员自下而上授予并由法律予以确认的结果。

以上组织的共同之处在于，它们不具有国家机构的身份，但在不同程度上、不同范围内履行公共职能。完全地排斥法律规制可能导致公法价值的减损。无论是域外的经验，还是我国的现实，争论的焦点不应该是要不要规制它，而是通过何种路径加以规范、在多大程度上进行规范。

（二）功能性公法组织的规制路径

（1）立法路径。即由法律直接且明确规定功能性公法组织的公法义务，我国这方面已经取得一些进展。例如，《政府信息公开条例》第 37 条规定："教育、医疗卫生、计划生育、供水、供电、供气、供热、环保、公共交通等与人民群众利益密切相关的公共企事业单位在提供社会公共服务过程中制作、获取的信息的公开，参照本条例执行，具体办法由国务院有关主管部门或者机构制定。"除此之外，还可以考虑将功能性公法组织制定质量或服务标准等对公民权利有重大影响的决定置入正当程序的射程之内，强调其听取意见的义务。在法律对功能性公法组织承担公法义务作出明确规定的情况下，公民可以功能性公法组织违反法律规定为由，直接发动诉讼。此种"私人执法"机制不仅有利于执法机关获取监督所需的信息，而且能极大降低规制功能性公法组织的成本。

（2）行政路径。行政机关对一些功能性公法组织的规制可以透过合同的缔结与履行发挥更积极的作用。"合同法赋予单个公民订立合同的权利，并规定了谈判和签约程序。通过订立合同，单个公民创立了法律义务并使其目标生效。对于自愿形成的私人关系来说，合同法就像一部宪法，而具体的合同则像宪法下新颁布的法律。"[1] 事实上，对于某些与行政机关存在合同关系的组织而言，合同就是"准法律"，再考虑到"对私人企业来说，政府合同代表着非常有吸引力的商业机会。为了赢得这样的合同，企业愿意同意很多政府提出的条款和条件"[2]。如果行政机关在缔约时，能够将公法规范的要求巧妙融入合同条款中，则意味着公法规范通过合同得以实现；缔约后，行政机关应该对功能性公法组织行使监督控制的"剩余权力"，消除可能出现的侵害公民权利的行为，使违法违约行为无利可图甚至遭受惩罚，理性的社会组织自然会选择放弃。行政机关对履约的监督一般涉及监督所依据的标准、施加于被监督者的具体方法、违约与违法责任的追究等。

（3）司法审查路径。政府行为原则主要从司法审查的角度关注私人违反宪法规定的公法义务后受害者权利如何维护的问题，对我国而言，将功能性公法组织的行为纳入司法审查范围无疑是对美国经验最直接的借鉴。

---

① 〔美〕波斯纳：《法律的经济分析》，蒋兆康译，中国大百科全书出版社，1998，第149页。
② 〔英〕A. C. L. 戴维斯：《社会责任：合同治理的公法探析》，杨明译，中国人民大学出版社，2015，第20页。

问题在于，其一，法院在此类案件中大多数情况下需要对功能性公法组织的自主管理行为与受其侵害的公民权利之间进行法益权衡，美国的政府行为原则提出了诸多标准，却多少显现出"治丝益棼"的一面。仓促地扩大公法案件的范围，可能造成法院在公法纠纷判断上的困境。其二，客观地讲，当前对一些功能性公法组织的侵权行为通过民事诉讼提供救济也未尝不可，如果法律规定或合同约定了组织的公法义务，法院仍然可以透过私法救济机制解决争议。特别是在侵权纠纷中，考虑到我国国家赔偿制度抚慰性标准存在的不足，这类案件置于民事诉讼范围反而对受害人更为有利。将功能性公法组织纳入司法审查或许是应该的，但一定不是唯一选项。

六　远未清楚的问题：代结语

对大多数功能性公法组织而言，其特殊性在于其既具有程度不同的公共性，又在法律范围内享有管理或经营的自主权利，二者往往同时存在且相互缠绕，对其规制不仅需要考量究竟是保障这些组织所面对的公民的公法权利还是尊重其作为一般民事主体的意思自治，而且，必然存在两个有待解决的问题。其一，组织行为的公共性强到何种程度就应该适用公法规范进行规制的纠结。即便是公法最为精致的德国，联邦法院与宪法法院对"国家或乡所控制的"承担行政任务的私法人是否直接适用公法的特别责任规定在观点上也存在差异。[1] 其二，公法规范中存在实体性规范与程序性规范，二者在向国家机构之外的组织进行扩展时有无区别？"将法律上对程序原则的要求限制在国家行为（政府行为——笔者注）上的理由，比将法律上对实体原则的要求限制在国家行为上的理由，要弱一些。"[2] 这些都值得继续研究。

---

[1] 〔德〕平特纳：《德国普通行政法》，朱林译，中国政法大学出版社，1999，第40页。

[2] 〔美〕迈克尔·D. 贝勒斯：《程序正义》，高等教育出版社，2004，第175页。

A Typical Approach of Ensuring Public Legal Rights from the Angle of the State Action Doctrine of U. S. Law

Du Guoqiang

Abstract: Traditionally, the public legal right of the citizen only be claimed from governmental organization. But at a time when the boundaries of public and private are increasingly blurred, more and more social organizations begin to enter the process of public governance. Whether the public law norms are to be applied to these organizations when they undertake public tasks is directly related to the extent to which they act in accordance and the scope of review by the courts. The Court puts forward the theories of public function, nexus and joint participation. Although the question did not be resolved, the theories and theoretical disagreements have significant enlightenment in approach of ensuring public legal rights when citizens face non-state institutions in our country.

Keywords: the State Action Doctrine; the Public Law Norm; the Government

从对立走向合作：社会治理语境下的控辩对抗实质化研究[*]

王　统^{**}

摘　要： 党的十九大，习近平总书记对中国特色社会主义治理理论提出了新的理念与要求。社会治理的三要素分别是共识、信息和惩罚。基于法律规范的分析，我国控辩式刑事庭审已成为共识。以审判为中心的诉讼制度改革的最终落脚点是庭审实质化改革。但是，信息的不对称、惩罚机制的缺位使控辩双方处于一种两极对立而非平等对抗的畸形状态。抗辩双方越发对立，公权与私权越发分离。控辩不平等这一不争的事实致使公诉机关"照本宣科"和律师"形式辩护"的现象愈加常态化，刑事庭审环节几乎被虚化，缺乏实质化的控辩对抗。社会治理现代化主要解决如何落实公权与私权合作治理机制的现代化问题。在加强信息交流与完善惩罚机制的前提下，控辩双方实现平等武装，摒弃对立思想，在法定范围内相互配合，实行有效化诉讼，走向合作才是实现庭审实质化的必由之路。

关键词： 中国特色社会主义治理理论；对立；合作；社会治理；控辩对抗实质化

习近平总书记在党的十九大会议上，就加强和创新社会治理作出重要指示，要求打造共建共治共享的社会治理格局，提高社会治理社会化、法治化、智能化、专业化水平。自党的十八大以来，构建社会治理现代化体系就成为时代的主题。随后十八届三中全会提出推进国家治理能力和治理

---

* 本文系国家社科基金项目"基于犯罪嫌疑人权利保障的监察委员会调查权研究"（项目编号：17BFX055）的阶段性成果。

** 王统，山东大学法学院博士生。

体系现代化，其中五大基本内容之一的社会治理再次被强化。其后，十八届四中全会作为党治国理政一种思维的延伸，在《中共中央关于全面推进依法治国若干重大问题的决定》中指出，"全面推进依法治国，必须贯彻落实党的十八大和十八届三中全会精神……"①，并据此提出了"推进以审判为中心的诉讼制度改革"的要求，与三中全会精神一脉相承。2017年2月17日，最高人民法院发布《关于全面推进以审判为中心的刑事诉讼制度改革的实施意见》，着力推进庭审制度改革。无论是实现程序公正与实体公正并举，抑或是要求落实权责一致的司法责任制，均要求被告人的刑事责任在审判阶段通过庭审的方式解决。② 由此，从本质上看，以审判为中心的诉讼制度改革的最终落脚点是庭审实质化改革。

社会治理的核心问题是解决国家和私人之间监控和惩罚成本问题，但要借助法定化的平台促成公权与私权合作进行社会治理。③ 换言之，社会治理现代化就是解决如何落实公权与私权合作治理机制的现代化问题。刑事诉讼法是国家（国家权力）和私人（公民权利）的直接的平等的对话。惩罚和打击犯罪、切实保障人权是刑事诉讼法的基本理念，同时也是任何现代国家不能忽略的重要职能。社会治理模式下，刑事庭审的应然图景应当是法官居中裁判，代表公权的追诉机关与代表私权的被告人分居两端，控辩双方平等对抗的等腰三角形结构，呈现一种稳态。严格来说，我国的刑事诉讼运行机制中还不具有这种诉讼构造。刑事诉讼中原始的、根深蒂固的有罪推定思想，诉讼证明活动的复杂性以及犯罪行为的现实危害性和预防犯罪的紧迫性等一系列原因，决定了被追诉人诉讼地位"先天不足"和追诉机关力量"生来强大"二元并存的现象一直存在。力量对比的悬殊，很难形成一种控辩平等的庭审氛围，审判的重量极易偏向三角形中不利于被告人的一端而打破三角稳态，使被告人即使受到不公对待也无力反抗，导致其人身、财产权益被侵犯甚至被剥夺。长此以往，国家公权力和辩护权"零和博弈"此消彼长，抗辩双方越发对立，公权与私权越发分

---

① 《中共中央关于全面推进依法治国若干重大问题的决定》，人民出版社，2014，第23页。
② 参见汪海燕《论刑事庭审实质化》，《中国社会科学》2015年第2期。
③ 唐清利：《公权与私权共治的法律机制》，《中国社会科学》2016年第11期。

离。控辩不平等这一不争的事实致使公诉机关"照本宣科"和律师"形式辩护"的现象愈加常态化,刑事庭审环节完全被虚化。据此,综观社会治理模式,国家公权力和辩护权走向"零和关系"并不是一条有效路径,而控辩平等对抗形成"共赢"局面才是推进庭审实质化的应有之义。

　　近年来,越来越多的法学界学者开始关注社会治理体系现代化,尝试运用社会治理理论解决法律运行的相关问题并为之不懈努力,首先是在食品安全法领域出现了社会共治的观点。① 通过归纳总结前人的探索与研究成果,社会治理的内涵越发清晰,即社会治理需要有一套至少涵盖三要素——共识、信息和惩罚的社会规范。② 公权与私权是法律在现实世界中运行的结果,对社会治理所需要的法律机制的精确构建应该从法律运行的生动世界里去理解公权与私权合作治理社会③,而刑事诉讼法中控辩双方的对抗又是现行法律规范中公权与私权对抗的典范。鉴于此,本文以社会治理为视角,着眼于刑事诉讼法中公权与私权的运行机制,从社会治理的三要素角度解读控辩不平等的现象,以解决公诉机关"照本宣科"与律师"形式辩护"的问题,探讨控辩对抗实质化的路径,期望有助于打破法庭虚化,推动庭审实质化。

一　在制度与实践之间:控辩对抗
实质化的理想与现实

　　共识是社会治理的第一要素。④ 社会是由各个社会群体和社会阶层构

---

① 例如邓刚宏《构建食品安全社会共治模式的法制逻辑与路径》,《南京社会科学》2015年,第2期;涂永前《食品安全社会共治法治化:一个框架性系统研究》,《江海学刊》2016年第6期;吴元元《食品安全治理中的声誉异化及其法律规制》,《法律科学》2016年第2期等。

② 参见〔德〕尤根·哈贝马斯《在事实与规范之间:关于法律和民主法治国的商谈理论》,童世骏译,生活·读书·新知三联书店,2003,第132页;〔美〕约翰·罗尔斯《政治自由主义》,万俊人译,译林出版社,2000,第37页;〔法〕米歇尔·福柯《规训与惩罚:监狱的诞生》,刘北成、杨远婴译,生活·读书·新知三联书店,2007,第117~119页。

③ 参见唐清利《公权与私权共治的法律机制》,《中国社会科学》2016年第11期。

④ 共识指一个社会不同阶层、不同利益的人所寻求的共同认识、价值、理想。

成的，不同群体不同阶层的政治诉求、经济利益以及社会地位是不一致的。社会治理需要兼顾多元，在保障多元主体都能提出自己诉求的基础上引导全社会达成利益共识。在现代经济学的博弈论中，参与者在一定程度上所达成的共识能够为所有参与者行为的一致性提供预期，从而更好地协调纷杂的利益关系，实现最终的组织目标。

纵观历史，在刑事诉讼发展史上刑事诉讼模式先后经历了弹劾式、纠问式以及混合式等类型。虽然不同历史时期存在不同的诉讼模式，同一时期不同国家和地区的诉讼模式也不尽相同，但归结起来，不同诉讼模式下，要么依托职权主义或当事人主义，要么依托兼采二者的混合主义而形成刑事庭审，其无外乎两种构造：其一，强调法官主导庭审、查明真相的积极作用，采取非当事人对抗式的构造；其二，倡导"平等武装"的控辩双方在消极中立的法官面前积极对抗，采取对抗式的构造。[①] 不同类型的刑事庭审构造各具利弊。首先，本文拟从法律规范分析的角度检视我国的刑事庭审构造。

（一）控辩式庭审的共识形成：基于立法与刑事政策的考察

我国刑事诉讼中的构造始于20世纪90年代，但追溯历史，庭审中的对抗因素早已显露。我国封建集权专制根深蒂固，长期处于封建专制统治状态，行政、立法、司法集统治者于一身，诉讼模式表现为典型的纠问式。然而清末鸦片战争后，中国由一个封建社会逐渐沦为半殖民地半封建社会，在资本主义国家法律思潮影响下开始变法修律。随后制定刑律、民律和诉讼法草案，逐渐打破了中国固有的"诸法合一"的立法形式。清政府被推翻后，民国陆续颁布刑事诉讼法，并逐步将近代刑事诉讼的进步原则如辩护权等内容纳入其中，当事人对等原则就是当时备受推崇的原则之一。[②] 正如王亚新所言："作为当事人对立、斗争等因素的对抗，在任何

---

① 参见易延友《对抗式刑事诉讼的形成与特色——兼论我国刑事司法中的对抗制改革》，《清华法学》2010年第2期。

② 龚德祥：《控辩平等论》，法律出版社，2008，第32~35页。

诉讼制度中都有体现，因而具有相当的普遍性。"① 王亚新又言："但就作为结构性要素的对抗而言，却只是渊源于西欧法律传统才具有的特征。"② 因而，从此角度讲，我国控辩式刑事庭审在 1996 年以法律文本的形式正式得以确立，随后在 2013 年新刑事诉讼法中得到进一步强化。显然，在我国，构建控辩式的刑事庭审已成为共识。

首先，运用法律解释方法考察我国刑事庭审构造。其一，从文义解释来看，我国关于刑事诉讼法的修订都试图就庭审构造加以变革。1996 年刑事诉讼法首次把对抗式要素引入庭审方式，重新配置了控、辩、审三方的职能。③ 如采用主要证据复印件移送的方式，限制审前案卷的移送，并取消法官的庭前取证调查权（第 150 条）；强调法官消极中立地位，改由公诉机关主导询问和相关证据出示，加强庭审双方当事人的控辩职能等（第 156～158 条）。随着我国经济发展和法治化程度的加深，2013 年刑事诉讼法则对对抗式庭审构造提出了更多制度化设计：一是将律师介入刑事诉讼活动的时间提前至侦查阶段（第 33 条），进一步扩大律师的职能（第 36、37、86、159、170 条），并完善相关保障措施（第 42、160 条）；二是基于我国现实，理性回归案卷全部移送的方式，以助于法官对全案的宏观把握（第 172 条）；三是确立庭前会议制度（第 182 条），强化证人、鉴定人出庭制度以及引入专家辅助人（第 187、192 条），以便控辩双方了解诉讼争议点和确保庭审辩论有序且顺利进行。2018 年新刑事诉讼法对有关控辩式庭审的规定做了支持与保留。其二，从目的解释来看，两次修订都以加强控辩双方对抗以推动庭审实质化为主要任务，同时意识到这一任务是十分艰巨而必要的。1996 年刑事诉讼法的首要任务之一就是克服"庭前实体审，庭审走过场"④ 的弊端，因而引入庭审对抗制。2012 年《刑事诉讼法修正案（草案）》对庭审程序改革时，全国人大常委会副委员长王兆国指明了实质化庭审的关键性地位："审判是决定被告人是否构

---

① 王亚新：《对抗与判定——日本民事诉讼的基本结构》，清华大学出版社，2002，第 58 页。
② 王亚新：《对抗与判定——日本民事诉讼的基本结构》，清华大学出版社，2002，第 58 页。
③ 参见胡铭《对抗式诉讼与刑事庭审实质化》，《法学》2016 年第 8 期。
④ 龙宗智：《庭审实质化的路径和方法》，《法学研究》2015 年第 5 期。

成犯罪和判处刑罚的关键阶段。"① 2018 年新刑事诉讼法更是在"以审判为中心"的司法改革背景下推进的，着重保障庭审实质化。由此，三次刑事诉讼法的修订目的显而易见，共同指向的就是庭审流于形式的弊病。

其次，基于刑事政策，党在十八届四中全会中明确提出了"推进以审判为中心的诉讼制度改革"的要求，把审判中心主义作为党和国家的一项重大方针政策，而庭审又是审判的中心，因此，以审判为中心归根结底就是以庭审为中心，推动对抗式庭审的实质化。② 随后 2017 年 2 月 17 日，最高人民法院发布《关于全面推进以审判为中心的刑事诉讼制度改革的实施意见》，旨在为着力推进刑事庭审制度改革提供保障。国家刑事政策上的支持更是为控辩平等对抗和庭审实质化的实现提供了坚强有力的后盾。

（二）司法实践：刑事庭审缺乏实质化的控辩平等对抗

立法与司法两者相互作用，相辅相成。我们在设计一套制度时往往会下意识地忽略很多制约因素，大都是在理论层面进行制度架构后再指导司法。但司法实践多样性、复杂性的特点决定了立法难免会在一定程度上落后于实践。立法是静态的，司法是动态的。因此，需依经济学中的"制约理论"，在构建出理想中的制度后深入司法实践，反身以此检视立法。把通过解决实践问题而总结出的经验对立法加以补充，进而推动立法的完善。如上文述，自古至今我国已经在立法上明确建立起控辩式的刑事庭审且加以规范，并在刑事政策上达成共识。此时，这种共识就需要具体放到司法的视野下去检验与审视。

相关学者征集志愿者采用科学实验方法，以参与调查人是否有法律背景为变量将志愿者分为两组，针对具体的刑事庭审案例实录开展问卷调查，进行对照观察。两组实证研究的结果共同指向我国刑事庭审的主要问题，其集中在三个方面：庭审形式化、辩护乏力和控辩双

---

① 王兆国：《关于〈中华人民共和国刑事诉讼法修正案（草案）〉的说明》，《人民日报》2012 年 3 月 9 日，第 3 版。

② 参见陈光中、步洋洋《审判中心与相关诉讼制度改革初探》，《政法论坛》2015 年第 2 期。

方失衡。① 这三大问题饱含内在逻辑。试析之，随着刑事诉讼法的革新，我国逐渐由职权主义向当事人主义转变。如前文，职权主义在我国已根深蒂固，被追诉人诉讼地位"先天不足"和追诉机关力量"生来强大"二元并存的现象在相当一段时间内无法根除，因而向当事人主义的转变必定不会一蹴而就。在控辩双方对抗中，公诉机关在法庭中明显居于优势，同时，我国辩护率不高，相关实证研究数据表明其只有30%左右。② 被告方辩护律师由于自身的、外部的因素不能有效行使辩护权，形不成一种真正的严格意义上的庭审对抗。诸现象呈现于刑事庭审时，庭审就表现出一种形式化、僵化的状态。换言之，庭审形式化是表现，控辩双方失衡是本质，而辩护乏力则是控辩双方失衡的原因之一。故此，司法实践中刑事庭审缺乏实质化的控辩平等对抗俨然也成为一种共识，问题亟待解决。

二 控辩对抗下的公私权分离与治理困境

分离是对抗的前提，有分离才有对抗。故在控辩对抗实质化研究中，应当首先充分肯定公权与私权的分离。对此，本文试从对抗制的形成机理上稍加分析。第一，价值冲突是根源。刑事诉讼的权力（利）主体因立场、性质不同，公权所追求的和私权所期待的法的价值存在很大的差异。人权价值方面，公权力重点保护被害人的人权，并将其诉讼地位及权利吸收，与加害人形成直接的对抗，加害人的私权很难与之抗衡；公平价值方面，公权追求的是国家和社会利益，忽略个人利益，私权个案公平的期望难以实现；效率价值方面，提高诉讼效率、节约司法成本往往以公权为出发点，以减轻办案司法人员负担为落脚点，而很少关心当事人诉讼的高风险和高成本。第二，理念选择是关键。刑事诉讼中的控辩双方的理念是不同的，分别代表着集体主义和个人主义。理念的不同引起了公权与私权的

---

① 以上结论的得出主要依据胡铭在《对抗式诉讼与刑事庭审实质化》一文中提供的相关实证研究数据，因限于版权及篇幅，在此不具体展示，相关图表数据可参见胡铭《对抗式诉讼与刑事庭审实质化》，《法学》2016年第8期。

② 陈卫东：《〈中国法治实施报告（2016）〉之刑事诉讼法律实施报告》，《中国法治实施报告（2016）》，法律出版社，2017，第56页。

分离，在此分离的状态下，就出现了何者为第一位的理念选择。集体主义以集体利益为重，要求利益对立双方通过平和的方式解决纠纷，但是个人主义理念下，人们从个人利益出发，不相信这种所谓的平和方式能够同等兼顾利益对立的双方，进而主动推动当事人主义的诉讼模式，以形成公平对抗的庭审。① 第三，程序正义是内在要求。程序正义强调了当事人的人格尊严和法律关系的主体地位，体现了公正、民主和法治的理念，使诉讼具有理性活动的形象②，因而一直是各国公认的法律制度的终极目标，同时也是普通公众评判一项制度具有正当化根据及能够正常运行的标准。刑事诉讼法作为国家追诉犯罪的一项关键制度，必须符合程序正义的内在要求，努力缩小控辩双方力量和地位悬殊的影响，以推动实体正义。

（一） 系统论视域下的治理困境：信息不对称

社会治理体系中信号要素至关重要。本质上，信号传递模型是一种动态的不完全信息对策，并为分离均衡提供了充分条件。③ 人们往往倾向于根据自身与相对人的力量大小以及威胁信号的强弱来确定信号的优劣地位。处于信号优势地位的一方向相对劣势方传递信号，信号发送后所形成的预期便成为信息。④ 同时居于劣势地位的一方所传递的信号太微弱以至于暂被忽略，信息不对称由此产生。在刑事诉讼法中控辩双方对比力量和地位悬殊，公权与私权之间的信息难以对称。双方信息的不对称是阻塞实

---

① 以上论述基于对达马斯卡理论的启示。达马斯卡认为任何一套现代制度的设计和运行的背后都有一套与之相对应的价值理念支撑。具体参见〔美〕达马斯卡《司法和国家权力的多种面孔》，郑戈译，中国政法大学出版社，2004，第 168～180 页。

② 陈瑞华、黄永、褚福民：《法律程序改革的突破与限度——2012 年刑事诉讼法修改述评》，中国法制出版社，2012，第 43 页。

③ 不完全信息对策是指市场参与者不拥有某种经济环境状态的全部知识。这个对策包括两个参与人，一个叫 sender，一个叫 receiver，sender 拥有一些 receiver 所没有的与参与人的效用或者支付相关的信息。对策分为两个阶段：第一个阶段，sender 向 receiver 发出一个信号（signal）；第二个阶段，receiver 接收到信号后做出一个行动，信息形成，对策结束。分离均衡模型是指拥有信息的一方主动发布信息，从不同类中分离出来，这样才有利可图。

④ See Michael Spence, "Job Market Signaling", *Quarterly Journal of Economics*, Vol. 87, 1973; Michael Spence, *Market Signaling: The Informational Structure of Job Markets and Related Phenomena*, Ph. D. thesis, Harvard University Press, 1972.

现控辩对抗实质化的重要原因之一。这种信息的不对称可以放到社会系统理论的观点下进行观察，即信息的不对称既包括公权治理系统与私权治理系统间的不对称——一阶观察，也包括私权治理系统内部的信息不对称——二阶观察。①

首先，基于系统论的一阶观察，公权治理系统与私权治理系统间信息不对称。从诉讼地位和诉讼权利上看，控辩双方获取信息的能力不对等。刑事诉讼中公诉机关更多扮演的是国家专门机关一角而不是诉讼中的一方当事人。同时，作为控方的公诉机关不仅代表着国家追诉机关，同时又是国家监督机关。控方不仅对审判者享有监督权，其监督权同时及于辩方及其律师。刑事诉讼法活动中，控辩双方平等拥有会见权、阅卷权以及调查取证权是控辩实质对抗的应有之义。如前文所述，我国虽然在立法上开始有意地扩大辩方的相关权利，但司法上，就目前而言，尚未明显地体现出这种权利上的平等。如，在侦查阶段律师是否具有收集证据的能力仍存在较大争议，大部分律师也不愿承担这一阶段的风险，致使错失取证良机。②同时，控方以国家名义追诉犯罪，轻松拥有国家提供的资源，人力、物力和科技实力强大，而辩方显然不具有这些资源，即使是费尽千辛万苦收集到的信息材料也很容易被庭审拒绝，因而控辩双方所获取的信息必定难以对称。

其次，系统论的二阶观察视角下，私权治理系统内部也存在信息不对称的现象。这种不对称主要是被告人与其辩护律师间的信息不对称。一方面，被追诉人越来越依赖于辩护律师是一个不争的事实。被追诉人由于自身法律知识欠缺，易受畏诉、惧诉等心理的影响，加之被采取强制措施后，庭审前难以接触到案卷材料且自始至终无调查取证权③，被告人相较于律师来说，获取的信息少之又少，因而他们所获取的有关自身案件的所有信息均来自他们行为的代理者——辩护律师。遗憾的是，无论是立法还

---

① 卢曼的社会系统理论中，一阶观察是指不同的两个系统之间的观察，二阶观察是系统内进行的自我指涉。具体参见〔德〕卢曼《社会的法律》，郑伊倩译，人民出版社，2009，第77页。

② 参见李明《庭审实质化进程中的质证方式改革研究》，《政法学刊》2017年第1期。

③ 参见汪家宝《论刑事被追诉人的有效辩护权》，《政治与法律》2016年第4期。

是司法实践都很少关注律师与委托人间沟通与协商的保障。两者之间的信息不对称已然存在。另一方面，律师与被告人之间缺乏应有的信息传递与交流，直接导致"形式辩护"现象越来越严重，辩护权形同虚设。虽然法律规定律师在刑事辩护活动中"不受当事人意志的限制"，但这并不等于鼓励辩护人与被告人分离，实行辩护人独立。对此规定的误解致使实践中常常出现辩护律师很少庭前会见其委托人，在法庭上发表与被告人不一致的辩护意见的现象。① 甚至不乏一些黑心律师为了自身利益，在法庭上表现出"表演性辩护"的恶劣行为。②

在对抗式的刑事诉讼中，公权与私权本身主体间的信息就不对称，控方几乎占据压倒性优势。面对具有天然优势的控方，辩方律师很难进行有效辩护，我国辩护率与辩护质量畸低。而辩护律师与其委托人之间缺乏沟通与交流，两者之间信息的不对称，无疑加剧了这一状况。

（二）监督和惩罚机制缺位

如前文述，社会治理体系需要一套能够解决共识、信息和惩罚的规则，并确保这一套规则在法定平台上得以顺利执行，据此规范公权力与私权利的边界，维持社会秩序。③ 共识、信息两要素是社会治理体系得以运行的前提，而可预见性的惩罚则是为确保相关规则的有力执行。惩罚是整个社会治理体系的后盾，十分重要。本文拟将此置于控辩对抗实质化的语境下讨论。

控辩对抗实质化意在消除公诉机关"读材料、走过场"与辩护律师"形式辩护"的普象，促使控辩双方能够切实平等地对抗。所谓无惩罚无动力，惩罚才是实现控辩对抗实质化的内在动力。但在刑事诉讼法视野里，对形式化的辩护和公诉的惩罚一直处于缺位状态。其一，立法缺少对

---

① 参见陈瑞华《刑事诉讼中的有效辩护问题》，《苏州大学学报》（哲学社会科学版）2015年第5期。
② "表演性辩护"一词借用李奋飞在《论"表演性辩护"——中国律师法庭辩护功能的异化以及矫正》一文中的表述。具体内容参见李奋飞《论"表演性辩护"——中国律师法庭辩护功能的异化以及矫正》，《政法论坛》2015年第3期。
③ 参见唐清利《公权与私权共治的法律机制》，《中国社会科学》2016年第11期。

低质量辩护的惩罚。2013 年新刑事诉讼法和律师法的关注点集中于律师辩护权利的扩大，仅针对辩护律师违反职业道德牟取利益等行为做出相关禁止性规定，在处罚上主要依靠行政制裁，而对律师消极怠慢的辩护行为没有专门的刑罚规制条款。另外，全国律师协会通过的《律师办理刑事案件规范》在确立律师辩护标准方面没有什么切实可行的做法，也未对真正提高律师辩护质量提出实质性的要求。其二，质证活动无程序性制裁。为保障被告人权利应运而生的质证，在我国更像一道程序而非权利。最高法解释与最高检规则虽然对质证活动做出了较为详尽的规定，但其更偏重于确保质证活动的顺利开展，而非基于落实被告人诉讼权利的目的。同时对质证活动中被告人质证权利受损的行为又缺乏程序性的制裁，进而易引发质证虚无化、形式化等问题。其三，对形式化公诉的规制缺位。由于缺乏相应的监督和惩罚机制，公诉方极易依其国家机关的天然优势及根深蒂固的职权主义思想滥用起诉权，实践中"念念材料、走走过场"的现象时常发生，甚至不乏公诉人无力反驳而要求审判长制止辩方发言的情况[1]，公诉质量大打折扣。再者，庭审上公诉机关往往选择性地出示证据，刻意隐藏有利于辩方的证据只出示不利于被告的证据。这是因为即便公诉机关拒绝将某一无罪证据出示给辩方，二审法院也不会将这种行为认定为"程序性违法"而撤销原判、发回重审。[2]

信息的不对称，惩罚机制的缺位加之控辩双方在刑事诉讼领域内天然的地位差异，使控辩双方不再处于一种正常对抗关系，而大有走向对立，甚至相互仇视的趋势。

三　对抗而不对立：控辩双方走向合作

在现代对抗式的诉辩关系中，理论界和实务界一直强调推进控辩双方实质化的对抗，但其最终目的仍是惩罚犯罪、保障人权，这其实也是控方

---

[1]　参见李思远《有效辩护与有效公诉——审判为中心改革下新型诉辩关系的构建》，《三峡大学学报》（人文社会科学版）2016 年第 1 期。

[2]　参见陈瑞华《程序性制裁理论》，中国法制出版社，2010，第 68～88 页。

和辩方的共同目的。从这个意义上讲，二者是有潜在的合作意识的。但控辩已然形成的对立的态势是畸形的，显然很不利于查明真相和实现最终目的。因而，在以审判为中心的视域下，树立起控辩双方平等对话的意识，使公诉机关与辩护律师及律师与委托人相互信任，加强交流，在法定的范围内逐步走向合作，同时推动有效的公诉与辩护，才真正有利于确保庭审程序顺利而有序地进行。

（一）基本前提：保证控辩双方的"平等武装"

"平衡方能永葆公正"①，而实现平衡的有效途径是实现"平等武装"。控辩"平等武装"是双方合作的基础，也是实现对抗实质化的基础。由于控辩双方天然的力量对比，追求实体层面上的平等是不现实的。控辩关系本身是一个程序问题，程序设计应只考虑如何在排除程序义务人主观随意性和各种外在关系的影响的前提下，实现证据判断、事实认定和法律适用的客观、公正②，因而此语境下的"平等武装"主要就程序层面而言。换言之，控辩"平等武装"并不是要求双方权能相同，而是使双方能够平等地拥有各自正当的程序性权利，双方权能能量总和持平。如在侦查阶段，侦查机关与辩护律师均可介入，对等地拥有调查取证权；审查起诉阶段则可以增加控方起诉难度，同时法院严格把控提起公诉的条件，防止公诉机关滥用起诉权。《刑事诉讼法》第 173 条规定了检察机关在审查案件时应当听取辩护人的意见。但实践中其意见未必能受到公诉方相应的重视。可以尝试采用检察机关向提出意见的辩护律师发送回执，并在一定的合理期间内答复的方式，给控辩双方提供对话的空间，实现"平等武装"；审判阶段力在落实质证制度，确保双方平等地拥有询问的权利，促使主询问、反询问有序平稳地进行，推动庭审交叉询问的实质化。另，实现"平等武装"，外部环境还要求法官须与双方保持对等的距离，居中裁判，不偏不倚。

---

① 〔英〕戈尔丁：《法律哲学》，齐海滨译，生活·读书·新知三联书店，1987，第 6 页。
② 冀德祥：《控辩平等之现代内涵解读》，《政法论坛》2007 年第 6 期。

（二）实现路径：推进控辩双方实行有效化诉讼

"平等武装"是基础，控辩走向合作需要突破的现实问题是双方在此基础上，如何各自实行有效化的诉讼，提升辩护与公诉的质量，加强交流，共同节约司法资源，提高庭审效率，实现权力（利）双赢。本文试探寻走有效辩护与有效公诉的路径。

刑事辩护的目的不仅在于被告方形式上行使了自己的诉讼权利，获得辩护律师的帮助，更重要的是这种法律帮助是实质而有效的。正如陈瑞华言："中国法律并不仅仅满足于保证被告人获得律师的帮助，而且还要促使律师提供一种高质量的辩护，从而使委托人可以获得较好的法律帮助。"[1] 有效辩护在英美法系中是一种权利并有无效辩护制度的保障，而就目前而言，我国学者普遍认为我国引入无效辩护制度时机尚未成熟，还不具备条件。[2] 据此，确切来说，我国尚未确立严格意义上的有效辩护权。有效辩护权旨在使被追诉者在实体上免受辜枉冤屈，程序上得到公平对待。在此拟通过吸收有效辩护权的合理内核，使律师的辩护真正有效，而不是浮于形式，进而推动庭审辩护的实质化。主要表现在以下两方面。

一方面，在现有权能的基础上完善律师的辩护权。其一，赋予律师自由的会见权。律师得以自由会见的前提是犯罪嫌疑人明确知道自己有获得律师辩护的权利。对此，新刑事诉讼法已规定侦查机关有告知义务。对于如何告知及如何确保已告知却无相应的说明。为确保律师享有自由会见权，应当明确规定如果侦查机关没有如实履行告知的法定义务，将受到程序违法的处罚。再者可根据案件情况来确定会见的次数和时间，这不仅可以弥补刑诉法尚未对会见次数及时间作出规定的现状，还可以确保律师在法定范围内自由行使其会见权。其二，赋予律师完整的取证权。目前法律

---

[1] 陈瑞华：《刑事诉讼中的有效辩护问题》，《苏州大学学报》（哲学社会科学版）2015 年第 5 期。

[2] 参见顾永忠、李竺娉《论刑事辩护的有效性及其实现条件——兼议"无效辩护"在我国的引入》，《西部法律评论》2008 年第 1 期；申飞飞《美国无效辩护制度及其启示》，《环球法律评论》2011 年第 5 期；陈瑞华《刑事诉讼中的有效辩护问题》，《苏州大学学报》（哲学社会科学版）2015 年第 5 期。

规定，辩护律师行使取证权的起始点是审查起诉阶段，法律赋予律师的申请调查取证权是建立在"经人民检察院或者人民法院许可"上而非由其自己掌握，在限制辩护律师调查取证权的同时却充分保障国家机关的调查取证权。以上，我国应在立法与司法上取消对律师介入案件的阶段限制，同时改"应当经人民检察院或者人民法院许可"为"人民检察院、人民法院应当批准"，赋予律师在整个诉讼活动中完整、独立的取证权。其三，赋予律师有效的在场权。由于犯罪嫌疑人被羁押后几乎处于一种被隔离的状态，给予并保障犯罪嫌疑人在被询问时的充分法律帮助，赋予律师在场的权利无疑是最有效且直接的方式。律师在场，同时还可对侦查机关行使讯问权起到监督和制约的作用。

另一方面，加强对律师执业的监管。权利的扩大必定需要制约。目前我国律师行业存在部分律师专业素质不高的现象，同时由于律师执业的市场化，"盈利"越来越成为律师辩护的首要目标。部分律师一味追求利润而频接轻案简案，对于程序繁杂、胜诉率低的刑事案件辩护积极性畸低。长此以往，势必影响律师行业的健康发展。律协及相关行政部门应当加强对律师，特别是刑辩律师的监管力度，对律师的入职门槛和执业经历出台细化的规定，并提供条件通过专业化辩护培训等方式，提高实务能力，确保高素质的专业人员迈入律师这一行当。还可以设立监督评估委员会，定期对律师经办的案件进行考核和评估，并以此结果作为律协和行政机关对执业律师奖罚的根据。

有效辩护的提出势必会引发公诉质量的提升，这是控辩对抗的结果，也是推动控辩进行有效合作，实现庭审实质化的必经之路。与有效辩护相对应的是有效公诉。如有效辩护一样，我国刑事诉讼法中亦未正式提出有效公诉一词。本文提出的有效公诉是在庭审实质化语境下，公诉人在审查起诉以及庭审中均严格履行自身法定的责任，特别是在庭审控辩对抗时，能够在庭前做足相关工作，尽职尽责地进行公诉，服务于法庭审判，而不再是简单地走形式，读材料。有效公诉一词重在公诉的有效性、实质性上。

可基于以下三个方面实现公诉的有效性。第一，公诉方转变书面审理思想，动员证人、鉴定人出庭作证。"口供中心主义"的传统办案观念影响着证人出庭作证制度的实施。庭审上书面证言代替证人本身成为法庭调查对象的现象常常出现，致使庭审交叉询问无法展开，直接言词原则得不到落实，反过来又影响证人出庭。刑事审判贯彻直接言词原则是刑事诉讼法的要求。我国刑事审判对于直接言词原则的运用一直不强，公诉人仍然过分依赖于询问笔录，证人、鉴定人出庭积极性不高。以证人为例，其出庭的最终决定权掌握在法院手中，公诉机关掌握着一定的主动权。法律规定当证人同时符合"有异议、有必要、有影响"条件时应当出庭作证，而"三有"的衡量标准却又没有明确给出。公诉机关应当积极动员与案件相关的证人、鉴定人出庭，这不仅可以缓解证人不出庭的庭审尴尬，同时还可以确保法官与双方当事人直面证人，确保庭审交叉询问正常进行，发挥质证功能。第二，公诉方提升辩论技巧，增强交叉询问的能力。随着有效辩护的引入，律师必然更加注重刑事庭审，特别是庭审质证、举证等环节。因而相应的，公诉机关也应当将注意力转向这些环节。同时，有效公诉与有效辩护对应提出，带来的必将是庭审控辩双方观点的激烈碰撞，这也是交叉询问制度最吸引人之处。主、反询问交叉进行，一问扣一问，唇枪舌剑不断把法庭辩论推向高潮。公诉人在掌握和积累专业知识的同时应不断提升辩论能力和技巧，在做足庭前准备的基础上，抓庭审要点，直面辩护律师提出的意见，有针对性地进行辩论。第三，加强对公诉方的法律监督。审判中心主义可全面理解为侦查是基础，公诉是主导，辩护是必需，审判是关键，监督是保障。[①] 监督是对整个诉讼活动的监督，那么公诉方作为诉讼活动的主体之一理应同等需要受到监督。由于公诉方担负法律监督与法律执行的双重职责，本文试想把有关不利于公诉有效化的行为上升为一种"程序性违法"行为，通过辩方制约的方式进行监督，即一旦公诉方怠于诉讼或损害辩护方权益时，辩方可以"程序违法"为由提起上诉，经审查，若一审法院确出现相关的程序违法行为，上级法院可据此撤销原判，发回重审。

---

① 参见樊崇义《关于当前检察改革的五个基本理论问题》，《人民检察》2016 年第 11 期。

四 结语

新时代、新思想、新动力，我们需要秉承党的十九大中习近平总书记新的社会治理理念，推进以审判为中心的诉讼制度改革。立法与司法上，要强调推进控辩双方实质化的对抗。但是由于我国被追诉人与追诉机关力量对比悬殊，控辩双方处于一种两极对立而非平等对抗的畸形状态。惩罚犯罪、保障人权是公权力设立的目的，本质上这其实也是控方和辩方共同的目的，二者是有潜在的合作意识的。"平等武装"，才能平等对抗。平等对抗的双方在法定范围内，既相互配合又各自提升诉讼能力和质量，为走向一种新型的控辩合作共赢关系奠定了基础。简言之，就辩方而言，辩护人拥有自由的会见权才能及时与被追诉人沟通，拥有完整的取证权才能更好地全方位把握刑事案件，拥有有效的在场权才能防止被追诉人权利免受侵犯。而对于公诉方而言，摒弃口供中心主义，积极动员证人、鉴定人出庭，贯彻直接言词原则，集中精力于庭审控辩对抗才是实现有效公诉的应有之义。社会治理模式下，控辩双方摒弃对立思想，走向合作、实现共赢才是实现控辩对抗实质化的必由之路。

From Opposition to Cooperation: Study on the Substantive Confrontation Between Prosecution and Defense Based on the Perspective of Social Governance

Wang Tong

Abstract: At the 19th Party Congress, General Secretary Xi Jinping proposed a new concept and pursuit of social governance. The three main elements of social governance are consensus, information, and punishment. Based on the analysis of legal norms, China's prosecution-style criminal trial has become a consensus. The trial-centered reform of the litigation system is the ultimate goal of the substantive reform of the trial. However, due to the asymmetry of information and the absence of a punishment mechanism, the prosecution and the defense are in a state of polarization, rather than an equal confrontation. The opposing parties have become more and more antagonistic and public and private rights have become more and more separated. The indisputable fact that prosecution inequality is a fact has caused the public prosecutor's office to "prosecute the script" and the lawyer's "defense in the form" to become more normalized. The criminal trial link has been almost ignorant, and there has been a lack of substantive defense and confrontation. The modernization of social governance mainly addresses how to implement the modernization of public and private rights cooperation and governance mechanisms. Under the premise of strengthening information exchange and perfecting the punishment mechanism, the prosecution and the defense should achieve equal armedness, abandon the opposing ideas, cooperate with each other within the legal scope, implement effective litigation, and move toward cooperation is the only way to realize the substantiveization of the trial.

Keywords: Socialist Governance Theory with Chinese Characteristics; Opposition; Cooperation; Social Governance; Substantive Confrontation between Prosecution and Defense

比例原则与积极权利限制的司法审查[*]

曹　瑞^{**}

摘　要：随着人权保障观念的进步和基本权利理论的发展，积极权利与消极权利之间的界限正变得日益模糊。由此引发一个重要的问题：传统上适用于对消极权利限制进行司法审查的比例原则，能否同样适用于对积极权利限制的司法审查？比较法的考察显示，欧洲人权法院、德国、南非等国家或地区的司法审查机关在处理这一问题时存在表达与实践相背离的现象。现有理论主要从司法方法论、积极权利的绝对属性以及资源的有限性等角度对此作出解释，但是这些解释的说服力都非常有限。对此，阿列克西提出了积极权利的分离结构理论以解释比例原则在积极权利限制中的适用困境，并提出了以双重干预密度和连锁否定规则为核心的解决方案。不可否认，积极权利的分离结构理论是颇有理论洞见和解释力的，但阿列克西提出的解决方案有着无法回避的漏洞，因此需要被修正。

关键词：比例原则；积极权利；分离结构；双重干预密度；连锁否定链条

引　言

比例原则是一个古老又年轻的话题。说其古老，是因为早在古希腊罗马时期，在柏拉图、亚里士多德、西塞罗等西哲先贤的理论洞见中就已经

---

* 本文系山东师范大学青年教师科研项目（人文社科类）"推进合宪性审查背景下宪法权利限制的比例原则审查"（项目编号：18SQR003）的阶段性成果。
** 曹瑞，山东师范大学法学院讲师，法学博士。

闪现着合比例性的思想光芒。① 说其年轻，则是因为作为一个严谨的法律概念，比例原则直到 19 世纪后半叶才首次出现，宪法上的比例原则更是到 20 世纪 50 年代末才被正式提出。② 虽然宪法上的比例原则出现的时间较晚，但是它在全球范围内的传播速度之快、波及范围之广、对既有宪法学理论体系的影响之大则是前所未有的。正如有的学者所说，比例原则构成了"宪法权利全球化模式"③ 的特征之一；还有学者认为比例原则在"宪法权利推理（reasoning）中发挥着不可或缺的作用"④；更有学者直言，"谈论人权就等于谈论比例原则"⑤。

与大多数学者一样，本文对于比例原则在全球范围内的迅速扩张也保持乐观其成的态度，毕竟比例原则的司法适用不仅体现了权利的本位性和公共利益的非至上性，同时兼顾了权利与公共利益之间的可权衡性，充分展现了"原则与妥协"的司法艺术和法治智慧。⑥ 但是我们也必须清醒地看到，在比例原则全球化一路高歌猛进的同时，批评、质疑甚至否定的声音也从未停止过。如果不能认真对待并系统回应这些质疑和挑战，不仅比例原则的正当性基础将不断受到侵蚀，其在实践中也很有可能陷入进退失据的困境。当然，仅以区区一篇短文的体量是不可能将所有关于比例原则的质疑与批判"一网打尽"的。因此本文选择了积极权利限制的司法审查这一视角，对其中涉及的与比例原则相关的理论争议和实践难题进行集中讨论。

通过本文的考察可知，在比例原则的司法适用中走在世界前列的欧洲人权法院、德国联邦宪法法院以及南非宪法法院等司法审查机关，在是否

---

① Ernest J. Weinrib, "Corrective Justice", *Iowa Law Review*, Vol. 77, 1992, pp. 403 – 426.

② Dieter Grimm, "Proportionality in Canadian and German Constitutional Jurisprudence", *University of Toronto Law Journal*, Vol. 57, 2007, pp. 384 – 387.

③ Kai Möller, *The Global Model of Constitutional Rights*, Oxford: Oxford University Press, 2012, p. 178.

④ Mattias Klatt and Moritz Meister, *The Constitutional Structure of Proportionality*, Oxford University Press, 2012, p. 1.

⑤ Grant Huscroft, Bradley Miller, and Grégoire Webber, *Proportionality and the Rule of Law: Rights, Justification, Reasoning*, Cambridge University Press, 2014, p. 14.

⑥ 刘权：《论比例原则的规范逻辑》，《广东行政学院学报》2014 年第 2 期。

应当将比例原则适用于对积极权利限制的司法审查这一问题上存在表达与实践的背离——它们在口头上承认应当将比例原则适用于对积极权利限制的司法审查，在实践操作中却将比例原则弃之不用，这种"口惠而实不至"的做法已经成为一些学者攻击和责难比例原则及其普遍性的重要理据。① 现有的几种解释理论，包括司法方法论、积极权利的绝对属性以及资源的有限性等，它们的解释力都非常有限，无法为比例原则及其普遍性提供有效辩护。为此，当代德国著名法学家罗伯特·阿列克西（Robert Alexy）提出了积极权利的分离结构理论，以解释比例原则在积极权利限制中的适用困境，并提出了以双重干预密度和连锁否定链条为核心的解决方案。不可否认，积极权利的分离结构理论是颇有理论洞见和解释力的，但阿列克西提出的解决方案有着无法回避的漏洞，因此需要被修正。

一　消极权利与积极权利：界分与融合

消极权利与积极权利的划分，是基本权利体系中一种常见的分类方式。从基本权利的进化历史来看，积极权利的出现要晚于消极权利。法国大革命期间，雅各宾派于 1793 年起草的《人和公民权利宣言》中载入了劳动权、获得救助权以及受教育权等积极权利，被认为是最早提出积极权利主张的法律文件。1919 年德国《魏玛宪法》时期，积极权利开始正式进入宪法文本之中。② 第二次世界大战期间，美国总统富兰克林·罗斯福提出了著名的"四大自由"（又被称为"第二权利法案"），其中即包含了免于贫困（匮乏）的自由。1958 年，以赛亚·伯林提出了著名的消极自由（negative freedom）与积极自由（positive freedom）的划分，成为整个 20 世纪最有影响力的政治思想之一，尽管其本人是反对积极自由的。③ 1966 年，《公民权利和政治权利国际公约》和《经济、社会和文化权利国际公约》获得联合国大会通过并开放给各国签署、批准和加入，标志着在

---

① Kai Möller, *The Global Model of Constitutional Rights*, Oxford University Press, 2012, p. 179.
② 郑贤君：《论宪法社会基本权的分类与构成》，《法律科学》2004 年第 2 期。
③ 王建勋：《"积极自由（权利）"的迷思》，《交大法学》2013 年第 2 期。

国际人权法上正式确立了消极权利和积极权利的两分。

传统理论认为，消极权利和积极权利在本质上是截然不同的。如表1所示，消极权利被认为是消极的，不消耗资源的，立即实现的，内容精确的，可控的，非意识形态化的，可裁决的，真实、法定的；积极权利则相反。① 但是随着实践的发展和观念的进步，消极权利与积极权利的截然两分正在悄然发生改变。比如，在德国法上，传统的自由权（大致对应本文中的消极权利）与社会权（大致对应本文中的积极权利）的分类已经被基本权利的功能体系理论所取代。基本权利的功能体系理论认为，不管是消极权利还是积极权利，都同时具有防御权功能、受益权功能以及作为客观价值秩序的功能。② 又如在美国，尽管联邦最高法院对积极权利的态度非常暧昧，但是理论界已经逐渐认识到，不管是消极权利还是积极权利，权利的实现都是必须以公共财政的支持和公帑的开销作为成本的。③ 在州层面，美国很多州的宪法中都明确规定了积极权利，州法院在司法实践中也不遗余力地保障着积极权利。④ 在新司法联邦主义的影响下，联邦最高法院对各州宪法及其法院的上述做法也展现出乐观其成的态度。⑤ 再比如，一些国家宪法或区域性人权公约中，已经不再明确地区分消极权利与积极权利。比如，南非《永久宪法》第 7 条第 2 款就规定，"国家必须尊重、保障、促进以及实现本权利法案中的各项权利"。其中，尊重（respect）是指国家不得侵犯公民的基本权利，要求国家不得为一定的行为，展现的是基本权利的消极方面；保障（protect）则是指国家要采取积极措施保护基本权利免受侵害，展现的是基本权利的积极方面；促进（promote）和

---

① Craig Scott，"The Interdependence and Permeability of Human Rights Norm：Towards a Partial Fusion of the International Covenant on Human Rights"，*Osgoode Hall Law Journal*，Vol. 27，1989，p. 839；郑智航：《论适当生活水准权的救济》，《政治与法律》2009 年第 9 期。

② 张翔：《基本权利的受益权功能与国家的给付义务——从基本权利分析框架的革新开始》，《中国法学》2006 年第 1 期。

③ 〔美〕史蒂芬·霍尔姆斯、凯斯·R. 桑斯坦：《权利的成本——为什么自由依赖于税》，毕竞悦译，北京大学出版社，2011。

④ Emily Zackin，*Looking for Rights in All the Wrong Places：Why State Constitutions Contain America's Positive Rights*，Princeton University Press，2013.

⑤ 屠振宇：《人权司法保障：美国新司法联邦主义的演进与启示》，《比较法研究》2014 年第 5 期。

实现（fulfill）则是指国家有义务在既有的基本权利框架内采取合理的措施来促进基本权利特别是积极权利的实现。① 欧洲人权法院也在判决中宣称，"法院因此并不需要确定当前的案件落入某一类型（消极权利）或另一种类型（积极权利）"。②

表1 积极权利与消极权利的对比

类型	特征							
消极权利	消极的	不消耗资源的	立即实现的	内容精确的	可控的	非意识形态化的	可裁决的	真实、法定的
积极权利	积极的	资源密集的	逐步实现的	内容模糊的	复杂且不可控的	意识形态化的	不可裁决的	期望或目标

促成消极权利与积极权利走向融合的原因有很多。比如，在很多发展中国家，由于经济社会发展水平的落后，人民的很多基本生活需求无法得到满足。在宪法中规定健康权、适当生活水准权等积极权利，既表达了他们对美好生活的向往，也可以作为一国之基本国策，使国家担负起满足其人民之基本生活需求的宪法责任。③ 从理论的层面来看，基本权利的功能体系理论、权利的成本理论等对于消极权利与积极权利的融合也发挥了重要作用。但是不管基于何种原因，也不管人们是支持还是反对，消极权利与积极权利逐步走向融合的确已经成为正在发生的事实。

二 比例原则在积极权利限制中的司法适用：比较法的考察

上文中提到，在一些国家的宪法文本中或是区域性人权法院的裁判文书里，消极权利与积极权利的边界正逐渐变得模糊。但是就本文的主题来

---

① Aharon Barak, *Proportionality: Constitutional Rights and Their Limitations*, translated from the Hebrew by Doron Kalir, Cambridge University Press, 2012, p. 423.

② Hatton and ors v. UK (Grand Chamber), ECHR, Application No. 36022/97, para. 119.

③ K. Weyland, "Social Movements and the State: The Politics of Health Reform in Brazil", *World Development*, Vol. 23, 1995, pp. 1699 – 1712.

说，比例原则能否像适用于对消极权利的司法审查一样适用于对积极权利的司法审查则还没有定论。即使同意将比例原则适用于对积极权利的司法审查，对于具体的适用对象和适用方式也存在分歧。比如，我国台湾地区学者蔡茂寅就提出，比例原则不仅应适用于侵益行政行为，也应适用于给予人民利益、增进人民福利的授益行政行为。其理由是，在国家资源有限的前提下，对某甲的给付常常意味着对某乙的给付不能或不足额给付。此时，对于人民甲具有授益效果的行政行为，对于人民乙来说则具有了侵益性。这种兼具侵益性和授益性的"双重效果"正当化了比例原则在授益行政行为中的适用。又或者尽管授益行政行为不存在竞争者，但是国家在 A 领域的人力、物力资源投入很有可能对 B 领域造成排挤效应，因此也有适用比例原则的必要。① 由此可见，比例原则在行政法上之授益行政行为的适用，其针对的对象是授益行政行为本身。这与宪法上比例原则对积极权利的适用是大相径庭的，后者适用的对象是对积极权利的限制，不是积极权利本身。

本文关注的是宪法上的比例原则在对积极权利限制的司法审查中的适用。从比较宪法的角度看，尽管很多国家都在基本权利的司法裁判中引入了比例原则，但是其在积极权利裁判中的适用是很有限的。本文的这一部分将从比较法的角度对这一现象进行考察，至于其背后可能存在的原因则在下一部分中进行讨论。

（一）欧洲人权法院

从 1976 年的 Handyside v. United Kingdom② 案开始，比例原则就获得了欧洲人权法院的普遍适用。且如上文所说，欧洲人权法院也同样承认并保护积极权利。更为重要的是，欧洲人权法院还试图将比例原则同等地适用于积极权利。正如其在 Hatton and ors v. UK 案的判词中所说的，"无论案件是从成员国的采取合理与适当的措施来保护申请人的权利的积极义

---

① 蔡茂寅：《比例原则在授益行政领域之适用》，《月旦法学杂志》1998 年第 35 期。
② Handyside v. United Kingdom，App. No. 5493/72，1979，1 EHRR 737.

务……还是从免于公共机关干涉的角度来分析，其可适用的原则大体上是一样的。在这两种语境下，都必须注意在相互竞争的个人利益和作为整体的共同体利益之间进行公正的权衡（fair balance）"①。基于上述理由，本文将欧洲人权法院作为比较法考察的首个对象。不过正如下文将要提到的，在比例原则是否适用于对积极权利限制的问题上，欧洲人权法院在表达与实践上发生了背离。

欧洲人权法院对比例原则的适用通常分为两步。第一步是判断是否存在对《欧洲人权公约》所规定之各项权利的"初显性限制"（prima facie infringement）；如果有，则进入第二步。第二步是判断这一"初显性限制"是不是"由法律所规定"（prescribed by law），是否"追求正当的利益"（pursuing a legitimate interest），是不是"民主社会所必需"（necessary in a democratic society）。其中，"追求正当的利益"对应于比例原则中的目的正当性审查，"民主社会所必需"则对应于比例原则的适当性、必要性以及狭义比例原则审查。尽管欧洲人权法院曾宣称，要将比例原则一体适用于消极权利和积极权利，但是实践中，欧洲人权法院在审理积极权利案件时却往往止步于第一步，即是否存在对积极权利的"初显性限制"；如果有，则法院通常即宣布此限制为不正当。比如在 Guerra and ors v. Italy② 案中，该案涉及工厂的有毒废弃物排放是否构成对《欧洲人权公约》第8条所规定的隐私和家庭生活权利的侵犯问题。欧洲人权法院认为，法院所要裁判的唯一问题是内国当局是否采取了必要的措施保护申请人的隐私和家庭生活权利不受有毒废弃物排放的影响。由于意大利当局没有为申请人提供充分或及时的安全信息，法院据此认定其未能履行其义务并结案。在该案中，法院既没有讨论对隐私和家庭生活权利的限制是否有可能为正当，也没有对案件所涉及的公共利益进行考量。也就是说，法院并没有适用比例原则。

再来看一个案例 Özgür Gündem v. Turkey③，这个案例由于同时涉及消

---

① Hatton and ors v. UK（Grand Chamber），ECHR，Application No. 36022/97，para. 96.
② Guerra and ors v. Italy，26 EHRR 357，1998.
③ Özgür Gündem v. Turkey，31 EHRR 1082，Application No. 23144/93，2001.

极权利和积极权利，因此有助于我们更直观地观察欧洲人权法院在适用比例原则时是如何区别对待消极权利和积极权利的。Özgür Gündem（Free Agenda，自由议程）是一家位于伊斯坦布尔的左翼报社，其同情和支持库尔德人的政治立场与土耳其政府的官方立场相冲突。自 20 世纪 90 年代开始，报社的多名记者和工作人员遭到"未知的犯罪者"（unknown perpetrators）的袭击或暗杀。报社为此多次向土耳其当局申请调查相关案件，并要求土耳其当局为报社提供相应的安全保护，但是这些申请几乎没有得到回应。不仅如此，土耳其当局还以别的理由查封了报社。报社的几位负责人向法院提起诉讼，案件最后上诉到欧洲人权法院。申请人（报社负责人）认为，报社之所以受到严重的攻击和骚扰乃至最终被关闭，土耳其政府负有直接或间接的重要责任。一方面，土耳其当局未能保护报社的表达自由免受私人暴力的侵害，违反了《欧洲人权公约》第 10 条规定的保护表达自由的积极义务；另一方面，土耳其当局对报社办公室的搜查以及对报社工作人员的逮捕和起诉，则违反了《欧洲人权公约》第 10 条规定的不得积极干预表达自由的消极义务。对于报社负责人的这两点主张，欧洲人权法院都给予了支持，但支持的理由截然不同。法院对土耳其当局之积极义务的分析，仅停留在第一步"初显性限制"的分析上。法院认为，土耳其当局对报社提出的获得安全保护的请求置若罔闻，构成了对表达自由的限制，违反了《欧洲人权公约》的相关规定。对于土耳其当局的消极义务，法院则适用了比例原则进行审查，并得出了如下结论：对报社的搜查以及对报社工作人员的逮捕与防止犯罪和骚乱的目的之间不具有"合乎比例"（proportionate）的关系；对报社部分工作人员的起诉与维护国家安全的目的之间具有"合乎比例"的关系，但是对其他工作人员的起诉则不具有这种关系。由此可见，欧洲人权法院在比例原则是否适用于对积极权利限制的司法审查这一问题上，的确存在表达与实践的背离。

（二）德国联邦宪法法院

如上文中所提到的，当代德国的基本权利理论已经否弃了自由权（消极权利）与社会权（积极权利）的划分，转向了基本权利的功能体系理论。基本权利的功能体系理论认为，不管是积极权利还是消极权利都同时具有防御权、受益权和作为客观价值秩序的功能。加之受到"社会国"（Sozialstaat）原则的影响，德国也一直积极、主动地对公民的各项积极权利进行保护。① 相应地，德国联邦宪法法院在积极权利的裁判上也表现出了主动和正面的态度。比如在"第一次堕胎案"中，德国联邦宪法法院就指出，根据《基本法》第 1 条第 1 款（人性尊严）和第 2 条第 2 款（生命权），国家负有保护胎儿生命的积极义务，且这项积极义务要重于《基本法》第 2 条第 1 款下母亲所享有的自由发展其人格的权利，因为后者还有其他的机会来行使自由发展其人格的权利，因此在胎儿的生命权与母亲的人格自由权之间，法院选择了胎儿的生命权。② 不过，同欧洲人权法院一样，德国联邦宪法法院在裁判这一案件时，也没有像在传统的消极权利案件中那样适用比例原则进行审查。法院并没有对立法限制胎儿生命权的做法——将母亲在怀孕的前 12 个星期内经建议或咨询后自愿同意的、由有资质的医生所实施的堕胎手术排除在犯罪之外——的合比例性进行分析，而是直接在两种不同的宪法权利（胎儿生命权和母亲的人格自由权）之间进行比较并得出结论。

再来看发生在 2010 年的 Hartz IV③ 案，该案涉及的适当生活水准权是普遍公认的一项经济社会权利。在 Hartz IV 案中，德国联邦宪法法院第一庭对一部社会福利立法进行了审查，该法规定了成年人和儿童所能获得的、用于维持生活的政府救济金的最高标准。德国联邦宪法法院认为，设定最高标准——且该标准从金额上看实际上是很低的——的做法违反了德国《基本法》第 1 条关于人性尊严和第 20 条关于"社会国"原则的规定，因此应当认定为违宪。不过，在该案中德国联邦宪法法院依然没有适用比例原则。相反，德国联邦宪法法院采取了一种程序主义的进路，认为议会对救济金最高标准的计算方法存在瑕疵，因此应当被宣布为违宪。可

---

① 赵宏：《社会国与公民的社会基本权：基本权利在社会国下的拓展与限定》，《比较法研究》2010 年第 5 期。
② 陈征：《从第一次堕胎判决中透视德国宪法教义学》，《清华法律评论》2014 年第 2 期。
③ BVerfGE 125，175.

见，在对积极权利限制进行合宪性审查时，比例原则仍然不是德国联邦宪法法院的首选项。

（三）南非宪法法院

以上讨论的是发达国家或发达国家聚集地区对积极权利的限制适用比例原则进行审查的情况，现在将视线转向发展中国家。历史上，欧美各主要发达国家对于积极权利的态度一直比较暧昧，有的国家甚至公开拒绝承认积极权利的存在，国际人权两公约的制定历史很清楚地说明了这一点。从这个意义上说，发达国家在比例原则适用于积极权利限制问题上的"表里不一"也是有其历史根源的。但是如果在对积极权利抱有热情态度的发展中国家，比例原则同样没有能够在积极权利限制中发挥审查基准的作用，则说明这是一个普遍性的现象，与一个国家或地区的历史传统、意识形态、经济社会发展水平无关。

本文选择在积极权利司法裁判中表现颇为不俗的南非作为发展中国家的代表进行考察。1991年，南非结束了实行近半个世纪的种族隔离体制，开始走上民主化的道路。1993年，南非议会通过了《临时宪法》（Interim Constitution）。1996年，南非制宪大会通过了《永久宪法》（Final Constitution）。在这两部宪法的制定过程中，南非同时受到了德国和加拿大的双重影响。一方面，受德国法治国思想影响，南非《临时宪法》序言中规定南非是一个宪法国家（constitutional state）；同时，南非《临时宪法》还继受了德国宪法上关于基本权利的间接第三人效力、合宪性推定、基本权利的本质内容等相关教义。[①] 另一方面，南非《临时宪法》和《永久宪法》又受到《加拿大权利与自由宪章》的影响，分别在其第33条和第36条规定了与《加拿大权利与自由宪章》第1条非常相似的基本权利一般性限制条款。也因此，在解释这两个条款时，南非宪法法院经常引用加拿大最高法院的相关判例。以至于有的南非学者感叹道，"根据《（加拿大权利与自

---

① Johan De Waal, "A Comparative Analysis of the Provisions of German Origin in the Interim Bill of Rights", *South African Journal on Human Rights*, Vol. 11, 1995, pp. 1 – 29.

由）宪章》和我国《权利法案》所作的（宪法权利）限制分析有诸多的共同特征，比如……合比例性评估，后者要求，最起码（at a minimum），所使用的手段与所欲达成的目标之间存在一种合理联结，手段对权利的损害是'尽可能小'的，对权利受侵害者所施加的负担（burdens）不能重于社会从这一限制中所能获得的收益"①。与此同时，南非1996年的《永久宪法》对经济、社会权利等积极权利作出了详细规定。《永久宪法》第26~29条分别规定了住房权、健康权、食物和水权、社会保障权等经济、社会权利，以及政府在其可用的资源范围内采取合理的立法和其他措施以逐步实现上述权利的义务，这就为积极权利的可裁决性和司法化提供了明确的宪法依据。但是，与德国联邦宪法法院和欧洲人权法院一样，南非宪法法院也没有将比例原则适用于对积极权利限制的审查。相反，南非宪法法院发展出了专门用于审查积极权利限制的合理性审查（reasonableness review）标准。

南非宪法法院适用合理性审查的典型案例，如 Government of the Republic of South Africa v. Grootboom 案、Minister of Health v. Treatment Action Campaign 案，其案情国内学者已经有过介绍，此处不再重复。② 本文仅从法律推理技巧的层面简要提示一下合理性审查与比例原则审查的区别。对于这两者的区别，可以从形式和实质两个方面进行把握。在形式层面，比例原则审查是分两个阶段进行的，第一阶段审查立法是否构成对基本权利的限制，第二阶段则审查立法的合比例性。与之不同，合理性审查只有一个步骤，法院要解决的也只有一个问题：立法是否构成了对相关积极权利的侵害。如果立法构成了对相关积极权利的侵害，则法院可以径直宣布其为违宪，不需要再作进一步的审查。在实质层面，比例原则侧重审查立法的目的是否正当，立法所选择的手段与目的之间是否符合适当性、必要性以及狭义比例原则的要求。但是在合理性审查中，法院首先要考察的则是

---

① Stuart Woolman and Henk Botha，"Limitations，in Stuart Woolman"，*Constitutional Law of South Africa*，Juta Law Publishers，2002，p. 13.

② 胡敏洁：《论社会权的可裁判性》，《法律科学》（西北政法学院学报）2006年第5期；郑智航：《论南非健康权的救济》，《西亚非洲》2009年第2期。

立法是否采取了相应的措施以履行其保障积极权利实现的义务，其次则要考察该措施是不是将个案语境以及可用资源都充分考虑在内的有助于立法者履行其义务的合理措施。如果是，则立法不构成对相关积极权利的侵害；如果不是，则立法构成对相关积极权利的侵害。[①] 由此可见，在比例原则的视野中，对基本权利的限制只是一种初显性（prima facie）限制，有被正当化的可能；但是在合理性审查的视野中，对积极权利的限制则是确定性的（definite），不存在被正当化的可能。

三　现有理论的述评

比较法的考察显示，无论是欧洲人权法院、德国联邦宪法法院还是南非宪法法院，在比例原则适用于对积极权利限制之司法审查这个问题上都是"说一套做一套"。为什么会出现这样的现象？既有的各种理论又是如何解释这一现象的？它们的解释又是否具有说服力？在这一部分，我们将对这些问题进行探讨。

（一）司法方法论

为什么比例原则不适合作为对积极权利限制的司法审查基准，第一种解释理论认为，这是由于积极权利相对于消极权利来说属于"新生事物"，欧洲人权法院、德国联邦宪法法院等对此都不够熟悉，也没有足够的时间来建立积极权利限制的标准化审查路径，包括将已有的路径（比例原则）套用到积极权利限制的审查中。[②] 换句话说，将比例原则适用于对积极权利限制的司法审查在方法论上还不够成熟，法院即使主观上希望将比例原则引入对积极权利限制的司法审查中，在客观上也是"心有余而力不足"

[①] Katharine G. Young, "Proportionality, Reasonableness, and Economic and Social Rights", in Vicki C. Jackson and Mark Tushnet ed., *Proportionality：New Frontiers，New Challenges*, New York：Cambridge University Press, 2017, pp. 450 – 497.

[②] Stephen Gardbaum, "Positive and Horizontal Rights：Proportionality's Next Frontier or a Bridge Too Far?" in Vicki C. Jackson and Mark Tushnet ed., *Proportionality：New Frontiers，New Challenges*, New York：Cambridge University Press, 2017, p. 431.

的。更为重要的是，上文中这几个传统的比例原则司法管辖区域的消极态度也影响到了新近加入比例原则全球化进程中的国家，导致各国在将比例原则适用于积极权利限制之司法审查的问题上止步不前。

对于这一观点，本义认为，一方面，不可否认积极权利相对于消极权利来说确实出现得晚一些，但是如果从"第一次堕胎案"算起，德国联邦宪法法院早在20世纪70年代就开始承认国家对基本权利的保护性义务；到2010的Hartz IV案也已经有40年的历史了。至少从1985年的X and Y v. The Netherlands①案开始，欧洲人权法院就认可了国家的积极义务，迄今也已经有30多年的历史了。至于南非宪法法院，不可否认其开展对积极权利限制的司法审查的历史较为短暂，但是不要忘了，这种时间上的短促不是单独针对积极权利的刻意行为，而是由于南非建立司法审查制度的历史本身就非常短暂。换言之，对于南非宪法法院来说，不仅对积极权利限制的司法审查是一个新的课题，即使是对消极权利限制的司法审查也同样是一个新的课题。既然如此，为何对消极权利限制的司法审查就可以轻松地适用比例原则，对积极权利限制的司法审查则要在方法论上瞻前顾后？这种"双标"做法显然不具有解释力和说服力。

另一方面，即使承认积极权利是司法审查中的"新生事物"，也不能以此来解释为什么比例原则不适用于对积极权利的司法审查。相反，根据"路径依赖"②理论，再考虑法律的"深度不学习"③特征，在面对积极权利时法院不仅不应该抛弃比例原则，相反应该更为积极地拥抱它。况且即使我们承认积极权利是司法审查的"新生事物"，也承认法院在面对这一"新生事物"时有本能的畏难情绪，我们仍然无法解释为什么法院拒绝适用比例原则。在这一点上，美国学者弗里德里克·肖尔（Frederick Schauer）的分析很值得我们思考。在肖尔看来，比例原则作为一种灵活的、基于标准（standard-based）的教义，更适合于司法审查上的新手和后

---

① X and Y v. The Netherlands.

② 〔美〕道格拉斯·C. 诺斯：《制度、制度变迁与经济绩效》，刘守英译，上海三联书店，1994年，第138页。

③ 余成峰：《法律的"死亡"：人工智能时代的法律功能危机》，《华东政法大学学报》2018年第2期。

起之秀。对于像美国这样有着悠久司法审查历史和丰富裁判法理的国家来说，类型化的、基于教义和规则的审查基准才是更好的选项。①不可否认，肖尔的论断有其偏颇之处，但它对比例原则及其优点的认知和把握还是比较准确的。比例原则作为一种形式化和标准取向的论证结构，的确比美国式的类型化的审查基准更好上手。因此，即使承认积极权利是司法审查中的"新生事物"，法院也应当积极拥抱而不是消极排斥比例原则。

（二）作为绝对权利的积极权利

第二种解释理论主张，之所以没有将比例原则适用于对积极权利限制的审查，是因为比例原则在积极权利限制中缺乏可适用性。积极权利所具有的逐步实现的特征，导致了积极权利司法裁判的困境。为此，联合国经济、社会和文化权利委员会在"关于缔约国义务之性质"的第3号一般性意见中提出了"最低核心义务"（minimum core obligation）的概念，认为每项权利都有其最低的基本水平或基本要求，如果没有达到这个最低的基本水平或基本要求，缔约国就违反了其公约义务。②"最低核心义务"概念的提出，确实有助于推动积极权利的司法化。但是，由于国家承担的是"最低核心义务"，没有下降的空间，这同时也意味着司法化之后的积极权利成了绝对权利，不得再被限制。既然积极权利不得再被限制，比例原则因此也就失去了适用的前提和空间。

对于这种主张，至少也可以从两方面来进行探讨。一方面，无论是欧洲人权法院、德国联邦宪法法院还是南非宪法法院，它们或者完全没有接受"最低核心义务"的路径，或者只是有限度地接受了这一主张。③因此，以"最低核心义务"为理由来解释这几个国家或地区法院的做法是说不通的。即使是提出了"最低核心义务"主张的联合国本身，在全球经济

---

① Frederick Schauer, "The Exceptional First Amendment", in Michael Ignatieff ed., *American Exceptionalism and Human Rights*, Princeton, New Jersey: Princeton University Press, 2005, pp. 29 – 32.

② 韩敬:《国家保障住房权的最低核心义务》,《河北法学》2013 年第 11 期。

③ David Bilchitz, "Socio-economic Rights, Economic Crisis, and Legal Doctrine", *International Journal of Constitutional Law*, Vol. 12, 2014, p. 730.

危机的大背景下也不得不放弃对"最低核心义务"的坚持，转而允许财政紧缩政策对积极权利作出一定程度的限制。①

另一方面，"最低核心义务"理论本身在规范和现实层面也面临诸多挑战，因此不适宜作为理解积极权利的最佳理论工具。从规范的层面来说，"最低核心义务"实质上运用和体现的是罗尔斯的"交迭共识"（overlapping consensus）理论，即共识越抽象甚至空洞化才越容易达成。这是因为，"最低核心义务"实质上采取的是一种"去量化标准"的做法，它排斥通过量化的方式来阐述积极权利的具体内容，而是追求积极权利的"一种关于'什么是对的'坚定的'稀薄'理论"②。但问题在于，共识越抽象就越容易达成，果真如此吗？答案可能是否定的。比如美国学者桑斯坦提出的"未完全理论化合意"理论就主张，人们在根本的方向性问题上更难以达成合意，在下一步向何处走等细节性问题上却可以形成共识。③所以在规范层面上，"交迭共识"作为达成"最低核心义务"共识的有效策略，这一点是存在争议的。换句话说，可能并不存在一个能够获得普遍认可的"最低核心义务"。

而从现实层面来看，"最低核心义务"实际上是与国家对积极权利的"逐步实现"义务联系在一起的。它假设通过设定"最低核心义务"可以引发不同国家之间的良性制度竞争，即有条件的先发国家可以在率先实现"最低核心义务"之后持续不断提高对积极权利的保障水平。而对于发展水平相对低下的后发国家，履行"最低核心义务"既是一项可行的（同时也是必须完成的）法定责任，也是向积极权利保障的更高水平逐步过渡的一个阶段。应该说，这一假设的初衷是好的，如果真的能够落到实处，也将大大促进各个国家积极权利的保障水平。但问题在于，"最低核心义

---

① OHCHR，Report on Austerity Measures and Economic and Social Rights，available at http://www. ohchr. org/_ layouts/15/WopiFrame. aspx? sourcedoc =/Documents/Issues/Development/RightsCrisis/E-2013 - 82 _ en. pdf&action = default&DefaultItemOpen = 1，最后访问日期：2018 年 2 月 7 日。

② 郑智航：《适当生活水准权"适当标准"的确定》，载胡建淼主编《公法研究》（第 8 辑），浙江大学出版社，2010，第 399 页。

③ 田雷：《"差序格局"、反定型化与未完全理论化合意——中国宪政模式的一种叙述纲要》，《中外法学》2012 年第 5 期。

务"所激发的有可能不是良性竞争，而是探底竞争（race to the bottom）。比如有的学者就观察到，美国联邦宪法和《欧洲人权公约》分别为各州和各成员国设定了某种"最低核心义务"，但是其后果截然相反。在美国新司法联邦主义的影响下，很多州的人权保障水平已经超越了联邦宪法规定的标准；但是在欧洲出现了"探底竞争"的现象，本来人权保障水平高于《欧洲人权公约》之普遍性规定的国家，在加入《欧洲人权公约》后却倒退回公约所规定的一般水平上。① 由此来看，"最低核心义务"在规范和现实两个层面上都存在不可回避的挑战，以之作为排除比例原则之司法适用的正当理由也是有失公允的。

（三）资源的有限性

第三种解释理论主张，之所以将比例原则排除在对积极权利限制之审查的范围之外，是因为在积极权利限制中适用比例原则是多余的。"由于在几乎所有的情况下，这些权利（指积极权利）的实现都需要稀缺的资源；因此，任何（对积极权利的）限制都一定会增进节约资源这一正当目标，对于这一目标的实现也一定是适当和必要的。"② 对于这一观点也可以从以下几个方面进行商榷。其一，不管是积极权利还是消极权利，对它们的限制在很多情况下都是可以轻松地通过比例原则审查的。换句话说，在很多时候，比例原则审查的结果是一望可知的。但是，法院没有因为结果的一望可知就不进行比例原则审查了，法院还是会按部就班地进行目的正当性、适当性、必要性以及狭义比例原则的审查，其目的就在于通过比例原则这一普遍接受的公共理性过程（public reasoning process）来正当化其裁判结果。在没有什么争议的消极权利案件中法院尚且如此，在本身即充满争议的积极权利案件中法院却以裁判结果的正当性为对价来换取司法裁判的高效率，这是说不通的。其二，从世界各主要国家的宪法文本以及

---

① Jason Mazzone，"The Rise and Fall of Human Rights：A Sceptical Account of Multilevel Govern-ance"，*Cambridge Journal of International and Comparative Law*，Vol. 3，2014，pp. 929 – 960.

② Kai Möller，*The Global Model of Constitutional Rights*，Oxford University Press，2012，p. 179.

国际人权文件来看，节约资源也不是一项可以为基本权利的限制提供证成的正当目的。比如在 Singh v. Minister of Employment and Immigration 案中，该案涉及是否要赋予每位申请难民地位的当事人以听证的权利。加拿大就业和移民部主张，每年都有成千上万的申请者向加拿大当局申请难民地位，如果赋予每个人以听证的权利，将对国家资源造成沉重负担。加拿大最高法院没有支持这一主张，执笔本案判词的 Wilson 大法官写道，"我非常怀疑，鲍威（Bowie）先生所提出的这种功利主义主张能否证成对宪章所规定之权利的限制。如果因为行政上的方便就无视宪章对权利的保障，则后者将必定是虚幻的。如果采取这样一种无视基本正义原则的行政程序，毫无疑问可以节省大量的时间和金钱。但是在我看来，这样的主张并没有抓住（宪章）第 1 条的要领"①。南非宪法法院也曾经在 Minister of Home Affairs v. NICRO② 案中作出过相近的判决。其三，这种观点认为，由于目的正当性、适当性和必要性审查不适用于积极权利的限制，因此只有"公正的权衡"（fair balance），也就是狭义比例原则，才适用于对积极权利限制的审查。但实际情况是，德国联邦宪法法院、南非宪法法院以及欧洲人权法院都没有对积极权利的限制进行过狭义比例原则的审查。因此，以资源的有限性为理由也是缺乏解释力和说服力的。

四　比例原则与积极权利的分离结构

以上我们对现有的几种理论进行了述评，应该说，它们都各自有其合理之处，但同时也有其不可避免的局限和不足。更为重要的是，它们的工作还仅停留在单纯的解释层面，没有从实践的角度提出切实可行的解决方案。套用马克思在《关于费尔巴哈的提纲》中的经典论断，它们"只是用不同的方式解释世界，而问题在于改变世界"。有鉴于此，当代德国著名法学家罗伯特·阿列克西提出了积极权利的分离结构命题，以此来解释

① Singh v. Minister of Employment and Immigration, SCR 177, 1985, p. 70.

② Minister of Home Affairs v. NICRO, SA 280, 2005.

比例原则在对积极权利限制的司法审查中的适用难题。同时，他还针对积极权利的这一特殊结构提出了双重审查密度和连锁否定链条理论，作为对其司法适用难题的解决之道。

（一）消极权利与积极权利：连接结构与分离结构

阿列克西关于积极权利的分离（disjunctive）结构理论认为，积极权利与消极权利的一个重要区别在于，消极权利呈现的是一种连接（conjunctive）结构，即消极权利是一项禁止性命令，比如言论自由作为一项消极权利，至少从表面上（prima facie）说，它禁止所有对言论自由起到限制作用和效果的行为。与此相反，积极权利则呈现一种分离（disjunctive）结构，即积极权利是一项保护性、支持性的命令，它不要求所有能够提供保护或支持的行为都必须同时做到。比如，为了救一个掉进水里的人，至少有以下几种办法：（1）游过去将其救起；（2）扔给他一个救生筏；（3）派船过去将其救起。此时，这三种办法不需要同时做到，只要实施了其中的一种方法即可达成目标。①

积极权利和消极权利的结构性差异，在一定程度上解释了为什么比例原则更容易在涉及对消极权利限制的案件中适用，却更难以在涉及对积极权利限制的案件中适用。消极权利的连接结构意味着，比例原则所要进行审查的手段和目的是明确的，即为了实现某个目的，采取了某种手段对基本权利进行初显性限制（prima facie limitations）。但是积极权利的分离结构意味着，比例原则所要审查的手段不是一个，而是多个，且很多时候是不确定的多个。比如上文中提到的救起掉进水里的人的案例，如果进行比例原则审查，则要考察的手段至少有三个，这在很大程度上增加了比例原则审查的难度。

（二）双重干预密度与连锁否定规则

积极权利的分离结构的确增加了适用比例原则的难度，但这不代表比例原则完全无法在对积极权利限制中进行适用。阿列克西的双重干预密度

---

① Robert Alexy, "On Constitutional Rights to Protection", *Legisprudence*, Vol. 3, 2009, p. 5.

（Intensity of Interference）理论[1]和连锁否定规则（Rule of Chain Negation），就是为了解决这一问题而提出的。为此，阿列克西以宪法上颇有争议的堕胎问题作为例子进行说明。受阿列克西的启发，也有学者以隐私权（免受噪音侵害的权利）和飞机场的营业自由之间的冲突作为对象，运用双重干预密度理论和连锁否定规则对此进行了分析。[2] 限于篇幅，此处仅对阿列克西的相关研究成果进行介绍和评析。

假设为了保护怀孕 3 个月以内的胎儿的权利，有以下四种手段供立法者选择。手段 M_1 是严格限制，仅允许在孕妇的生命安全受到威胁时才可堕胎。手段 M_2 的限制相对较弱，允许基于社会理由（与生理理由相对）的堕胎。手段 M_3 取消了对堕胎的限制，但是要求孕妇在决定堕胎前接受咨询，是否接受咨询决定了孕妇能否获得财政上的支持。手段 M_4 允许在怀孕 3 个月以内可以自由选择是否堕胎，它对胎儿权利的保护体现在仅允许在 3 个月以内进行堕胎。如表 2 所示，按照阿列克西的三重刻度标准，手段 M_1、M_2、M_3、M_4 对孕妇的人格权（P_j）的干预密度（I_j）分别是强烈的（s）、中间的（m）、中间的（m）和轻微的（l），对胎儿的生命权（P_i）的保护程度（D_i）分别是强烈的（s）、中间的（m）、中间的（m）和轻微的（l）。此时，是无法适用比例原则对各手段进行审查的，因为无论是对哪种手段进行审查，都将出现所谓的权衡僵局的情况，即 s：s，m：m，m：m，l：l。因此，要引入新的权衡对象 Non-M_1、Non-M_2、Non-M_3、Non-M_4 来打破僵局。

Non-M_1、Non-M_2、Non-M_3、Non-M_4 分别代表的是除 M_1、M_2、M_3、M_4 之外的各项手段。因此从理论上说，Non-M_1 可以是 M_2、M_3、M_4，Non-M_2 可以是 M_1、M_3、M_4，以此类推。但是阿列克西认为，由于 Non-M_1 中已经包括了 M_2、M_3、M_4，因此 Non-M_2 仅考虑 M_3、M_4 即可。同理，Non-M_3 也可以只考虑 M_4，这就是所谓的连锁否定规则。至于 Non-M_1、Non-M_2、

---

[1] 需要说明的是，阿列克西本人并没有明确使用"双重干预密度"这一表达方式，这是本文根据其理论的主要内容概括出来的。

[2] Matthias Klatt and Moritz Meister, *The Constitutional Structure of Proportionality*, Oxford University Press, 2012, pp. 95 – 98.

Non-M$_3$、Non-M$_4$ 如何发挥打破权衡僵局的功能，阿列克西认为，这需要在现有基础上再考察 Non-M$_1$、Non-M$_2$、Non-M$_3$、Non-M$_4$ 对胎儿的生命权（P$_i$）的由于不保护所产生的干预密度（Intensity of non-protection），因此可称其为双重干预密度理论。具体来说，当对手段 M$_1$ 进行考察时，其对 P$_j$ 的干预密度是 s，对 P$_i$ 的保护程度也是 s，但是手段 Non-M$_1$ 对 P$_i$ 的干预密度则是 l。因此，手段 M$_1$ 构成了对 P$_j$ 的过度限制，不符合比例原则。同理，手段 M$_4$ 则构成了对 P$_i$ 的过少保护，也不符合比例原则。相比之下，只有手段 M$_2$ 和 M$_3$ 是符合比例原则要求的。因此，立法者可以有自由裁量的空间来决定选择手段 M$_2$ 还是 M$_3$。

表 2 阿列克西的双重干预密度

手段	P$_j$	P$_i$	
	干预密度	保护程度	干预密度
	I$_j$	D$_i$	I$_i$
M$_1$	s	s	Non-M$_1$：l
M$_2$	m	m	Non-M$_2$：m
M$_3$	m	m	Non-M$_3$：m
M$_4$	l	l	Non-M$_4$：s

（三）对阿列克西相关理论的评析与改进

应该说，阿列克西提出的积极权利的分离结构理论是很有见地的，道破了比例原则难以在对积极权利限制的司法审查中适用的主要原因。但是在本文看来，阿列克西提出的双重干预密度理论和连锁否定规则是值得商榷的。首先，阿列克西以打破权衡僵局作为引入双重干预密度和连锁否定规则的理由，多少是有些牵强的。因为这一权衡僵局可以说是由阿列克西人为设计出来的，看起来更像是为了引出双重干预密度理论和连锁否定规则而刻意制造的——不管 I$_i$（或 D$_j$）的刻度是 s、m 还是 l，其都是主观设定的，因此可以说 s：s、m：m、l：l 的僵局也是人为设计出来的。进一步追问，I$_i$ 的 s（m、l）就一定等同于 D$_j$ 的 s（m、l）？答案可能是否定的。实际上，阿列克西本人也不认为此 s 就一定等同于彼 s，所以他才提出了所谓的"双阶三重刻度"（Double-Triadic Scale）理论，即将 s 再细分为 ss、sm、sl 三个刻度，m、l 同理也再细分为 ms、mm、ml 和 ls、lm、ll 等不同刻度，而这一"双阶三重刻度"理论恰好是阿列克西在别的场合所提出的破解权衡僵局的办法。[①] 这就说明，在将比例原则适用于对积极权利限制的司法审查这一问题上，阿列克西放弃了他本人提出的打破权衡僵局的办法，但是他没有解释为什么要放弃这一办法。因此，我们有理由怀疑，阿列克西以打破权衡僵局作为引入双重干预密度和连锁否定规则的理由是另有深意的。

那么，阿列克西为什么要设计一个权衡的僵局状态，又为什么对他自己提出的"双阶三重刻度"理论避而不谈？在本文看来，以下三个方面的理由或许可以作为解释。其一，在论述与比例原则相关的议题时，阿列克西表现出了对数字和数学的某种偏爱。无论是将 s、m、l 分别赋值 2^0、2^1、2^2，还是提出"双重三阶刻度"理论，都是一种数学思维的体现。同样地，僵局也是一种数学思维的体现，实质上是以数学上的等式关系来指代规范意义上的价值判断难题。其二，阿列克西之所以对"双阶三重刻度"理论避而不谈，一方面有时间上的原因，毕竟"双阶三重刻度"理论提出的时间要略晚于双重干预密度理论和连锁否定规则；但反过来看，阿列克西在提出"双阶三重刻度"理论时似乎也没有提及双重干预密度理论和连锁否定规则。可见，阿列克西本人是将这两者有意区别开来的，不存在孰优孰劣之分，也不存在后者取代前者的问题。其三，阿列克西之所以引入双重干预密度理论和连锁否定规则，而没有采用"双阶三重刻度"理论，或许是因为他意识到有必要对手段 M_1、M_2、M_3、M_4 逐一进行考察，因为这些手段都是胎儿生命权（P_i）的内在要求，这与在对消极权利限制进行必要性审查时所要考察的其他替代性手段有本质的不同。换句话说，在积极权利限制中，当一项立法选择了手段 M_1 时，应初步假定其为合

---

① Robert Alexy, "The Construction of Constitutional Rights", *Law & Ethics of Human Rights*, Vol. 4, 2012, pp. 30–31.

宪，因为手段 M_1 是胎儿生命权的内在要求。但是在消极权利限制中，立法所选择的某一手段应被初步假定为违宪，因为这一手段是为其所限制的某项基本权利所否定的。因此，单纯考察手段 M_1，是无法作出立法是否合宪的判断的，只有通过将各项手段逐一进行考察才能得出相对正确的答案。

其次，双重干预密度理论和连锁否定规则的有效性也是值得商榷的。双重干预密度理论表面上看确实解决了权衡僵局的问题，但其实它本身也面临结果的不确定性难题。比如上文中提到的 $Non-M_1$，当 $Non-M_1$ 是 M_2 或 M_3 时，可以说其对胎儿生命权（P_i）的干预是轻微的（l），因此可以得出 M_1 不符合比例原则的结论。但是，$Non-M_1$ 是 M_4 时，其对胎儿生命权（P_i）的干预则是严重的（s），因此无法得出 M_1 不符合比例原则的结论。可见，双重干预密度理论的确存在结果的不确定性问题。连锁否定规则认为，在考察除某一手段之外的其他手段时，只需要考察比该手段对积极权利的保护程度更低的手段即可。但如果涉及的是对积极权利保护程度最低的手段，比如上文中提到的 M_4，此时如何确定 $Non-M_4$ 到底包括哪些手段，连锁否定规则对此没有作出明确的说明。

最后，通过对阿列克西双重干预密度理论和连锁否定规则的审视，本文认为在对积极权利限制中适用比例原则的正确做法或许应该是，假定立法选定的手段为 M_3，则应以 M_3 为标准，首先将对积极权利的保护程度低于 M_3 的手段，即将 M_4 排除出去。这样做其实和必要性审查中将超过基本权利限制的"顶限"要求的手段排除出去的道理是一样的。在必要性审查中经常面临手段的异同有效性难题，即"不同手段的有效性往往是不同的，即很少存在两个完全同等程度实现目的的手段"[①]。此时，应当以被审查的立法所选择之原初手段为标准，为基本权利限制划定一条"顶限"，其他手段对基本权利的限制程度都应当低于这一"顶限"。如果不划定这样一条"顶限"，就有可能出现一种合乎逻辑但又违背常识的结论：一部限制基本权利的法律被宣布为违宪，因为它对基本权利的限制不是太多而是太少了。同样地，此处如果不将手段 M_4 排除出去，则有可能出现如下

---

① 刘权：《论必要性原则的客观化》，《中国法学》2016 年第 5 期。

有违常识的情形：一部规定积极权利的立法被宣布为违宪，不是因为其对积极权利的保护太少，而是因为其对积极权利的保护太多了。另外，要分别考察适用手段 M_1、M_2、M_3 时，受到保护的积极权利的边际社会重要性（marginal social importance）[①] 以及因此受到干涉的立法目的或他者基本权利的边际社会重要性，从中选出差值最大的一种手段。如果 M_3 是这一手段，则立法符合比例原则；反之，则立法不符合比例原则。这其实也就是狭义比例原则审查阶段对其他可替代性手段的审查，只不过在对消极权利限制的审查中，这些可替代性手段本身也构成了对基本权利的"初显性限制"，只有通过比例原则审查，才能为其提供正当化的可能。但是在对积极权利限制的审查中，这些被考察的手段本身都是正当的，比例原则审查的目的不在于为其提供正当化的可能，而是为积极权利保护和立法目的的实现寻找一种最优化的可能。

五　结语

以上，本文对比例原则适用于对积极权利限制之司法审查的困境及其出路进行了探讨。在结语部分我们来讨论一个更为基础性、前提性的问题：为什么要将比例原则适用于对积极权利限制的司法审查？换句话说，现有的针对积极权利限制的司法审查方式有何不足之处，以致必须被比例原则所取代？这一问题本应放在更重要的位置进行讨论，但是考虑到以下将要提到的积极权利的可裁决性和比例原则的价值优越性等主题过于宏大，已经超出了本文的论述范围，所以，将其放在结语中进行简要的讨论，也算是为后续进一步的研究埋下一个伏笔。

关于为什么要将比例原则适用于对积极权利限制的司法审查，可以从积极权利的特殊性、现有司法审查方式的局限性以及比例原则的优越性三个方面进行论述。首先，积极权利相对于消极权利来说，除了上文中提到的权利

---

① Aharon Barak, *Proportionality*: *Constitutional Rights and Their Limitations*, translated from the Hebrew by Doron Kalir, Cambridge University Press, 2012, p. 349.

结构上的区别之外，还常常面临是否具有可裁决性（justiciability）的质疑。所谓可裁决性，又称为可司法性，在事实层面是指一个诉求在程序上可以得到满足和实现，在规范层面则意味着该问题具有适合于司法解决的法律属性。① 至于是否适合于司法解决，则要从制度能力（institutional capacity）和制度正当性（institutional legitimacy）两个方面来进行判断。② 就积极权利来说，其是否具有可裁决性的争议也主要围绕制度能力和制度正当性这两个方面展开。在制度能力方面，法院被普遍认为缺乏进行积极权利裁决的制度能力，具体体现为缺乏足够的信息和专业知识，处理"多中心"（polycentric）任务的能力不足，无法提供有效的救济手段等。③ 在制度的正当性方面，由于受到"反多数主义的难题"（counter-majoritarian difficulty）④的困扰，法院不仅在积极权利的可裁决性问题上面临责难，即使是在消极权利的可裁决性问题上也饱受非议。因此，对于法院这样一个既无强制又无意志，只有判断的"最不危险分支"来说，或许只有客观中立、逻辑缜密，且又论述精辟的裁判说理才能为其作出的司法判决提供某种权威和正当性。恰恰是在这一方面，现有司法审查方式的局限性暴露了出来。

关于现有司法审查方式的局限性，如果我们接受加拿大学者查尔斯-麦克斯姆·帕纳斯欧（Charles-Maxime Panaccio）的观点，即比例原则审查是分两步进行的：第一步是判断基本权利是否受到限制，第二步是对基本权利限制的正当性进行审查。⑤ 那么，无论是欧洲人权法院、德国联邦宪法法院还是南非宪法法院，它们在将比例原则适用于对积极权利限制的

① Geoffrey Marshall, "Justiciability", in A. G. Guest ed., *Oxford Essays in Jurisprudence*, Oxford: Oxford University Press, 1961, pp. 265 – 268.

② Lorne Sossin, *Boundaries of Judicial Review: The Law of Justiciability in Canada*, Toronto: Carswell, 1999, p. 233.

③ Aoife Nolan, "Bruce Porter, and Malcolm Langford, The Justiciability of Social and Economic Rights: An Updated Appraisal", available at http://www. socialrightscura. ca/documents/publications/justiciability-social-econ-rights-updated-appraisal. pdf, 最后访问时间：2018 年 9 月 10 日。

④ 〔美〕亚历山大·M. 比克尔：《最小危险部门——政治法庭上的最高法院》，姚中秋译，北京大学出版社，2007，第 17 页。

⑤ Charles-Maxime Panaccio, "In Defense of Two-Step Balancing and Proportionality in Rights Adjudication", *Canadian Journal of Law and Jurisprudence*, Vol. 24, 2011, pp. 109 – 128.

司法审查时，其实都止步于了比例原则审查的第一步。具体来说，它们通常是先划定涉案的积极权利的规范领域，然后直接断言受审查的立法是否构成了对该权利的限制，如果构成则宣布其违宪，反之则宣布其合宪。这种做法的局限性是显而易见的，它既缺乏上文中提到的逻辑缜密、论述精辟的裁判说理，又隐隐透露出法官过度的主观裁量和自由心证，因此很难为其判决提供充足的正当性。实际上，美国学者史蒂芬·伽得鲍姆（Stephen Gardbaum）也注意到了这一点，并从司法或制度心理学的角度给出了解释。他认为，由于积极权利（如适当生活水准权）大多与个人的基本生存和生活需要密切相关，因此相对于消极权利来说，积极权利显得更为迫切，也与人的尊严更为直接相关。此外，考虑到消极权利领域不断显现的"通货膨胀"（right inflation）趋势，许多严格说来不能被称为权利的内容也被冠上权利的名号。因此，法院在对消极权利限制进行比例原则审查时，已经逐渐将重心转向了对消极权利之限制的证成上。如果法院像审查消极权利那样，首先确定积极权利的规范领域，再对积极权利限制的合宪性进行比例原则审查，甚至作出对积极权利的限制合乎比例原则的判决，难免给人麻木不仁（callous）的印象，在道德上也是不恰当的（morally inappropriate）。因此，对于法院来说，更为妥当的一种处理办法是将关注的焦点放在积极权利的规范领域上。原则上，只要构成了对积极权利之规范领域的违反（breach），就应当宣布其为违宪。当然，法院也可以运用各种宪法解释方法调节积极权利之规范领域的大小，防止出现明显不合理的判决结果。① 对于这一解释，本文基本表示赞同。但是这种解释只是一种主观的推断，如果要补强其解释效力，还需要进一步的事实依据或实证数据的支撑，因此此处不作过多评论。

最后，关于比例原则的价值优越性，学界已有过较为详细的讨论，比如比例原则有助于实现分裂社会（divided society）中的冲突管理②，有助

---

① Stephen Gardbaum, "Positive and Horizontal Rights: Proportionality's Next Frontier or A Bridge Too Far?" in Vicki C. Jackson and Mark Tushnet ed., *Proportionality: New Frontiers, New Challenges*, New York: Cambridge University Press, 2017, pp. 435 – 436.

② Moshe Cohen-Eliya and Iddo Porat, *Proportionality and Constitutional Culture*, Cambridge University Press, 2013, p. 106.

于推动法律和宪法的全球化，并促进全球法官群体的跨国家和跨法系对话等。① 从某种意义上说，这些价值上的优越性归根结底都来自比例原则的形式主义论证结构。作为一种形式主义的论证结构，比例原则一方面对所有的权利"一视同仁"②，通过这种"非位阶化"（non-hierarchical）的操作，避免了因对某种价值的抽象偏好，或是在相互竞争的价值之间建立某种位阶而产生的矛盾。③ 另一方面，比例原则将司法审查明确分为目的正当性、适当性、必要性、狭义比例原则四个步骤，逻辑清晰、节奏明快，是一种为论辩双方所共同接受的对话平台，可以有效降低信息交流和沟通的障碍和成本。更为重要的是，它弥补了现有审查方式在裁判说理上的局限性。在适用比例原则的情况下，法官必须按照以上四个步骤逐一展开论述，裁判说理的充分性也因此得到保证。此外，即便法官在某一个步骤中过度地、不当地动用了自由裁量权力，由于比例原则四个子原则之间的有机联系，在后续的步骤中其也可以被矫正过来，尽可能地确保法官不会滥用权力。对于反对者来说，由于他们也认同比例原则的形式论证结构优势，因此可以顺势将他们的反对意见从价值层面转移到事实层面，从而使论辩双方在比例原则的框架范围内展开有效率的"对话"。而这种对话机制，既是"弱司法审查"（weak-form judicial review）理论的支持者们所提倡的④，也被认为是更适合于针对积极权利限制的司法审查。⑤因此，将比例原则适用于对积极权利限制的司法审查，不仅可以有效突破现有司法审查方式的局限，在某种程度上也回应和顺应了司法审查理论的发展趋势。

---

① Michel Rosenfeld, "Rethinking Constitutional Ordering in An Era of Legal and Ideological Pluralism", *International Journal of Constitutional Law*, Vol. 6, 2008, p. 415.

② Dieter Grimm, "Proportionality in Canadian and German Constitutional Law Jurisprudence", *University of Toronto Law Journal*, Vol. 57, 2007, p. 94.

③ Theunis Roux, "Principle and Pragmatism on the Constitutional Court of South Africa", *International Journal of Constitutional Law*, Vol. 7, 2009, pp. 133 – 134.

④ Grégoire C. N. Webber, "The Unfulfilled Potential of the Court and Legislature Dialogue", *Canadian Journal of Political Science*, Vol. 42, 2009, pp. 443 – 465.

⑤ Mark Tushnet, *Weak Courts, Strong Rights: Judicial Review and Social Welfare Rights in Comparative Constitutional Law*, Princeton University Press, 2008.

Principle of Proportionality and the Judicial Review of the Limitations on Positive Rights

Cao Rui

Abstract: With the development of fundamental rights theory and human rights concept, the division between negative and positive rights are diminishing. As a result, a question has been asked that should the principle of proportionality be applied to the judicial review of limitations on positive rights, just as it be applied in the judicial review of limitations on negative rights. The survey on comparative law indicts that there are limits to the use of proportionality even among those constitutional courts most committed to it. Some explanations have been offered, such as judicial methodology, positive rights as absolute rights and scarce resources. However, these explanations are not convincing. In order to solve the problem, Robert Alexy offers his own explanation. In his opinion, positive rights have a disjunctive structure, which is very different from that of negative rights, and that may be the reason why constitutional courts are reluctant in applying the principle of proportionality. To be sure, the disjunctive structure theory is very persuasive, but the solutions Alexy offers are not. Therefore, they should be modified.

Keywords: Principle of Proportionality; Positive Rights; Disjunctive Structure; Dual Intensity of Interfere; Rule of Negative Chain

图书在版编目（CIP）数据

人权研究. 第二十一卷 / 齐延平主编. -- 北京：
社会科学文献出版社，2019.7
ISBN 978 - 7 - 5201 - 4619 - 7

Ⅰ.①人… Ⅱ.①齐… Ⅲ.①人权 - 研究 Ⅳ.
①D082

中国版本图书馆 CIP 数据核字（2019）第 059174 号

人权研究（第二十一卷）

主　　编 / 齐延平
执行主编 / 郑智航

出 版 人 / 谢寿光
责任编辑 / 姚　敏
文稿编辑 / 张　娇

出　　版 / 社会科学文献出版社·集刊分社（010）59367161
　　　　　　地址：北京市北三环中路甲 29 号院华龙大厦　邮编：100029
　　　　　　网址：www. ssap. com. cn
发　　行 / 市场营销中心（010）59367081　59367083
印　　装 / 三河市尚艺印装有限公司

规　　格 / 开 本：787mm × 1092mm　1/16
　　　　　　印 张：26.75　字 数：407 千字
版　　次 / 2019 年 7 月第 1 版　2019 年 7 月第 1 次印刷
书　　号 / ISBN 978 - 7 - 5201 - 4619 - 7
定　　价 / 138.00 元

本书如有印装质量问题，请与读者服务中心（010 - 59367028）联系

▲ 版权所有 翻印必究